JN116455

日 本 の 統 計

2023

総 務 省 統 計 局

まえがき

　本書は、我が国の国土、人口、経済、社会、文化などの広範な分野に関して、よく利用される基本的な統計を選んで体系的に編成し、ハンディで見やすい形に取りまとめたもので、昭和31年に創刊し、39年からは毎年刊行しているものです。

　分野構成、収録内容等については、社会経済の変化に対応して改訂を重ね、各方面の利用に応えてきたところです。本書の内容は、総務省統計局のホームページでも掲載していますので、併せて御活用ください。

　今後も一層の改善を重ねてまいりますので、皆様からの御意見、御要望をお寄せいただければ幸いです。

　なお、統計局では、我が国の統計データを幅広く網羅した「日本統計年鑑」や世界各国の統計データをコンパクトに取りまとめた「世界の統計」なども刊行していますので、どうぞ御利用ください。

　　　令和5年（2023年）3月

　　　　　　　　　　　　　　　総務省統計局長

　　　　　　　　　　　　　　　井　上　　卓

利用上の注意

1．統計表について
表番号
統計表の表番号は、各章ごとの通し番号とし「章番号－統計表番号」となっています。

年次
注記のない限り、年次は暦年、年度は会計年度を示しています。

説明・注釈
統計表に関する説明及び注釈については、数字又はアルファベットを付して脚注に示しています。

2．データの表記について
数値
原則として単位未満で四捨五入しています。このため、合計と内訳の計は必ずしも一致しません。

統計表の記号

```
0
0.0   ⎫
0.00  ⎬  表章単位に満たないもの
```

－	皆無又は定義上該当数値がないもの
…	数値が得られないもの
x	数値が秘匿されているもの
#	主要な項目を「内数」で掲げたことを示す。
P	速報値又は暫定値であることを示す。
*	複数項目をくくって数値を表章したことを示す。

(例)

	A	B	C
区分X	*123	*	*
区分Y			
区分Z			

A欄の数値 123 は、A、B及びC欄の項目の数値の合計を示す。

3．国及び地域について
国名
「国・地域」（外務省ホームページ）に準拠しつつ、誤解の生じない限り簡略なものを用いました。

中国の数値

原則として、香港（1997年7月中国に返還）、マカオ（1999年12月中国に返還）及び台湾を含みません。

4．その他

データの入手時期

本書は、原則として、令和4年（2022年）11月30日までに入手した原資料により編集しています。

本書の引用（転載）について

本書の内容を著作物に引用（転載）する場合には、必ず本書の書名を次のように明記してください。

> 出典 総務省統計局「日本の統計 2023」

正誤情報について

刊行後に誤りが判明した場合は、統計局ホームページに正誤表を掲載します。

本書の統計局ホームページ掲載

「日本の統計」：https://www.stat.go.jp/data/nihon/index1.html

本書に関する問合せ先

総務省統計局統計情報利用推進課統計編集第一係
電話　03-5273-1136

統計表の主要変更点一覧

2023年版における主な変更点は、次のとおりです。

様式を変更した統計表

2-16　都道府県別出生・死亡数と婚姻・離婚件数
2-21　年齢階級別死亡数と死亡率

目次

統計表

I 部　地理・人口

第1章　国土・気象

第2章　人口・世帯

Ⅴ部　社会

第23章　社会保障

第 28 章　司法・警察

第 29 章　災害・事故

表紙写真：九十九島（長崎県佐世保市）
提　　供：©SASEBO
日本地図：株式会社武揚堂

グラフでみる日本の統計

1 国土利用の割合（令和2年）

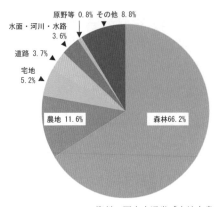

原野等 0.8%　その他 8.8%
水面・河川・水路 3.6%
道路 3.7%
宅地 5.2%
農地 11.6%
森林66.2%

2 経済成長率

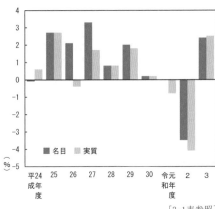

■ 名目　■ 実質

平24 25 26 27 28 29 30 令元 2 3
成年 和年
度 度

[3-1表参照]

資料　国土交通省「土地白書」

3 我が国の人口ピラミッド（令和3年10月1日現在）

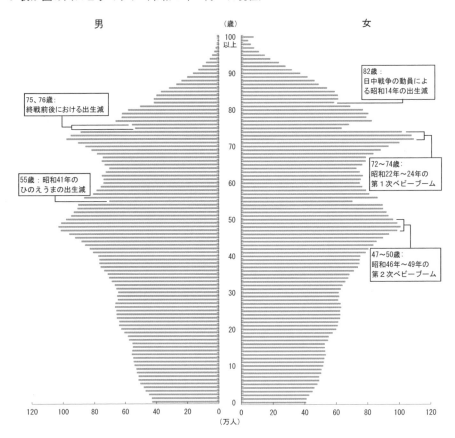

男　　　　　（歳）　　　　女

100以上
90
80
70
60
50
40
30
20
10
0

75、76歳：
終戦前後における出生減

55歳：昭和41年の
ひのえうまの出生減

82歳：
日中戦争の動員によ
る昭和14年の出生減

72〜74歳：
昭和22年〜24年の
第1次ベビーブーム

47〜50歳：
昭和46年〜49年の
第2次ベビーブーム

120 100 80 60 40 20 0　0 20 40 60 80 100 120
（万人）

[2-4表参照]

4 総人口の推移

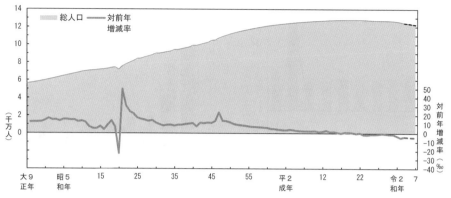

[2-1表参照]

5 マネーストック（平均残高）の増減率

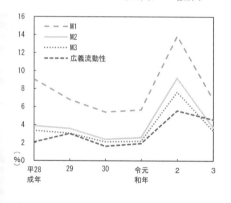

[4-3表参照]

6 一般会計、特別会計歳出予算額

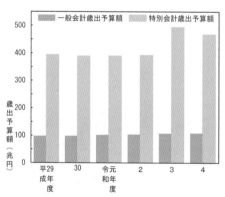

[5-2表参照]

7 一般会計歳入・歳出予算額の構成比（令和4年度）

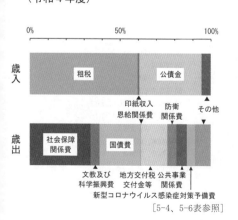

[5-4、5-6表参照]

8 国民所得に対する租税負担率

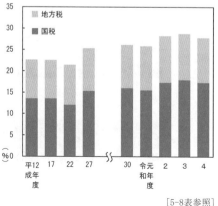

[5-8表参照]

9　財政投融資計画

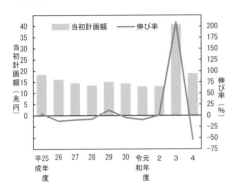

[5-11表参照]

10　相手国（地域）別輸出入額（令和2年）

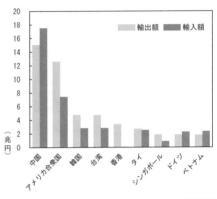

[6-1、6-2表参照]

11　国際収支

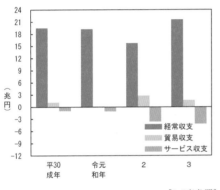

[6-7表参照]

12　海外経済協力（二国間政府開発援助）（令和2年）

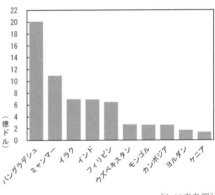

[6-11表参照]

13　産業別民営事業所数と従業者数の構成比（平成28年）

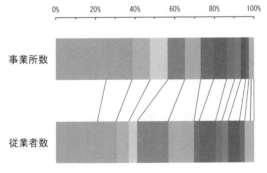

[7-1、7-3表参照]

14　経営組織別民営事業所数と従業者数の構成比（平成28年）

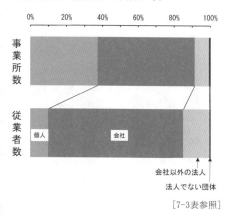

[7-3表参照]

15　基幹的農業従事者

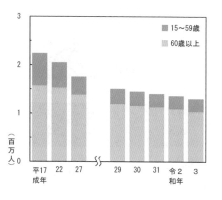

[8-3表参照]

16　水稲の作付面積と収穫量

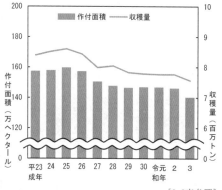

[8-8表参照]

17　食料自給率

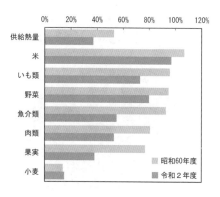

[8-26表参照]

18　鉱工業生産・出荷・在庫指数

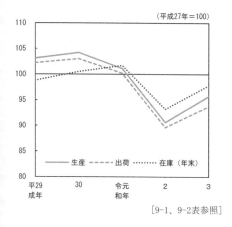

[9-1、9-2表参照]

19　製造工業稼働率指数

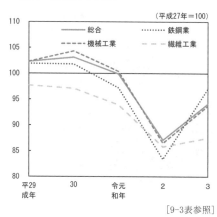

[9-3表参照]

20　製造業の産業中分類別構成比
（従業者4人以上の事業所）（令和3年）

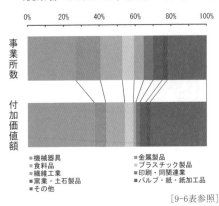

事業所数

付加価値額

■機械器具　　　■金属製品
■食料品　　　　■プラスチック製品
■繊維工業　　　■印刷・同関連業
■窯業・土石製品　■パルプ・紙・紙加工品
■その他

[9-6表参照]

21　着工新設住宅戸数

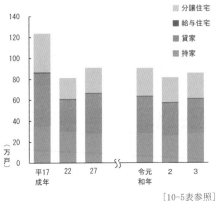

分譲住宅
給与住宅
貸家
持家

（万戸）

平17成年　22　27　令元和年　2　3

[10-5表参照]

22　公共機関からの受注工事請負契約額の
割合（令和3年度）

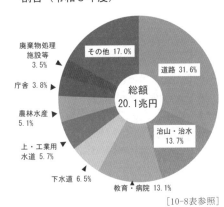

廃棄物処理施設等 3.5%
庁舎 3.8%
農林水産 5.1%
上・工業用水道 5.7%
下水道 6.5%
教育・病院 13.1%
その他 17.0%
道路 31.6%
治山・治水 13.7%

総額
20.1兆円

[10-8表参照]

23　一次エネルギー国内供給量

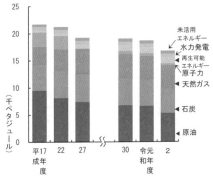

（千ペタジュール）

未活用エネルギー
水力発電
再生可能エネルギー
原子力
天然ガス
石炭
原油

平17成年度　22　27　30　令元和年度　2

[11-2表参照]

24　自動車貨物の品目別輸送量割合
（令和3年度）

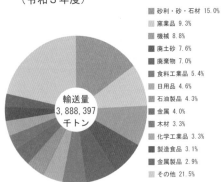

■砂利・砂・石材 15.0%
■窯業品 9.3%
■機械 8.8%
■廃土砂 7.6%
■廃棄物 7.0%
■食料工業品 5.4%
■日用品 4.6%
■石油製品 4.3%
■金属 4.0%
■木材 3.3%
■化学工業品 3.3%
■製造食品 3.1%
■金属製品 2.9%
■その他 21.5%

輸送量
3,888,397
千トン

[13-4表参照]

25　商業販売額指数

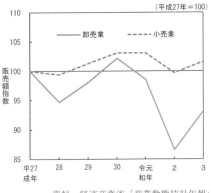

（平成27年＝100）

卸売業　　　小売業

販売額指数

平27成年　28　29　30　令元和年　2　3

資料　経済産業省「商業動態統計年報」

26 第3次産業活動指数

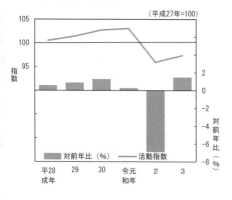

（平成27年=100）

指数

対前年比（%）

対前年比（%）　活動指数

平28成年　29　30　令元和年　2　3

［15-4表参照］

27 金利

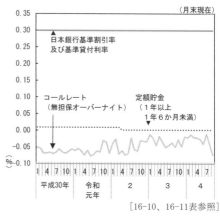

（月末現在）

日本銀行基準割引率
及び基準貸付利率

コールレート
（無担保オーバーナイト）

定額貯金
（1年以上
1年6か月未満）

%

1 4 7 10 1 4 7 10 1 4 7 10 1 4 7 10 1 4 7 10 1 4 7
平成30年　令和元年　2　3　4

［16-10、16-11表参照］

28 ごみの資源化量とリサイクル率

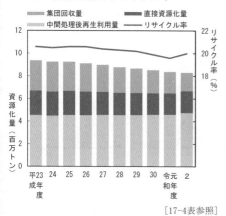

集団回収量　直接資源化量
中間処理後再生利用量　リサイクル率

資源化量（百万トン）

リサイクル率（%）

平23成年度　24　25　26　27　28　29　30　令元和年度　2

［17-4表参照］

29 公害の種類別苦情件数

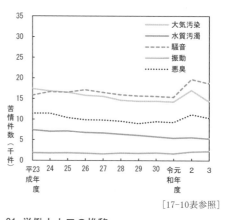

大気汚染
水質汚濁
騒音
振動
悪臭

苦情件数（千件）

平23成年度　24　25　26　27　28　29　30　令元和年度　2　3

［17-10表参照］

30 完全失業率と有効求人倍率（季節調整済）

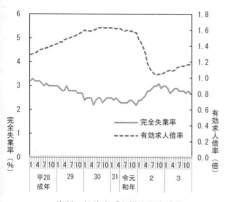

完全失業率（%）

有効求人倍率（倍）

完全失業率　有効求人倍率

1 4 7 10 1 4 7 10 1 4 7 10 1 4 7 10 1 4 7 10 1 4 7 10
平28成年　29　30　31令元和年　2　3

資料　総務省「労働力調査結果」
　　　厚生労働省「一般職業紹介状況」

31 労働力人口の推移

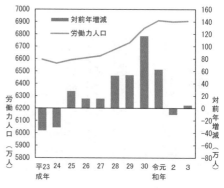

対前年増減
労働力人口

労働力人口（万人）

対前年増減（万人）

平23成年　24　25　26　27　28　29　30　令元和年　2　3

［19-2表参照］

32 国内企業物価指数

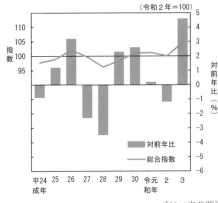

（令和2年＝100）

[20-1表参照]

33 消費者物価指数

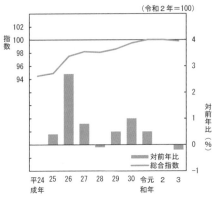

（令和2年＝100）

[20-7表参照]

34 圏域別地価変動率（全用途平均）

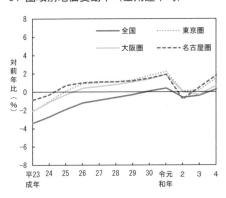

[20-10表参照]

35 住宅の所有の関係別住宅数

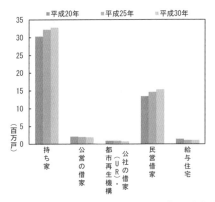

[21-5表参照]

36 消費構造（二人以上の世帯）

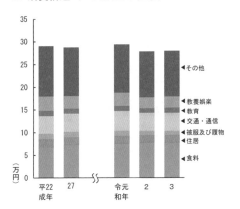

[22-2表参照]

37 貯蓄と負債の現在高（二人以上の世帯）
（令和3年）

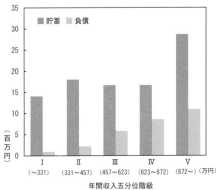

[22-7表参照]

38 部門別社会保障給付費

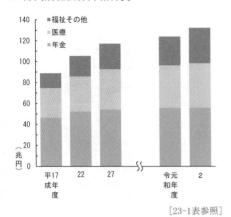

[23-1表参照]

39 主要死因別死亡者数

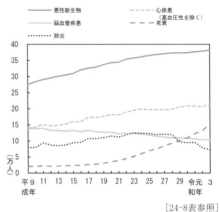

[24-8表参照]

40 幼稚園・保育所の在園者数と利用児童（在所児）数

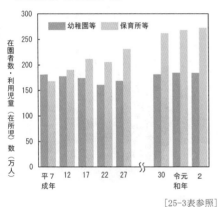

[25-3表参照]

41 日本の大学に在籍する外国人学生数

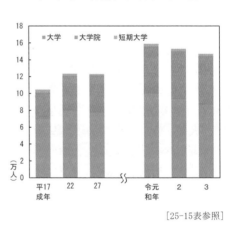

[25-15表参照]

42 児童・生徒1人当たり学習費（公立）（令和3年度）

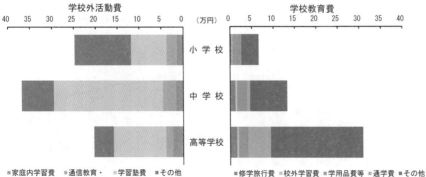

[25-14表参照]

43 国家公務員数

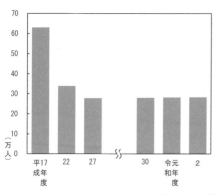

[27-1表参照]

44 地方公務員数の割合（令和3年）

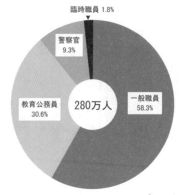

[27-2表参照]

45 刑法犯検挙人員の年齢階級別構成比
（令和3年）

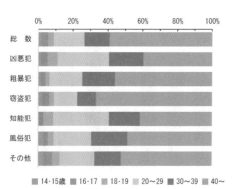

[28-1表参照]

46 特別法犯の検挙人員の割合
（交通関係法令を除く）（令和3年）

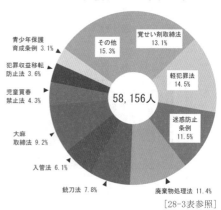

[28-3表参照]

47 火災出火件数・死者数

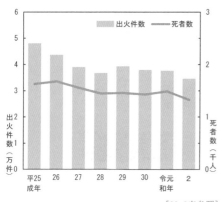

[29-2表参照]

48 道路交通事故件数・死者数

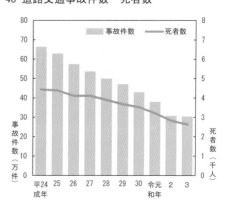

[29-5表参照]

統計表

第1章　国土・気象

1-1　国土状況

地域	総面積 (km²)　1)	割合 (%)	構成島数 2)	本島面積 (km²)　1)
全国	377,973.48	100.00	6,852	362,210.57
北海道	83,423.87	22.07	509	77,983.93
本州	a)231,234.96	a)61.18	3,194	227,938.81
四国	a)18,802.79	a)4.97	626	18,296.88
九州	42,229.69	11.17	2,160	36,782.48
沖縄	2,282.15	0.60	363	1,208.47

1)　令和4年7月1日現在。　2)　昭和61年調査。海図上の岸線0.1km以上の島。本島を含む。　a)　地域の境界にまたがる境界未定の面積を含む。
資料　国土交通省国土地理院「全国都道府県市区町村別面積調」　海上保安庁調べ

1-2　主な山

山名		標高 (m)	所在 都道府県	山名		標高 (m)	所在 都道府県
富士山	ふじさん　1)	3,776	山梨、静岡	中岳	なかだけ	3,084	長野、岐阜
［剣ヶ峯］	［けんがみね］			荒川岳	あらかわだけ	3,084	静岡
北岳	きただけ	3,193	山梨	［中岳］	［なかだけ］		
（白根山）	（しらねさん）			御嶽山	おんたけさん　1)	3,067	長野
間ノ岳	あいのだけ	3,190	山梨、静岡	［剣ヶ峰］	［けんがみね］		
（白根山）	（しらねさん）			塩見岳	しおみだけ	3,052	長野、静岡
奥穂高岳	おくほたかだけ	3,190	長野、岐阜	農鳥岳	のうとりだけ	3,051	山梨、静岡
槍ヶ岳	やりがたけ	3,180	長野	［西農鳥岳］	［にしのうとりだけ］		
東岳	ひがしだけ	3,141	静岡	仙丈ヶ岳	せんじょうがたけ	3,033	山梨、長野
（悪沢岳）	（わるさわだけ）			南岳	みなみだけ	3,033	長野、岐阜
赤石岳	あかいしだけ	3,121	長野、静岡	乗鞍岳	のりくらだけ　1)	3,026	長野、岐阜
涸沢岳	からさわだけ	3,110	長野、岐阜	［剣ヶ峰］	［けんがみね］		
北穂高岳	きたほたかだけ	3,106	長野、岐阜	立山	たてやま	3,015	富山
大喰岳	おおばみだけ	3,101	長野、岐阜	［大汝山］	［おおなんじやま］		
前穂高岳	まえほたかだけ	3,090	長野	聖岳	ひじりだけ	3,013	長野、静岡
				［前聖岳］	［まえひじりだけ］		

標高3,000m以上の山。複数の峰（山頂）を持つ山は、全体を総称する名称を山名とした。さらにその最高峰が山名とは異なる名称がある場合の山頂名を［　］をつけて併記した。（　）内は山名の別称。　1)　火山
資料　国土交通省国土地理院「日本の主な山岳標高」　気象庁「火山」

1-3　主な湖 （令和4年）

湖名		面積 (km²)	所在 都道府県	湖名		面積 (km²)	所在 都道府県
琵琶湖	びわこ	669.26	滋賀	小川原湖	おがわらこ	61.98	青森
霞ヶ浦	かすみがうら	168.20	茨城	十和田湖	とわだこ	61.10	青森、秋田
サロマ湖	さろまこ	151.63	北海道	風蓮湖	ふうれんこ	59.01	北海道
猪苗代湖	いなわしろこ	103.24	福島	能取湖	のとろこ	58.20	北海道
中海	なかうみ	85.74	鳥取、島根	北浦	きたうら	35.04	茨城
屈斜路湖	くっしゃろこ	79.54	北海道	厚岸湖	あっけしこ	32.31	北海道
宍道湖	しんじこ	79.25	島根	網走湖	あばしりこ	32.28	北海道
支笏湖	しこつこ	78.48	北海道	八郎潟	はちろうがた	27.75	秋田
洞爺湖	とうやこ	70.72	北海道	調整池	ちょうせいち		
浜名湖	はまなこ	64.91	静岡	田沢湖	たざわこ	25.80	秋田

面積20km²以上のもの。7月1日現在。
資料　国土交通省国土地理院「全国都道府県市区町村別面積調」

1-4　主な島 (令和4年)

島名		面積 (km²)	所在都道府県	島名		面積 (km²)	所在都道府県
択捉島	えとろふとう	3,166.64	北海道	利尻島	りしりとう	182.08	北海道
国後島	くなしりとう	1,489.27	北海道	中通島	なかどおりじま	168.39	長崎
沖縄島	おきなわじま	1,208.47	沖縄	平戸島	ひらどしま	163.44	長崎
佐渡島	さどしま	854.81	新潟	宮古島	みやこじま	158.54	沖縄
大島	おおしま	712.41	鹿児島	小豆島	しょうどしま	153.27	香川
対馬	つしま	695.74	長崎	奥尻島	おくしりとう	142.70	北海道
淡路島	あわじしま	592.44	兵庫	壱岐島	いきしま	134.63	長崎
下島	しもしま	574.95	熊本	屋代島	やしろじま	128.49	山口
屋久島	やくしま	504.25	鹿児島	沖永良部島	おきのえらぶじま	93.65	鹿児島
種子島	たねがしま	443.78	鹿児島	江田島・能美島	えたじま・のうみじま	91.33	広島
福江島	ふくえじま	326.36	長崎	大島	おおしま	90.73	東京
西表島	いりおもてじま	289.62	沖縄	長島	ながしま	90.67	鹿児島
徳之島	とくのしま	247.85	鹿児島	礼文島	れぶんとう	81.25	北海道
色丹島	しこたんとう	247.65	北海道	加計呂麻島	かけろまじま	77.25	鹿児島
島後	どうご	241.53	島根	倉橋島	くらはしじま	69.46	広島
上島	かみしま	225.85	熊本	八丈島	はちじょうじま	69.11	東京
石垣島	いしがきじま	222.24	沖縄	下甑島	しもこしきしま	65.56	鹿児島

面積65km²以上のもの。7月1日現在。
資料　国土交通省国土地理院「全国都道府県市区町村別面積調」

1-5　主な水系 (令和3年)

水系名		流域面積 (km²)	幹川流路延長 (km)	水系名		流域面積 (km²)	幹川流路延長 (km)
利根川	とねがわ	16,840	322	高梁川	たかはしがわ	2,670	111
石狩川	いしかりがわ	14,330	268	岩木川	いわきがわ	2,540	102
信濃川	しなのがわ	11,900	367	斐伊川	ひいかわ	2,540	153
北上川	きたかみがわ	10,150	249	釧路川	くしろがわ	2,510	154
木曽川	きそがわ	9,100	229	新宮川	しんぐうがわ	2,360	183
十勝川	とかちがわ	9,010	156	渡川	わたりがわ	2,270	196
淀川	よどがわ	8,240	75	大淀川	おおよどがわ	2,230	107
阿賀野川	あがのがわ	7,710	210	吉井川	よしいがわ	2,110	133
最上川	もがみがわ	7,040	229	馬淵川	まべちがわ	2,050	142
天塩川	てしおがわ	5,590	256	常呂川	ところがわ	1,930	120
阿武隈川	あぶくまがわ	5,400	239	由良川	ゆらがわ	1,880	146
天竜川	てんりゅうがわ	5,090	213	球磨川	くまがわ	1,880	115
雄物川	おものがわ	4,710	133	矢作川	やはぎがわ	1,830	118
米代川	よねしろがわ	4,100	136	五ヶ瀬川	ごかせがわ	1,820	106
富士川	ふじかわ	3,990	128	旭川	あさひがわ	1,810	142
江の川	ごうのかわ	3,900	194	紀の川	きのかわ	1,750	136
吉野川	よしのがわ	3,750	194	加古川	かこがわ	1,730	96
那珂川	なかがわ	3,270	150	太田川	おおたがわ	1,710	103
荒川	あらかわ 1)	2,940	173	相模川	さがみがわ	1,680	109
九頭竜川	くずりゅうがわ	2,930	116	尻別川	しりべつがわ	1,640	126
筑後川	ちくごがわ	2,863	143	川内川	せんだいがわ	1,600	137
神通川	じんづうがわ	2,720	120	仁淀川	におどがわ	1,560	124

「河川管理統計」(4月30日現在)による。流域面積1,500km²以上の一級河川の水系。「幹川流路延長」とは本川の上流端から下流端までの長さをいう。　1)　埼玉県、東京都
資料　国土交通省「河川管理統計」

1-6 都道府県別行政区画と面積

(単位 面積 km^2)

都道府県	市町村数 (令和4年 7月1日)	市	町	村	区	総面積 (令和4年 7月1日) 1)	千分比 (0/00)
全国	1,718 (1,724)	792	743	183 (189)	a) 175	377,973.48	1,000.0
北海道	179 (185)	35	129	15 (21)	10	83,423.87	220.7
青森	40	10	22	8	－	9,645.95	25.5
岩手	33	14	15	4	－	15,275.01	40.4
宮城	35	14	20	1	5	7,282.29	19.3
秋田	25	13	9	3	－	11,637.52	30.8
山形	35	13	19	3	－	9,323.15	24.7
福島	59	13	31	15	－	13,784.14	36.5
茨城	44	32	10	2	－	6,097.54	16.1
栃木	25	14	11	－	－	6,408.09	17.0
群馬	35	12	15	8	－	6,362.28	16.8
埼玉	63	40	22	1	10	3,797.75	10.0
千葉	54	37	16	1	6	5,156.74	13.6
東京	39	26	5	8	b) 23	2,194.05	5.8
神奈川	33	19	13	1	28	2,416.32	6.4
新潟	30	20	6	4	8	12,583.96	33.3
富山	15	10	4	1	－	4,247.54	11.2
石川	19	11	8	－	－	4,186.23	11.1
福井	17	9	8	－	－	4,190.58	11.1
山梨	27	13	8	6	－	4,465.27	11.8
長野	77	19	23	35	－	13,561.56	35.9
岐阜	42	21	19	2	－	10,621.29	28.1
静岡	35	23	12	－	10	7,777.02	20.6
愛知	54	38	14	2	16	5,173.23	13.7
三重	29	14	15	－	－	5,774.48	15.3
滋賀	19	13	6	－	－	4,017.38	10.6
京都	26	15	10	1	11	4,612.20	12.2
大阪	43	33	9	1	31	1,905.34	5.0
兵庫	41	29	12	－	9	8,400.94	22.2
奈良	39	12	15	12	－	3,690.94	9.8
和歌山	30	9	20	1	－	4,724.68	12.5
鳥取	19	4	14	1	－	3,507.13	9.3
島根	19	8	10	1	－	6,707.86	17.7
岡山	27	15	10	2	4	7,114.77	18.8
広島	23	14	9	－	8	8,479.23	22.4
山口	19	13	6	－	－	6,112.50	16.2
徳島	24	8	15	1	－	4,146.99	11.0
香川	17	8	9	－	－	1,876.91	5.0
愛媛	20	11	9	－	－	5,675.98	15.0
高知	34	11	17	6	－	7,102.91	18.8
福岡	60	29	29	2	14	4,987.64	13.2
佐賀	20	10	10	－	－	2,440.67	6.5
長崎	21	13	8	－	－	4,130.99	10.9
熊本	45	14	23	8	5	7,409.12	19.6
大分	18	14	3	1	－	6,340.70	16.8
宮崎	26	9	14	3	－	7,734.24	20.5
鹿児島	43	19	20	4	－	9,186.33	24.3
沖縄	41	11	11	19	－	2,282.15	6.0

( )内は北方領土の6村を含んだ数である。 1) 各都道府県の面積は、都道府県にまたがる境界未定地域を含む。 a) 特別区を含まない。 b) 特別区

資料 総務省「全国市町村要覧」 国土交通省国土地理院「全国都道府県市区町村別面積調」

1-7 気温（平年値）（平成3年〜令和2年）

観測地点	平均気温（℃）												
	平均	1月	2月	3月	4月	5月	6月	7月	8月	9月	10月	11月	12月
札幌	9.2	-3.2	-2.7	1.1	7.3	13.0	17.0	21.1	22.3	18.6	12.1	5.2	-0.9
青森	10.7	-0.9	-0.4	2.8	8.5	13.7	17.6	21.8	23.5	19.9	13.5	7.2	1.4
盛岡	10.6	-1.6	-0.9	2.6	8.7	14.5	18.8	22.4	23.5	19.3	12.6	6.2	0.8
仙台	12.8	2.0	2.4	5.5	10.7	15.6	19.2	22.9	24.4	21.2	15.7	9.8	4.5
秋田	12.1	0.4	0.8	4.0	9.6	15.2	19.6	23.4	25.0	21.0	14.5	8.3	2.8
山形	12.1	-0.1	0.4	4.0	10.2	16.2	20.3	23.9	25.0	20.6	14.1	7.7	2.4
福島	13.4	1.9	2.5	5.9	11.7	17.2	20.7	24.3	25.5	21.6	15.6	9.5	4.3
水戸	14.1	3.3	4.1	7.4	12.3	17.0	20.3	24.2	25.6	22.1	16.6	10.8	5.6
宇都宮	14.3	2.8	3.8	7.4	12.8	17.8	21.2	24.8	26.0	22.4	16.7	10.6	5.1
前橋	15.0	3.7	4.5	7.9	13.4	18.6	22.1	25.8	26.8	22.9	17.1	11.2	6.1
熊谷	15.4	4.3	5.1	8.6	13.9	18.8	22.3	26.0	27.1	23.3	17.6	11.7	6.5
千葉	16.2	6.1	6.6	9.6	14.5	18.9	21.9	25.7	27.1	23.8	18.6	13.4	8.6
東京	15.8	5.4	6.1	9.4	14.3	18.8	21.9	25.7	26.9	23.3	18.0	12.5	7.7
横浜	16.2	6.1	6.7	9.7	14.5	18.8	21.8	25.6	27.0	23.7	18.5	13.4	8.7
新潟	13.9	2.5	3.1	6.2	11.3	16.7	20.9	24.9	26.5	22.5	16.7	10.5	5.3
富山	14.5	3.0	3.4	6.9	12.3	17.5	21.4	25.5	26.9	22.8	17.0	11.2	5.7
金沢	15.0	4.0	4.2	7.3	12.6	17.7	21.6	25.8	27.3	23.2	17.6	11.9	6.8
福井	14.8	3.2	3.7	7.2	12.8	18.1	22.0	26.1	27.4	23.1	17.1	11.3	5.9
甲府	15.1	3.1	4.7	8.6	14.0	18.8	22.3	26.0	27.1	23.2	17.1	10.8	5.4
長野	12.3	-0.4	0.4	4.3	10.6	16.4	20.4	24.3	25.4	21.0	14.4	7.9	2.3
岐阜	16.2	4.6	5.4	9.0	14.5	19.4	23.2	27.0	28.3	24.5	18.7	12.5	7.0
静岡	16.9	6.9	7.7	10.7	15.2	19.2	22.4	26.1	27.4	24.5	19.4	14.3	9.3
名古屋	16.2	4.8	5.5	9.2	14.6	19.4	23.0	26.9	28.2	24.5	18.6	12.6	7.2
津	16.3	5.7	5.9	9.0	14.2	19.0	22.7	26.8	27.9	24.4	18.8	13.2	8.1
彦根	15.0	3.9	4.2	7.3	12.4	17.6	21.8	26.1	27.5	23.6	17.7	11.7	6.5
京都	16.2	4.8	5.4	8.8	14.4	19.5	23.3	27.3	28.5	24.4	18.4	12.5	7.2
大阪	17.1	6.2	6.6	9.9	15.2	20.1	23.6	27.7	29.0	25.2	19.5	13.8	8.7
神戸	17.0	6.2	6.5	9.8	15.0	19.8	23.4	27.1	28.6	25.4	19.8	14.2	8.8
奈良	15.2	4.2	4.7	8.0	13.5	18.5	22.2	26.2	27.3	23.2	17.2	11.4	6.4
和歌山	16.9	6.2	6.7	9.9	15.1	19.7	23.2	27.2	28.4	24.9	19.3	13.8	8.6
鳥取	15.2	4.2	4.7	7.9	13.2	18.1	22.0	26.2	27.3	22.9	17.2	11.9	6.8
松江	15.2	4.6	5.0	8.0	13.1	18.0	21.7	25.8	27.1	22.9	17.4	12.0	7.0
岡山	15.8	4.6	5.2	8.7	14.1	19.1	22.7	27.0	28.1	23.9	18.0	11.6	6.6
広島	16.5	5.4	6.2	9.5	14.8	19.6	23.2	27.2	28.5	24.7	18.8	12.9	7.5
山口	15.6	4.4	5.5	9.0	13.9	19.0	22.6	26.4	27.4	23.5	17.7	11.9	6.4
徳島	16.8	6.3	6.8	9.9	15.0	19.6	23.0	26.8	28.1	24.8	19.3	13.8	8.7
高松	16.7	5.9	6.3	9.4	14.7	19.8	23.3	27.5	28.6	24.7	19.0	13.2	8.1
松山	16.8	6.2	6.8	9.9	14.8	19.4	22.9	27.1	28.1	24.6	19.1	13.6	8.5
高知	17.3	6.7	7.8	11.2	15.8	20.0	23.1	27.0	27.9	25.0	19.9	14.2	8.8
福岡	17.3	6.9	7.8	10.8	15.4	19.9	23.3	27.4	28.4	24.7	19.6	14.2	9.1
佐賀	16.9	5.8	7.0	10.4	15.3	20.0	23.5	27.2	28.2	24.5	19.1	13.3	7.8
長崎	17.4	7.2	8.1	11.2	15.6	19.7	23.0	26.9	28.1	24.9	20.0	14.5	9.4
熊本	17.2	6.0	7.4	10.9	15.8	20.5	23.7	27.5	28.4	25.2	19.6	13.5	8.0
大分	16.8	6.5	7.2	10.2	14.8	19.3	22.6	26.8	27.7	24.2	19.1	13.8	8.7
宮崎	17.7	7.8	8.9	12.1	16.4	20.3	23.2	27.3	27.6	24.7	20.0	14.7	9.7
鹿児島	18.8	8.7	9.9	12.8	17.1	21.0	24.0	28.1	28.8	26.3	21.6	16.2	10.9
那覇	23.3	17.3	17.5	19.1	21.5	24.2	27.2	29.1	29.0	27.9	25.5	22.5	19.0

資料　気象庁「2020年平年値」

1-8　降水量（平年値）（平成３年～令和２年）

観測地点	降水量（mm）												
	年計	1月	2月	3月	4月	5月	6月	7月	8月	9月	10月	11月	12月
札幌	1,146	108	92	78	55	56	60	91	127	142	110	114	115
青森	1,351	140	99	75	69	77	75	130	142	133	119	137	155
盛岡	1,280	49	48	82	85	107	109	198	185	152	109	86	70
仙台	1,277	42	34	74	90	110	144	178	158	193	151	59	44
秋田	1,742	119	99	100	110	125	123	197	185	161	176	189	160
山形	1,207	88	63	72	64	75	105	187	153	124	105	74	97
福島	1,207	56	41	76	82	89	121	178	151	168	139	58	49
水戸	1,368	55	54	103	117	145	136	142	117	186	185	80	50
宇都宮	1,525	38	39	88	122	149	175	215	199	217	174	71	39
前橋	1,247	30	27	58	75	99	148	202	196	204	142	43	24
熊谷	1,306	37	32	69	91	115	150	170	183	198	177	54	31
千葉	1,455	68	59	111	110	122	151	137	116	205	226	94	57
東京	1,598	60	57	116	134	140	168	156	155	225	235	96	58
横浜	1,731	65	65	140	143	153	189	183	139	242	240	108	66
新潟	1,846	181	116	112	97	94	121	222	163	152	158	204	226
富山	2,374	259	172	165	135	123	173	246	207	218	172	225	282
金沢	2,402	256	163	157	144	138	170	233	179	232	177	251	301
福井	2,300	285	168	161	137	139	153	240	151	213	154	196	304
甲府	1,161	43	44	86	80	85	113	149	133	179	159	53	38
長野	965	55	49	60	57	69	106	138	112	126	100	44	49
岐阜	1,861	66	78	132	162	193	224	271	170	243	162	87	75
静岡	2,327	80	105	207	222	215	269	297	187	281	250	134	81
名古屋	1,579	51	65	116	128	150	187	211	140	232	165	79	57
津	1,613	49	57	105	129	167	202	174	145	277	186	76	47
彦根	1,610	112	100	115	117	147	176	219	125	168	141	86	106
京都	1,523	53	65	106	117	151	200	224	154	179	143	74	57
大阪	1,338	47	61	103	102	137	185	174	113	153	136	73	56
神戸	1,278	38	56	94	101	135	177	188	103	157	118	62	49
奈良	1,365	52	63	105	99	139	184	174	128	159	135	71	57
和歌山	1,414	49	62	97	98	147	184	176	102	181	161	96	63
鳥取	1,931	201	154	144	102	123	146	189	129	225	154	146	218
松江	1,792	153	118	134	113	130	173	234	130	204	126	122	155
岡山	1,143	36	45	83	90	113	169	177	97	142	95	53	42
広島	1,572	46	64	118	141	170	227	280	131	163	109	69	54
山口	1,928	76	85	146	168	197	283	343	206	179	91	84	71
徳島	1,620	42	53	88	104	147	193	177	193	271	200	89	64
高松	1,150	39	46	81	75	101	153	160	106	167	120	55	47
松山	1,405	51	66	105	107	130	229	224	99	149	113	71	62
高知	2,666	59	108	175	225	280	360	357	284	398	208	130	83
福岡	1,687	74	70	104	118	134	250	299	210	175	95	91	68
佐賀	1,951	54	78	121	162	183	327	367	252	169	90	89	60
長崎	1,895	63	84	123	153	161	336	293	218	187	102	101	75
熊本	2,007	57	83	125	145	161	449	387	195	173	87	84	61
大分	1,727	50	64	99	120	134	314	261	166	255	145	73	47
宮崎	2,626	73	96	156	195	228	516	339	276	371	197	106	75
鹿児島	2,435	78	113	161	195	205	570	365	224	223	105	103	93
那覇	2,161	102	115	143	161	245	284	188	240	275	179	119	110

資料　気象庁「2020年平年値」

1-9　気象官署別気温 （令和3年）

気象官署	気温 平均	1月	2月	3月	4月	5月	6月	7月	8月	9月	10月	11月	12月
札幌	10.2	-4.4	-2.2	3.8	7.9	13.1	18.9	23.9	22.9	18.8	12.5	7.3	-0.5
青森	11.5	-1.9	-0.7	5.4	9.0	14.4	19.4	23.9	23.5	19.8	13.9	9.0	1.7
盛岡	11.4	-2.8	-0.2	5.7	9.3	14.9	20.6	24.5	23.8	19.2	13.2	7.7	1.2
仙台	13.7	1.2	3.7	8.6	11.6	17.0	20.6	24.1	24.9	20.8	15.8	11.1	4.7
秋田	12.9	-0.4	1.7	a)6.5	10.1	15.4	20.8	26.0	25.5	21.0	14.8	10.1	2.8
山形	12.7	-1.0	1.2	6.5	10.6	16.5	21.6	25.3	25.4	20.0	14.6	8.9	2.4
福島	14.0	1.2	4.0	9.1	12.2	17.9	22.0	25.2	25.6	20.7	15.7	10.2	4.2
水戸	15.0	3.4	6.0	10.7	13.2	18.1	21.5	24.7	26.4	21.2	17.0	11.8	5.9
宇都宮	14.9	2.8	5.5	10.6	13.5	18.3	21.8	25.2	26.2	21.3	16.8	11.5	5.4
前橋	15.7	4.0	6.3	10.8	14.0	19.1	22.9	26.1	27.2	22.0	17.4	12.2	6.6
熊谷	16.0	4.1	7.0	11.6	14.6	19.4	23.0	26.3	27.4	22.2	17.8	12.4	6.6
千葉	17.1	6.0	9.2	13.2	15.3	20.0	22.8	26.0	27.7	22.8	18.8	14.7	8.7
東京	16.6	5.4	8.5	12.8	15.1	19.6	22.7	25.9	27.4	22.3	18.2	13.7	7.9
横浜	17.0	6.2	9.1	13.2	15.2	19.6	22.7	26.0	27.5	22.6	18.7	14.3	8.8
新潟	14.5	1.9	4.4	8.5	11.4	16.9	21.5	26.1	26.7	22.3	17.2	11.5	5.3
富山	15.1	2.3	5.1	9.6	12.2	17.6	22.0	26.4	26.9	23.0	17.9	11.7	5.9
金沢	15.7	3.9	6.6	9.7	12.9	18.0	22.5	27.0	27.1	23.4	18.3	12.3	7.0
福井	15.4	2.5	5.4	9.8	13.0	18.0	22.9	27.0	26.9	23.7	18.2	11.6	6.1
甲府	15.7	3.3	7.0	11.5	14.5	19.3	22.7	26.1	27.0	22.7	17.9	11.1	5.7
長野	12.9	0.2	2.1	7.4	10.7	16.3	20.9	25.0	25.7	21.0	15.2	8.6	2.1
岐阜	16.8	4.6	7.3	11.8	15.0	19.3	23.8	27.7	27.8	24.2	20.1	13.0	7.2
静岡	17.7	7.2	10.0	13.6	15.6	19.9	22.8	26.7	27.6	24.2	20.1	14.7	9.5
名古屋	16.8	5.0	7.5	12.0	15.2	19.5	23.4	27.4	27.8	24.1	19.9	13.0	7.3
津	16.9	5.7	7.9	11.5	14.9	19.2	23.2	27.4	27.5	24.0	19.8	13.6	8.4
彦根	15.7	4.0	6.3	9.8	13.2	17.7	22.5	27.2	26.9	23.6	18.9	12.4	6.4
京都	16.9	5.1	7.7	11.6	14.8	19.4	23.9	27.9	27.7	24.6	19.6	12.9	7.4
大阪	17.5	6.2	8.7	12.2	15.5	20.0	23.9	28.1	28.1	24.8	20.3	14.1	8.8
神戸	17.5	6.1	8.8	12.3	15.3	19.7	23.7	27.5	27.8	25.1	20.4	14.5	8.9
奈良	16.3	4.7	7.4	11.0	14.4	19.1	23.1	27.3	27.0	23.7	18.7	12.2	7.3
和歌山	17.4	6.3	8.8	12.4	15.4	19.9	23.3	27.1	27.6	24.9	20.2	14.1	9.0
鳥取	15.9	4.3	7.0	10.4	13.4	18.3	22.6	26.9	26.8	23.8	18.3	12.1	7.0
松江	15.9	4.5	7.5	10.4	13.7	18.3	22.2	27.0	26.5	23.6	18.1	12.1	7.4
岡山	16.4	4.4	7.3	11.3	14.6	19.2	23.2	27.4	27.4	24.4	18.9	11.9	7.0
広島	17.1	5.2	8.2	12.1	15.4	19.5	23.8	27.6	27.4	25.0	19.9	13.1	7.8
山口	16.4	4.2	7.5	11.7	14.8	19.0	23.6	27.3	26.7	24.5	18.9	11.5	6.8
徳島	17.3	5.9	8.6	12.2	15.4	19.6	23.2	27.1	27.4	24.9	20.2	13.9	8.9
高松	17.3	5.6	8.5	12.1	15.5	19.8	23.6	27.7	27.8	25.1	20.0	13.4	8.5
松山	17.4	6.2	8.9	12.7	15.5	19.5	23.4	27.2	27.5	25.0	20.1	13.7	8.8
高知	17.6	6.9	9.6	13.9	15.9	19.6	23.0	26.8	27.2	25.4	20.8	13.8	8.8
福岡	18.2	7.0	10.2	13.5	16.7	20.3	24.2	28.9	27.5	25.9	21.0	13.9	9.1
佐賀	17.9	6.2	9.4	13.1	16.6	20.3	24.8	28.4	27.3	25.9	20.8	13.1	8.0
長崎	18.1	7.4	10.3	13.9	16.7	19.8	23.7	27.9	27.3	25.7	21.1	14.1	9.2
熊本	17.9	6.3	9.7	13.9	17.1	20.3	24.6	28.0	27.0	26.1	21.4	13.0	7.8
大分	17.4	6.7	9.3	12.6	15.9	19.5	23.4	27.9	27.1	25.1	20.4	13.8	8.8
宮崎	18.2	8.1	11.3	14.7	16.5	20.4	23.2	27.1	27.0	25.7	20.8	14.1	9.2
鹿児島	19.3	9.2	12.1	15.6	18.0	21.0	24.5	28.1	27.9	27.0	22.7	15.5	10.5
那覇	23.6	16.8	18.5	20.8	21.7	25.8	27.1	28.8	28.7	28.8	26.0	21.8	18.9

a)　準正常値
資料　気象庁「過去の気象データ」

第2章 人口・世帯

2-1 人口の推移と

| 年次 | 総人口 (1,000人) | | | 人口増減 (1,000人) 1) | | | | 社会増減 |
	総数	男	女	増減数 2)	自然増減	出生児数	死亡者数	
大正 9 年	55,963	28,044	27,919	…	…	…	…	…
14	59,737	30,013	29,724	861	913	2,148	1,235	-1
昭和 5 年	64,450	32,390	32,060	989	950	2,135	1,185	53
10	69,254	34,734	34,520	945	1,012	2,182	1,170	-92
15	a)71,933	a)35,387	a)36,546	553	886	2,110	1,224	-273
20	c)72,147	…	…	d)-1,691	-245	1,902	2,147	-1,462
25	84,115	41,241	42,873	1,427	1,510	2,417	907	28
30	90,077	44,243	45,834	1,036	1,061	1,769	708	-5
35	94,302	46,300	48,001	777	911	1,624	713	-50
40	99,209	48,692	50,517	1,093	1,099	1,811	712	4
45	104,665	51,369	53,296	1,184	1,211	1,932	721	10
50	111,940	55,091	56,849	1,367	1,242	1,948	707	-3
55	117,060	57,594	59,467	906	894	1,616	722	8
60	121,049	59,497	61,552	744	714	1,452	738	13
平成 2 年	123,611	60,697	62,914	406	417	1,241	824	2
7	125,570	61,574	63,996	305	297	1,222	925	-50
12	126,926	62,111	64,815	259	226	1,194	968	38
17	127,768	62,349	65,419	-19	9	1,087	1,078	-53
22	128,057	62,328	65,730	26	-105	1,083	1,188	0
24 5)	127,593	62,080	65,513	-242	-201	1,047	1,248	-79
25 5)	127,414	61,985	65,429	-179	-232	1,045	1,277	14
26 5)	127,237	61,901	65,336	-177	-252	1,022	1,274	36
27	127,095	61,842	65,253	-142	-275	1,025	1,301	94
28	127,042	61,816	65,226	-53	-296	1,004	1,300	134
29	126,919	61,753	65,165	-123	-377	966	1,343	151
30	126,749	61,673	65,076	-170	-425	945	1,370	161
令和 元 年	126,555	61,588	64,967	-193	-485	895	1,380	209
2	126,146	61,350	64,797	-409	-501	871	1,372	42
3	125,502	61,019	64,483	-644	-609	831	1,440	-35
将来人口								
令和 7 年	122,544	59,449	63,095	-617	-678	844	1,522	…
12	119,125	57,697	61,428	-725	-785	818	1,603	…
17	115,216	55,721	59,494	-817	-877	782	1,659	…
27	106,421	51,423	54,999	-904	-953	700	1,652	…
37	97,441	47,047	50,394	-901	-947	613	1,561	…
47	88,077	42,402	45,674	-960	-1,000	557	1,557	…
57	78,564	37,947	40,617	-903	-934	500	1,434	…
67	70,381	34,090	36,291	-762	-792	442	1,234	…
77	63,125	30,552	32,573	-700	-728	397	1,125	…

大正9年～平成22年、27年、令和2年は国勢調査（昭和20年は人口調査）による人口（総人口に年齢不詳を含む）。平成24～26、28年～令和元年、令和3年は国勢調査人口を基礎とした10月1日の推計人口。昭和20～45年は沖縄県を除く（昭和25年以降は総人口の総数、男女及び年齢3区分別人口には沖縄県を含む）。将来人口は、平成27年国勢調査人口等基本集計結果及び同年人口動態統計の確定数が公表されたことを踏まえた、国立社会保障・人口問題研究所による各年10月1日の中位推計値。人口密度は、国勢調査年以外は「全国都道府県市区町村別面積調」を用いて算出しているが、当該資料は平成26年から測定方法を変更した。昭和20年以降の人口密度計算に用いた面積は歯舞群島、色丹島国後島、択捉島及び竹島を除く。
1) 前年の10月からその年の9月末までの数値。ただし、将来人口の自然増減、出生児数、死亡者数については各年1～12月の数値。 2) 大正9年～令和元年は各回国勢調査間の補正数を含む。

将来人口

対前年増減率（人口1,000につき）	人口密度（人/km²）	年齢3区分別人口（1,000人）　3)			年齢3区分別人口構成比（%）　4)			年次
		0～14歳（年少人口）	15～64歳（生産年齢人口）	65歳以上（老年人口）	0～14歳（年少人口）	15～64歳（生産年齢人口）	65歳以上（老年人口）	
…	146.6	20,416	32,605	2,941	36.5	58.3	5.3	大正　9　年
14.6	156.5	21,924	34,792	3,021	36.7	58.2	5.1	14
15.6	168.6	23,579	37,807	3,064	36.6	58.7	4.8	昭和　5　年
13.8	181.0	25,545	40,484	3,225	36.9	58.5	4.7	10
7.8	188.0	b)26,369	b)43,252	b)3,454	36.1	59.2	4.7	15
d)-22.9	c)195.8	26,477	41,821	3,700	36.8	58.1	5.1	20
17.5	226.2	29,786	50,168	4,155	35.4	59.6	4.9	25
11.7	242.1	30,123	55,167	4,786	33.4	61.2	5.3	30
8.4	253.5	28,434	60,469	5,398	30.2	64.1	5.7	35
11.3	266.6	25,529	67,444	6,236	25.7	68.0	6.3	40
11.5	281.1	25,153	72,119	7,393	24.0	68.9	7.1	45
12.4	300.5	27,221	75,807	8,865	24.3	67.7	7.9	50
7.8	314.1	27,507	78,835	10,647	23.5	67.4	9.1	55
6.2	324.7	26,033	82,506	12,468	21.5	68.2	10.3	60
3.3	331.6	22,486	85,904	14,895	18.2	69.7	12.1	平成　2　年
2.4	336.8	20,014	87,165	18,261	16.0	69.5	14.6	7
2.0	340.4	18,472	86,220	22,005	14.6	68.1	17.4	12
-0.1	342.7	17,521	84,092	25,672	13.8	66.1	20.2	17
0.2	343.4	16,803	81,032	29,246	13.2	63.8	23.0	22
-1.9	342.1	16,547	80,175	30,793	13.0	62.9	24.2	24
-1.4	341.7	16,390	79,010	31,898	12.9	62.1	25.1	25
-1.4	341.1	16,233	77,850	33,000	12.8	61.3	26.0	26
-1.1	340.8	15,887	76,289	33,465	12.5	60.7	26.6	27
-0.4	340.6	15,780	76,562	34,591	12.4	60.3	27.3	28
-1.0	340.3	15,592	75,962	35,152	12.3	60.0	27.7	29
-1.3	339.8	15,415	75,451	35,578	12.2	59.7	28.1	30
-1.5	339.3	15,210	75,072	35,885	12.1	59.5	28.4	令和　元　年
-3.2	338.2	14,956	72,923	35,336	12.1	59.2	28.7	2
-5.1	336.5	14,784	74,504	36,214	11.8	59.4	28.9	3
-5.0	…	14,073	71,701	36,771	11.5	58.5	30.0	7
-6.0	…	13,212	68,754	37,160	11.1	57.7	31.2	12
-7.0	…	12,457	64,942	37,817	10.8	56.4	32.8	17
-8.4	…	11,384	55,845	39,192	10.7	52.5	36.8	27
-9.2	…	10,123	50,276	37,042	10.4	51.6	38.0	37
-10.8	…	8,975	45,291	33,810	10.2	51.4	38.4	47
-11.4	…	8,119	40,427	30,018	10.3	51.5	38.2	57
-10.7	…	7,262	36,109	27,011	10.3	51.3	38.4	67
-11.0	…	6,450	32,512	24,162	10.2	51.5	38.3	77

3)　昭和15年～平成22年（昭和20、45年を除く）、27年、令和2年は年齢不詳を除く。　　4)　昭和15年～平成22年（昭和20、45年を除く）、27年、令和2年は分母から不詳を除いて算出。　　5)　総人口は、国勢調査及び人口動態統計の値を用いて算出した補正人口。総人口以外は補正前数値のため総数に一致しない。　　a)　国勢調査による人口73,114,308から海外にいる軍人・軍属の推計数1,181,000を差し引いた補正人口。　　b)　外国人を除く。　　c)　11月1日現在の人口調査による人口71,998,104に軍人・軍属及び外国人の推計人口149,000を加えた補正人口。　　d)　沖縄県を除く昭和19年7月73,839,000により算出。

資料　総務省統計局「国勢調査結果」「我が国の推計人口」「人口推計」
国立社会保障・人口問題研究所　「日本の将来推計人口（平成29年推計）」

2-2　都道府県別人口と人口増減率

都道府県	国勢調査人口					令和3年推計人口		
	平成27年 (1,000人)	令和2年 (1,000人)	人口集中 地区 1)	人口密度 (人/km²) 2)	人口 増減率 (平成27～ 令和2年) (%)	総人口 (1,000人)	人口性比 (女性100 に対する 男性)	人口 増減率 (対前年) (人口1,000 につき)
全国	127,095	126,146	88,286	a) 338.2	-0.7	125,502	94.6	-5.1
北海道	5,382	5,225	3,973	a)66.6	-2.9	5,183	89.4	-8.0
青森	1,308	1,238	587	128.3	-5.4	1,221	89.1	-13.5
岩手	1,280	1,211	400	79.2	-5.4	1,196	93.0	-11.6
宮城	2,334	2,302	1,509	316.1	-1.4	2,290	95.2	-5.1
秋田	1,023	960	341	82.4	-6.2	945	89.3	-15.2
山形	1,124	1,068	492	114.6	-5.0	1,055	93.8	-12.3
福島	1,914	1,833	773	133.0	-4.2	1,812	97.4	-11.6
茨城	2,917	2,867	1,169	470.2	-1.7	2,852	99.6	-5.3
栃木	1,974	1,933	929	301.7	-2.1	1,921	99.5	-6.1
群馬	1,973	1,939	810	304.8	-1.7	1,927	97.9	-6.5
埼玉	7,267	7,345	5,999	1,934.0	1.1	7,340	98.7	-0.6
千葉	6,223	6,284	4,824	1,218.5	1.0	6,275	98.3	-1.5
東京	13,515	14,048	13,844	6,402.6	3.9	14,010	96.4	-2.7
神奈川	9,126	9,237	8,744	3,823.2	1.2	9,236	98.5	-0.1
新潟	2,304	2,201	1,119	174.9	-4.5	2,177	94.4	-11.0
富山	1,066	1,035	414	243.6	-3.0	1,025	94.5	-9.1
石川	1,154	1,133	610	270.5	-1.9	1,125	94.3	-6.5
福井	787	767	355	183.0	-2.5	760	95.3	-8.4
山梨	835	810	255	181.4	-3.0	805	96.4	-5.7
長野	2,099	2,048	720	151.0	-2.4	2,033	95.6	-7.2
岐阜	2,032	1,979	806	186.3	-2.6	1,961	94.3	-9.0
静岡	3,700	3,633	2,237	467.2	-1.8	3,608	97.2	-7.0
愛知	7,483	7,542	5,942	1,458.0	0.8	7,517	99.3	-3.4
三重	1,816	1,770	774	306.6	-2.5	1,756	95.4	-8.2
滋賀	1,413	1,414	754	351.9	0.0	1,411	97.3	-2.2
京都	2,610	2,578	2,176	559.0	-1.2	2,561	91.3	-6.5
大阪	8,839	8,838	8,479	4,638.4	-0.0	8,806	91.9	-3.6
兵庫	5,535	5,465	4,306	650.5	-1.3	5,432	90.6	-6.0
奈良	1,364	1,324	888	358.8	-2.9	1,315	89.0	-6.9
和歌山	964	923	348	195.3	-4.3	914	89.2	-9.7
鳥取	573	553	211	157.8	-3.5	549	91.6	-8.6
島根	694	671	172	100.1	-3.3	665	93.7	-9.3
岡山	1,922	1,888	918	265.4	-1.7	1,876	92.6	-6.4
広島	2,844	2,800	1,831	330.2	-1.6	2,780	94.1	-7.2
山口	1,405	1,342	684	219.6	-4.5	1,328	90.5	-10.8
徳島	756	720	242	173.5	-4.8	712	91.4	-10.5
香川	976	950	315	506.3	-2.7	942	93.4	-8.4
愛媛	1,385	1,335	721	235.2	-3.6	1,321	90.2	-10.4
高知	728	692	307	97.3	-5.0	684	89.5	-10.8
福岡	5,102	5,135	3,787	1,029.8	0.7	5,124	89.9	-2.2
佐賀	833	811	283	332.5	-2.6	806	90.1	-6.7
長崎	1,377	1,312	631	317.7	-4.7	1,297	88.8	-11.8
熊本	1,786	1,738	866	234.6	-2.7	1,728	89.9	-5.8
大分	1,166	1,124	548	177.2	-3.6	1,114	90.4	-8.4
宮崎	1,104	1,070	510	138.3	-3.1	1,061	89.5	-7.8
鹿児島	1,648	1,588	661	172.9	-3.6	1,576	89.3	-7.1
沖縄	1,434	1,467	1,023	642.9	2.4	1,468	97.0	0.7

「国勢調査」「人口推計」(10月1日現在)による。　1)　人口密度の高い基本単位区(人口密度が1km²当たり約4,000人以上)が市区町村の境域内で互いに隣接して、それらの隣接した地域の人口が国勢調査時に人口5,000人以上を有する地域。　2)　算出に用いた面積は、「令和2年全国都道府県市区町村別面積調(10月1日現在)」による。　a)　歯舞群島、色丹島、国後島、択捉島及び竹島を除き算出。
資料　総務省統計局「国勢調査結果」「人口推計」

2-3　都市別人口 （令和3年）

市（区）	人口	市（区）	人口	市（区）	人口	市（区）	人口
北海道		むつ	55,931	**山形県**		稲敷	39,806
札幌	1,961,575	つがる	31,413	山形	243,684	かすみがうら	41,200
中央区	239,944	平川	30,708	米沢	78,965	桜川	40,606
北区	286,054			鶴岡	124,003	神栖	95,537
東区	262,298	**岩手県**		酒田	100,172	行方	33,775
白石区	214,050	盛岡	286,820	新庄	34,787	鉾田	48,160
豊平区	224,435	宮古	50,562	寒河江	40,719	つくばみらい	52,110
南区	135,748	大船渡	35,107	上山	29,564	小美玉	50,250
西区	218,128	花巻	94,438	村山	23,191		
厚別区	126,274	北上	92,370	長井	26,159	**栃木県**	
手稲区	141,974	久慈	34,094	天童	61,908	宇都宮	521,104
清田区	112,670	遠野	26,013	東根	47,808	足利	146,016
函館	251,891	一関	113,604	尾花沢	15,350	栃木	158,397
小樽	112,450	陸前高田	18,637	南陽	30,740	佐野	117,358
旭川	331,397	釜石	32,176			鹿沼	96,340
室蘭	81,579	二戸	26,138	**福島県**		日光	80,168
釧路	165,667	八幡平	24,788	福島	275,646	小山	167,888
帯広	165,670	奥州	114,644	会津若松	117,027	真岡	79,871
北見	115,435	滝沢	55,605	郡山	321,394	大田原	70,482
夕張	7,430	**宮城県**		いわき	318,490	矢板	31,719
岩見沢	79,352	仙台	1,065,932	白河	60,110	那須塩原	117,143
網走	34,640	青葉区	293,003	須賀川	75,892	さくら	44,329
留萌	20,257	宮城野区	190,567	喜多方	46,602	那須烏山	25,567
苫小牧	170,205	若林区	137,281	相馬	34,274	下野	60,163
稚内	33,032	太白区	232,642	二本松	53,654		
美唄	20,504	泉区	212,439	田村	35,653	**群馬県**	
芦別	12,774	石巻	140,824	南相馬	59,018	前橋	335,055
江別	119,815	塩竈	53,474	伊達	59,213	高崎	372,189
赤平	9,642	気仙沼	61,445	本宮	30,147	桐生	108,330
紋別	21,317	白石	33,082	**茨城県**		伊勢崎	213,274
士別	18,134	名取	79,655	水戸	271,380	太田	224,217
名寄	27,059	角田	28,212	日立	175,366	沼田	46,673
三笠	8,148	多賀城	62,311	土浦	141,371	館林	75,373
根室	24,858	岩沼	43,917	古河	142,260	渋川	75,847
千歳	97,942	登米	77,392	石岡	73,649	藤岡	64,355
滝川	39,264	栗原	65,811	結城	51,266	富岡	47,756
砂川	16,505	東松島	39,588	龍ケ崎	76,590	安中	56,706
歌志内	3,019	大崎	128,297	下妻	43,095	みどり	50,186
深川	20,085	富谷	52,431	常総	62,570	**埼玉県**	
富良野	21,071			常陸太田	50,278	さいたま	1,324,589
登別	46,833	**秋田県**		高萩	27,866	西区	93,412
恵庭	70,097	秋田	305,390	北茨城	42,651	北区	149,045
伊達	33,406	能代	51,409	笠間	74,984	大宮区	119,322
北広島	58,130	横手	87,452	取手	107,236	見沼区	163,885
石狩	58,282	大館	70,423	牛久	84,868	中央区	102,384
北斗	45,657	男鹿	26,246	つくば	241,809	桜区	95,859
		湯沢	43,383	ひたちなか	158,015	浦和区	166,257
青森県		鹿角	29,858	鹿嶋	67,416	南区	192,083
青森	278,446	由利本荘	75,040	潮来	27,613	緑区	129,440
弘前	168,479	潟上	32,287	守谷	69,392	岩槻区	112,902
八戸	225,845	大仙	79,241	常陸大宮	40,590	川越	353,260
黒石	32,530	北秋田	30,864	那珂	54,440	熊谷	195,410
五所川原	53,204	にかほ	23,841	筑西	103,243	川口	607,373
十和田	60,345	仙北	25,310	坂東	53,550	行田	80,236
三沢	39,323						

「住民基本台帳に基づく人口、人口動態及び世帯数」（1月1日現在）による。

2-3　都市別

市（区）	人口	市（区）	人口	市（区）	人口	市（区）	人口	市（区）	人口
秩父	61,159	旭	64,689	青梅	132,145	横須賀	396,992		
所沢	344,216	習志野	175,197	府中	260,255	平塚	256,652		
飯能	79,123	柏	428,587	昭島	113,552	鎌倉	177,053		
加須	112,792	勝浦	16,817	調布	237,815	藤沢	439,416		
本庄	77,900	市原	273,771	町田	429,152	小田原	189,425		
東松山	90,456	流山	200,309	小金井	123,828	茅ヶ崎	244,475		
春日部	233,391	八千代	202,176	小平	195,543	逗子	59,598		
狭山	149,826	我孫子	131,644	日野	187,027	三浦	42,444		
羽生	54,304	鴨川	32,290	東村山	151,575	秦野	160,415		
鴻巣	117,995	鎌ケ谷	109,943	国分寺	126,862	厚木	223,710		
深谷	142,803	君津	83,005	国立	76,371	大和	240,998		
上尾	229,517	富津	43,436	福生	57,024	伊勢原	100,213		
草加	250,225	浦安	169,918	狛江	83,268	海老名	136,134		
越谷	345,482	四街道	95,366	東大和	85,317	座間	131,845		
蕨	75,749	袖ヶ浦	64,940	清瀬	74,905	南足柄	41,650		
戸田	141,033	八街	68,888	東久留米	117,007	綾瀬	84,886		
入間	147,162	印西	105,772	武蔵村山	72,023				
朝霞	143,195	白井	63,162	多摩	148,479	**新潟県**			
志木	76,457	富里	50,077	稲城	92,262	新潟	784,774		
和光	84,161	南房総	37,024	羽村	54,725	北区	73,238		
新座	166,208	匝瑳	35,542	あきる野	80,221	東区	135,805		
桶川	75,202	香取	74,330	西東京	206,047	中央区	174,507		
久喜	152,506	山武	50,336			江南区	68,537		
北本	66,022	いすみ	37,143	**神奈川県**		秋葉区	76,568		
八潮	92,518	大網白里	48,960	横浜	3,759,939	南区	44,134		
富士見	112,211			鶴見区	295,603	西区	156,213		
三郷	142,926	**東京都**		神奈川区	241,139	西蒲区	55,772		
蓮田	61,540	特別区部	9,572,763	西区	103,530	長岡	266,344		
坂戸	100,612	千代田区	67,216	中区	153,309	三条	95,811		
幸手	50,256	中央区	170,583	南区	199,384	柏崎	81,755		
鶴ヶ島	69,937	港区	259,036	保土ケ谷区	205,071	新発田	96,236		
日高	55,294	新宿区	345,231	磯子区	167,759	小千谷	34,565		
吉川	73,248	文京区	226,574	金沢区	197,402	加茂	26,137		
ふじみ野	114,557	台東区	203,647	港北区	350,985	十日町	51,125		
白岡	52,475	墨田区	275,647	戸塚区	282,521	見附	39,908		
		江東区	526,301	港南区	214,841	村上	58,238		
千葉県		品川区	406,404	旭区	246,248	燕	78,717		
千葉	974,726	目黒区	281,317	緑区	182,279	糸魚川	41,336		
中央区	210,245	大田区	733,672	瀬谷区	123,015	妙高	31,278		
花見川区	176,932	世田谷区	920,372	栄区	120,386	五泉	48,906		
稲毛区	158,277	渋谷区	230,506	泉区	152,959	上越	189,282		
若葉区	149,068	中野区	334,632	青葉区	310,085	阿賀野	41,372		
緑区	130,055	杉並区	573,504	都筑区	213,423	佐渡	53,055		
美浜区	150,149	豊島区	287,300	川崎	1,521,562	魚沼	35,164		
銚子	59,109	北区	353,158	川崎区	234,569	南魚沼	55,354		
市川	491,764	荒川区	216,535	幸区	171,872	胎内	28,495		
船橋	644,966	板橋区	570,213	中原区	259,718				
館山	45,767	練馬区	740,099	高津区	230,598			**富山県**	
木更津	136,034	足立区	691,002	多摩区	212,806			富山	414,102
松戸	498,457	葛飾区	463,691	宮前区	233,405			高岡	168,956
野田	154,140	江戸川区	696,123	麻生区	178,594			魚津	41,224
茂原	88,280	八王子	561,828	相模原	718,601			氷見	45,867
成田	131,833	立川	184,577	緑区	169,252			滑川	33,102
佐倉	173,619	武蔵野	147,643	中央区	271,961			黒部	40,808
東金	57,743	三鷹	190,126	南区	277,388			砺波	48,088

人口（令和3年）（続き）

市（区）	人口	市（区）	人口	市（区）	人口	市（区）	人口
小矢部	29,459	大町	26,872	藤枝	144,096	高浜	49,088
南砺	49,492	飯山	20,332	御殿場	87,687	岩倉	48,075
射水	92,329	茅野	55,332	袋井	88,286	豊明	68,827
		塩尻	66,730	下田	20,898	日進	92,390
石川県		佐久	98,661	裾野	51,085	田原	60,895
金沢	451,018	千曲	60,097	湖西	59,057	愛西	62,648
七尾	51,178	東御	29,929	伊豆	29,784	清須	69,422
小松	107,722	安曇野	97,152	御前崎	31,714	北名古屋	86,295
輪島	25,638			菊川	48,290	弥富	44,300
珠洲	13,700	**岐阜県**		伊豆の国	48,016	みよし	61,277
加賀	65,307	岐阜	407,387	牧之原	44,775	あま	89,092
羽咋	20,940	大垣	160,794			長久手	60,183
かほく	35,668	高山	86,683	**愛知県**			
白山	113,496	多治見	109,453	名古屋	2,300,949	**三重県**	
能美	49,905	関	87,245	千種区	159,793	津	276,072
野々市	53,563	中津川	77,320	東区	81,353	四日市	311,347
		美濃	20,162	北区	163,264	伊勢	124,426
福井県		瑞浪	36,985	西区	146,871	松阪	161,998
福井	261,619	羽島	67,595	中村区	134,305	桑名	141,291
敦賀	64,970	恵那	49,096	中区	88,934	鈴鹿	199,091
小浜	28,934	美濃加茂	57,304	昭和区	105,550	名張	77,584
大野	32,329	土岐	57,294	瑞穂区	108,080	尾鷲	17,216
勝山	22,581	各務原	146,961	熱田区	65,236	亀山	49,564
鯖江	69,334	可児	101,557	中川区	219,318	鳥羽	18,036
あわら	27,618	山県	26,484	港区	144,968	熊野	16,396
越前	82,293	瑞穂	55,325	南区	135,818	いなべ	45,401
坂井	90,815	飛騨	23,467	守山区	176,342	志摩	48,370
		本巣	33,764	緑区	250,280	伊賀	89,763
山梨県		郡上	40,573	名東区	161,943		
甲府	187,048	下呂	31,385	天白区	158,894	**滋賀県**	
富士吉田	48,183	海津	33,576	豊橋	375,329	大津	344,218
都留	29,888			岡崎	386,252	彦根	112,546
山梨	34,244	**静岡県**		一宮	384,233	長浜	116,840
大月	23,183	静岡	694,296	瀬戸	129,166	近江八幡	82,343
韮崎	28,872	葵区	251,592	半田	119,418	草津	135,850
南アルプス	71,420	駿河区	209,507	春日井	310,991	守山	84,511
北杜	46,531	清水区	233,197	豊川	186,783	栗東	70,369
甲斐	76,038	浜松	799,966	津島	61,724	甲賀	90,194
笛吹	68,555	中区	236,837	碧南	72,822	野洲	50,983
上野原	22,607	東区	130,485	刈谷	152,598	湖南	55,033
甲州	30,770	西区	109,396	豊田	422,225	高島	47,544
中央	30,978	南区	102,534	安城	190,143	東近江	113,642
		北区	93,281	西尾	171,423	米原	38,525
長野県		浜北区	100,004	蒲郡	79,621		
長野	374,038	天竜区	27,429	犬山	73,398	**京都府**	
松本	237,970	沼津	193,375	常滑	59,010	京都	1,400,720
上田	155,595	熱海	36,036	江南	100,239	北区	109,137
岡谷	48,825	三島	109,051	小牧	152,249	上京区	75,630
飯田	99,539	富士宮	131,223	稲沢	136,237	左京区	153,101
諏訪	49,193	伊東	67,718	新城	45,245	中京区	105,390
須坂	50,340	島田	97,748	東海	114,672	東山区	34,171
小諸	41,988	富士	252,243	大府	92,986	下京区	76,594
伊那	67,084	磐田	169,274	知多	85,302	南区	100,601
駒ヶ根	32,418	焼津	138,921	知立	72,322	右京区	194,215
中野	43,969	掛川	116,907	尾張旭	84,054	伏見区	273,008

市（区）	人口	市（区）	人口	市（区）	人口	市（区）	人口
山科区	130,120	泉大津	74,351	小野	48,146	**岡山県**	
西京区	148,753	高槻	351,082	三田	110,863	岡山	708,155
福知山	77,061	貝塚	85,120	加西	43,482	北区	296,383
舞鶴	80,910	守口	143,536	丹波篠山	40,845	中区	148,027
綾部	32,851	枚方	399,690	養父	22,824	東区	94,548
宇治	184,995	茨木	283,233	丹波	63,235	南区	169,197
宮津	17,397	八尾	265,269	南あわじ	46,447	倉敷	481,537
亀岡	87,847	泉佐野	99,661	朝来	29,743	津山	99,821
城陽	75,734	富田林	109,994	淡路	43,131	玉野	57,921
向日	57,316	寝屋川	230,463	宍粟	36,679	笠岡	47,160
長岡京	81,061	河内長野	103,332	加東	40,265	井原	39,284
八幡	70,398	松原	118,721	たつの	75,554	総社	69,602
京田辺	70,513	大東	119,452			高梁	29,305
京丹後	53,674	和泉	185,181	**奈良県**		新見	28,396
南丹	31,074	箕面	138,890	奈良	354,721	備前	33,527
木津川	79,038	柏原	68,320	大和高田	63,781	瀬戸内	37,049
		羽曳野	110,106	大和郡山	85,308	赤磐	43,925
大阪府		門真	120,536	天理	64,027	真庭	44,245
大阪	2,739,963	摂津	86,740	橿原	121,444	美作	26,924
都島区	105,550	高石	57,540	桜井	56,340	浅口	33,965
福島区	78,144	藤井寺	64,200	五條	29,364		
此花区	65,992	東大阪	485,928	御所	25,067	**広島県**	
西区	103,118	泉南	61,149	生駒	118,916	広島	1,194,817
港区	80,744	四條畷	55,417	香芝	79,197	中区	136,012
大正区	64,243	交野	77,614	葛城	37,562	東区	120,083
天王寺区	79,613	大阪狭山	58,705	宇陀	29,223	南区	142,546
浪速区	70,134	阪南	53,102			西区	189,120
西淀川区	97,769			**和歌山県**		安佐南区	244,923
東淀川区	172,542	**兵庫県**		和歌山	365,166	安佐北区	142,518
東成区	84,619	神戸	1,526,835	海南	49,508	安芸区	78,967
生野区	127,030	東灘区	213,641	橋本	61,774	佐伯区	140,648
旭区	90,279	灘区	132,905	有田	27,240	呉	217,690
城東区	171,040	兵庫区	109,214	御坊	22,757	竹原	24,543
阿倍野区	111,246	長田区	97,125	田辺	71,947	三原	92,000
住吉区	152,827	須磨区	160,361	新宮	27,843	尾道	134,320
東住吉区	131,843	垂水区	219,694	紀の川	61,094	福山	466,863
西成区	105,586	北区	214,703	岩出	53,995	府中	38,204
淀川区	180,268	中央区	138,898			三次	51,234
鶴見区	113,342	西区	240,294	**鳥取県**		庄原	34,208
住之江区	120,405	姫路	534,127	鳥取	185,890	大竹	26,616
平野区	194,688	尼崎	462,820	米子	147,536	東広島	189,369
北区	133,180	明石	304,382	倉吉	46,255	廿日市	117,045
中央区	105,761	西宮	484,204	境港	33,665	安芸高田	28,044
堺	831,481	洲本	42,781			江田島	22,356
堺区	146,590	芦屋	95,616	**島根県**			
中区	122,144	伊丹	203,509	松江	200,772	**山口県**	
東区	86,603	相生	28,804	浜田	52,605	下関	257,553
西区	137,635	豊岡	79,897	出雲	174,684	宇部	163,112
南区	140,714	加古川	263,134	益田	45,635	山口	190,663
北区	159,482	赤穂	46,693	大田	33,800	萩	45,508
美原区	38,313	西脇	39,871	安来	37,740	防府	115,405
岸和田	192,736	宝塚	233,499	江津	23,005	下松	57,358
豊中	409,396	三木	76,565	雲南	37,102	岩国	132,187
池田	103,712	高砂	89,762			光	50,431
吹田	376,101	川西	156,204			長門	33,094

人口（令和3年）（続き）

市（区）	人口	市（区）	人口	市（区）	人口	市（区）	人口
柳井	31,087	戸畑区	56,942	佐世保	246,441	小林	44,634
美祢	23,375	小倉北区	181,522	島原	44,386	日向	60,570
周南	140,998	小倉南区	210,095	諫早	135,869	串間	17,722
山陽小野田	61,565	八幡東区	65,452	大村	97,336	西都	29,648
		八幡西区	252,313	平戸	30,265	えびの	18,815
徳島県		福岡	1,562,767	松浦	22,137		
徳島	252,093	東区	315,893	対馬	29,663	**鹿児島県**	
鳴門	56,237	博多区	235,319	壱岐	25,977	鹿児島	601,546
小松島	36,897	中央区	192,654	五島	36,288	鹿屋	102,200
阿南	71,790	南区	264,517	西海	26,998	枕崎	20,479
吉野川	40,184	西区	208,225	雲仙	42,783	阿久根	19,842
阿波	36,581	城南区	125,958	南島原	44,440	出水	53,097
美馬	28,367	早良区	220,201			指宿	39,763
三好	24,770	大牟田	111,967	**熊本県**		西之表	14,958
		久留米	304,666	熊本	732,702	垂水	14,283
香川県		直方	56,240	中央区	176,568	薩摩川内	93,581
高松	426,260	飯塚	127,552	東区	190,779	日置	47,781
丸亀	112,622	田川	46,781	西区	90,724	曽於	34,853
坂出	52,142	柳川	65,016	南区	132,433	霧島	124,993
善通寺	31,495	八女	61,994	北区	142,198	いちき串木野	27,251
観音寺	59,248	筑後	49,532	八代	125,470	南さつま	33,365
さぬき	47,310	大川	33,375	人吉	31,559	志布志	30,646
東かがわ	29,628	行橋	73,045	荒尾	51,646	奄美	42,622
三豊	64,293	豊前	24,940	水俣	23,756	南九州	34,152
		中間	40,992	玉名	65,474	伊佐	25,072
愛媛県		小郡	59,585	山鹿	50,800	姶良	77,711
松山	509,483	筑紫野	104,616	菊池	47,990		
今治	156,254	春日	113,313	宇土	36,923	**沖縄県**	
宇和島	73,067	大野城	101,950	上天草	26,254	那覇	320,467
八幡浜	32,584	宗像	97,201	宇城	58,351	宜野湾	100,462
新居浜	117,846	太宰府	71,922	阿蘇	25,484	石垣	49,848
西条	108,025	古賀	59,645	天草	78,252	浦添	115,548
大洲	42,004	福津	67,257	合志	63,033	名護	63,724
伊予	36,463	うきは	28,916			糸満	62,349
四国中央	85,450	宮若	27,442	**大分県**		沖縄	142,973
西予	36,633	嘉麻	36,946	大分	478,463	豊見城	65,766
東温	33,537	朝倉	52,160	別府	115,008	うるま	125,338
		みやま	36,584	中津	83,808	宮古島	55,577
高知県		糸島	102,547	日田	63,994	南城	44,924
高知	325,218	那珂川	50,444	佐伯	69,606		
室戸	12,683			臼杵	37,610		
安芸	16,869	**佐賀県**		津久見	16,739		
南国	46,941	佐賀	231,648	竹田	20,855		
土佐	26,708	唐津	119,869	豊後高田	22,433		
須崎	21,088	鳥栖	73,983	杵築	28,235		
宿毛	19,895	多久	18,721	宇佐	54,845		
土佐清水	12,978	伊万里	53,948	豊後大野	34,692		
四万十	33,333	武雄	48,631	由布	33,954		
香南	33,193	鹿島	28,606	国東	27,163		
香美	25,911	小城	44,953				
		嬉野	25,677	**宮崎県**			
福岡県		神埼	31,262	宮崎	402,038		
北九州	944,712			都城	163,571		
門司区	96,393	**長崎県**		延岡	120,924		
若松区	81,995	長崎	411,505	日南	51,878		

資料　総務省「住民基本台帳に基づく人口、人口動態及び世帯数」

2-4　年齢各歳別人口（令和3年）

(単位　1,000人)

年齢	総数	男	女	年齢	総数	男	女	年齢	総数	男	女
総数	125,502	61,019	64,483								
0歳	830	425	405	35	1,393	711	682	70	1,784	854	930
1	836	427	408	36	1,444	734	710	71	1,900	902	998
2	871	446	425	37	1,492	758	735	72	2,065	975	1,089
3	915	468	446	38	1,511	766	745	73	2,024	948	1,075
4	938	480	458	39	1,513	766	746	74	1,899	885	1,014
5	978	502	477	40	1,524	773	751	75	1,167	535	632
6	1,003	514	489	41	1,592	807	785	76	1,233	555	678
7	1,001	514	488	42	1,630	827	803	77	1,484	660	823
8	1,026	525	501	43	1,691	857	834	78	1,409	621	788
9	1,029	527	503	44	1,735	880	855	79	1,420	619	801
10	1,054	540	514	45	1,816	921	895	80	1,346	580	766
11	1,063	545	518	46	1,891	958	933	81	1,188	503	686
12	1,069	548	521	47	1,997	1,012	985	82	998	415	584
13	1,089	558	531	48	2,032	1,027	1,006	83	1,024	415	609
14	1,083	555	527	49	1,995	1,009	986	84	1,005	398	607
15	1,075	550	524	50	1,936	978	959	85	955	368	587
16	1,076	553	524	51	1,876	946	930	86	855	316	538
17	1,119	575	545	52	1,846	929	917	87	753	268	485
18	1,131	582	549	53	1,800	905	895	88	694	236	459
19	1,178	604	574	54	1,794	901	893	89	615	200	415
20	1,221	624	597	55	1,400	700	700	90	532	163	369
21	1,245	638	607	56	1,723	862	861	91	445	129	316
22	1,247	637	610	57	1,613	806	807	92	378	103	275
23	1,274	652	622	58	1,571	784	787	93	313	80	234
24	1,277	654	623	59	1,518	757	762	94	236	56	179
25	1,278	656	622	60	1,486	739	747	95	186	41	145
26	1,293	664	629	61	1,492	739	753	96	137	28	109
27	1,286	661	625	62	1,516	750	766	97	97	18	79
28	1,256	646	610	63	1,471	724	746	98	69	11	58
29	1,266	650	616	64	1,426	701	725	99	48	7	42
30	1,257	644	613	65	1,494	732	762	100歳以上	85	10	75
31	1,281	655	626	66	1,535	751	784				
32	1,302	665	637	67	1,529	744	785				
33	1,341	685	655	68	1,615	781	834				
34	1,375	702	674	69	1,696	816	880				

「国勢調査」による人口を基礎とした推計人口（10月1日現在）による。
資料　総務省統計局「人口推計」

2-5　年齢5歳階級別人口

（単位　1,000人）

年次		総数	0～4歳	5～9	10～14	15～19	20～24	25～29	30～34	35～39	40～44
総数											
平成 12	年	126,926	5,904	6,022	6,547	7,488	8,421	9,790	8,777	8,115	7,800
17		127,768	5,578	5,928	6,015	6,568	7,351	8,280	9,755	8,736	8,081
22		128,057	5,297	5,586	5,921	6,063	6,426	7,294	8,341	9,786	8,742
27		127,095	4,988	5,300	5,599	6,008	5,968	6,410	7,291	8,316	9,732
令和 元	年	126,167	4,758	5,101	5,351	5,820	6,388	6,240	6,752	7,551	8,718
2		126,146	4,516	5,089	5,351	5,617	5,931	6,032	6,485	7,312	8,291
3		125,502	4,389	5,038	5,357	5,580	6,263	6,379	6,556	7,354	8,173
男											
平成 12	年	62,111	3,023	3,083	3,353	3,834	4,307	4,965	4,437	4,096	3,924
17		62,349	2,855	3,037	3,081	3,373	3,755	4,199	4,933	4,403	4,065
22		62,328	2,711	2,860	3,032	3,109	3,266	3,692	4,221	4,950	4,400
27		61,842	2,551	2,715	2,868	3,085	3,046	3,256	3,685	4,204	4,914
令和 元	年	61,411	2,438	2,612	2,740	2,985	3,299	3,216	3,447	3,828	4,417
2		61,350	2,311	2,607	2,742	2,880	3,018	3,074	3,297	3,697	4,189
3		61,019	2,246	2,581	2,746	2,864	3,205	3,276	3,352	3,736	4,144
女											
平成 12	年	64,815	2,882	2,938	3,193	3,654	4,114	4,825	4,340	4,019	3,876
17		65,419	2,724	2,892	2,934	3,195	3,596	4,081	4,822	4,333	4,015
22		65,730	2,586	2,726	2,889	2,954	3,160	3,602	4,120	4,836	4,341
27		65,253	2,437	2,585	2,731	2,923	2,922	3,154	3,606	4,112	4,818
令和 元	年	64,756	2,320	2,489	2,610	2,835	3,089	3,025	3,305	3,723	4,301
2		64,797	2,205	2,482	2,608	2,737	2,913	2,958	3,188	3,615	4,102
3		64,483	2,144	2,457	2,611	2,716	3,058	3,103	3,204	3,618	4,029

年次		45～49	50～54	55～59	60～64	65～69	70～74	75～79	80～84	85～89	90歳以上
総数											
平成 12	年	8,916	10,442	8,734	7,736	7,106	5,901	4,151	2,615	1,532	701
17		7,726	8,796	10,255	8,545	7,433	6,637	5,263	3,412	1,849	1,077
22		8,033	7,644	8,664	10,037	8,210	6,963	5,941	4,336	2,433	1,362
27		8,663	7,930	7,515	8,455	9,644	7,696	6,277	4,961	3,117	1,770
令和 元	年	9,802	8,567	7,711	7,523	8,709	8,686	7,241	5,328	3,612	2,309
2		9,650	8,540	7,767	7,297	8,075	9,012	6,931	5,297	3,670	2,351
3		9,732	9,252	7,824	7,391	7,869	9,672	6,712	5,563	3,872	2,526
男											
平成 12	年	4,468	5,210	4,290	3,750	3,357	2,670	1,626	915	477	176
17		3,868	4,383	5,077	4,155	3,545	3,040	2,256	1,223	555	256
22		4,028	3,810	4,287	4,920	3,922	3,226	2,583	1,693	744	303
27		4,355	3,968	3,730	4,151	4,660	3,582	2,787	1,994	1,057	405
令和 元	年	4,957	4,309	3,852	3,713	4,217	4,095	3,238	2,198	1,274	578
2		4,863	4,277	3,865	3,593	3,910	4,249	3,093	2,196	1,303	593
3		4,927	4,658	3,908	3,654	3,824	4,565	2,991	2,310	1,388	646
女											
平成 12	年	4,448	5,232	4,444	3,986	3,749	3,230	2,525	1,699	1,055	525
17		3,858	4,413	5,178	4,390	3,888	3,598	3,006	2,190	1,294	822
22		4,005	3,835	4,376	5,117	4,288	3,738	3,358	2,644	1,688	1,059
27		4,308	3,962	3,786	4,304	4,984	4,113	3,489	2,967	2,061	1,365
令和 元	年	4,846	4,258	3,859	3,810	4,492	4,591	4,003	3,130	2,338	1,731
2		4,787	4,263	3,902	3,704	4,165	4,763	3,838	3,101	2,366	1,758
3		4,804	4,594	3,916	3,737	4,045	5,106	3,722	3,253	2,485	1,882

10月1日現在。国勢調査による人口であり、総数には年齢不詳を含む。令和元、3年は国勢調査人口を基礎とした推計人口による。

資料　総務省統計局「国勢調査結果」「人口推計」

2-6　都道府県、年齢3区分別人口 （令和3年）

（単位　1,000人）

都道府県	総数	0～14歳	15～64歳	65歳以上	75歳以上
全国	**125,502**	**14,784**	**74,504**	**36,214**	**18,674**
北海道	5,183	544	2,953	1,686	864
青森	1,221	127	676	419	211
岩手	1,196	129	659	409	213
宮城	2,290	264	1,371	655	322
秋田	945	90	495	360	188
山形	1,055	117	576	362	188
福島	1,812	202	1,025	585	289
茨城	2,852	328	1,664	860	424
栃木	1,921	223	1,130	569	273
群馬	1,927	221	1,117	589	299
埼玉	7,340	860	4,480	2,000	1,013
千葉	6,275	727	3,800	1,748	892
東京	14,010	1,553	9,255	3,202	1,701
神奈川	9,236	1,071	5,789	2,376	1,248
新潟	2,177	242	1,213	723	371
富山	1,025	114	575	337	176
石川	1,125	135	652	338	172
福井	760	94	431	236	121
山梨	805	91	463	252	130
長野	2,033	240	1,136	657	355
岐阜	1,961	237	1,120	605	312
静岡	3,608	429	2,079	1,099	568
愛知	7,517	966	4,633	1,918	992
三重	1,756	209	1,016	531	276
滋賀	1,411	189	845	376	187
京都	2,561	289	1,515	758	400
大阪	8,806	1,018	5,346	2,442	1,296
兵庫	5,432	655	3,169	1,608	835
奈良	1,315	152	741	423	219
和歌山	914	104	502	308	163
鳥取	549	67	302	180	92
島根	665	81	355	229	121
岡山	1,876	230	1,071	575	305
広島	2,780	347	1,605	827	431
山口	1,328	151	712	465	245
徳島	712	77	388	247	125
香川	942	113	526	303	155
愛媛	1,321	151	726	444	230
高知	684	74	365	245	131
福岡	5,124	661	3,017	1,445	721
佐賀	806	108	448	251	126
長崎	1,297	161	700	435	219
熊本	1,728	227	951	551	283
大分	1,114	134	605	376	195
宮崎	1,061	138	571	351	178
鹿児島	1,576	205	850	521	265
沖縄	1,468	242	887	339	156

国勢調査による人口を基礎とした推計人口（10月1日現在）による。
資料　総務省統計局「人口推計」

2-7　年齢階級、配偶関係別15歳以上人口

（単位　1,000人）

年次、年齢階級	男				
	総数 1)	未婚	有配偶	死別	離別
平成12年	52,503	16,680	32,448	1,397	1,418
17	53,086	16,686	32,260	1,515	1,744
22	53,155	16,639	31,859	1,608	1,999
27	52,880	16,324	31,236	1,656	2,109
令和2年	52,098	15,836	30,138	1,574	2,054
15～19 歳	2,880	2,855	6.5	0.2	0.5
20～24	3,018	2,670	127	0.4	5.7
25～29	3,074	2,009	724	0.5	24
30～34	3,297	1,440	1,544	1.1	56
35～39	3,697	1,198	2,167	3.0	100
40～44	4,189	1,155	2,655	6.9	155
45～49	4,863	1,254	3,113	16	237
50～54	4,277	984	2,793	25	261
55～59	3,865	726	2,669	42	266
60～64	3,593	536	2,613	69	249
65～69	3,910	466	2,938	130	249
70～74	4,249	334	3,323	225	236
75～79	3,093	129	2,490	256	125
80～84	2,196	53	1,726	286	61
85 歳以上	1,897	27	1,250	513	29

年次、年齢階級	女				
	総数 1)	未婚	有配偶	死別	離別
平成12年	55,721	13,201	32,435	7,233	2,428
17	56,679	13,147	32,323	7,660	2,957
22	57,123	13,090	31,927	7,801	3,283
27	56,874	12,918	31,389	7,923	3,487
令和2年	56,160	12,651	30,331	7,509	3,548
15～19 歳	2,737	2,714	9.1	0.2	0.8
20～24	2,913	2,538	196	0.9	14
25～29	2,958	1,721	979	1.3	56
30～34	3,188	1,070	1,843	3.2	120
35～39	3,615	823	2,448	8.2	202
40～44	4,102	769	2,881	19	298
45～49	4,787	814	3,331	45	441
50～54	4,263	626	2,976	79	446
55～59	3,902	430	2,814	141	414
60～64	3,704	285	2,736	246	356
65～69	4,165	239	2,997	479	361
70～74	4,763	229	3,141	894	368
75～79	3,838	150	2,117	1,200	224
80～84	3,101	106	1,219	1,478	130
85 歳以上	4,124	137	646	2,915	115

「国勢調査」（10月1日現在）による。日本人・外国人の別不詳を含む。　1)　配偶関係不詳を含む。
資料　総務省統計局「国勢調査結果」

2-8 国籍別在留外国人数

国籍・地域	令和元年末	2年末	3年末
総数	2,933,137	2,887,116	2,760,635
アジア			
# アフガニスタン	3,350	3,509	3,782
イラン	4,170	4,121	4,055
インド	40,202	38,558	36,058
インドネシア	66,860	66,832	59,820
韓国	446,364	426,908	409,855
カンボジア	15,020	16,659	14,736
シンガポール	3,164	2,958	2,738
スリランカ	27,367	29,290	28,986
タイ	54,809	53,379	50,324
台湾	64,773	55,872	51,191
中国	813,675	778,112	716,606
朝鮮	28,096	27,214	26,312
トルコ	5,419	6,212	5,900
ネパール	96,824	95,982	97,109
パキスタン	17,766	19,103	19,120
バングラデシュ	16,632	17,463	17,538
フィリピン	282,798	279,660	276,615
ベトナム	411,968	448,053	432,934
マレーシア	10,862	10,318	9,659
ミャンマー	32,049	35,049	37,246
モンゴル	12,797	13,504	12,425
北アメリカ			
# アメリカ合衆国	59,172	55,761	54,162
カナダ	11,118	10,103	9,848
南アメリカ			
# アルゼンチン	3,077	2,966	2,903
ブラジル	211,677	208,538	204,879
ペルー	48,669	48,256	48,291
ボリビア	6,096	6,119	6,227
ヨーロッパ			
# イギリス	18,631	16,891	16,163
イタリア	4,702	4,263	4,044
ウズベキスタン	3,627	3,632	3,670
スペイン	3,620	3,240	3,017
ドイツ	7,782	6,114	5,553
フランス	14,106	12,264	11,319
ロシア	9,378	9,249	9,118
アフリカ			
# ナイジェリア	3,201	3,315	3,347
オセアニア			
# オーストラリア	12,024	9,758	8,960
ニュージーランド	3,672	3,280	3,160
無国籍	646	627	503

「在留外国人統計」による。
資料　出入国在留管理庁「在留外国人統計」

2-9　海外在留邦人数

国（地域）	令和元年	2年	3年	#永住者
総数 　　　　　1)	1,410,356	1,357,724	1,344,900	537,662
アジア、中東				
# アラブ首長国連邦	4,323	4,358	4,428	115
インド	10,294	9,239	9,313	316
インドネシア	19,435	18,191	16,539	1,196
韓国	45,664	40,500	41,238	13,871
シンガポール	36,797	36,585	36,200	3,432
タイ	79,123	81,187	82,574	1,879
台湾	25,678	24,552	24,162	6,151
中国 　　　　　2)	116,484	111,769	107,715	3,619
フィリピン	17,753	16,990	15,728	5,955
ベトナム	23,148	23,437	22,185	321
マレーシア	26,701	30,973	27,256	2,044
北米、中米				
# アメリカ合衆国	444,063	426,354	429,889	218,250
カナダ	74,687	70,937	70,892	49,120
メキシコ	12,600	11,659	11,390	2,653
南米				
# アルゼンチン	11,519	11,440	11,406	10,891
コロンビア	1,341	1,203	1,212	767
チリ	1,714	1,641	1,632	615
パラグアイ	5,441	5,603	5,330	5,032
ブラジル	50,491	49,689	48,703	45,420
ペルー	3,336	3,174	3,182	2,691
ボリビア	2,944	2,825	2,735	2,620
ヨーロッパ				
# イギリス	66,192	63,030	63,653	25,615
イタリア	14,937	14,435	14,020	5,069
オーストリア	3,094	3,140	3,234	1,778
オランダ	10,607	10,460	10,670	2,392
スイス	11,734	11,627	11,792	6,277
スウェーデン	4,465	4,240	4,476	3,494
スペイン	9,475	9,170	9,462	3,347
ドイツ	44,765	41,757	42,135	16,068
フランス	40,538	37,134	36,347	9,240
ベルギー	6,074	5,780	5,827	1,849
アフリカ				
# エジプト	1,056	755	719	232
ガーナ	305	229	267	32
ケニア	743	652	674	43
南アフリカ	1,372	1,039	1,112	244
モロッコ	375	368	355	60
オセアニア				
# オーストラリア	103,638	97,532	93,451	59,293
ニュージーランド	22,047	21,694	20,430	11,046

「海外在留邦人数調査統計」による。各年10月1日現在の日本国籍（重国籍を含む）を有する海外長期滞在者
（3か月以上）及び永住者。　1）南極を含む。　2）香港、マカオを含む。
資料　外務省「海外在留邦人数調査統計」

2-10　都市別海外在留邦人数

国（地域）	令和元年	2年	3年
総数　　　　　　　　1)	1,410,356	1,357,724	1,344,900
アジア			
# クアラルンプール	13,502	16,404	14,051
上海（中国）	41,756	39,801	37,968
シンガポール	36,797	36,585	36,200
ソウル特別市	14,920	12,201	12,665
台北（台湾）	12,581	12,377	11,756
ハノイ	8,622	7,945	8,624
バンコク	57,486	58,783	59,744
北京（中国）	8,151	7,730	7,617
ホーチミン	11,927	12,481	10,768
香港（中国）	24,205	23,791	24,097
マニラ首都圏	8,792	8,208	7,225
北米			
# サンノゼ都市圏（米国）	16,008	15,498	15,600
サンフランシスコ都市圏	19,997	19,765	20,089
サンディエゴ	8,949	8,613	8,589
シアトル都市圏	11,355	11,583	11,856
シカゴ都市圏	12,147	11,973	12,271
トロント大都市圏	14,160	16,878	16,589
ニューヨーク都市圏	40,496	39,850	39,932
バンクーバー都市圏	27,962	26,661	26,885
ホノルル	21,329	23,735	23,863
ロサンゼルス都市圏	68,595	67,501	67,107
南米			
# サンパウロ	11,295	11,193	11,013
ヨーロッパ			
# 大ロンドン市	34,125	32,257	32,371
パリ	13,152	11,230	10,491
オセアニア			
# オークランド都市圏	10,598	10,486	10,201
ゴールドコースト	10,901	10,522	9,799
シドニー都市圏	34,679	31,405	28,742
パース都市圏	7,835	7,611	7,362
ブリスベン都市圏	10,803	11,915	11,063
メルボルン都市圏	20,175	19,896	18,561

「海外在留邦人数調査統計」による。各年10月1日現在の日本国籍（重国籍を含む）を有する海外長期滞在者
（3か月以上）及び永住者。
1)　南極を含む。
資料　外務省「海外在留邦人数調査統計」

2-11　家族類型別一般世帯数

(単位　1,000世帯)

年次	総数	親族のみの世帯 計	核家族世帯				核家族以外の世帯
			夫婦のみ	夫婦と子供	男親と子供	女親と子供	夫婦と両親
平成17年	49,063	34,246	9,625	14,631	605	3,465	246
22	a)51,842	34,516	10,244	14,440	664	3,859	232
27	a)53,332	34,315	10,718	14,288	703	4,045	191
令和2年	a)55,705	33,890	11,159	13,949	738	4,265	159
(再掲)							
# 18歳未満の世帯員のいる世帯	10,734	10,679	0.2	8,122	107	1,080	0.0
# 65歳以上の世帯員のいる世帯	22,655	15,807	6,848	3,083	451	2,146	151

年次	親族のみの世帯 核家族以外の世帯				非親族を含む世帯	単独世帯
	夫婦とひとり親	夫婦、子供と両親	夫婦、子供とひとり親	その他		
平成17年	737	1,177	1,819	1,939	360	14,457
22	731	920	1,516	1,910	456	16,785
27	676	710	1,214	1,770	464	18,418
令和2年	609	499	918	1,594	504	21,151
(再掲)						
# 18歳未満の世帯員のいる世帯	0.0	350	399	622	47	8.0
# 65歳以上の世帯員のいる世帯	598	464	871	1,195	131	6,717

「国勢調査」（10月1日現在）による。一般世帯とは、住居と生計を共にしている人の集まり又は一戸を構えて住んでいる単身者、別に生計を維持している間借りの単身者又は下宿屋などに下宿している単身者及び寄宿舎、独身寮などに居住している単身者をいう。　a)　家族類型不詳を含む。
資料　総務省統計局　「国勢調査結果」

2-12　都道府県、世帯人員別一般世帯数と世帯の種類別世帯人員 （令和2年）

（単位　1,000）

都道府県	一般世帯								施設等の世帯人員
	世帯人員別世帯数						世帯人員	1世帯当たり人員（人）	
	総数	1人	2	3	4	5人以上			
全国	55,705	21,151	15,657	9,230	6,630	3,038	123,163	2.21	2,983
北海道	2,469	1,000	793	371	222	84	5,033	2.04	192
青森	510	169	154	92	58	37	1,192	2.34	46
岩手	491	163	142	87	56	42	1,174	2.39	36
宮城	981	362	262	169	118	69	2,251	2.30	51
秋田	384	117	119	71	45	31	924	2.41	36
山形	397	113	110	74	53	47	1,035	2.61	33
福島	740	245	208	131	90	66	1,789	2.42	44
茨城	1,182	386	342	213	154	86	2,803	2.37	64
栃木	795	262	225	144	106	59	1,892	2.38	41
群馬	803	260	237	146	108	52	1,885	2.35	54
埼玉	3,158	1,072	918	581	429	157	7,205	2.28	140
千葉	2,768	1,003	795	485	352	132	6,166	2.23	118
東京	7,217	3,626	1,695	1,002	698	196	13,839	1.92	208
神奈川	4,210	1,651	1,160	713	524	162	9,060	2.15	177
新潟	863	266	243	159	113	82	2,141	2.48	60
富山	403	120	114	77	56	37	1,008	2.50	27
石川	469	163	130	81	60	35	1,097	2.34	35
福井	291	86	79	52	41	32	746	2.57	20
山梨	338	110	102	60	43	23	790	2.34	20
長野	830	258	250	149	107	66	1,999	2.41	49
岐阜	779	229	226	143	113	68	1,937	2.49	42
静岡	1,481	472	429	270	197	113	3,551	2.40	82
愛知	3,233	1,175	861	553	445	199	7,412	2.29	130
三重	741	245	220	130	99	47	1,728	2.33	42
滋賀	571	182	155	102	86	46	1,391	2.44	22
京都	1,189	490	326	184	135	54	2,524	2.12	54
大阪	4,127	1,727	1,122	639	470	169	8,660	2.10	178
兵庫	2,399	863	706	407	303	121	5,356	2.23	109
奈良	544	159	175	101	76	33	1,293	2.38	31
和歌山	393	128	128	69	48	22	896	2.28	26
鳥取	219	71	62	39	27	21	535	2.44	18
島根	268	89	79	45	31	25	645	2.40	26
岡山	800	285	226	135	101	54	1,836	2.30	52
広島	1,241	463	367	202	145	63	2,725	2.20	75
山口	597	218	193	95	62	29	1,294	2.17	48
徳島	307	110	91	53	36	18	693	2.26	26
香川	406	140	123	70	49	23	921	2.27	29
愛媛	600	225	186	97	63	29	1,295	2.16	40
高知	314	123	97	49	31	14	664	2.11	28
福岡	2,318	943	635	360	256	124	4,986	2.15	149
佐賀	311	94	88	56	40	32	782	2.51	30
長崎	556	191	177	92	59	37	1,260	2.27	53
熊本	717	243	212	121	85	55	1,679	2.34	60
大分	488	175	151	80	53	28	1,082	2.22	42
宮崎	469	168	152	74	48	27	1,030	2.20	39
鹿児島	726	283	233	106	69	35	1,528	2.11	60
沖縄	613	230	157	100	72	55	1,430	2.33	37

「国勢調査」（10月1日現在）による。施設等の世帯とは、一般世帯以外の世帯を構成する人又はその集まりをいい、学校の寮・寄宿舎の学生・生徒、病院・療養所などの入院者、社会施設の入所者、自衛隊の営舎内・艦船内の居住者、矯正施設の入所者などから成る世帯をいう。
資料　総務省統計局「国勢調査結果」

2-13　都道府県別昼間人口と自宅外就業・通学者数（令和2年）

(単位　1,000人)

都道府県	昼間人口	昼夜間人口比率	自宅外就業・通学者数			
			自市区町村で従業・通学	県内他市区町村で従業・通学	他県で従業・通学	他県より従業・通学
全国	126,146	100.0	35,050	15,765	5,456	5,456
北海道	5,223	100.0	1,745	375	5.3	3.8
青森	1,237	99.9	489	128	7.2	6.0
岩手	1,208	99.8	488	142	13	10
宮城	2,303	100.1	677	311	21	23
秋田	958	99.8	394	82	4.5	2.8
山形	1,065	99.7	398	158	8.3	5.5
福島	1,835	100.1	705	201	18	19
茨城	2,803	97.8	837	482	150	86
栃木	1,915	99.1	642	278	75	57
群馬	1,938	100.0	645	322	63	62
埼玉	6,582	89.6	1,513	1,038	1,020	257
千葉	5,672	90.3	1,360	852	798	186
東京	16,315	116.1	2,254	1,157	495	2,762
神奈川	8,469	91.7	1,814	992	1,086	318
新潟	2,200	100.0	832	205	6.8	5.8
富山	1,033	99.8	409	160	10	7.8
石川	1,134	100.2	437	179	10	12
福井	768	100.1	307	120	6.7	7.8
山梨	804	99.3	234	170	17	10
長野	2,043	99.7	761	313	15	9.3
岐阜	1,912	96.6	632	318	118	51
静岡	3,625	99.8	1,251	472	42	34
愛知	7,630	101.2	2,066	1,377	89	176
三重	1,745	98.6	629	238	56	31
滋賀	1,369	96.9	437	231	87	43
京都	2,622	101.7	585	224	145	190
大阪	9,182	103.9	1,687	1,518	258	602
兵庫	5,250	96.1	1,429	670	348	133
奈良	1,206	91.1	281	190	172	54
和歌山	908	98.5	309	104	33	18
鳥取	553	99.8	221	61	9.1	8.2
島根	672	100.1	312	41	8.6	9.2
岡山	1,889	100.0	644	209	23	24
広島	2,804	100.2	970	237	26	31
山口	1,337	99.6	548	124	20	15
徳島	717	99.6	222	115	6.9	4.1
香川	951	100.1	341	134	8.9	10
愛媛	1,336	100.1	538	97	7.0	8.0
高知	691	99.9	237	79	3.0	2.3
福岡	5,140	100.1	1,347	693	66	70
佐賀	814	100.4	290	108	38	41
長崎	1,309	99.7	555	112	11	7.9
熊本	1,732	99.6	540	221	21	15
大分	1,123	99.9	481	83	12	11
宮崎	1,069	99.9	454	79	8.3	7.5
鹿児島	1,587	99.9	694	114	10	8.2
沖縄	1,467	100.0	410	253	1.6	1.4

「国勢調査」（10月1日現在）による。昼間人口は、常住人口（夜間人口）に、他地域への従業・通学者を差し引き、他地域からの従業・通学者を加えたものであり、昼夜間人口比率は、常住人口100人当たりの昼間人口の割合である。
資料　総務省統計局「国勢調査結果」

2-14　都道府県別転出入者数 (令和3年)

都道府県	都道府県内移動者数	他都道府県からの転入者数	他都道府県への転出者数	転入超過数 (-は転出超過)
全国	2,575,876	2,242,845	2,242,845	0
北海道	178,786	48,832	50,979	-2,147
青森	15,135	16,169	20,396	-4,227
岩手	17,046	16,149	19,022	-2,873
宮城	51,924	44,079	43,962	117
秋田	9,013	10,541	13,439	-2,898
山形	13,385	12,023	15,134	-3,111
福島	24,726	23,067	28,738	-5,671
茨城	41,046	47,382	46,501	881
栃木	22,442	30,533	31,249	-716
群馬	24,338	26,973	27,947	-974
埼玉	136,238	165,913	143,434	22,479
千葉	115,560	143,204	124,979	18,225
東京	412,038	388,297	377,482	10,815
神奈川	210,876	217,649	188,727	28,922
新潟	33,270	20,603	26,389	-5,786
富山	9,913	11,479	13,096	-1,617
石川	14,871	17,248	18,395	-1,147
福井	7,987	8,819	10,915	-2,096
山梨	13,294	13,924	13,672	252
長野	32,134	26,859	27,831	-972
岐阜	25,162	24,769	29,931	-5,162
静岡	63,105	48,863	53,512	-4,649
愛知	187,488	103,901	106,496	-2,595
三重	21,425	25,040	28,520	-3,480
滋賀	18,569	25,534	25,195	339
京都	47,396	51,890	55,364	-3,474
大阪	218,851	154,207	148,324	5,883
兵庫	95,346	83,089	89,309	-6,220
奈良	16,297	22,921	24,617	-1,696
和歌山	10,003	10,970	13,121	-2,151
鳥取	5,602	8,435	9,305	-870
島根	7,282	9,548	10,818	-1,270
岡山	30,978	26,216	29,098	-2,882
広島	55,073	42,067	47,430	-5,363
山口	17,093	20,755	23,459	-2,704
徳島	10,234	8,820	10,458	-1,638
香川	10,449	15,429	17,192	-1,763
愛媛	16,285	17,367	19,889	-2,522
高知	10,410	8,830	10,246	-1,416
福岡	148,988	96,936	89,245	7,691
佐賀	10,071	15,032	16,211	-1,179
長崎	19,441	20,531	26,201	-5,670
熊本	41,774	27,040	27,763	-723
大分	14,338	17,432	18,873	-1,441
宮崎	15,277	17,092	18,538	-1,446
鹿児島	30,542	24,892	26,430	-1,538
沖縄	44,375	25,496	25,013	483

「住民基本台帳人口移動報告」による。日本人移動者。
資料　総務省統計局「住民基本台帳人口移動報告」

2-15 出生・死亡数と婚姻・離婚件数

年次	出生数	死亡数	婚姻件数	離婚件数	人口1,000につき					乳児死亡率（出生1,000につき）
					出生率	死亡率	自然増減率	婚姻率	離婚率	
昭和47 年	2,038,682	683,751	1,099,984	108,382	19.3	6.5	12.8	10.4	1.02	11.7
48	2,091,983	709,416	1,071,923	111,877	19.4	6.6	12.8	9.9	1.04	11.3
49	2,029,989	710,510	1,000,455	113,622	18.6	6.5	12.1	9.1	1.04	10.8
50	1,901,440	702,275	941,628	119,135	17.1	6.3	10.8	8.5	1.07	10.0
51	1,832,617	703,270	871,543	124,512	16.3	6.3	10.0	7.8	1.11	9.3
52	1,755,100	690,074	821,029	129,485	15.5	6.1	9.4	7.2	1.14	8.9
53	1,708,643	695,821	793,257	132,146	14.9	6.1	8.8	6.9	1.15	8.4
54	1,642,580	689,664	788,505	135,250	14.2	6.0	8.3	6.8	1.17	7.9
55	1,576,889	722,801	774,702	141,689	13.6	6.2	7.3	6.7	1.22	7.5
56	1,529,455	720,262	776,531	154,221	13.0	6.1	6.9	6.6	1.32	7.1
57	1,515,392	711,883	781,252	163,980	12.8	6.0	6.8	6.6	1.39	6.6
58	1,508,687	740,038	762,552	179,150	12.7	6.2	6.5	6.4	1.51	6.2
59	1,489,780	740,247	739,991	178,746	12.5	6.2	6.3	6.2	1.50	6.0
60	1,431,577	752,283	735,850	166,640	11.9	6.3	5.6	6.1	1.39	5.5
61	1,382,946	750,620	710,962	166,054	11.4	6.2	5.2	5.9	1.37	5.2
62	1,346,658	751,172	696,173	158,227	11.1	6.2	4.9	5.7	1.30	5.0
63	1,314,006	793,014	707,716	153,600	10.8	6.5	4.3	5.8	1.26	4.8
平成 元 年	1,246,802	788,594	708,316	157,811	10.2	6.4	3.7	5.8	1.29	4.6
2	1,221,585	820,305	722,138	157,608	10.0	6.7	3.3	5.9	1.28	4.6
3	1,223,245	829,797	742,264	168,969	9.9	6.7	3.2	6.0	1.37	4.4
4	1,208,989	856,643	754,441	179,191	9.8	6.9	2.9	6.1	1.45	4.5
5	1,188,282	878,532	792,658	188,297	9.6	7.1	2.5	6.4	1.52	4.3
6	1,238,328	875,933	782,738	195,106	10.0	7.1	2.9	6.3	1.57	4.2
7	1,187,064	922,139	791,888	199,016	9.6	7.4	2.1	6.4	1.60	4.3
8	1,206,555	896,211	795,080	206,955	9.7	7.2	2.5	6.4	1.66	3.8
9	1,191,665	913,402	775,651	222,635	9.5	7.3	2.2	6.2	1.78	3.7
10	1,203,147	936,484	784,595	243,183	9.6	7.5	2.1	6.3	1.94	3.6
11	1,177,669	982,031	762,028	250,529	9.4	7.8	1.6	6.1	2.00	3.4
12	1,190,547	961,653	798,138	264,246	9.5	7.7	1.8	6.4	2.10	3.2
13	1,170,662	970,331	799,999	285,911	9.3	7.7	1.6	6.4	2.27	3.1
14	1,153,855	982,379	757,331	289,836	9.2	7.8	1.4	6.0	2.30	3.0
15	1,123,610	1,014,951	740,191	283,854	8.9	8.0	0.9	5.9	2.25	3.0
16	1,110,721	1,028,602	720,418	270,804	8.8	8.2	0.7	5.7	2.15	2.8
17	1,062,530	1,083,796	714,265	261,917	8.4	8.6	-0.2	5.7	2.08	2.8
18	1,092,674	1,084,451	730,973	257,475	8.7	8.6	0.1	5.8	2.04	2.6
19	1,089,818	1,108,334	719,822	254,832	8.6	8.8	-0.1	5.7	2.02	2.6
20	1,091,156	1,142,407	726,106	251,136	8.7	9.1	-0.4	5.8	1.99	2.6
21	1,070,036	1,141,865	707,740	253,354	8.5	9.1	-0.6	5.6	2.01	2.4
22	1,071,305	1,197,014	700,222	251,379	8.5	9.5	-1.0	5.5	1.99	2.3
23	1,050,807	1,253,068	661,898	235,720	8.3	9.9	-1.6	5.2	1.87	2.3
24	1,037,232	1,256,359	668,870	235,407	8.2	10.0	-1.7	5.3	1.87	2.2
25	1,029,817	1,268,438	660,622	231,385	8.2	10.1	-1.9	5.3	1.84	2.1
26	1,003,609	1,273,025	643,783	222,115	8.0	10.1	-2.1	5.1	1.77	2.1
27	1,005,721	1,290,510	635,225	226,238	8.0	10.3	-2.3	5.1	1.81	1.9
28	977,242	1,308,158	620,707	216,856	7.8	10.5	-2.6	5.0	1.73	2.0
29	946,146	1,340,567	606,952	212,296	7.6	10.8	-3.2	4.9	1.70	1.9
30	918,400	1,362,470	586,481	208,333	7.4	11.0	-3.6	4.7	1.68	1.9
令和 元 年	865,239	1,381,093	599,007	208,496	7.0	11.2	-4.2	4.8	1.69	1.9
2	840,835	1,372,755	525,507	193,253	6.8	11.1	-4.3	4.3	1.57	1.8
3	811,622	1,439,856	501,138	184,384	6.6	11.7	-5.1	4.1	1.50	1.7

「人口動態調査」による。日本において発生した日本人に関するもの。昭和47年は沖縄県を除く。
資料　厚生労働省「人口動態統計」

2-16　都道府県別出生・死亡数と婚姻・離婚件数（令和3年）

都道府県	出生数	死亡数	婚姻件数	離婚件数	人口1,000につき					乳児死亡率（出生1,000につき）
					出生率	死亡率	自然増減率	婚姻率	離婚率	
全国　　1)	811,622	1,439,856	501,138	184,384	6.6	11.7	-5.1	4.1	1.50	1.7
北海道	28,762	69,023	19,326	8,662	5.6	13.4	-7.8	3.8	1.68	2.1
青森	6,513	18,785	3,736	1,783	5.4	15.4	-10.1	3.1	1.47	1.7
岩手	6,472	17,631	3,673	1,459	5.4	14.8	-9.4	3.1	1.23	1.5
宮城	13,761	25,897	8,595	3,228	6.1	11.4	-5.3	3.8	1.42	1.5
秋田	4,335	16,019	2,618	1,043	4.6	17.0	-12.4	2.8	1.11	1.2
山形	5,898	15,753	3,386	1,240	5.6	15.0	-9.4	3.2	1.18	1.0
福島	10,649	25,559	6,346	2,702	5.9	14.2	-8.3	3.5	1.50	2.3
茨城	16,502	33,814	10,021	4,059	5.9	12.1	-6.2	3.6	1.46	2.2
栃木	11,475	22,712	7,127	2,799	6.1	12.1	-6.0	3.8	1.49	2.0
群馬	11,236	24,304	6,787	2,842	6.0	13.0	-7.0	3.6	1.52	2.2
埼玉	45,424	75,164	28,345	10,626	6.4	10.5	-4.2	4.0	1.49	1.4
千葉	38,426	65,244	24,234	9,011	6.3	10.7	-4.4	4.0	1.47	2.1
東京	95,404	127,649	69,813	19,605	7.1	9.5	-2.4	5.2	1.46	1.7
神奈川	58,836	89,701	38,664	13,169	6.5	10.0	-3.4	4.3	1.46	1.4
新潟	12,608	30,990	7,088	2,617	5.8	14.3	-8.5	3.3	1.21	1.7
富山	6,076	13,650	3,548	1,164	6	13.5	-7.5	3.5	1.15	2.1
石川	7,258	13,214	4,214	1,380	6.5	11.9	-5.4	3.8	1.24	1.5
福井	5,223	9,721	2,821	1,018	7.0	13.0	-6.0	3.8	1.36	1.1
山梨	4,966	10,107	2,974	1,155	6.3	12.8	-6.5	3.8	1.46	1.0
長野	12,514	26,001	7,347	2,667	6.3	13.0	-6.7	3.7	1.33	1.0
岐阜	11,730	24,126	6,589	2,578	6.2	12.7	-6.5	3.5	1.35	1.4
静岡	21,571	43,194	13,341	5,162	6.1	12.2	-6.2	3.8	1.47	2.5
愛知	53,918	73,769	33,509	11,130	7.4	10.2	-2.7	4.6	1.53	1.9
三重	10,980	21,639	6,474	2,508	6.4	12.7	-6.3	3.8	1.47	1.6
滋賀	10,130	13,674	5,733	1,887	7.4	9.9	-2.6	4.2	1.37	1.6
京都	15,818	28,316	9,417	3,658	6.3	11.3	-5.0	3.8	1.46	1.1
大阪	59,780	97,282	39,005	14,594	7.0	11.4	-4.4	4.6	1.70	1.5
兵庫	35,581	61,980	20,938	8,184	6.7	11.6	-5.0	3.9	1.54	1.5
奈良	7,751	15,573	4,435	1,837	6.0	12.0	-6.0	3.4	1.41	2.2
和歌山	5,514	12,930	3,264	1,442	6.1	14.3	-8.2	3.6	1.59	2.7
鳥取	3,708	7,605	1,977	788	6.8	14.0	-7.2	3.6	1.45	1.9
島根	4,415	9,851	2,337	863	6.7	15.0	-8.3	3.6	1.32	0.9
岡山	13,107	22,857	7,399	2,781	7.1	12.4	-5.3	4.0	1.51	1.5
広島	18,636	31,774	11,116	4,017	6.8	11.6	-4.8	4.1	1.47	1.6
山口	7,978	19,406	4,773	1,875	6.1	14.8	-8.7	3.6	1.43	1.9
徳島	4,337	10,465	2,457	1,077	6.1	14.8	-8.7	3.5	1.53	1.6
香川	6,223	12,329	3,668	1,439	6.7	13.3	-6.6	3.9	1.55	1.8
愛媛	8,011	18,770	4,571	1,881	6.1	14.3	-8.2	3.5	1.44	1.5
高知	4,090	10,423	2,332	1,043	6.0	15.3	-9.3	3.4	1.53	2.0
福岡	37,540	56,410	22,009	8,564	7.4	11.2	-3.7	4.4	1.70	2.0
佐賀	5,853	10,145	2,992	1,187	7.3	12.7	-5.4	3.7	1.48	1.9
長崎	8,862	18,244	4,704	1,825	6.9	14.2	-7.3	3.7	1.42	2.5
熊本	12,670	22,093	6,577	2,677	7.4	12.9	-5.5	3.8	1.56	2.2
大分	7,327	15,104	4,118	1,736	6.6	13.7	-7.1	3.7	1.58	1.8
宮崎	7,590	14,520	3,885	1,780	7.2	13.8	-6.6	3.7	1.69	2.4
鹿児島	11,618	21,979	5,835	2,455	7.4	14.0	-6.6	3.7	1.57	1.6
沖縄	14,535	13,582	7,020	3,187	10.0	9.4	0.7	4.8	2.20	1.6

「人口動態調査」による。日本において発生した日本人に関するもの。　　1)　出生数には外国人11人、死亡数には外国93人、不詳781人を含む。
資料　厚生労働省「人口動態統計」

2-17　女性の年齢階級別出生数と出生率

年次	女性の年齢階級							
	総数 1)	15〜19歳 2)	20〜24	25〜29	30〜34	35〜39	40〜44	45〜49 3)
出生数								
昭和 55 年	1,576,889	14,590	296,854	810,204	388,935	59,127	6,911	258
60	1,431,577	17,877	247,341	682,885	381,466	93,501	8,224	245
平成 2 年	1,221,585	17,496	191,859	550,994	356,026	92,377	12,587	224
7	1,187,064	16,112	193,514	492,714	371,773	100,053	12,472	414
12	1,190,547	19,772	161,361	470,833	396,901	126,409	14,848	402
17	1,062,530	16,573	128,135	339,328	404,700	153,440	19,750	598
22	1,071,305	13,546	110,956	306,910	384,386	220,101	34,609	792
27	1,005,721	11,930	84,465	262,266	364,887	228,302	52,561	1,308
28	977,242	11,099	82,194	250,715	355,018	223,329	53,484	1,401
29	946,146	9,900	79,272	240,959	345,441	216,954	52,108	1,512
30	918,400	8,778	77,023	233,754	334,906	211,021	51,258	1,659
令和 元 年	865,239	7,782	72,092	220,933	312,582	201,010	49,191	1,649
2	840,835	6,948	66,751	217,804	303,436	196,321	47,899	1,676
出生率 4)								
昭和 55 年	51.8	3.6	77.0	181.4	73.1	12.9	1.7	0.1
60	46.7	4.1	61.8	177.8	85.5	17.6	1.8	0.1
平成 2 年	39.2	3.6	44.8	139.8	93.2	20.8	2.4	0.0
7	38.7	3.9	40.4	116.0	94.4	26.2	2.8	0.1
12	41.3	5.5	39.9	99.5	93.5	32.1	3.9	0.1
17	38.8	5.2	36.6	85.3	85.6	36.1	5.0	0.2
22	40.4	4.6	36.1	87.4	95.3	46.2	8.1	0.2
27	39.5	4.1	29.4	85.1	103.3	56.4	11.0	0.3
28	38.6	3.8	28.6	83.5	102.7	57.3	11.4	0.3
29	37.9	3.5	27.5	82.1	102.2	57.5	11.4	0.3
30	37.3	3.1	26.6	81.1	102.0	57.4	11.7	0.4
令和 元 年	35.7	2.8	24.9	77.2	98.5	55.8	11.7	0.3
2	35.0	2.5	23.0	74.7	97.3	55.3	11.8	0.4

「人口動態調査」による。日本において発生した日本人に関するもの。　1)　年齢不詳を含む。　2)　15歳未満を含む。　3)　50歳以上を含む。　4)　該当年齢の女性人口1,000につき。総数は15〜49歳女性人口についての出生率。
資料　国立社会保障・人口問題研究所「人口統計資料集」

2-18　標準化人口動態率と女性の人口再生産率

年次	標準化人口動態率 (‰) 1)			女性の人口再生産率 2)		
	出生率	死亡率	自然増加率	合計特殊出生率 3)	総再生産率 4)	純再生産率 5)
平成 7 年	9.90	2.58	7.32	1.42	0.69	0.69
12	9.51	2.25	7.26	1.36	0.66	0.65
17	8.72	2.07	6.66	1.26	0.61	0.61
22	9.40	1.87	7.53	1.39	0.67	0.67
27	9.62	1.67	7.94	1.45	0.71	0.70
29	9.40	1.61	7.79	1.43	0.70	0.69
30	9.30	1.59	7.71	1.42	0.69	0.69
令和 元 年	8.92	1.57	7.34	1.36	0.66	0.66
2	8.69	1.55	7.14	1.33	0.65	0.64

率算出の基礎人口は、日本人人口を用いている。　1)　昭和5年全国人口を用いた任意標準人口標準化法（直接法）による。　2)　国勢調査人口及びそれに基づく推計人口、人口動態統計による出生数及び生命表の生残率による。　3)　1人の女性が再生産年齢（15〜49歳）を経過する間に子供を生んだと仮定した場合の平均出生児数。　4)　合計特殊出生率は男女児を両方含んでいるが、女児だけについて求めた同様な指標。　5)　総再生産率の出生女児について、さらに各年次の死亡率を考え、生命表の静止人口によって生き残って次の世代に母となるべき女児の数。
資料　国立社会保障・人口問題研究所「人口問題研究」

2-19 日本人の平均余命 (令和3年)

(単位 年)

年齢	男	女	年齢	男	女	年齢	男	女	年齢	男	女
0歳	81.47	87.57	27	55.01	60.98	54	29.29	34.85	81	8.63	11.37
1	80.62	86.71	28	54.04	60.00	55	28.39	33.91	82	8.06	10.64
2	79.64	85.73	29	53.06	59.02	56	27.50	32.98	83	7.51	9.94
3	78.65	84.74	30	52.09	58.03	57	26.62	32.05	84	6.98	9.26
4	77.66	83.75	31	51.12	57.05	58	25.75	31.13	85	6.48	8.60
5	76.67	82.76	32	50.14	56.07	59	24.88	30.21	86	6.01	7.97
6	75.68	81.76	33	49.17	55.09	60	24.02	29.28	87	5.56	7.36
7	74.68	80.77	34	48.20	54.11	61	23.17	28.37	88	5.14	6.79
8	73.69	79.77	35	47.23	53.13	62	22.32	27.45	89	4.75	6.25
9	72.69	78.78	36	46.26	52.15	63	21.49	26.54	90	4.38	5.74
10	71.70	77.78	37	45.30	51.17	64	20.67	25.64	91	4.04	5.26
11	70.70	76.78	38	44.33	50.19	65	19.85	24.73	92	3.72	4.80
12	69.71	75.79	39	43.37	49.21	66	19.05	23.84	93	3.43	4.38
13	68.71	74.79	40	42.40	48.24	67	18.26	22.95	94	3.15	4.00
14	67.72	73.80	41	41.44	47.26	68	17.48	22.06	95	2.90	3.66
15	66.73	72.81	42	40.48	46.29	69	16.71	21.18	96	2.67	3.35
16	65.74	71.82	43	39.53	45.32	70	15.96	20.31	97	2.46	3.08
17	64.75	70.83	44	38.57	44.36	71	15.23	19.45	98	2.26	2.83
18	63.77	69.84	45	37.62	43.39	72	14.51	18.59	99	2.08	2.61
19	62.79	68.85	46	36.67	42.43	73	13.80	17.74	100	1.91	2.41
20	61.81	67.87	47	35.73	41.47	74	13.10	16.91	101	1.76	2.22
21	60.84	66.88	48	34.79	40.51	75	12.42	16.08	102	1.62	2.06
22	59.87	65.90	49	33.86	39.56	76	11.75	15.26	103	1.48	1.90
23	58.90	64.92	50	32.93	38.61	77	11.09	14.45	104	1.36	1.76
24	57.92	63.94	51	32.01	37.66	78	10.45	13.66	105歳	1.25	1.64
25	56.95	62.95	52	31.09	36.72	79	9.82	12.88	以上		
26	55.98	61.97	53	30.19	35.78	80	9.22	12.12			

0歳の平均余命を平均寿命という。
資料 厚生労働省「簡易生命表」

2-20 日本人の平均寿命

(単位 年)

年次	男	女
平成 2 年	75.92	81.90
7	76.38	82.85
12	77.72	84.60
17	78.56	85.52
22	79.55	86.30
27	80.75	86.99
30	81.25	87.32
令和 元 年	81.41	87.45
2	81.56	87.71
3	81.47	87.57

平均寿命とは0歳の平均余命。平成30年、令和元、3年は簡易
生命表による。
資料 厚生労働省「生命表」「簡易生命表」

2-21　年齢階級別死亡数と死亡率 (令和3年)

年齢階級	死亡数		死亡率 (人口10万につき)		
	男	女	総数	男	女
総数　　　1)	738,141	701,715	1,172.7	1,236.7	1,112.2
0〜 4歳	1,018	865	43.7	46.2	41.1
5〜 9	194	136	6.7	7.6	5.6
10〜14	244	197	8.3	9.0	7.6
15〜19	756	448	21.9	26.7	16.7
20〜24	1,440	743	37.1	47.9	25.8
25〜29	1,527	795	39.0	50.3	27.3
30〜34	1,838	1,025	46.1	58.1	33.7
35〜39	2,772	1,521	60.6	76.9	43.7
40〜44	4,443	2,711	90.0	109.8	69.4
45〜49	8,712	4,965	143.3	179.7	105.7
50〜54	13,500	7,448	230.7	294.1	165.9
55〜59	18,666	9,129	361.5	484.4	238.0
60〜64	27,722	12,372	549.3	766.7	335.9
65〜69	48,357	21,169	891.4	1,274.6	528.4
70〜74	93,053	42,763	1,411.8	2,049.2	841.9
75〜79	102,248	56,623	2,378.8	3,435.6	1,529.3
80〜84	132,093	93,092	4,064.7	5,739.5	2,874.5
85〜89	144,427	147,937	7,574.5	10,440.5	5,973.6
90〜94	97,726	166,457	13,904.4	18,473.7	12,150.1
95〜99	32,293	101,742	25,006.5	31,051.0	23,551.4
100歳以上	4,787	29,475	40,308.2	47,870.0	39,300.0

「人口動態調査」による。　1)　年齢不詳を含む。
資料　厚生労働省「人口動態統計」

2-22　国籍別出入国者数

国籍・地域	令和2年		3年	
	入国者数	出国者数	入国者数	出国者数
総数	8,045,450	7,910,567	904,325	1,084,938
# 日本人	3,683,270	3,174,219	500,938	512,244
外国人	4,307,257	4,683,075	353,119	504,937
アジア				
# イスラエル	2,444	2,962	737	785
インド	29,795	27,879	11,060	16,055
インドネシア	80,359	103,558	6,543	14,280
韓国	545,655	562,014	36,171	42,988
シンガポール	55,918	71,522	1,107	1,306
タイ	228,760	273,839	5,670	9,801
台湾	691,113	743,862	8,606	11,727
中国	1,074,321	1,152,632	64,761	132,233
中国（その他）　1)	12,138	13,966	60	100
中国（香港）	322,688	369,059	1,476	1,900
ネパール	18,894	18,009	13,141	17,808
フィリピン	158,227	171,788	20,275	26,696
ベトナム	159,826	102,436	27,747	46,711
マレーシア	78,008	90,558	2,121	2,990
北アメリカ				
# アメリカ合衆国	230,068	271,914	27,288	30,729
カナダ	55,029	64,175	4,495	4,982
メキシコ	9,920	11,938	1,366	1,561
南アメリカ				
# アルゼンチン	4,470	4,928	882	1,000
ブラジル	23,305	23,912	10,959	16,325
ペルー	5,771	4,032	2,707	3,296
ヨーロッパ				
# アイルランド	3,464	3,964	918	999
イギリス	53,785	61,104	8,537	9,527
イギリス（香港）2)	19,851	22,299	223	253
イタリア	14,516	20,505	4,152	4,672
オランダ	8,669	10,416	1,993	2,165
スイス	6,290	7,818	1,596	1,720
スウェーデン	7,876	9,713	1,285	1,455
スペイン	12,257	15,281	3,394	3,856
ドイツ	30,750	36,106	5,993	6,721
フランス	45,116	52,677	8,468	9,926
ベルギー	4,239	4,891	1,230	1,332
ロシア	23,318	25,714	5,735	6,778
アフリカ				
エジプト	1,475	1,686	1,376	1,554
南アフリカ	1,614	1,954	880	948
オセアニア				
# オーストラリア	144,834	182,395	3,809	4,678
ニュージーランド	16,689	20,820	1,589	1,723
無国籍	149	178	38	52

「出入国管理統計」による。　1)　中国国籍を有する者で、中国及び香港を除く政府（例えば、マカオ等）が発給した身分証明書等を所持する者。　2)　香港の居住権を有する者で、イギリス政府が発給したBNO旅券を所持する者。
資料　出入国在留管理庁「出入国管理統計年報」

第3章　国民経済計算

3-1　国内総生産（支出側）

（単位　金額　10億円）

項目	令和元年度	2年度	3年度
名目			
民間最終消費支出	303,858.8	288,505.2	296,249.6
政府最終消費支出	111,826.9	113,797.6	118,967.8
総資本形成	143,210.0	135,687.3	142,030.8
民間総固定資本形成	113,035.3	105,909.6	111,207.9
住宅	21,392.5	19,868.5	21,128.6
企業設備	91,642.8	86,041.1	90,079.3
公的総固定資本形成	29,296.5	30,839.4	29,806.7
在庫変動	878.3	-1,061.6	1,016.1
民間企業	883.4	-960.7	1,105.6
公的	-5.1	-101.0	-89.5
財貨・サービスの純輸出	-2,059.5	-428.5	-6,717.8
財貨・サービスの輸出	95,656.1	84,371.0	103,636.7
（控除）財貨・サービスの輸入	97,715.6	84,799.5	110,354.5
国内総生産（支出側）	**556,836.3**	**537,561.5**	**550,530.4**
対前年増加率(%)	0.0	-3.5	2.4
実質（連鎖方式、平成27暦年連鎖価格）			
民間最終消費支出　　　　　　(A)	299,547.2	284,373.3	288,613.9
政府最終消費支出　　　　　　(B)	110,974.4	113,937.6	117,822.5
総資本形成	140,006.6	132,979.0	134,225.2
民間総固定資本形成	111,001.4	104,250.5	105,760.9
住宅　　　　　　　　　　(C)	20,404.5	18,853.1	18,649.9
企業設備　　　　　　　　(D)	90,611.7	85,423.5	87,178.3
公的総固定資本形成　　　　(E)	28,081.0	29,462.0	27,563.4
在庫変動	869.5	-889.2	1,129.4
民間企業　　　　　　　　(F)	893.2	-763.7	1,179.2
公的　　　　　　　　　　(G)	-8.4	-94.3	-66.7
財貨・サービスの純輸出　(H) 1)	-353.0	-4,113.7	430.2
財貨・サービスの輸出	102,600.1	92,346.5	103,731.9
（控除）財貨・サービスの輸入	102,953.1	96,460.3	103,301.7
国内総生産（支出側）　　　(I)	**550,131.0**	**527,388.4**	**540,796.1**
開差　　(I-(A+B+C+D+E+F+G+H))	-19.7	310.5	-574.5
デフレーター（連鎖方式、平成27暦年=100）			
民間最終消費支出	101.4	101.5	102.6
政府最終消費支出	100.8	99.9	101.0
総資本形成	102.3	102.0	105.8
民間総固定資本形成	101.8	101.6	105.2
住宅	104.8	105.4	113.3
企業設備	101.1	100.7	103.3
公的総固定資本形成	104.3	104.7	108.1
在庫変動	-	-	-
民間企業	-	-	-
公的	-	-	-
財貨・サービスの輸出	93.2	91.4	99.9
（控除）財貨・サービスの輸入	94.9	87.9	106.8
国内総生産（支出側）	**101.2**	**101.9**	**101.8**
対前年増加率(%)	0.9	0.7	-0.1

平成27年基準　(2008SNA)　1)　連鎖方式での計算ができないため、財貨・サービスの輸出－財貨・サービスの輸入により求めている。
資料　内閣府経済社会総合研究所「国民経済計算年次推計」

Ⅱ

マクロ経済活動

3-2 国内家計最終消費支出の内訳

(単位 金額 10億円)

支出の目的	令和元年度	2年度	3年度
名目			
食料・非アルコール	46,485.7	45,970.1	47,106.0
アルコール飲料・たばこ	7,694.3	7,713.3	7,950.2
被服・履物	10,267.8	9,431.0	9,306.3
住宅・電気・ガス・水道	73,723.2	73,626.4	75,038.5
家具・家庭用機器・家事サービス	11,390.8	11,818.7	12,423.9
保健・医療	11,005.5	11,026.5	11,428.2
交通	30,847.5	24,425.9	25,328.3
情報・通信	15,841.0	16,777.8	16,790.1
娯楽・スポーツ・文化	18,497.3	17,112.3	18,299.5
教育サービス	5,728.1	5,644.2	5,489.0
外食・宿泊サービス	22,450.8	15,351.6	14,774.6
保険・金融サービス	17,777.3	17,374.4	18,612.4
個別ケア・社会保護・その他	27,065.0	23,947.1	25,683.2
国内家計最終消費支出	**298,774.4**	**280,219.4**	**288,230.0**
実質 (連鎖方式、平成27暦年連鎖価格)			
食料・非アルコール	44,499.4	43,844.6	44,590.8
アルコール飲料・たばこ	7,092.4	6,866.5	6,744.8
被服・履物	9,972.4	9,090.5	8,950.5
住宅・電気・ガス・水道	74,997.1	75,528.9	75,665.5
家具・家庭用機器・家事サービス	11,328.6	11,564.3	12,070.0
保健・医療	11,143.3	11,195.7	11,654.7
交通	29,788.4	23,727.7	23,529.9
情報・通信	17,305.4	18,228.6	18,984.5
娯楽・スポーツ・文化	17,870.9	16,309.7	17,185.1
教育サービス	5,759.0	5,643.6	5,384.4
外食・宿泊サービス	21,468.7	14,620.6	13,912.9
保険・金融サービス	16,736.6	16,708.7	18,001.3
個別ケア・社会保護・その他	26,423.1	23,176.2	24,521.5
国内家計最終消費支出	**294,233.6**	**275,882.3**	**280,544.3**
デフレーター (連鎖方式、平成27暦年=100)			
食料・非アルコール	104.5	104.8	105.6
アルコール飲料・たばこ	108.5	112.3	117.9
被服・履物	103.0	103.7	104.0
住宅・電気・ガス・水道	98.3	97.5	99.2
家具・家庭用機器・家事サービス	100.5	102.2	102.9
保健・医療	98.8	98.5	98.1
交通	103.6	102.9	107.6
情報・通信	91.5	92.0	88.4
娯楽・スポーツ・文化	103.5	104.9	106.5
教育サービス	99.5	100.0	101.9
外食・宿泊サービス	104.6	105.0	106.2
保険・金融サービス	106.2	104.0	103.4
個別ケア・社会保護・その他	102.4	103.3	104.7
国内家計最終消費支出	**101.5**	**101.6**	**102.7**

平成27年基準 (2008SNA)
資料 内閣府経済社会総合研究所「国民経済計算年次推計」

3-3　国内総生産勘定（フロー編統合勘定）

（単位　10億円）

項目	令和元年度	2年度	3年度
雇用者報酬	287,887.9	283,445.4	289,398.7
営業余剰・混合所得	92,292.2	72,304.6	77,283.2
固定資本減耗	134,762.5	136,408.2	138,908.2
生産・輸入品に課される税	46,467.8	48,947.0	50,988.1
（控除）補助金	3,161.9	3,211.7	3,628.0
統計上の不突合	-1,412.3	-331.9	-2,419.7
国内総生産	**556,836.3**	**537,561.5**	**550,530.4**
民間最終消費支出	303,858.8	288,505.2	296,249.6
政府最終消費支出	111,826.9	113,797.6	118,967.8
総固定資本形成	142,331.7	136,749.0	141,014.7
在庫変動	878.3	-1,061.6	1,016.1
財貨・サービスの輸出	95,656.1	84,371.0	103,636.7
（控除）財貨・サービスの輸入	97,715.6	84,799.5	110,354.5
国内総生産	**556,836.3**	**537,561.5**	**550,530.4**

平成27年基準（2008SNA）
資料　内閣府経済社会総合研究所「国民経済計算年次推計」

3-4　国民可処分所得と使用勘定（フロー編統合勘定）

（単位　10億円）

項目	令和元年度	2年度	3年度
民間最終消費支出	303,858.8	288,505.2	296,249.6
政府最終消費支出	111,826.9	113,797.6	118,967.8
貯蓄	28,488.5	16,360.3	25,817.1
国民可処分所得／国民調整可処分所得の使用	**444,174.2**	**418,663.0**	**441,034.5**
雇用者報酬	287,887.9	283,445.4	289,398.7
海外からの雇用者報酬（純）	106.8	104.7	109.5
営業余剰・混合所得	92,292.2	72,304.6	77,283.2
海外からの財産所得（純）	21,739.7	19,534.1	29,141.1
生産・輸入品に課される税	46,467.8	48,947.0	50,988.1
（控除）補助金	3,161.9	3,211.7	3,628.0
海外からのその他の経常移転（純）	-1,158.4	-2,461.1	-2,258.1
国民可処分所得／国民調整可処分所得	**444,174.2**	**418,663.0**	**441,034.5**

平成27年基準（2008SNA）
資料　内閣府経済社会総合研究所「国民経済計算年次推計」

3-5 資本勘定と金融勘定（フロー編統合勘定）

（単位　10億円）

項目	令和元年度	2年度	3年度
資本勘定			
総固定資本形成	142,331.7	136,749.0	141,014.7
（控除）固定資本減耗	134,762.5	136,408.2	138,908.2
在庫変動	878.3	-1,061.6	1,016.1
純貸出（＋）／純借入（－）	18,168.2	16,540.2	19,926.7
資産の変動	**26,615.8**	**15,819.4**	**23,049.4**
貯蓄	28,488.5	16,360.3	25,817.1
海外からの資本移転等（純）	-460.4	-209.0	-348.0
統計上の不突合	-1,412.3	-331.9	-2,419.7
貯蓄・資本移転による正味資産の変動	**26,615.8**	**15,819.4**	**23,049.4**
金融勘定			
対外資産の変動	77,659.0	18,008.7	61,657.4
対外資産の変動	**77,659.0**	**18,008.7**	**61,657.4**
純貸出（＋）／純借入（－）（資金過不足）	18,168.2	16,540.2	19,926.7
対外負債の変動	59,490.8	1,468.5	41,730.7
純貸出（＋）／純借入（－）（資金過不足）及び対外負債の変動	**77,659.0**	**18,008.7**	**61,657.4**

平成27年基準（2008SNA）
資料　内閣府経済社会総合研究所「国民経済計算年次推計」

3-6　海外勘定（フロー編統合勘定）

（単位　10億円）

項目	令和元年度	2年度	3年度
経常取引			
財貨・サービスの輸出	95,656.1	84,371.0	103,636.7
雇用者報酬（支払）	147.4	150.2	154.0
財産所得（支払）	34,181.8	29,644.1	41,039.2
その他の経常移転（支払）	4,531.2	4,091.6	3,946.3
経常対外収支	-18,628.6	-16,749.2	-20,274.7
支払	**115,887.8**	**101,507.7**	**128,501.5**
財貨・サービスの輸入	97,715.6	84,799.5	110,354.5
雇用者報酬（受取）	40.6	45.5	44.5
財産所得（受取）	12,442.1	10,110.0	11,898.1
その他の経常移転（受取）	5,689.5	6,552.6	6,204.4
受取	**115,887.8**	**101,507.7**	**128,501.5**
資本取引			
経常対外収支	-18,628.6	-16,749.2	-20,274.7
資本移転等（受取）	810.0	277.7	427.2
（控除）資本移転等（支払）	349.6	68.6	79.2
経常対外収支・資本移転による正味資産の変動	**-18,168.2**	**-16,540.2**	**-19,926.7**
金融取引			
資産の変動	59,490.8	1,468.5	41,730.7
資産の変動	**59,490.8**	**1,468.5**	**41,730.7**
純貸出（＋）／純借入（－）（資金過不足）	-18,168.2	-16,540.2	-19,926.7
負債の変動	77,659.0	18,008.7	61,657.4
純貸出（＋）／純借入（－）（資金過不足）及び負債の変動	**59,490.8**	**1,468.5**	**41,730.7**

平成27年基準（2008SNA）
資料　内閣府経済社会総合研究所「国民経済計算年次推計」

3-7　国民所得の分配 (要素費用表示)

(単位　10億円)

項目		令和元年度	2年度	3年度
雇用者報酬	(A)	287,994.7	283,550.1	289,508.1
賃金・俸給		244,185.4	240,035.5	244,944.0
雇主の社会負担		43,809.3	43,514.6	44,564.1
財産所得 (非企業部門)	(B)	25,626.0	25,700.1	27,406.7
一般政府		-310.5	-736.0	-358.0
利子		-2,487.2	-2,574.1	-2,346.0
法人企業の分配所得 (受取)		2,524.5	2,198.5	2,371.9
その他の投資所得 (受取)		0.4	0.3	0.4
賃貸料		-348.2	-360.7	-384.2
家計		25,629.2	26,129.0	27,403.2
利子		6,625.9	5,799.4	5,547.2
配当 (受取)		5,898.4	7,251.3	8,249.0
その他の投資所得 (受取)		9,955.5	9,726.4	10,064.6
賃貸料 (受取)		3,149.4	3,351.9	3,542.5
対家計民間非営利団体		307.4	307.2	361.5
企業所得 (企業部門の第1次所得バランス)	(C)	88,406.0	66,138.5	79,017.6
民間法人企業		55,656.6	36,670.8	49,649.4
公的企業		1,866.5	1,436.8	1,017.6
個人企業		30,882.8	28,030.9	28,350.6
国民所得 (要素費用表示)	(A+B+C)	**402,026.7**	**375,388.7**	**395,932.4**

平成27年基準 (2008SNA)
資料　内閣府経済社会総合研究所「国民経済計算年次推計」

3-8　経済活動別国内総生産 (名目)

(単位　10億円)

経済活動の種類	令和元年	2年	3年
農林水産業	5,796.4	5,542.2	5,224.1
鉱業	382.7	382.1	367.5
製造業	112,832.9	107,818.6	112,508.3
電気・ガス・水道・廃棄物処理業	17,051.5	17,289.1	15,166.1
建設業	30,434.0	30,809.2	30,156.4
卸売・小売業	69,324.5	68,730.5	74,917.5
運輸・郵便業	29,909.5	22,754.7	22,626.1
宿泊・飲食サービス業	13,836.6	8,949.7	7,676.9
情報通信業	27,178.2	27,412.9	28,043.9
金融・保険業	22,593.8	22,662.5	23,432.5
不動産業	65,710.0	65,782.4	65,567.9
専門・科学技術、業務支援サービス業	46,391.4	46,965.3	48,125.3
公務	27,876.2	27,896.9	28,259.3
教育	19,249.5	19,119.3	19,155.4
保健衛生・社会事業	43,784.1	44,093.8	45,647.7
その他のサービス	22,606.6	20,173.2	20,532.1
小計	554,957.8	536,382.1	547,406.8
輸入品に課される税・関税	9,670.8	9,535.3	11,349.5
(控除) 総資本形成に係る消費税	7,162.8	7,739.0	7,906.6
統計上の不突合	445.1	904.0	-1,470.4
国内総生産	**557,910.8**	**539,082.4**	**549,379.3**

平成27年基準 (2008SNA)
資料　内閣府経済社会総合研究所「国民経済計算年次推計」

3-9 経済活動別国内総生産・要素所得 (名目) (令和3年)

(単位 10億円)

経済活動の種類	産出額(生産者価格表示)(A)	中間投入(B)	国内総生産(生産者価格表示)(C=A-B)	固定資本減耗(D)	国内純生産(生産者価格表示)(E=C-D)	生産・輸入品に課される税(控除)補助金(F)	国内要素所得(G=E-F)	雇用者報酬(H)	営業余剰・混合所得(I=G-H)
農林水産業	12,727	7,503	5,224	1,897	3,328	-343	3,671	2,544	1,127
鉱業	786	419	368	163	205	56	149	223	-74
製造業	321,551	209,043	112,508	35,472	77,037	14,134	62,902	56,031	6,871
電気・ガス・水道・廃棄物処理業	34,883	19,717	15,166	7,718	7,449	1,340	6,109	3,352	2,757
建設業	66,681	36,525	30,156	3,185	26,971	2,545	24,427	23,015	1,412
卸売・小売業	121,566	46,649	74,918	8,998	65,920	7,811	58,109	40,414	17,695
運輸・郵便業	38,265	15,639	22,626	8,028	14,598	2,400	12,198	19,438	-7,240
宿泊・飲食サービス業	20,273	12,596	7,677	1,579	6,098	799	5,298	4,143	1,156
情報通信業	57,008	28,965	28,044	7,376	20,668	2,469	18,198	14,483	3,715
金融・保険業	36,464	13,032	23,433	2,576	20,857	372	20,484	11,430	9,054
不動産業	80,034	14,466	65,568	28,839	36,729	5,502	31,227	4,968	26,259
専門・科学技術、業務支援サービス業	70,032	21,907	48,125	7,359	40,766	4,117	36,649	32,847	3,802
公務	43,808	15,549	28,259	12,043	16,217	78	16,139	16,139	0.0
教育	23,236	4,080	19,155	4,709	14,446	157	14,289	14,323	-34
保健衛生・社会事業	69,521	23,873	45,648	4,964	40,684	-475	41,159	31,113	10,045
その他のサービス	34,781	14,249	20,532	3,794	16,738	2,526	14,211	14,178	34
小計	1,031,616	484,210	547,407	138,700	408,707	43,487	365,220	288,640	76,580
輸入品に課される税・関税	11,350	-	11,350	0.0	11,350	11,350	0.0	0.0	0.0
(控除)総資本形成に係る消費税	7,907	0.0	7,907	0.0	7,907	7,907	0.0	0.0	0.0
合計	1,035,059	484,210	550,850	138,700	412,150	46,930	365,220	288,640	76,580

平成27年基準 (2008SNA)
資料 内閣府経済社会総合研究所「国民経済計算年次推計」

3-10　期末貸借対照表勘定 （ストック編統合勘定）

(単位　10億円)

項目	平成30年末	令和元年末	2年末
非金融資産	3,246,030.9	3,319,750.3	3,309,220.7
生産資産	2,019,896.5	2,068,014.8	2,056,247.4
固定資産	1,949,570.0	1,996,996.5	1,986,709.5
在庫	70,326.5	71,018.3	69,537.9
非生産資産 （自然資源）	1,226,134.5	1,251,735.5	1,252,973.3
金融資産	7,788,248.3	8,041,915.9	8,582,682.1
期末資産	**11,034,279.2**	**11,361,665.6**	**11,891,902.8**
負債	7,444,684.8	7,682,477.1	8,223,428.8
正味資産	3,589,594.4	3,679,188.5	3,668,474.0
期末負債・正味資産	**11,034,279.2**	**11,361,665.6**	**11,891,902.8**

平成27年基準 （2008SNA）
資料　内閣府経済社会総合研究所「国民経済計算年次推計」

3-11　資本勘定と金融勘定 （ストック編統合勘定）

(単位　10億円)

項目	平成30年	令和元年	2年
純固定資本形成	7,903.1	8,367.7	865.1
在庫変動	2,082.0	1,361.4	274.0
金融資産の変動	195,151.4	131,368.2	560,817.0
うち株式	2,149.9	-1,718.7	8,218.2
資産の変動	**205,136.6**	**141,097.2**	**561,956.0**
負債の変動	175,857.2	112,570.6	545,122.2
うち株式	-457.4	3,666.0	2,153.8
貯蓄	29,426.3	26,234.8	16,204.4
海外からの資本移転等 （純）　　1)	-210.5	-413.1	-184.2
統計上の不突合	63.6	2,704.9	813.6
貯蓄・資本移転及び負債の変動	**205,136.6**	**141,097.2**	**561,956.0**

平成27年基準 （2008SNA）　1)　海外からの資本移転等 （純） ＝海外からの資本移転 （純） －非金融非生産資産の海外からの購入 （純）
資料　内閣府経済社会総合研究所「国民経済計算年次推計」

3-12 調整勘定 (ストック編統合勘定)

(単位 10億円)

項目	平成30年	令和元年	2年
その他の資産量変動勘定			
非金融資産	0.0	0.0	0.0
生産資産	−1,117.5	−862.7	−753.7
固定資産	−1,117.5	−862.7	−753.7
在庫	0.0	0.0	0.0
非生産資産 (自然資源)	1,117.5	862.7	753.7
土地	1,117.5	862.7	753.7
鉱物・エネルギー資源	0.0	0.0	0.0
非育成生物資源	0.0	0.0	0.0
金融資産	−1,206.1	−4,642.7	−3,167.2
うち株式	0.0	0.0	0.0
資産の変動	**−1,206.1**	**−4,642.7**	**−3,167.2**
負債	−734.8	−4,865.5	−2,267.1
うち株式	0.0	0.0	0.0
その他の資産量変動勘定	−471.3	222.8	−900.1
負債・正味資産の変動	**−1,206.1**	**−4,642.7**	**−3,167.2**
再評価勘定			
非金融資産	46,857.8	63,990.4	−11,668.6
生産資産	24,817.3	39,252.0	−12,152.7
固定資産	24,133.4	39,921.5	−10,398.3
在庫	683.9	−669.5	−1,754.4
非生産資産 (自然資源)	22,040.6	24,738.4	484.1
土地	22,022.0	24,556.3	322.1
鉱物・エネルギー資源	1.1	−14.2	−23.9
非育成生物資源	17.5	196.3	185.9
金融資産	−254,584.9	126,941.5	−16,883.0
うち株式	−177,292.6	63,312.2	−16,890.8
資産の変動	**−207,727.1**	**190,931.9**	**−28,551.6**
負債	−248,098.3	130,087.2	−1,903.4
うち株式	−222,217.3	94,028.2	4,003.0
名目保有利得又は損失による正味資産の変動	40,371.2	60,844.7	−26,648.2
負債・正味資産の変動	**−207,727.1**	**190,931.9**	**−28,551.6**

平成27年基準 (2008SNA)
資料　内閣府経済社会総合研究所「国民経済計算年次推計」

3-13 国民資産・負債残高

(単位 10億円)

項目		平成30年末	令和元年末	2年末
非金融資産		3,246,030.9	3,319,750.3	3,309,220.7
生産資産		2,019,896.5	2,068,014.8	2,056,247.4
固定資産	1)	1,949,570.0	1,996,996.5	1,986,709.5
住宅		421,952.8	431,369.6	426,160.3
その他の建物・構築物		1,135,300.5	1,167,591.4	1,166,197.5
機械・設備		229,079.6	232,782.7	229,348.1
防衛装備品		10,421.8	10,633.9	10,684.1
育成生物資源		882.9	812.5	802.7
知的財産生産物		151,932.4	153,806.4	153,516.8
在庫		70,326.5	71,018.3	69,537.9
原材料	2)	10,240.2	10,298.5	10,714.5
仕掛品	2)	13,165.4	13,431.8	13,499.1
製品	2)	15,823.5	16,314.7	15,942.3
流通品	2)	35,403.8	36,329.2	34,695.7
（控除）総資本形成に係る消費税		4,306.4	5,355.9	5,313.7
非生産資源（自然資源）		1,226,134.5	1,251,735.5	1,252,973.3
土地		1,219,518.8	1,244,937.8	1,246,013.6
鉱物・エネルギー資源		1,482.6	1,468.4	1,444.5
非育成生物資源		5,133.0	5,329.3	5,515.2
金融資産		7,788,248.3	8,041,915.3	8,582,682.1
貨幣用金・SDR		5,522.2	6,183.1	6,895.6
現金・預金		2,022,605.5	2,063,287.8	2,303,361.5
貸出		1,500,842.4	1,532,267.2	1,666,438.1
債務証券		1,284,983.2	1,304,538.6	1,387,121.7
持分・投資信託受益証券		1,108,742.1	1,203,962.7	1,217,193.1
うち株式		766,877.7	828,471.2	819,798.6
保険・年金・定型保証		556,590.6	554,777.4	559,733.3
金融派生商品・雇用者ストックオプション		55,035.0	61,784.4	76,533.2
その他の金融資産		1,253,927.3	1,315,114.1	1,365,405.6
総資産		**11,034,279.2**	**11,361,665.6**	**11,891,902.8**
負債		7,444,684.8	7,682,477.1	8,223,428.8
貨幣用金・SDR		1,886.6	1,854.5	1,827.9
現金・預金		2,009,251.3	2,050,923.8	2,290,255.0
借入		1,526,075.9	1,562,396.2	1,712,625.3
債務証券		1,459,874.2	1,490,857.6	1,593,487.7
持分・投資信託受益証券		1,313,908.1	1,446,363.7	1,473,545.1
うち株式		966,534.7	1,064,228.9	1,070,385.7
保険・年金・定型保証		556,590.6	554,777.4	559,733.3
金融派生商品・雇用者ストックオプション		59,051.0	65,368.1	81,978.7
その他の負債		518,047.1	509,935.8	509,975.8
正味資産		3,589,594.4	3,679,188.5	3,668,474.0
負債・正味資産		**11,034,279.2**	**11,361,665.6**	**11,891,902.8**

平成27年基準（2008SNA）　1）　修正グロス方式　2）　グロス方式
資料　内閣府経済社会総合研究所「国民経済計算年次推計」

3-14 経済活動別固定資本ストック（実質）（連鎖方式）

（単位 10億円） （平成27暦年末連鎖価格）

経済活動別分類	固定資産合計		
	平成30年末	令和元年末	2年末
一国計	1,897,097.3	1,905,053.6	1,905,712.4
農林水産業	18,036.0	17,508.3	16,993.4
鉱業	2,598.1	2,543.9	2,471.9
製造業	275,540.5	277,109.0	275,888.8
電気・ガス・水道・廃棄物処理業	220,300.3	220,363.3	220,628.0
建設業	21,860.4	22,056.7	22,358.9
卸売・小売業	70,031.3	70,280.4	69,966.6
運輸・郵便業	146,030.0	147,822.1	149,037.7
宿泊・飲食サービス業	15,081.1	14,641.0	14,048.3
情報通信業	58,851.8	58,926.3	58,557.2
金融・保険業	9,949.8	9,953.8	9,901.8
不動産業	459,135.9	460,024.0	459,352.2
専門・科学技術、業務支援サービス業	42,232.6	43,728.7	44,082.8
公務	448,959.3	451,894.2	455,338.3
教育	38,529.8	38,253.3	38,181.2
保健衛生・社会事業	39,485.9	39,604.0	39,341.6
その他のサービス	30,528.5	30,372.7	29,449.7

資料 内閣府経済社会総合研究所「国民経済計算年次推計」

3-15　県民経済計算 (令和元年度)

(単位　10億円)

都道府県	県内総生産(名目)	県民所得	1人当たり県民所得(1,000円) 1)	県内総生産(支出側、実質) 2)	#民間最終消費支出	#地方政府等最終消費支出	#県内総資本形成	対前年度増加率(%)
全国	580,767	423,231	3,344	576,396	303,337	80,794	140,598	-1.3
北海道	20,465	14,892	2,832	19,998	11,646	4,001	3,962	-1.0
青森	4,533	3,292	2,628	4,448	2,573	939	1,277	0.8
岩手	4,848	3,409	2,781	4,790	2,785	931	1,650	-1.7
宮城	9,829	6,803	2,943	9,704	5,300	1,525	2,521	-2.7
秋田	3,625	2,638	2,713	3,589	2,163	820	1,043	1.4
山形	4,337	3,141	2,909	4,330	2,531	788	990	-0.2
福島	7,987	5,449	2,942	7,930	4,035	1,416	2,579	-1.7
茨城	14,092	9,348	3,247	14,008	6,718	1,776	3,470	-2.3
栃木	9,262	6,512	3,351	9,274	4,309	1,167	2,350	-2.1
群馬	9,308	6,407	3,288	9,386	4,377	1,213	2,471	0.3
埼玉	23,643	22,306	3,038	23,517	17,466	4,064	5,765	-0.7
千葉	21,280	19,212	3,058	20,982	15,006	3,339	5,180	-1.7
東京	115,682	80,636	5,757	113,860	43,097	7,657	22,438	-0.5
神奈川	35,205	29,505	3,199	34,923	23,988	4,872	8,128	-1.4
新潟	9,185	6,563	2,951	9,106	5,025	1,522	2,446	-2.2
富山	4,910	3,460	3,316	4,904	2,556	703	1,333	-0.9
石川	4,779	3,387	2,973	4,765	2,755	772	1,275	-3.4
福井	3,695	2,565	3,325	3,692	1,679	575	1,232	-0.1
山梨	3,566	2,547	3,125	3,552	1,862	660	1,077	-1.6
長野	8,454	6,025	2,924	8,439	4,718	1,415	2,368	-2.1
岐阜	7,937	6,047	3,035	7,884	4,259	1,275	2,303	-1.5
静岡	17,866	12,446	3,407	18,012	8,176	2,162	4,446	-1.7
愛知	40,911	27,666	3,661	41,301	18,885	4,187	10,276	-3.5
三重	8,086	5,328	2,989	8,237	3,734	1,200	2,067	-5.6
滋賀	6,923	4,706	3,323	7,004	3,152	845	2,001	0.2
京都	10,766	7,752	2,991	10,662	6,247	1,594	2,405	0.2
大阪	41,188	27,015	3,055	40,673	21,250	5,737	9,572	-1.5
兵庫	22,195	16,670	3,038	22,117	13,029	3,303	5,359	-0.2
奈良	3,925	3,637	2,728	3,892	3,175	881	951	-0.8
和歌山	3,745	2,781	2,986	3,695	1,949	735	1,072	-0.3
鳥取	1,893	1,360	2,439	1,870	1,194	479	546	-1.7
島根	2,689	1,999	2,951	2,662	1,576	617	811	1.2
岡山	7,842	5,299	2,794	7,829	4,189	1,278	2,199	-1.7
広島	11,969	8,869	3,153	11,974	6,464	1,842	3,527	-2.6
山口	6,350	4,407	3,249	6,382	2,973	1,009	1,657	-2.1
徳島	3,222	2,294	3,153	3,242	1,646	758	710	-0.1
香川	4,009	2,893	3,021	3,960	2,258	692	1,015	0.7
愛媛	5,148	3,658	2,717	5,077	2,911	958	1,433	-0.6
高知	2,465	1,862	2,663	2,410	1,546	656	747	-1.0
福岡	19,942	14,573	2,838	19,741	11,692	3,313	4,809	-1.0
佐賀	3,220	2,331	2,854	3,197	1,688	585	895	-0.8
長崎	4,790	3,524	2,655	4,741	2,729	1,099	1,290	-1.0
熊本	6,363	4,747	2,714	6,291	3,429	1,331	1,813	0.7
大分	4,525	3,058	2,695	4,490	2,478	1,074	1,176	-2.7
宮崎	3,704	2,613	2,426	3,650	2,278	729	1,027	-2.4
鹿児島	5,773	4,098	2,558	5,663	3,277	1,311	1,410	-0.5
沖縄	4,633	3,502	2,396	4,524	2,608	999	1,434	0.5

各都道府県が「県民経済計算標準方式」に基づき作成したものである。平成27年基準。　1)　算出に用いた人口は、総務省統計局「人口推計」(10月1日現在)による。　2)　連鎖方式。平成27暦年連鎖価格。
資料　内閣府経済社会総合研究所「県民経済計算」

3-16　産　業

部門	中間需要										
	農林漁業	鉱業	製造業	建設	電力・ガス・水道	商業	金融・保険	不動産	運輸・郵便	情報通信	公務
中間投入											
1 農林漁業	1,567	0	8,148	63	0	11	0	0	2	0	2
2 鉱業	0	2	13,108	380	7,619	0	0	0	0	0	0
3 製造業	2,971	70	133,599	17,291	1,931	3,050	1,029	188	7,132	2,445	1,976
4 建設	30	3	589	38	490	277	87	723	358	171	324
5 電力・ガス・水道	127	34	6,752	242	2,742	2,367	221	357	894	375	636
6 商業	843	17	13,893	3,376	519	1,032	188	100	1,491	604	392
7 金融・保険	81	34	1,945	762	511	1,634	1,636	6,138	1,254	279	837
8 不動産	23	7	590	276	145	2,656	541	2,409	1,061	1,156	64
9 運輸・郵便	727	176	7,943	2,670	1,042	5,133	1,263	213	6,643	1,365	1,375
10 情報通信	49	7	1,896	536	454	3,564	2,046	277	566	8,454	1,207
11 公務	0	0	0	0	0	0	0	0	0	0	0
12 サービス	277	47	9,839	5,847	2,532	8,377	4,328	2,290	6,811	9,191	4,743
13 分類不明	51	10	937	849	111	650	165	140	455	132	37
70 内生部門計	**6,746**	**407**	**199,240**	**32,332**	**18,095**	**28,751**	**11,506**	**12,836**	**26,668**	**24,171**	**11,592**
粗付加価値											
71 家計外消費支出	82	37	3,654	1,245	309	2,284	1,073	313	900	930	434
91 雇用者所得	1,494	174	45,418	21,262	2,591	37,218	11,062	4,672	15,585	10,500	14,324
92 営業余剰	2,811	77	14,918	1,707	1,303	14,811	8,986	31,774	3,207	7,226	0
93 資本減耗引当	1,997	93	29,253	2,337	6,084	8,486	2,600	27,161	6,343	5,525	13,315
94 間接税（関税・輸入品商品税を除く）	514	60	10,524	2,247	1,032	3,975	747	3,987	2,455	1,622	74
95 （控除）経常補助金	-755	0	-198	-292	-233	-47	-526	-23	-149	-1	0
96 粗付加価値部門計	**6,142**	**441**	**103,570**	**28,505**	**11,085**	**66,728**	**23,942**	**67,883**	**28,341**	**25,804**	**28,147**
97 国内生産額	**12,888**	**848**	**302,809**	**60,837**	**29,179**	**95,479**	**35,448**	**80,719**	**55,009**	**49,975**	**39,739**

生産者価格評価による取引基本表。各取引額は消費税を含む。　　1）　輸出は免税のため消費税を含まない。

連　関　表　(平成27年)

(単位　10億円)

サービス	分類不明	内生部門計	家計外消費支出	民間消費支出	一般政府消費支出	国内総固定資本形成	在庫純増	輸出計 1)	最終需要計	需要合計	(控除)輸入計	国内生産額
					最終需要							
1,516	0	11,310	68	3,822	0	193	189	113	4,385	15,696	-2,808	12,888
4	1	21,116	-5	-6	0	-7	-2	45	25	21,141	-20,293	848
30,941	270	202,892	1,639	57,443	7	39,358	111	65,613	164,170	367,062	-64,253	302,809
609	0	3,699	0	0	0	57,137	0	0	57,137	60,837	0	60,837
5,732	28	20,506	9	8,798	-212	0	0	82	8,676	29,183	-3	29,179
10,085	47	32,587	1,664	48,155	10	7,396	182	5,675	63,081	95,668	-190	95,479
2,202	13	17,328	0	17,775	0	0	0	1,745	19,520	36,848	-1,399	35,448
2,808	148	11,884	0	65,914	22	2,854	0	47	68,837	80,721	-2	80,719
5,916	444	34,910	416	15,055	52	831	50	7,304	23,709	58,619	-3,609	55,009
9,294	354	28,704	181	13,262	36	9,378	-27	763	23,592	52,296	-2,322	49,975
0	1,157	1,157	0	1,168	37,414	0	0	0	38,582	39,739	0	39,739
24,178	297	78,757	11,084	74,223	68,200	19,792	0	5,378	178,677	257,434	-7,238	250,196
1,191	0	4,728	0	10	0	0	0	5	15	4,744	-51	4,693
94,477	2,761	469,580	15,056	305,616	105,529	136,933	503	86,769	650,407	1,119,987	-102,168	1,017,818

サービス	分類不明	内生部門計
3,774	20	15,056
101,440	59	265,799
15,521	1,565	103,905
27,646	230	131,071
8,350	82	35,668
-1,013	-24	-3,260
155,719	1,932	548,239
250,196	4,693	1,017,818

資料　総務省政策統括官（統計制度担当）「産業連関表」

第4章　通貨・資金循環

4-1　通貨流通高

（単位　億円）

年末	合計	日本銀行券発行高				貨幣流通高　　1)		
		計	# 一万円	# 五千円	# 千円	計	# 五百円	# 百円
平成 7 年	500,600	462,440	409,131	20,075	31,471	38,159	12,263	9,364
12	676,197	633,972	571,898	23,336	34,256	42,225	15,554	10,011
17	837,728	792,705	720,611	28,153	37,235	45,022	18,564	10,439
22	868,556	823,143	751,205	29,387	38,823	45,413	19,839	10,346
24	912,308	866,533	792,725	30,209	40,034	45,775	20,466	10,373
25	947,696	901,431	825,598	31,534	40,770	46,265	20,920	10,496
26	977,379	930,817	853,703	32,526	41,099	46,561	21,244	10,550
27	1,031,200	984,299	906,794	32,541	41,502	46,900	21,659	10,574
28	1,072,034	1,024,612	946,232	32,711	42,225	47,422	22,196	10,665
29	1,115,081	1,067,165	987,305	33,400	43,018	47,916	22,691	10,754
30	1,152,075	1,103,625	1,021,872	34,354	43,984	48,450	23,188	10,866
令和 元 年	1,176,954	1,127,418	1,043,895	35,232	44,888	49,536	24,096	11,071
2	1,233,809	1,183,281	1,099,520	35,667	44,734	50,527	25,024	11,183
3	1,270,255	1,219,637	1,134,590	36,413	45,297	50,617	25,278	11,092

1)　記念貨を含む。日本銀行保有分を除き、市中金融機関保有分を含む。
資料　日本銀行「通貨流通高」

4-2　マネタリーベースと日本銀行の取引

（単位　億円）

区分	ストック				フロー			
	平成30年末	令和元年末	2年末	3年末	平成30年末	令和元年末	2年末	3年末
マネタリーベース	5,042,166	5,182,425	6,176,083	6,700,674	242,190	140,259	993,658	524,591
#長期国債	4,561,131	4,719,439	4,943,141	5,078,295	375,962	158,308	223,702	135,154
対政府長期国債売現先	0	0	0	0	0	0	0	0
国庫短期証券	114,455	93,980	411,957	132,900	-107,105	-20,475	317,977	-279,057
共通担保オペ	7,411	5,997	4,651	5,550	-2,111	-1,414	-1,346	899
貸出支援基金	447,715	475,148	590,630	595,182	-22,995	27,433	115,482	4,552
政府預金	-162,394	-155,460	-491,950	-177,134	-7,649	6,934	-336,490	314,816
マネタリーベース	5,042,166	5,182,425	6,176,083	6,700,674	242,190	140,259	993,658	524,591
日本銀行券発行高	1,103,625	1,127,418	1,183,282	1,219,638	36,460	23,793	55,864	36,356
貨幣流通高	48,450	49,536	50,528	50,618	533	1,086	992	90
日銀当座預金	3,890,091	4,005,471	4,942,273	5,430,418	205,197	115,380	936,802	488,145

資料　日本銀行「マネタリベースと日本銀行の取引」

4-3 マネーストック (平均残高)

(単位 億円)

年次	M2 1)	M3 2)	M1 2)	現金通貨 3)	預金通貨 4)	準通貨 5)	CD (譲渡性預金)	広義流動性 6)
平成 26 年	8,931,353	12,085,313	6,036,426	854,089	5,182,337	5,669,951	378,936	16,223,404
27	9,206,476	12,386,000	6,305,980	907,862	5,398,118	5,688,621	391,399	16,730,401
28	9,563,427	12,800,804	6,878,435	948,062	5,930,373	5,605,814	316,555	17,075,711
29	9,905,721	13,192,095	7,345,538	990,889	6,354,649	5,530,437	316,120	17,590,326
30	10,142,429	13,469,683	7,742,591	1,024,489	6,718,102	5,426,880	300,212	17,873,896
令和 元 年	10,404,469	13,762,576	8,180,068	1,042,840	7,137,228	5,287,726	294,782	18,219,234
2	11,359,990	14,813,765	9,314,014	1,102,279	8,211,735	5,177,415	322,336	19,232,610
3	11,782,361	15,309,792	9,951,946	1,138,999	8,812,947	5,015,461	342,385	20,113,445

1) 現金通貨＋預金通貨＋準通貨＋CD（預金通貨、準通貨、CDの発行者は国内銀行等）
対象金融機関：日本銀行、国内銀行（ゆうちょ銀行を除く）、外国銀行在日支店、信用金庫、信金中央金庫、農林中央金庫、商工組合中央金庫。
2) 対象金融機関（全預金取扱機関）：M2対象金融機関、ゆうちょ銀行、信用組合、全国信用協同組合連合会、労働金庫、労働金庫連合会、農業協同組合、信用農業協同組合連合会、漁業協同組合、信用漁業協同組合連合会。
3) 銀行券発行高＋貨幣流通高　4) 要求払預金（当座、普通、貯蓄、通知、別段、納税準備）－調査対象金融機関保有小切手・手形　5) 定期預金＋据置貯金＋定期積金＋外貨預金　6) M3＋金銭の信託＋投資信託＋金融債＋銀行発行普通社債＋金融機関発行CP（短期社債を含む）＋国債（国庫短期証券、財投債を含む）＋外債（非居住者発行債）
対象機関：M3対象金融機関、国内銀行信託勘定、中央政府、保険会社等、外債発行機関。
資料　日本銀行「マネーストック」

4-4 マネタリーサーベイ

(単位 億円)

年末	総括表 資産					
	対外資産 (純)	国内信用	政府向け信用 (純)	その他金融機関向け信用	地方公共団体向け信用	その他部門向け信用
令和元年	796,104	15,980,087	5,806,616	3,186,723	783,307	6,203,441
2	926,560	17,010,128	6,072,504	3,520,756	824,094	6,592,774
3	956,987	17,435,653	6,097,358	3,767,038	859,046	6,712,211

年末	総括表 負債				
	通貨 (M1)	現金通貨 1)	預金通貨 2)	準通貨＋CD (譲渡性預金) 3)	その他負債 (純)
令和元年	8,295,062	1,069,628	7,225,434	5,552,801	2,928,328
2	9,439,435	1,123,893	8,315,542	5,471,502	3,025,751
3	10,069,431	1,161,908	8,907,523	5,333,702	2,989,507

「マネタリーサーベイ」は、中央銀行と、預金通貨、準通貨、CDを発行する預金取扱機関の諸勘定を統合・調整したバランスシート。国際通貨基金（IMF）が採用している国際基準に基づいた区分で資産を表示。　1) 銀行券発行高＋貨幣流通高　2) 要求払預金（当座、普通、貯蓄、通知、別段、納税準備）－調査対象金融機関の保有小切手・手形　3) 準通貨＝定期預金＋据置貯金＋定期積金＋外貨預金
資料　日本銀行「マネタリーサーベイ」

4-5　資金循環勘定（令和3年度）

（単位　億円）

区分	主要金融取引		主要金融資産・負債残高		調整額	
	資産	負債	資産	負債	資産	負債
金融機関	1,597,296	1,597,296	48,648,396	48,648,396	-335,594	-335,594
＃現金・預金	339,642	585,410	8,174,992	23,732,564	6,472	5,351
財政融資資金預託金	26,967	37,137	103,210	324,486	-	-
貸出	858,840	772,506	17,036,100	7,929,049	28,829	56,440
債務証券	167,326	-104,009	12,415,958	3,183,827	-178,499	-12,233
株式等・投資信託受益証券	35,208	151,773	4,319,307	4,486,004	24,269	91,093
保険・年金・定型保証	-12,992	3,059	161,839	5,406,929	-30,353	32,198
資金過不足　　　　1)		23,272		1,528,338		-364,552
民間非金融法人企業	332,474	332,474	12,562,877	12,562,877	177,614	177,614
＃現金・預金	54,525	-	3,234,051	-	1	
貸出	45,149	74,297	715,712	4,682,108	48,514	19,707
債務証券	20,028	59,477	367,001	864,878	-3,851	1,189
株式等・投資信託受益証券	-41,311	-7,984	3,403,309	9,992,374	-56,438	-216,559
保険・年金・定型保証	532	-13,199	42,752	179,429	0	-36,627
対外直接投資	74,786	-	1,722,251	-	95,290	-
対外証券投資	-3,307	-	106,907	-	1,691	-
資金過不足　　　　1)	-	75,398	-	-5,967,983	-	321,108
中央政府	-53,872	-53,872	2,990,441	2,990,441	115,747	115,747
＃現金・預金	-197,307		391,297		12,096	
財政融資資金預託金	9,387	-	12,489	-	-	-
貸出	10,189	24,182	118,534	548,500	0	0
債務証券	320	405,680	9,167	11,160,652	-68	-173,713
株式等・投資信託受益証券	37,173	828	578,100	133,267	-1,030	
資金過不足　　　　1)	-	-423,361	-	-9,186,666		284,523
地方公共団体	52,654	52,654	1,141,589	1,141,589	-6,511	-6,511
＃現金・預金	54,299	-	472,562	-	0	
貸出	230	-874	66,108	981,108	0	0
債務証券	-3,992	17,077	101,735	765,244	-1,514	-9,460
株式等・投資信託受益証券	873	0	484,757	13,945	-4,997	0
資金過不足　　　　1)		34,430		-711,397		2,949
社会保障基金	51,061	51,061	3,151,613	3,151,613	89,330	89,330
＃現金・預金	3,601	-	144,573	-	0	
財政融資資金預託金	953	-	208,787	-		
貸出	-5,904	-24	14,481	17,446	0	0
債務証券	70,464	-	651,126	-	-8,263	
株式等・投資信託受益証券	27,901	0	649,187	1,072	-2,298	0
資金過不足　　　　1)	-	48,785	-	2,967,110	-	89,330
家計	391,494	391,494	20,044,587	20,044,587	67,878	67,878
＃現金・預金	305,748	-	10,880,617	-	0	-
貸出	-198	66,325	2,036	3,566,463	-	-5,631
債務証券	-10,613	-	256,190	-	-1,271	-
株式等・投資信託受益証券	64,934	-	2,963,080	-	26,032	-
保険・年金・定型保証	2,320	-	5,381,767	-	25,924	-
対外証券投資	-9,408	-	235,011	-	17,371	-
資金過不足　　　　1)	-	307,584	-	16,317,145	-	74,402
海外	415,319	415,319	8,533,081	8,533,081	-126,047	-126,047
＃現金・預金	5,250	3,270	115,962	269,643	5,051	18,269
貸出	157,077	126,195	2,407,630	1,843,422	51,833	59,601
債務証券	110,600	-	2,181,360	-	-60	
株式等・投資信託受益証券	15,313	-	2,701,955	-	-89,003	
資金過不足　　　　1)	-	-123,035	-	-4,179,634	-	-372,679

1)　主要金融資産・負債残高は金融資産・負債差額、調整額は調整差額。
資料　日本銀行「資金循環」

第5章 財政

5-1 一般会計と地方普通会計歳出額

(単位 10億円)

年度	一般会計（国） 1)			普通会計（地方） 2)			国と地方との純計
	一般会計歳出	国から地方に対する支出 3)	純計	普通会計歳出	地方から国に対する支出 4)	純計	
平成 7 年	75,939	27,391	48,548	98,945	94	98,850	147,398
12	89,321	29,770	59,552	97,616	50	97,567	157,118
17	85,520	29,088	56,432	90,697	32	90,665	147,097
22	95,312	32,097	63,215	94,775	149	94,626	157,842
27	98,230	31,765	66,466	94,571	617	93,954	160,419
30	98,975	30,512	68,463	95,934	672	95,262	163,724
令和 元 年	101,367	32,311	69,055	97,897	755	97,142	166,197
2	147,597	53,735	93,862	123,939	865	123,073	216,935
3	106,610	30,986	75,624	89,806	571	89,235	164,859
4	107,596	32,046	75,551	90,592	568	90,024	165,575

1) 令和2年度以前は決算額、3年度及び4年度は当初予算額。 2) 令和2年度以前は決算額、3年度以降は地方財政計画額。 3) 地方交付税交付金、地方特例交付金等、国庫支出金及び国有資産所在市町村交付金の合計。 4) 国の一般会計歳入の公共事業負担金。
資料 財務省財務総合政策研究所「財政金融統計月報（予算特集）」

5-2 一般会計、特別会計、政府関係機関と地方財政計画純計

(単位 10億円)

年度	一般会計 (A)	特別会計 (B)	政府関係機関 (C)	計 (D=A+B+C)	重複額 (E)	差引純計額 (F=D-E)	地方財政計画額 (G)	再計 (H=F+G)	重複額 (I)	再差引純計額 (H-I)
歳入										
平成 7 年	70,987	266,959	8,001	345,947	161,202	184,745	82,509	267,254	32,035	235,219
12	84,987	336,490	7,396	428,873	201,906	226,967	88,930	315,897	37,216	278,681
17	82,183	449,150	5,073	536,406	258,909	277,497	83,769	361,266	32,689	328,577
22	92,299	381,366	2,200	475,864	247,401	228,463	82,127	310,590	31,563	279,027
27	96,342	406,498	1,835	504,675	263,613	241,063	87,768	328,830	35,484	293,346
30	97,713	391,079	1,652	490,444	249,214	241,230	88,109	329,339	34,100	295,238
令和 元 年	101,457	392,594	1,757	495,807	249,701	246,106	90,798	336,904	35,829	301,075
2	102,658	394,459	1,693	498,810	252,865	245,945	91,747	337,693	36,241	301,452
3	106,610	495,726	2,678	605,013	306,674	298,339	90,248	388,587	35,390	353,197
4	107,596	470,533	2,005	580,134	306,948	273,187	90,993	364,180	36,684	327,495
歳出										
平成 7 年	70,987	241,718	8,086	320,792	160,054	160,738	82,509	243,247	32,035	211,213
12	84,987	318,689	7,661	411,337	200,435	210,902	88,930	299,832	37,216	262,616
17	82,183	411,944	4,678	498,805	257,490	241,316	83,769	325,084	32,689	292,395
22	92,299	367,074	3,135	462,508	244,744	217,764	82,127	299,891	31,563	268,328
27	96,342	403,553	2,216	502,111	262,184	239,927	87,768	327,694	35,484	292,211
30	97,713	388,496	1,727	487,936	247,460	240,476	88,109	328,585	34,100	294,485
令和 元 年	101,457	389,457	1,817	492,731	247,909	244,822	90,798	335,619	35,829	299,791
2	102,658	391,759	1,722	496,139	250,273	245,867	91,747	337,614	36,241	301,373
3	106,610	493,699	3,234	603,542	304,750	298,792	90,248	389,040	35,390	353,650
4	107,596	467,282	2,519	577,398	305,521	271,877	90,993	362,870	36,684	326,185

当初予算額及び当初計画額。
資料 財務省財務総合政策研究所「財政金融統計月報（予算特集）」

5-3　一般歳出等

（単位　10億円）

年度	一般会計 歳出 (A)	国債費	基礎的 財政収支 対象経費 1)	公債 発行額 (B) 2)	公債 依存度 (%) (B/A)	公債 残高 3)	利払費 (C)	利払費 (%) (C/A)
平成 7 年	70,987	13,221	58,188	9,747	13.7	225,185	11,651	16.4
8	75,105	16,375	59,054	19,149	25.5	244,658	11,703	15.6
9	77,390	16,802	61,100	16,707	21.6	257,988	11,682	15.1
10	77,669	17,263	60,922	15,557	20.0	295,249	11,589	14.9
11	81,860	19,832	63,507	31,050	37.9	331,669	11,368	13.9
12	84,987	21,965	68,066	32,610	38.4	367,555	10,743	12.6
13	82,652	17,171	66,017	28,318	34.3	392,434	10,402	12.6
14	81,230	16,671	65,092	30,000	36.9	421,099	9,594	11.8
15	81,789	16,798	65,469	36,445	44.6	456,974	9,060	11.1
16	82,111	17,569	65,021	36,590	44.6	499,014	8,734	10.6
17	82,183	18,442	64,351	34,390	41.8	526,928	8,864	10.8
18	79,686	18,762	61,300	29,973	37.6	531,702	8,648	10.9
19	82,909	20,999	62,246	25,432	30.7	541,458	9,514	11.5
20	83,061	20,163	63,223	25,348	30.5	545,936	9,341	11.2
21	88,548	20,244	68,668	33,294	37.6	593,972	9,420	10.6
22	92,299	20,649	71,238	44,303	48.0	636,312	9,757	10.6
23	92,412	21,549	71,245	44,298	47.9	669,867	9,924	10.7
24	90,334	21,944	68,791	44,244	a)47.6	705,007	9,840	10.9
25	92,612	22,242	70,702	42,851	46.3	743,868	9,870	10.7
26	95,882	23,270	72,971	41,250	43.0	774,083	10,098	10.5
27	96,342	23,451	73,177	36,863	38.3	805,418	10,115	10.5
28	96,722	23,612	73,381	34,432	35.6	830,573	9,869	10.2
29	97,455	23,529	74,288	34,370	35.3	853,179	9,133	9.4
30	97,713	23,302	74,706	33,692	34.5	874,043	8,998	9.2
令和 元 年	101,457	23,508	78,261	32,661	32.2	886,695	8,815	8.7
2	102,658	23,352	79,728	32,556	31.7	946,647	8,390	8.2
3	106,610	23,759	83,374	43,597	40.9	1,004,423	8,504	8.0
4	107,596	24,339	83,717	36,926	34.3	1,026,490	8,247	7.7

当初予算額。令和元年度及び2年度は臨時・特別措置を含む計数。　1)　基礎的財政収支対象経費＝一般会計歳出総額－（利払費＋債務償還費等（交付国債分を除く））　2)　平成6～8年度は減税特例公債、25年度は年金特例公債を除く。　3)　令和2年度以前は普通国債の各年度の年度末現在額、3年度は補正後予算、4年度は当初予算に基づく見込額。
a)　基礎年金国庫負担2分の1ベースの一般会計歳出総額で算出。
資料　財務省財務総合政策研究所「財政金融統計月報（予算特集）」

5-4 一般会計主要科目別歳入額

(単位 10億円)

年度	総額	租税及び印紙収入	租税	印紙収入	官業益金及び官業収入	病院収入	国有林野事業収入	政府資産整理収入	国有財産処分収入	回収金等収入
令和 元 年	109,162	58,442	57,418	1,023	51	18	34	226	67	160
2	184,579	60,822	59,902	919	46	16	31	293	53	240
3	142,599	63,880	62,986	894	52	18	34	245	58	188
4	107,596	65,235	64,291	944	51	16	35	252	42	210

年度	雑収入	国有財産利用収入	納付金	諸収入	公債金	公債金	特例公債金	前年度剰余金受入
令和 元 年	7,139	138	2,534	4,467	36,582	9,144	27,438	6,723
2	7,068	95	1,538	5,435	108,554	22,596	85,958	7,796
3	6,619	137	1,424	5,058	65,655	9,168	56,487	6,148
4	5,080	109	1,402	3,570	36,926	6,251	30,675	53

令和2年度以前は決算額、3年度は補正後予算額、4年度は当初予算額。
資料 財務省「決算書の情報」 財務省財務総合政策研究所「財政金融統計月報(予算特集)」

5-5 一般会計目的別歳出額

(単位 10億円)

年度	総額 1)	国家機関費	皇室費	国会費	選挙費	司法、警察及び消防費	外交費	一般行政費	徴税費	貨幣製造費
令和 元 年	101,366	5,185	8.4	145	58	1,719	888	1,553	796	16
2	147,597	5,710	8.6	120	0.3	1,684	982	2,099	799	17
3	142,599	7,455	12	133	68	1,671	892	3,931	730	18
4	107,596	5,105	7.3	127	61	1,524	721	1,932	716	17

年度	地方財政費	防衛関係費	国土保全及び開発費	産業経済費	教育文化費	社会保障関係費	恩給費	国債費	新型コロナウイルス感染症対策予備費	その他
令和 元 年	16,106	5,641	7,693	4,071	5,529	34,057	201	22,286	-	597
2	16,333	5,520	8,545	22,843	6,781	43,561	168	22,326	-	15,811
3	19,634	6,103	8,118	9,138	6,913	47,666	145	24,705	5,000	7,222
4	15,961	5,384	6,156	2,640	5,129	36,855	121	24,339	5,000	407

令和2年度以前は決算額、3年度は補正後予算額、4年度は当初予算額。令和元年度及び2年度は臨時・特別の措置を含む計数。 1) 令和3年度以降予備費を含む。
資料 財務省「決算書の情報」 財務省財務総合政策研究所「財政金融統計月報(予算特集)」

5-6 一般会計主要経費別歳出額

(単位 10億円)

年度	総額 1)	社会保障関係費	年金給付費	医療給付費	介護給付費	少子化対策費	生活扶助等社会福祉費	保健衛生対策費	雇用労災対策費
令和 元 年	a)101,366	a)33,501	11,987	11,754	2,978	2,306	a)4,067	a)374	35
2	a)147,597	a)42,998	12,413	12,045	3,059	2,841	a)5,736	a)5,496	1,408
3	142,599	46,942	12,700	12,031	3,581	3,017	7,631	5,259	2,721
4	107,596	36,274	12,764	12,093	3,580	3,109	4,176	476	76

年度	文教及び科学振興費	義務教育費国庫負担金	科学技術振興費	文教施設費	教育振興助成費	育英事業費	国債費	恩給関係費	地方交付税交付金
令和 元 年	a)5,911	1,527	a)1,640	a)223	a)2,383	137	22,286	202	15,564
2	a)9,194	1,526	a)4,695	a)177	a)2,616	180	22,326	169	16,031
3	8,110	1,527	3,706	211	2,472	194	24,705	145	19,103
4	5,390	1,501	1,379	74	2,314	122	24,339	122	15,656

年度	地方特例交付金	防衛関係費	公共事業関係費	治山治水対策事業費	道路整備事業費	港湾空港鉄道等整備事業費	住宅都市環境整備事業費	公園水道廃棄物処理等施設整備費	農林水産基盤整備事業費
令和 元 年	468	a)5,627	a)7,610	a)1,161	a)1,516	a)487	a)601	a)158	a)820
2	226	a)5,505	a)8,413	a)1,387	a)1,895	a)480	a)676	a)179	a)869
3	455	6,080	8,052	1,238	1,973	487	812	210	865
4	227	5,369	6,058	951	1,666	399	730	162	608

| 年度 | 公共事業関係費 | | | 経済協力費 | 中小企業対策費 | エネルギー対策費 | 食料安定供給関係費 | その他の事項経費 | 新型コロナウイルス感染症対策予備費 |
	社会資本総合整備事業費	推進費等	災害復旧等事業費						
令和 元 年	a)2,286	59	521	653	a)779	a)1,049	a)1,121	a)6,596	–
2	a)2,241	65	621	763	a)16,257	a)1,027	a)1,498	a)23,190	–
3	1,913	76	477	669	4,145	1,266	1,770	15,657	5,000
4	1,397	68	77	511	171	876	1,270	5,835	5,000

令和2年度以前は決算額、3年度は補正後予算額、4年度は当初予算額。
1) 令和3年度以降予備費を含む。　a) 臨時・特別の措置を含む。
資料　財務省「決算書の情報」
　　　財務省財務総合政策研究所「財政金融統計月報（予算特集）」

5-7　特別会計歳入歳出額

(単位　10億円)

会計	令和3年度		4年度	
	歳入	歳出	歳入	歳出
交付税及び譲与税配付金	55,890	55,695	51,419	49,955
地震再保険	107	107	110	110
国債整理基金	242,212	242,212	245,791	245,791
外国為替資金	2,465	1,079	2,491	1,147
財政投融資				
財政融資資金勘定	40,075	40,054	48,062	47,855
投資勘定	473	473	716	716
特定国有財産整備勘定	48	18	54	23
エネルギー対策				
エネルギー需給勘定	2,579	2,579	2,237	2,237
電源開発促進勘定	348	348	322	322
原子力損害賠償支援勘定	11,505	11,505	11,217	11,217
労働保険				
労災勘定	1,169	1,093	1,175	1,078
雇用勘定	6,031	5,072	3,594	3,594
徴収勘定	2,696	2,696	3,187	3,187
年金				
基礎年金勘定	27,087	27,087	27,668	27,668
国民年金勘定	3,829	3,829	3,812	3,812
厚生年金勘定	49,498	49,498	49,338	49,338
健康勘定	12,421	12,421	12,400	12,400
子ども・子育て支援勘定	3,343	3,343	3,274	3,274
業務勘定	432	432	419	419
食料安定供給				
農業経営安定勘定	264	264	274	274
食糧管理勘定	815	815	916	916
農業再保険勘定	92	87	93	93
漁船再保険勘定	8.4	7.4	8.1	7.2
漁業共済保険勘定	14	10	24	24
業務勘定	14	14	12	12
国営土地改良事業勘定	17	17	14	14
国有林野事業債務管理	360	360	355	355
特許	184	156	190	154
自動車安全				
保障勘定	64	2.6	63	2.4
自動車検査登録勘定	59	43	53	42
自動車事故対策勘定	15	15	15	15
空港整備勘定	393	393	388	388
東日本大震災復興	994	994	841	841

令和3年度は補正後予算、4年度は当初予算。
資料　財務省財務総合政策研究所「財政金融統計月報（予算特集）」

5-8　国民所得に対する租税負担率と1人当たり租税負担額

年度	国民所得 (億円) (A)	租税負担額（億円） (B)			租税負担率 (B/A)(%)		1人当たり租税負担額 (円)	
		計	国税	地方税	計	# 国税	計	# 国税
平成 12 年	3,901,638	882,673	527,209	355,464	22.6	13.5	695,626	415,488
17	3,881,164	870,949	522,905	348,044	22.4	13.5	681,702	409,284
22	3,646,882	780,237	437,074	343,163	21.4	12.0	609,403	341,376
27	3,926,293	990,679	599,694	390,986	25.2	15.3	779,534	471,880
29	4,005,164	1,022,847	623,803	399,044	25.5	15.6	806,051	491,586
30	4,022,687	1,049,756	642,241	407,514	26.1	16.0	828,360	506,791
令和 元 年	4,006,470	1,033,866	621,751	412,115	25.8	15.5	817,124	491,406
2	3,756,954	1,057,586	649,330	408,256	28.2	17.3	838,283	514,684
3	3,835,000	1,098,828	684,925	413,903	28.7	17.9	…	…
4	4,038,000	1,122,409	700,383	422,026	27.8	17.3	…	…

国民所得は国民経済計算による実績額。ただし、令和3年度及び4年度は「令和4年度の経済見通しと経済財政運営の基本的態度」による実績見込額及び見通し額。国税は特別会計分及び日本専売公社納付金を含み、令和2年度以前は決算額、3年度は補正後予算額、4年度は予算額。地方税は地方交付税及び地方譲与税を含まず、令和2年度以前は決算額、3年度は実績見込額、4年度は見込額。1人当たりの算出に用いた人口は、毎月全国推計人口の年度平均。ただし、令和2年9月以前は国勢調査に基づく補間補正後の人口。
資料　財務省財務総合政策研究所「財政金融統計月報（租税特集）」

5-9　税目別国税額

（単位　億円）

年度	総額	直接税						
		計	所得税	源泉分	申告分	法人税	相続税	地価税
平成 30 年	642,241	a) 377,375	199,006	165,650	33,356	123,180	23,333	0
令和 元 年	621,751	a) 353,168	191,707	159,375	32,332	107,971	23,005	0
2	649,330	362,085	191,898	159,976	31,922	112,346	23,145	0
3	684,925	394,273	200,270	167,390	32,880	128,870	25,550	-
4	700,383	404,821	203,820	170,840	32,980	133,360	26,190	-

年度	直接税				間接税等			
	地方法人税 1)	地方法人特別税 1)	復興特別所得税 1)	復興特別法人税 1)	計	消費税	酒税	たばこ税
平成 30 年	6,806	20,879	4,154	16	264,866	176,809	12,751	8,613
令和 元 年	6,042	20,436	4,001	6	268,584	183,527	12,473	8,737
2	14,183	9,777	4,016	2	287,245	209,714	11,336	8,398
3	17,037	-	4,206	-	290,652	211,080	11,760	9,120
4	17,127	-	4,280	-	295,562	215,730	11,280	9,340

年度	間接税等							
	揮発油税	石油ガス税	航空機燃料税	石油石炭税	電源開発促進税	自動車重量税	関税	とん税
平成 30 年	23,478	76	527	7,014	3,220	3,944	10,711	103
令和 元 年	22,808	68	508	6,383	3,158	3,881	9,412	102
2	20,582	46	85	6,078	3,110	3,985	8,195	92
3	21,280	40	370	6,060	3,050	3,820	8,460	90
4	20,790	50	340	6,600	3,130	3,850	8,250	90

年度	間接税等						
	印紙収入	地方揮発油税 1)	石油ガス税（譲与分）1)	航空機燃料税（譲与分）1)	自動車重量税（譲与分）1)	特別とん税 1)	たばこ特別税 1)
平成 30 年	10,729	2,512	76	150	2,707	128	1,248
令和 元 年	10,232	2,440	68	145	2,833	127	1,238
2	9,195	2,202	46	24	2,910	115	1,122
3	8,940	2,277	40	191	2,789	113	1,132
4	9,440	2,225	50	152	2,916	113	1,126

令和2年度以前は決算額、3年度は補正後予算額、4年度は予算額。　1)　特別会計　a)　旧税を含む。
資料　財務省財務総合政策研究所「財政金融統計月報（租税特集）」

5-10　政府債務現在高

(単位　10億円)

年度末	計	内国債	政府短期証券	# 外国為替資金証券	# 食糧証券	借入金 1)
平成 29 年	1,087,813	959,141	74,649	73,363	100	54,023
30	1,103,354	976,803	73,349	72,073	90	53,202
令和 元 年	1,114,540	987,589	74,419	73,147	97	52,533
2	1,216,463	1,074,160	90,299	89,022	114	52,005

年度末	所有者・借入先別						
	# 政府	内国債	国庫短期証券	借入金	# 日本銀行	内国債	国庫短期証券
平成 29 年	22,865	282	3.3	22,579	437,895	416,146	21,749
30	21,475	191	2.3	21,281	458,917	448,555	10,362
令和 元 年	20,803	629	2.3	20,172	450,372	440,006	10,367
2	19,343	200	1.2	19,142	519,887	483,514	36,373

償還期日の到来した国債は、国債所有者に対する元金支払の済否にかかわらず、償還されたものとみなして処理している。割引短期国庫債券は、国庫短期証券として政府短期証券と統合発行しており、所有者別現在額の把握ができない。　1)　一時借入金を含む。
資料　財務省「国債統計年報」

5-11　財政投融資

(単位　億円)

年度	原資 1)						
	計	財政融資	財政融資資金	産業投資 2)	政府保証 3)	国内債	外債
令和 2 年	270,813	254,020	254,020	5,093	11,700	3,793	7,907
3	409,056	383,027	383,027	3,626	22,403	10,648	11,340
4	188,855	164,488	164,488	3,262	21,105	6,525	14,180

年度	使途 (当初計画ベース)					
	計	中小零細企業	農林水産業	教育	福祉・医療	環境
令和 2 年	132,195	29,025	5,901	8,981	4,769	539
3	409,056	145,207	7,593	48,594	20,422	571
4	188,855	35,667	6,988	56,706	10,440	927

年度	使途 (当初計画ベース)				
	産業・イノベーション	住宅	社会資本	海外投融資等	その他
令和 2 年	11,655	5,206	37,518	20,387	8,213
3	12,134	7,920	30,647	20,293	115,675
4	10,086	8,148	26,341	24,718	8,836

1)　令和2年度は実績見込、3年度及び4年度は当初計画。　2)　財政投融資特別会計投資勘定　3)　令和3年度及び4年度は外貨借入金を含む。
資料　財務省「予算及び財政投融資計画の説明」
　　　財務省財務総合政策研究所「財政金融統計月報 (財政投融資特集)」

5-12 財政資金対民間収支

(単位 億円)

区分	令和2年度		3年度	
	収入	支出	収入	支出
総計	9,293,155	7,740,503	10,240,313	9,383,090
合計	8,502,523	6,964,863	7,718,842	6,882,572
小計	1,630,722	2,469,347	1,756,344	2,289,803
一般会計	822,983	1,275,808	939,002	1,230,470
租税	771,707	178,035	875,952	193,688
税外収入	34,750	-	44,419	-
社会保障費	-	274,074	-	333,563
地方交付税交付金	16,525	195,011	18,631	224,579
防衛関係費	-	50,790	-	54,162
公共事業費	-	79,761	-	85,160
義務教育費	-	15,261	-	15,254
その他支払	-	482,876	-	324,064
特別会計等	807,739	1,193,539	817,342	1,059,334
財政投融資	144,480	260,516	168,195	149,473
外国為替資金	103,086	95,887	78,032	81,795
保険	514,556	689,549	524,931	686,682
その他	45,618	147,588	46,184	141,384
小計	6,871,801	4,495,516	5,962,497	4,592,768
国債等	1,482,137	535,048	1,558,636	515,860
国債(1年超)	1,397,219	452,852	1,472,952	431,087
借入金	84,918	82,196	85,684	84,773
国庫短期証券等	5,389,664	3,960,468	4,403,862	4,076,908
国庫短期証券	4,873,256	3,446,363	3,922,951	3,601,999
一時借入金	516,408	514,105	480,911	474,910
調整項目	790,632	775,639	2,521,471	2,500,518

財政資金対民間収支とは通貨量増減をもたらす国庫対民間収支に、(1)国庫対民間収支に計上されるまでの間に生ずる時間的なズレ(代理店預け金等)を調整し、(2)国庫金に準ずる性格を有する機関における資金の受払(日銀当座預金残高の増減)を加えることにより財政活動に伴う通貨量の増減を的確に表すようにしたもの。
資料 財務省「財政資金対民間収支」 財務省財務総合政策研究所「財政金融統計月報(国庫収支特集)」

5-13 地方普通会計団体別歳入歳出決算額

(単位 10億円)

年度	歳入				歳出			
	純計決算額 1)	単純合計額	都道府県	市町村純計額 2)	純計決算額 1)	単純合計額	都道府県	市町村純計額 2)
平成 30 年	101,345	110,264	50,373	59,891	98,021	106,939	48,957	57,982
令和 元 年	103,246	112,319	50,914	61,405	99,702	108,775	49,339	59,436
2	130,047	139,928	61,894	78,034	125,459	135,340	59,706	75,633

普通会計とは、公営事業会計以外の会計を総合して一つの会計としてまとめたもの。 1) 都道府県決算額と市町村決算額との単純合計額から地方公共団体相互間における重複額を控除した額。 2) 市町村決算単純合計額から一部事務組合と一部事務組合を組織する市町村(特別区を含む。)との間の相互重複額を控除した額。
資料 総務省「地方財政統計年報」

5-14　都道府県別地方普通

都道府県	都道府県									
	歳入	# 地方税	# 地方交付税	# 国庫支出金	# 地方債	歳出	# 民生費	# 土木費	# 警察費	# 教育費
全国	61,894	20,525	8,878	12,349	6,706	59,706	9,730	6,296	3,322	10,195
01 北海道	3,137	689	615	665	393	3,100	426	338	131	436
02 青森	766	173	224	163	63	733	113	85	30	139
03 岩手	1,099	160	283	218	99	1,003	102	154	28	147
04 宮城	1,248	320	197	266	111	1,148	156	145	51	181
05 秋田	686	119	197	132	93	667	89	87	25	108
06 山形	696	136	180	133	89	674	82	83	26	111
07 福島	1,509	284	291	355	129	1,405	195	264	44	222
08 茨城	1,345	430	191	277	150	1,304	214	160	62	270
09 栃木	989	292	131	199	120	965	140	98	45	189
10 群馬	1,025	285	131	195	126	999	153	107	42	178
11 埼玉	2,135	933	218	471	264	2,095	450	152	144	475
12 千葉	2,236	835	190	427	206	2,162	373	133	146	419
13 東京	9,055	5,293	–	1,221	492	8,610	1,342	818	633	1,203
14 神奈川	2,554	1,183	121	694	251	2,340	538	111	194	392
15 新潟	1,191	294	245	217	164	1,170	139	176	50	176
16 富山	617	156	134	114	82	594	75	82	27	104
17 石川	624	169	126	144	87	610	84	85	25	111
18 福井	522	128	130	108	80	509	60	74	22	94
19 山梨	593	115	138	110	70	567	65	99	24	89
20 長野	1,067	283	207	233	157	1,049	147	154	45	213
21 岐阜	994	278	178	216	141	964	137	121	46	194
22 静岡	1,296	526	157	248	218	1,274	221	143	80	249
23 愛知	2,620	1,217	98	493	351	2,557	436	221	165	503
24 三重	805	268	143	149	136	762	129	96	38	175
25 滋賀	655	200	119	142	84	649	109	84	31	145
26 京都	1,177	327	168	234	131	1,158	214	87	78	172
27 大阪	3,789	1,275	259	713	322	3,734	734	199	264	534
28 兵庫	2,623	725	303	416	282	2,607	410	208	135	381
29 奈良	622	155	160	132	69	614	103	74	29	128
30 和歌山	648	113	175	144	88	627	94	106	28	116
31 鳥取	389	68	139	95	50	375	51	62	16	67
32 島根	550	84	186	114	63	521	63	87	20	93
33 岡山	802	244	163	170	113	779	133	82	50	148
34 広島	1,139	372	177	229	148	1,099	187	118	61	189
35 山口	745	179	176	139	77	719	104	84	38	139
36 徳島	556	95	154	111	64	525	69	76	25	82
37 香川	493	138	116	92	51	479	74	58	25	91
38 愛媛	731	172	170	150	80	714	118	91	30	128
39 高知	508	82	177	129	76	492	78	81	21	95
40 福岡	2,137	649	263	549	282	2,018	430	179	127	317
41 佐賀	592	107	149	113	81	576	75	69	21	108
42 長崎	804	151	225	191	102	785	119	90	38	150
43 熊本	945	202	220	216	129	902	167	102	39	137
44 大分	709	139	175	157	92	684	106	104	26	121
45 宮崎	689	129	187	150	80	668	102	87	26	114
46 鹿児島	907	186	280	220	118	854	156	101	36	184
47 沖縄	879	166	214	296	56	867	171	80	35	178

1)　単純合計額であり、一部事務組合との間の重複額を含む。したがって5-13表（一部事務組合との間の重複額を控除した純計額）とは一致しない。

会計歳入歳出決算額 （令和2年度）

（単位　10億円）

					市町村　　1)					都道府県
歳入	#地方税	#地方交付税	#国庫支出金	#地方債	歳出	#民生費	#農林水産業費	土木費	教育費	
79,497	20,301	8,111	25,017	5,577	77,097	22,535	1,409	6,590	8,125	全国
4,258	759	821	1,223	357	4,183	1,122	145	412	406	01
934	150	203	278	80	907	240	29	76	86	02
1,018	153	211	255	77	980	207	40	125	75	03
1,849	374	237	490	118	1,704	361	54	231	204	04
745	112	188	198	62	723	175	29	69	66	05
804	137	158	208	69	776	174	27	67	68	06
1,531	270	226	400	109	1,455	332	82	119	120	07
1,731	444	188	532	127	1,652	426	36	142	175	08
1,157	315	88	364	89	1,113	289	21	100	112	09
1,163	307	112	355	85	1,124	296	22	86	118	10
3,663	1,183	152	1,300	222	3,521	1,075	20	266	361	11
3,284	1,045	166	1,123	207	3,177	953	43	204	357	12
7,572	1,887	58	2,540	161	7,288	2,904	10	512	801	13
5,275	1,888	82	1,787	348	5,175	1,547	12	483	655	14
1,523	336	283	431	121	1,475	350	43	186	165	15
636	170	89	183	54	615	152	17	65	58	16
704	180	102	219	64	687	178	16	65	74	17
548	127	71	156	45	528	126	20	54	45	18
554	121	96	151	34	530	130	16	40	50	19
1,467	298	260	378	120	1,414	316	44	117	119	20
1,240	303	158	349	82	1,181	280	27	97	122	21
2,103	661	112	665	177	2,043	504	31	195	257	22
4,256	1,557	82	1,335	251	4,127	1,183	31	413	500	23
1,034	295	129	311	64	1,001	274	21	85	93	24
823	221	87	257	72	803	224	14	52	86	25
1,749	451	162	532	136	1,726	511	15	119	186	26
5,320	1,684	278	2,024	308	5,242	1,940	7.4	447	604	27
3,338	942	308	1,101	305	3,264	996	39	300	369	28
776	172	130	247	64	756	212	10	53	72	29
653	127	126	192	60	635	174	17	49	54	30
435	66	90	113	32	423	107	17	28	31	31
557	87	143	143	59	546	134	24	40	49	32
1,230	305	183	374	107	1,182	327	30	110	134	33
1,819	481	206	590	186	1,782	490	26	174	199	34
836	194	135	255	65	815	226	22	69	75	35
491	101	95	141	41	475	138	13	35	41	36
586	136	85	174	49	569	160	12	36	58	37
847	183	150	264	59	813	245	25	60	64	38
571	84	135	159	60	557	155	22	45	43	39
3,583	826	344	1,110	266	3,514	996	40	268	388	40
595	104	96	165	42	580	148	21	39	52	41
1,010	159	191	312	90	978	276	33	76	72	42
1,358	233	244	412	153	1,309	350	40	109	135	43
756	155	130	238	70	738	220	29	58	64	44
788	133	133	233	57	764	217	34	52	61	45
1,252	201	250	372	103	1,212	346	49	95	101	46
1,074	185	138	378	69	1,034	348	33	69	98	47

資料　総務省「地方財政統計年報」

5-15　都道府県別地方交付税交付額 （令和２年度）

(単位　100万円)

都道府県	都道府県				市町村			
	地方交付税総額	普通交付税	特別交付税	震災復興特別交付税	地方交付税総額	普通交付税	特別交付税	震災復興特別交付税
全国	8,878,057	8,496,457	154,499	227,101	8,110,895	7,096,107	841,153	173,635
北海道	615,432	609,660	5,719	53	821,084	746,143	74,940	1.3
青森	223,763	215,803	4,147	3,813	203,167	177,788	22,318	3,061
岩手	282,983	215,176	4,723	63,084	211,202	171,743	18,105	21,355
宮城	196,550	142,176	2,846	51,529	236,941	153,786	17,113	66,042
秋田	196,982	193,513	3,458	11	188,054	168,059	19,975	20
山形	180,031	176,086	3,934	11	157,774	136,868	20,904	2.3
福島	290,860	186,273	8,018	96,569	226,187	168,238	19,859	38,090
茨城	190,961	178,771	2,528	9,662	188,245	142,377	15,799	30,069
栃木	131,214	127,866	3,178	171	88,341	72,829	10,904	4,609
群馬	131,080	129,224	1,834	23	112,348	99,893	12,454	0.9
埼玉	217,895	216,958	866	71	152,310	135,390	16,906	14
千葉	189,788	185,982	2,624	1,181	165,798	141,820	13,666	10,312
東京	–	–	–	–	58,492	52,607	5,881	3.4
神奈川	120,996	119,796	1,110	90	82,205	75,041	7,158	6.2
新潟	244,771	240,391	4,312	68	282,568	250,769	31,775	24
富山	133,878	130,425	3,442	10	89,174	74,704	14,469	0.1
石川	125,944	122,464	3,469	11	101,628	88,335	13,293	0.4
福井	129,650	126,240	3,402	7.6	71,481	58,750	12,730	–
山梨	138,046	136,235	1,803	8.2	96,062	85,515	10,547	0.4
長野	206,796	199,633	7,029	134	260,424	233,403	27,002	19
岐阜	177,882	174,738	3,124	20	158,191	138,856	19,335	0.1
静岡	156,943	155,259	1,648	36	111,590	97,833	13,756	0.7
愛知	97,711	96,986	652	72	82,337	72,524	9,813	0.1
三重	143,082	141,433	1,632	18	129,159	115,678	13,480	0.2
滋賀	118,811	117,138	1,660	14	86,575	74,861	11,714	0.1
京都	168,425	165,747	2,653	25	161,864	147,613	14,250	0.1
大阪	259,382	258,218	1,079	85	277,852	263,465	14,387	0.4
兵庫	302,625	299,013	3,559	53	307,687	277,993	29,694	0.2
奈良	159,594	157,424	2,156	13	129,743	112,178	17,565	–
和歌山	175,153	173,030	2,113	9.3	125,990	109,619	16,371	–
鳥取	138,882	135,758	3,118	5.6	90,092	81,135	8,958	0.0
島根	186,347	183,263	3,078	6.7	142,594	125,133	17,461	0.0
岡山	162,540	159,660	2,862	19	183,020	164,833	18,187	0.4
広島	177,414	173,702	3,685	27	205,646	186,238	19,408	0.1
山口	175,707	172,565	3,128	14	135,313	119,332	15,981	–
徳島	153,839	151,287	2,545	7.3	94,615	84,231	10,384	–
香川	116,150	113,709	2,431	9.4	84,984	76,083	8,901	–
愛媛	170,401	167,227	3,160	13	149,738	133,323	16,415	–
高知	176,809	173,743	3,059	7.0	134,570	118,696	15,874	–
福岡	262,944	258,325	4,570	49	344,153	306,823	37,330	0.2
佐賀	148,702	146,231	2,463	8.1	95,614	85,088	10,526	0.1
長崎	224,911	221,365	3,533	13	191,449	173,290	18,160	0.0
熊本	220,277	209,285	10,975	17	243,741	211,522	32,219	–
大分	175,242	171,691	3,539	11	130,247	116,971	13,276	0.3
宮崎	186,821	183,984	2,826	11	132,757	119,518	13,239	0.0
鹿児島	279,643	273,607	6,020	16	249,929	224,916	25,013	0.0
沖縄	214,200	209,398	4,788	14	137,964	124,300	13,663	0.6

資料　総務省「地方財政統計年報」

5-16　税目別地方税収入額

（単位　10億円）

税目	平成30年度	令和元年度	2年度	税目	平成30年度	令和元年度	2年度
道府県税	**18,328**	**18,344**	**18,369**	**市町村税**	**22,423**	**22,868**	**22,457**
普通税	18,316	18,332	18,360	普通税	20,728	21,134	20,726
道府県民税	5,698	5,661	5,503	市町村民税	10,532	10,720	10,239
個人均等割	120	121	122	個人均等割	222	225	228
所得割	4,420	4,423	4,471	所得割	7,883	8,100	8,199
法人均等割	154	155	153	法人均等割	442	446	436
法人税割	680	666	395	法人税割	1,984	1,950	1,376
利子割	56	30	33	固定資産税	9,083	9,286	9,380
配当割	145	167	152	純固定資産税	8,996	9,199	9,294
株式等譲渡所得割	122	98	176	土地	3,448	3,485	3,479
事業税	4,450	4,597	4,298	家屋	3,850	3,958	4,040
個人分	207	211	216	償却資産	1,698	1,756	1,774
法人分	4,243	4,385	4,082	交付金	87	87	87
地方消費税	4,815	4,796	5,424	軽自動車税	258	269	285
不動産取得税	404	404	374	軽自動車税　　1)	258	266	－
道府県たばこ税	139	140	133	環境性能割	－	3.1	10
ゴルフ場利用税	43	43	39	種別割	－	－	275
自動車取得税	198	104	－	市町村たばこ税	850	854	817
軽油引取税	958	945	910	鉱産税	1.6	1.8	1.8
自動車税	1,550	1,588	1,623	特別土地保有税	0.2	0.2	0.1
自動車税　　1)	1,550	1,530	－	法定外普通税	2.3	2.3	2.6
環境性能割	－	46	93	目的税	1,695	1,734	1,731
種別割	－	12	1,530	法定目的税	1,692	1,727	1,726
鉱区税	0.3	0.3	0.3	入湯税	22	22	12
固定資産税（特例）	11	8.0	9.4	事業所税	378	387	384
法定外普通税	49	46	45	都市計画税	1,291	1,318	1,330
目的税	11	12	8.6	水利地益税	0.0	0.0	0.0
法定目的税	0.8	0.8	0.7	法定外目的税	3.3	7.0	4.2
狩猟税	0.8	0.8	0.7				
法定外目的税	11	11	7.8				
旧法による税	0.0	0.0	0.0				

1)　令和元年9月30日まで。
資料　総務省「地方財政統計年報」

第6章　貿易・国際収支・国際協力

6-1　主要国、主要商品別輸出額（令和2年）

（単位　10億円）

国（地域）	総額	食料品	原料品	鉱物性燃料	化学製品	原料別製品	一般機械	電気機器	輸送用機器	その他 1)
総額	68,399	790	1,020	723	8,534	7,504	13,140	12,898	14,456	9,334
アジア										
#アラブ首長国連邦	593	3.3	2.8	1.2	14	68	104	29	319	53
イスラエル	162	0.3	0.4	0.0	10	4.9	45	11	71	18
インド	971	0.7	22	15	240	248	213	138	37	56
インドネシア	981	6.3	28	4.7	129	250	238	126	131	68
オマーン	138	0.5	0.3	0.9	1.0	18	12	3.5	99	2.1
カタール	109	0.3	0.3	0.2	0.8	17	13	3.7	70	3.3
韓国	4,767	34	155	175	1,105	671	1,054	837	103	634
クウェート	150	0.4	0.1	0.1	0.8	22	8.3	2.3	115	2.2
サウジアラビア	453	1.7	0.3	1.4	11	78	52	15	281	12
シンガポール	1,888	26	4.5	79	195	137	267	402	207	569
タイ	2,723	33	50	14	311	594	563	571	304	283
台湾	4,739	91	66	15	891	565	855	1,285	353	618
中国	15,082	129	236	101	2,531	1,781	3,410	3,274	1,596	2,023
パキスタン	124	0.0	3.1	0.2	7.3	33	23	8.2	43	6.6
フィリピン	940	7.6	8.8	5.5	95	139	152	266	122	144
ベトナム	1,826	46	125	12	205	347	276	512	76	225
香港	3,415	193	16	8.9	342	186	198	1,295	99	1,077
マレーシア	1,343	10	73	57	141	202	162	404	139	154
アメリカ										
#アメリカ合衆国	12,611	100	89	45	974	780	2,837	1,807	4,522	1,456
カナダ	773	9.2	1.9	0.1	25	47	100	93	419	77
パナマ	492	0.1	-	0.1	0.4	2.3	20	2.3	464	2.7
ブラジル	315	0.7	2.6	2.9	46	39	72	47	85	20
メキシコ	895	0.9	1.6	5.0	38	176	178	157	273	66
ヨーロッパ										
#イギリス	1,145	4.8	9.0	11	95	53	197	134	291	349
イタリア	403	2.1	4.8	0.1	68	39	83	33	129	44
オーストリア	113	0.4	1.7	0.0	21	9.0	33	12	27	8.0
オランダ	1,164	11	12	13	134	54	395	227	164	154
スイス	514	0.9	0.8	0.0	152	52	16	12	36	245
スウェーデン	133	0.7	0.3	0.1	4.9	14	26	28	46	14
スペイン	231	1.2	1.7	0.0	24	12	38	24	109	21
ドイツ	1,875	5.3	16	2.2	236	116	343	514	270	372
トルコ	284	0.1	3.7	0.2	17	45	76	70	60	12
フランス	603	6.6	2.0	0.1	78	34	137	97	153	94
ベルギー	699	2.0	11	0.1	97	36	98	40	340	74
ロシア	628	6.7	1.2	3.9	20	54	116	52	337	36
アフリカ										
#南アフリカ共和国	178	1.1	1.3	2.9	13	18	29	14	91	7.7
リベリア	230	-	-	-	0.1	0.4	3.3	0.3	226	0.1
オセアニア										
#オーストラリア	1,295	16	3.0	96	37	96	161	42	760	83
ニュージーランド	197	2.4	0.3	8.3	5.4	10	26	5.9	121	17
（欧州連合（EU）） 2)	6,460	32	58	18	816	399	1,422	1,187	1,563	966

本船渡し価格（F.O.B.価格）による。国別分類は、原則として仕向国（地）による。
1)　雑製品及び特殊取扱品の計。　2)　加盟国27カ国の計。
資料　公益財団法人日本関税協会「外国貿易概況」

6-2　主要国、主要商品別輸入額 (令和2年)

(単位　10億円)

国（地域）	総額	食料品	原料品	鉱物性燃料	化学製品	原料別製品	一般機械	電気機器	輸送用機器	その他 1)
総額	68,011	6,679	4,682	11,254	7,859	6,564	7,043	11,354	2,600	9,977
アジア										
# アラブ首長国連邦	1,750	0.6	20	1,670	2.2	53	0.1	0.3	0.0	3.5
インド	505	62	54	66	125	83	30	21	18	45
インドネシア	1,656	123	388	330	87	224	75	163	51	215
カタール	981	–	0.1	964	5.9	8.6	0.0	0.0	0.0	1.7
韓国	2,842	265	64	316	464	601	338	405	68	321
クウェート	487	–	0.1	486	–	0.2	–	0.0	–	0.3
サウジアラビア	1,970	0.1	25	1,888	34	19	0.1	0.0	0.0	3.1
シンガポール	915	50	21	20	281	19	198	131	1.3	193
タイ	2,540	429	81	4.2	248	246	320	657	212	343
台湾	2,863	69	87	6.0	241	269	243	1,416	46	487
中国	17,508	820	223	73	1,080	2,289	3,415	5,102	415	4,091
フィリピン	1,001	117	119	1.6	18	121	85	364	16	160
ブルネイ	182	0.1	–	178	3.6	–	0.0	–	–	0.0
ベトナム	2,355	167	43	22	85	306	146	615	55	916
マレーシア	1,702	43	108	466	105	146	67	500	16	250
アメリカ										
# アメリカ合衆国	7,454	1,311	511	818	1,357	345	1,020	904	436	752
カナダ	1,169	308	414	152	160	28	30	23	18	35
チリ	748	201	483	–	21	42	0.3	0.1	0.0	0.3
プエルトリコ	226	0.4	0.1	–	202	0.0	1.7	0.5	0.0	21
ブラジル	801	291	359	0.0	73	61	7.4	1.0	1.4	8.1
ペルー	248	28	157	54	0.2	7.1	0.1	0.0	0.0	1.7
メキシコ	581	132	44	14	22	27	60	157	64	60
ヨーロッパ										
# アイルランド	703	23	0.7	0.0	446	1.7	15	58	0.1	160
イギリス	685	49	5.6	0.5	170	68	116	74	120	82
イタリア	1,120	286	20	0.3	203	51	103	44	115	298
オーストリア	211	8.7	10	0.0	25	25	32	19	71	20
オランダ	330	68	20	0.4	79	13	83	33	7.3	28
スイス	807	52	1.6	0.2	380	13	57	31	2.2	269
スウェーデン	302	3.0	27	0.2	140	26	32	19	38	17
スペイン	338	96	37	3.9	76	16	11	14	47	36
デンマーク	248	61	5.6	0.0	126	2.6	16	16	1.3	20
ドイツ	2,276	59	13	2.2	785	135	325	300	463	195
フィンランド	171	2.4	40	0.0	25	59	13	13	12	5.9
フランス	987	180	13	2.8	311	46	72	62	116	185
ベルギー	348	24	4.7	0.6	235	31	7.0	7.8	30	8.5
ロシア	1,145	107	62	681	16	270	4.5	0.6	0.3	2.5
アフリカ										
# 南アフリカ共和国	615	17	65	1.3	7.0	485	2.3	0.2	36	0.6
オセアニア										
# オーストラリア	3,831	396	824	2,395	41	135	4.5	5.5	2.6	28
ニュージーランド	267	158	17	4.2	25	56	1.6	1.2	0.2	3.9
（欧州連合(EU)) 2)	7,832	973	259	16	2,548	467	798	689	1,023	1,060

運賃・保険料込み価格（C.I.F.価格）による。国別分類は、原則として原産国（地）による。ただし、原産国（地）が不明の場合は積出国（地）による。
1)　雑製品及び特殊取扱品の計。　2)　加盟国27カ国の計。
資料　公益財団法人日本関税協会「外国貿易概況」

6-3 貿易価格指数と貿易数量指数

(平成27年＝100)

年次	輸出							
	総合	食料品	繊維及び同製品	化学製品	非金属鉱物製品	金属及び同製品	機械機器	雑品
基準時ウエイト	1,000.0	8.4	13.9	109.1	12.6	89.1	681.2	85.8
価格指数								
平成 30 年	100.1	112.6	95.8	105.7	82.8	103.4	98.9	102.0
令和 元 年	98.8	110.9	96.6	103.1	66.4	100.6	98.9	98.4
2	99.4	115.1	97.5	101.2	99.0	98.5	99.2	98.1
数量指数								
平成 30 年	107.7	109.9	95.5	108.8	121.8	95.8	108.7	106.5
令和 元 年	103.0	113.6	93.1	109.2	144.8	89.1	101.8	105.2
2	91.0	114.7	78.6	108.7	82.7	83.7	88.7	90.8

年次	輸入								
	総合	食料品	原料品	鉱物性燃料	繊維製品	化学製品	金属及び同製品	機械機器	雑品
基準時ウエイト	1,000.0	90.8	63.0	236.3	57.0	101.1	49.5	314.3	88.2
価格指数									
平成 30 年	99.7	96.1	100.8	112.1	86.9	98.8	103.1	96.6	92.5
令和 元 年	95.9	93.9	100.7	102.8	85.4	93.2	99.8	94.2	93.1
2	88.6	87.1	105.2	74.4	88.7	91.7	103.1	92.1	90.6
数量指数									
平成 30 年	105.8	107.7	102.1	94.5	112.0	111.7	109.9	110.7	107.7
令和 元 年	104.6	109.4	99.5	90.5	110.7	113.0	105.3	110.7	105.1
2	97.9	109.6	91.7	83.1	101.8	110.6	90.8	102.8	95.0

価格指数の算式はフィッシャー式。数量指数は金額指数÷価格指数。
資料　公益財団法人日本関税協会「外国貿易概況」

6-4　主要商品・商品特殊分類別輸出額

（単位　100万円）

年次	総額	主要商品別				
		食料品	原料品	鉱物性燃料	化学製品	原料別製品
平成 30 年	81,478,753	740,655	1,155,748	1,304,191	8,921,534	9,136,204
令和 元 年	76,931,665	754,267	1,033,552	1,382,973	8,739,096	8,407,009
2	68,399,121	790,111	1,019,845	722,807	8,533,622	7,503,627

年次	主要商品別					
	一般機械	電気機器	#半導体等電子部品	輸送用機器	#自動車	その他 1)
平成 30 年	16,507,716	14,142,056	4,150,172	18,876,664	12,307,209	10,693,984
令和 元 年	15,121,618	13,207,675	4,005,965	18,118,040	11,971,189	10,167,435
2	13,140,306	12,898,112	4,155,314	14,456,213	9,579,635	9,334,478

年次	商品特殊分類別					
	#食料及びその他の直接消費財	#工業用原料	#資本財	#非耐久消費財	#繊維製品	#耐久消費財
平成 30 年	731,247	19,256,556	41,149,102	917,881	109,196	13,400,325
令和 元 年	747,138	18,215,430	38,198,677	971,229	115,838	12,939,088
2	784,618	16,507,368	34,000,527	1,026,934	116,510	10,687,405

本船渡し価格（F.O.B.価格）による。　1)　雑製品及び特殊取扱品の計。
資料　公益財団法人日本関税協会「外国貿易概況」

6-5　主要商品・商品特殊分類別輸入額

（単位　100万円）

年次	総額	主要商品別					
		食料品	#穀物及び同調製品	#野菜	原料品	鉱物性燃料	#原油及び粗油
平成 30 年	82,703,304	7,246,739	809,460	550,537	4,991,686	19,294,048	8,906,273
令和 元 年	78,599,510	7,191,581	797,346	536,865	4,861,195	16,950,648	7,969,046
2	68,010,832	6,679,374	766,126	504,027	4,681,568	11,254,099	4,646,424

年次	主要商品別						
	鉱物性燃料 #液化天然ガス	化学製品	原料別製品	一般機械	電気機器	輸送用機器	その他 1)
平成 30 年	4,738,939	8,550,029	7,459,064	7,949,974	12,337,898	3,490,418	11,383,447
令和 元 年	4,349,779	8,163,450	7,068,411	7,582,617	11,992,000	3,560,706	11,228,902
2	3,205,056	7,858,764	6,563,543	7,042,544	11,354,355	2,599,763	9,976,823

年次	商品特殊分類別					
	#食料及びその他の直接消費財	#工業用原料 #鉱物性燃料	#資本財	#非耐久消費財 #繊維製品		#耐久消費財
平成 30 年	7,112,567	38,285,689 / 19,288,675	22,837,690	6,060,818	3,690,754	6,458,666
令和 元 年	7,032,770	35,031,297 / 16,945,791	22,208,870	6,011,857	3,594,583	6,405,467
2	6,518,889	28,097,087 / 11,249,249	20,184,834	5,604,515	3,473,067	5,878,768

運賃・保険料込み価格（C.I.F.価格）による。　1)　雑製品及び特殊取扱品の計。
資料　公益財団法人日本関税協会「外国貿易概況」

6-6 対外・対内直接投資実績

(単位 億円)

年次	対外直接投資			株式資本			収益の再投資		
	実行	回収	ネット	実行	回収	ネット	実行	回収	ネット
令和 2 年	670,279	513,682	156,597	271,771	181,070	90,701	52,012	–	52,012
3	561,898	398,214	163,684	174,483	75,707	98,775	47,055	–	47,055

年次	対外直接投資 負債性資本			対内直接投資			株式資本		
	実行	回収	ネット	実行	回収	ネット	実行	回収	ネット
令和 2 年	346,495	332,612	13,884	433,302	367,425	65,877	23,237	18,236	5,001
3	340,360	322,507	17,853	422,004	392,363	29,640	37,443	11,188	26,255

年次	対内直接投資 収益の再投資			負債性資本			国別対外直接投資 アジア	#インド	#中国
	実行	回収	ネット	実行	回収	ネット			
令和 2 年	10,039	–	10,039	400,026	349,189	50,837	33,925	1,688	10,669
3	8,600	–	8,600	375,960	381,175	-5,215	50,529	3,033	10,495

年次	国別対外直接投資								
	中東	北米	#アメリカ合衆国	中南米	#ブラジル	ヨーロッパ	#イギリス	アフリカ	オセアニア
令和 2 年	-519	59,167	57,206	14,850	1,707	-17,059	-23,273	-5,029	16,812
3	-306	66,090	65,370	5,995	475	41,808	20,583	924	-3,940

年次	国別対内直接投資			
	アジア	北米	#アメリカ合衆国	ヨーロッパ
令和 2 年	5,351	3,185	3,097	3,344
3	18,996	7,473	7,011	-2,590

資料 財務省「国際収支状況」

6-7　国際収支状況

（単位　億円）

年次	経常収支					
	計	貿易・サービス収支	貿易収支	輸出	輸入	サービス収支
平成 30 年	195,047	1,052	11,265	812,263	800,998	-10,213
令和 元 年	192,513	-9,318	1,503	757,753	756,250	-10,821
2	157,699	-8,773	27,779	672,629	644,851	-36,552
3	215,910	-25,615	16,701	822,837	806,136	-42,316

年次	経常収支		資本移転等収支	金融収支 1)	誤差脱漏
	第一次所得収支	第二次所得収支			
平成 30 年	214,026	-20,031	-2,105	201,361	8,419
令和 元 年	215,531	-13,700	-4,131	248,624	60,242
2	192,170	-25,697	-2,072	139,034	-16,594
3	265,814	-24,289	-4,197	168,560	-43,153

IMF国際収支マニュアル第6版準拠　1)　プラス（＋）は純資産の増加を示す。マイナス（－）は純資産の減少を示す。
資料　財務省「国際収支状況」

6-8　外国為替相場

年末	インターバンク相場（東京市場）（1米ドルにつき円）		基準相場 米ドル（1ドルにつき円）1)	対顧客為替相場（三菱UFJ銀行）2)		
	スポット・レート 3)	中心相場期中平均 4)		ユーロ（1ユーロにつき円）	英ポンド（1ポンドにつき円）	韓国ウォン（100ウォンにつき円）
平成 27 年	120.42	121.03	122	131.77	178.78	10.33
28	117.11	108.84	116	122.70	143.00	9.68
29	112.65	112.16	113	134.94	151.95	10.62
30	110.40	110.39	112	127.00	140.46	9.94
令和 元 年	109.15	109.01	109	122.54	143.48	9.46
2	103.33	106.78	104	126.95	139.82	9.52
3	115.12	109.80	114	130.51	155.24	9.73

1)　12月中の実勢相場の平均値。　2)　対顧客電信売相場と対顧客電信買相場の仲値（最終公表相場）。直物
3)　インターバンク市場参加者等から聴取した売り値と買い値の中間値（17時時点）。　4)　取引金額で測ったその日の代表的なスポット相場。
資料　日本銀行「外国為替市況」「金融経済統計月報」「基準外国為替相場及び裁定外国為替相場」

6-9 外貨準備高

(単位 100万米ドル)

年末	外貨準備高	外貨	IMFリザーブポジション	SDR	金	その他外貨準備
平成 30 年	1,270,975	1,208,958	11,464	18,484	31,531	538
令和 元 年	1,323,750	1,255,322	11,202	19,176	37,469	581
2	1,394,680	1,312,160	15,147	20,215	46,526	632
3	1,405,750	1,278,925	10,643	62,330	49,505	4,347

資料 財務省「外貨準備等の状況」

6-10 経済協力状況 (支出純額ベース)

(単位 100万米ドル)

項目	平成30年	令和元年	2年
経済協力総額	53,667	55,519	32,472
政府開発援助	10,064	11,720	13,660
二国間	6,099	7,477	10,242
贈与	5,278	5,278	5,469
政府貸付等	820	2,199	4,774
国際機関に対する出資・拠出等	3,965	4,243	3,418
その他の政府資金	1,380	313	4,898
民間資金	41,701	42,913	13,309
輸出信用 (1年超)	-1,002	-2,112	-5,414
直接投資	30,916	39,067	25,031
その他二国間証券投資等	11,546	5,770	-4,213
国際機関に対する融資等	241	188	-2,095
民間非営利団体による贈与	522	574	606
経済協力の総額／GNI (%)	1.05	1.04	0.62

卒業国向け実績を除く。マイナスは貸付などの回収額が供与額を上回ったことを示す。
資料 外務省「開発協力白書」

6-11　我が国の二国間政府開発援助 (令和2年)

(単位　100万米ドル)

国　(地域)	政府開発援助				政府貸付等 1)
	計	贈与	# 無償資金協力	# 技術協力	
総額　　　　　2)	10,216	5,489	1,291	2,405	4,728
東アジア					
# モンゴル	263	37	19	16	226
カンボジア	260	120	87	22	140
タイ	16	29	1.3	24	-13
ベトナム	75	74	25	44	1.1
ミャンマー	1,094	150	72	47	943
ラオス	84	73	48	21	11
南西アジア					
# インド	692	94	6.6	82	598
ネパール	83	40	17	17	43
バングラデシュ	2,010	75	17	25	1,936
中央アジア・コーカサス					
# ウズベキスタン	271	16	2.8	7.8	255
中東・北アフリカ					
# アフガニスタン	126	126	12	9.3	-
イエメン	48	48	-	0.2	-
イラク	699	55	1.9	3.9	644
シリア	76	76	-	4.0	-
チュニジア	-23	13	7.8	3.3	-36
パレスチナ	62	62	2.7	6.4	-
モロッコ	-30	12	6.9	3.4	-41
ヨルダン	173	54	27	5.4	120
サブサハラ・アフリカ					
# ウガンダ	42	27	12	11	15
ガーナ	51	50	32	14	1.6
ケニア	139	71	11	40	68
コンゴ民主共和国	46	46	21	6.7	-
セネガル	40	37	23	12	2.9
タンザニア	52	41	22	13	11
マラウイ	28	28	20	5.7	-
南スーダン	22	22	9.1	3.1	-
モザンビーク	71	37	18	10	34
ルワンダ	56	24	12	7.4	32
中南米					
# コスタリカ	-2.3	2.0	0.1	1.9	-4.3

マイナスは貸付などの回収額が供与額を上回ったことを示す。
1)　当該国への政府貸付実行額から過去の貸付に対しての回収額を差し引いた額。　2)　複数地域にまたがる援助等を含む。卒業国向け援助を含む。
資料　外務省「開発協力白書」

第7章　企業活動

7-1　産業別民営事業所数と従業者数

産業	事業所数		従業者数（1,000人）	
	平成26年	28年	平成26年	28年
全産業（事業内容等不詳を含む）	5,779,072	5,578,975	…	…
全産業	5,541,634	5,340,783	57,428	56,873
農林漁業（個人経営を除く）	32,822	32,676	354	363
鉱業、採石業、砂利採取業	1,980	1,851	20	19
建設業	515,079	492,734	3,792	3,691
製造業	487,061	454,800	9,188	8,864
電気・ガス・熱供給・水道業	4,506	4,654	197	188
情報通信業	66,236	63,574	1,631	1,642
運輸業、郵便業	134,118	130,459	3,248	3,197
卸売業、小売業	1,407,235	1,355,060	12,031	11,844
金融業、保険業	87,015	84,041	1,513	1,530
不動産業、物品賃貸業	384,240	353,155	1,492	1,462
学術研究、専門・技術サービス業	228,411	223,439	1,787	1,843
宿泊業、飲食サービス業	725,090	696,396	5,490	5,362
生活関連サービス業、娯楽業　　1)	486,006	470,713	2,508	2,421
教育、学習支援業	169,956	167,662	1,803	1,828
医療、福祉	418,640	429,173	7,191	7,375
複合サービス事業	34,848	33,780	519	484
サービス業（他に分類されないもの）2)	358,391	346,616	4,664	4,760

「経済センサス-基礎調査」（平成26年7月1日現在）「経済センサス-活動調査」（28年6月1日現在）による。国及び地方公共団体を除く。事業所とは、一定の場所（一区画）を占めて、単一の経営主体のもとで経済活動が行われ、従業者と設備を有して、物の生産や販売、サービスの提供が継続的に行われている場所ごとの単位をいう。東日本大震災の影響により、26年は原子力災害対策特別措置法に基づく帰還困難区域又は居住制限区域を含む調査区を除く。　1)　家事サービス業を除く。　2)　外国公務を除く。
資料　総務省統計局「経済センサス-基礎調査結果」
　　　総務省統計局、経済産業省「経済センサス-活動調査結果」

7-3　産業、経営組織別民営事業所数と

産業	総数		個人		法人	
	事業所数	従業者数	事業所数	従業者数	事業所数	従業者数
全産業	5,340,783	56,873	2,006,773	5,719	3,305,188	51,032
1 農林漁業（個人経営を除く）	32,676	363	…	…	32,187	358
2 鉱業、採石業、砂利採取業	1,851	19	124	0.4	1,723	19
3 建設業	492,734	3,691	142,382	350	350,278	3,341
4 製造業	454,800	8,864	133,781	378	320,459	8,482
5 電気・ガス・熱供給・水道業	4,654	188	30	0.1	4,600	188
6 情報通信業	63,574	1,642	2,267	5.0	61,163	1,637
7 運輸業、郵便業	130,459	3,197	16,000	29	113,892	3,166
8 卸売業、小売業	1,355,060	11,844	430,176	1,337	922,545	10,495
9 金融業、保険業	84,041	1,530	5,500	10	78,477	1,520
10 不動産業、物品賃貸業	353,155	1,462	139,125	214	213,508	1,246
11 学術研究、専門・技術サービス業	223,439	1,843	101,209	303	121,809	1,538
12 宿泊業、飲食サービス業	696,396	5,362	418,727	1,329	276,968	4,027
13 生活関連サービス業、娯楽業 1)	470,713	2,421	307,116	601	162,739	1,812
14 教育、学習支援業	167,662	1,828	89,678	219	76,812	1,603
15 医療、福祉	429,173	7,375	169,999	818	256,493	6,537
16 複合サービス事業	33,780	484	3,306	9.2	30,436	475
17 サービス業（他に分類されないもの）2)	346,616	4,760	47,353	115	281,099	4,590

「経済センサス-活動調査」（6月1日現在）による。7-1表脚注参照。　1)　家事サービス業を除く。
2)　外国公務を除く。

7-2　産業別企業等数と売上（収入）金額

（単位　金額　10億円）

産業	企業等数		売上（収入）金額			
	平成26年	28年	平成26年	全産業に占める割合(%)	28年	全産業に占める割合(%)
全産業	4,098,284	3,856,457	1,377,721	100.0	1,624,714	100.0
農林漁業（個人経営を除く）	26,624	25,992	3,892	0.3	4,994	0.3
鉱業、採石業、砂利採取業	1,541	1,376	2,146	0.2	2,044	0.1
建設業	456,312	431,736	87,846	6.4	108,451	6.7
製造業	417,932	384,781	347,704	25.2	396,275	24.4
電気・ガス・熱供給・水道業	1,127	1,087	25,774	1.9	26,242	1.6
情報通信業	46,398	43,585	47,844	3.5	59,946	3.7
運輸業、郵便業	74,854	68,808	56,112	4.1	64,791	4.0
卸売業、小売業	907,857	842,182	425,691	30.9	500,794	30.8
金融業、保険業	32,200	29,439	116,455	8.5	125,130	7.7
不動産業、物品賃貸業	322,573	302,835	35,975	2.6	46,055	2.8
学術研究、専門・技術サービス業	196,116	189,515	29,231	2.1	41,502	2.6
宿泊業、飲食サービス業	546,717	511,846	20,725	1.5	25,481	1.6
生活関連サービス業、娯楽業　　　1)	385,656	366,146	36,865	2.7	45,661	2.8
教育、学習支援業	120,204	114,451	14,089	1.0	15,410	0.9
医療、福祉	300,706	294,371	84,825	6.2	111,488	6.9
複合サービス事業	6,278	5,719	8,476	0.6	9,596	0.6
サービス業（他に分類されないもの）2)	255,189	242,588	34,071	2.5	40,854	2.5

「経済センサス-基礎調査」（企業等数は平成26年7月1日現在。売上（収入）金額は25年1年間の数値）「経済センサス-活動調査」（企業等数は28年6月1日現在。売上（収入）金額は27年1年間の数値）による。国及び地方公共団体を除く。企業等とは事業・活動を行う法人（外国の会社を除く。）及び個人経営の事業所をいう。売上（収入）金額は必要な事項の数値が得られた企業等を対象として集計。　東日本大震災の影響により、26年は原子力災害対策特別措置法に基づく帰還困難区域又は居住制限区域を含む調査区を除く。　　1)　家事サービス業を除く。　　2)　外国公務を除く。
資料　総務省統計局「経済センサス-基礎調査結果」
　　　総務省統計局、経済産業省「経済センサス-活動調査結果」

Ⅲ　企業・事業所

従業者数（平成28年）

（単位　従業者数　1,000人）

会社		#株式・有限・相互会社		会社以外の法人		法人でない団体		産業
事業所数	従業者数	事業所数	従業者数	事業所数	従業者数	事業所数	従業者数	
2,882,491	42,717	2,846,498	42,425	422,697	8,315	28,822	121	全産業
22,157	233	21,704	230	10,030	125	489	4.9	1
1,656	19	1,639	19	67	0.3	4	0.0	2
349,394	3,334	348,032	3,327	884	6.9	74	0.4	3
316,887	8,418	313,920	8,391	3,572	64	560	4.2	4
4,385	185	4,357	185	215	2.4	24	0.1	5
60,040	1,610	58,936	1,601	1,123	26	144	0.5	6
111,344	3,141	110,468	3,128	2,548	25	567	2.6	7
900,696	10,214	888,255	10,094	21,849	281	2,339	12	8
63,765	1,275	62,998	1,262	14,712	245	64	0.3	9
209,116	1,208	206,164	1,200	4,392	38	522	1.7	10
108,452	1,300	106,594	1,290	13,357	238	421	1.7	11
272,352	3,972	268,921	3,946	4,616	54	701	6.0	12
155,580	1,729	153,821	1,719	7,159	83	858	7.2	13
52,812	531	52,065	527	24,000	1,071	1,172	5.8	14
85,341	1,242	81,394	1,209	171,152	5,295	2,681	19	15
20,098	299	20,092	299	10,338	176	38	0.1	16
148,416	4,005	147,138	3,997	132,683	585	18,164	54	17

資料　総務省統計局、経済産業省「経済センサス-活動調査結果」

7-4　産業、従業者規模別民営

産業		総数	1～4人	5～9	10～19
事業所数					
全産業		**5,340,783**	**3,047,110**	**1,057,293**	**649,836**
1 農林漁業（個人経営を除く）		32,676	11,199	9,331	7,254
2 鉱業、採石業、砂利採取業		1,851	695	535	377
3 建設業		492,734	277,364	120,899	60,627
4 製造業		454,800	214,020	93,958	63,479
5 電気・ガス・熱供給・水道業		4,654	1,168	764	845
6 情報通信業		63,574	28,851	12,068	8,660
7 運輸業、郵便業		130,459	38,040	22,808	26,686
8 卸売業、小売業		1,355,060	760,706	292,638	177,270
9 金融業、保険業		84,041	28,813	16,440	18,646
10 不動産業、物品賃貸業		353,155	289,832	39,565	13,989
11 学術研究、専門・技術サービス業		223,439	150,206	41,411	17,940
12 宿泊業、飲食サービス業		696,396	401,064	143,077	88,000
13 生活関連サービス業、娯楽業	1)	470,713	366,663	52,706	26,492
14 教育、学習支援業		167,662	104,550	24,806	17,588
15 医療、福祉		429,173	144,863	120,202	85,127
16 複合サービス事業		33,780	13,815	11,986	5,005
17 サービス業	2)	346,616	215,261	54,099	31,851
（他に分類されないもの）					
従業者数（1,000人）					
全産業		**56,873**	**6,516**	**6,941**	**8,768**
1 農林漁業（個人経営を除く）		363	28	63	97
2 鉱業、採石業、砂利採取業		19	1.7	3.6	5.0
3 建設業		3,691	632	790	800
4 製造業		8,864	495	624	868
5 電気・ガス・熱供給・水道業		188	2.6	5.2	12
6 情報通信業		1,642	61	80	118
7 運輸業、郵便業		3,197	76	156	370
8 卸売業、小売業		11,844	1,734	1,913	2,391
9 金融業、保険業		1,530	66	111	258
10 不動産業、物品賃貸業		1,462	546	249	185
11 学術研究、専門・技術サービス業		1,843	319	265	237
12 宿泊業、飲食サービス業		5,362	875	938	1,192
13 生活関連サービス業、娯楽業	1)	2,421	684	338	357
14 教育、学習支援業		1,828	180	164	240
15 医療、福祉		7,375	332	811	1,143
16 複合サービス事業		484	41	77	66
17 サービス業	2)	4,760	444	352	429
（他に分類されないもの）					

「経済センサス-活動調査」（6月1日現在）による。国及び地方公共団体を除く。7-1表脚注参照。
1)　家事サービス業を除く。　　2)　外国公務を除く。

事業所数と従業者数 (平成28年)

20～29	30～49	50～99	100～199	200～299	300人以上	出向・派遣従業者のみ	産業
232,601	163,074	100,428	39,002	10,454	12,223	28,762	全産業
2,391	1,448	605	118	29	6	295	1
124	63	19	6	1	3	28	2
16,417	10,421	4,623	1,249	243	248	643	3
28,841	22,166	17,249	8,291	2,481	3,259	1,056	4
419	369	641	255	62	56	75	5
3,826	3,652	3,091	1,648	483	769	526	6
13,989	13,261	9,371	3,671	888	708	1,037	7
55,114	32,380	19,112	6,794	1,384	1,189	8,473	8
8,233	6,466	3,155	822	242	341	883	9
3,818	2,361	1,256	557	153	185	1,439	10
5,036	3,749	2,480	1,055	353	456	753	11
33,693	19,583	7,038	1,241	279	263	2,158	12
9,756	6,956	4,013	1,000	146	137	2,844	13
7,548	5,395	2,979	1,149	277	542	2,828	14
30,051	23,071	15,449	5,713	1,617	2,017	1,063	15
981	475	531	526	204	193	64	16
12,364	11,258	8,816	4,907	1,612	1,851	4,597	17
5,531	6,134	6,865	5,292	2,524	8,302	－	全産業
57	54	40	16	6.8	2.3	－	1
2.9	2.4	1.2	0.8	0.3	1.5	－	2
388	388	308	165	59	160	－	3
696	853	1,190	1,140	601	2,397	－	4
10	14	50	34	15	46	－	5
91	139	216	227	117	592	－	6
334	505	640	496	213	406	－	7
1,299	1,208	1,306	912	333	749	－	8
197	242	207	111	59	278	－	9
90	88	85	77	37	106	－	10
120	141	170	146	86	360	－	11
800	722	461	161	66	147	－	12
232	262	269	132	35	111	－	13
180	202	202	154	68	437	－	14
716	867	1,069	768	393	1,276	－	15
23	17	39	75	50	96	－	16
295	428	611	677	389	1,134	－	17

資料　総務省統計局、経済産業省「経済センサス-活動調査結果」

7-5 産業、存続・新設・廃業別民営事業所数と従業者数 (平成28年)

産業	事業所数				従業者数 (1,000人)			
	総数	存続事業所	新設事業所	廃業事業所	総数	存続事業所	新設事業所	廃業事業所
全産業	5,340,783	4,804,865	535,918	806,037	56,873	51,144	5,729	6,800
農林漁業 (個人経営を除く)	32,676	29,849	2,827	3,337	363	334	29	27
鉱業、採石業、砂利採取業	1,851	1,734	117	274	19	18	1.3	1.9
建設業	492,734	457,753	34,981	63,234	3,691	3,412	278	384
製造業	454,800	432,747	22,053	57,416	8,864	8,517	348	746
電気・ガス・熱供給・水道業	4,654	3,684	970	695	188	157	31	30
情報通信業	63,574	53,307	10,267	14,213	1,642	1,379	263	273
運輸業、郵便業	130,459	117,206	13,253	18,521	3,197	2,903	294	342
卸売業、小売業	1,355,060	1,214,441	140,619	214,688	11,844	10,476	1,368	1,551
金融業、保険業	84,041	73,403	10,638	14,135	1,530	1,357	173	174
不動産業、物品賃貸業	353,155	331,612	21,543	56,201	1,462	1,310	153	209
学術研究、専門・技術サービス業	223,439	197,644	25,795	34,785	1,843	1,627	215	238
宿泊業、飲食サービス業	696,396	603,712	92,684	133,630	5,362	4,581	781	921
生活関連サービス業、娯楽業 1)	470,713	423,683	47,030	66,309	2,421	2,142	279	346
教育、学習支援業	167,662	145,708	21,954	27,639	1,828	1,656	171	203
医療、福祉	429,173	369,950	59,223	52,956	7,375	6,632	743	681
複合サービス事業	33,780	32,921	859	1,314	484	473	12	17
サービス業 2) (他に分類されないもの)	346,616	315,511	31,105	46,690	4,760	4,171	589	655

「経済センサス-活動調査」(6月1日現在)による。7-1表脚注参照。　1) 家事サービス業を除く。　2) 外国公務を除く。
資料　総務省統計局、経済産業省「経済センサス-活動調査結果」

7-6　個人企業の営業状況（1企業当たり）（令和3年度）

（単位　金額　1,000円）

産業、従業者規模	集計企業数	売上高 (A)	売上原価 (B)	売上総利益 (C=A-B)	営業費 (D)	営業利益 (C-D)	新規設備取得額	従業者数（人）(E)	従業者1人当たり売上高 (A/E)
全産業	29,179	12,806	5,361	7,446	5,222	2,223	182	2.39	5,358
事業主のみ	…	4,301	1,195	3,106	1,964	1,142	98	1.00	4,301
事業主と事業主の家族で無給の人	…	4,973	1,955	3,018	2,192	826	107	2.10	2,368
雇用者あり	…	21,748	9,606	12,142	8,667	3,475	271	3.61	6,024
建設業	4,491	14,694	4,960	9,734	6,569	3,166	213	2.12	6,931
事業主のみ	…	7,661	2,225	5,436	3,380	2,056	134	1.00	7,661
事業主と事業主の家族で無給の人	…	7,029	2,252	4,778	3,264	1,514	127	2.04	3,446
雇用者あり	…	21,327	7,495	13,833	9,545	4,288	287	2.99	7,133
製造業	4,771	10,670	3,034	7,636	5,227	2,410	265	2.56	4,168
事業主のみ	…	4,160	935	3,224	1,915	1,310	92	1.00	4,160
事業主と事業主の家族で無給の人	…	3,911	1,097	2,814	2,020	794	55	2.11	1,854
雇用者あり	…	15,446	4,514	10,932	7,615	3,317	396	3.48	4,439
卸売業、小売業	4,902	23,776	15,687	8,089	6,160	1,929	147	2.93	8,115
事業主のみ	…	5,500	3,415	2,086	1,524	561	52	1.00	5,500
事業主と事業主の家族で無給の人	…	6,070	3,900	2,170	1,648	522	53	2.09	2,904
雇用者あり	…	41,130	27,296	13,834	10,571	3,263	240	4.46	9,222
宿泊業、飲食サービス業	4,857	9,498	3,665	5,833	4,761	1,072	153	2.95	3,220
事業主のみ	…	3,354	1,349	2,004	1,805	199	35	1.00	3,354
事業主と事業主の家族で無給の人	…	4,091	1,744	2,348	2,162	185	104	2.12	1,930
雇用者あり	…	12,888	4,912	7,976	6,392	1,584	204	3.80	3,392
生活関連サービス業、娯楽業	5,088	4,618	572	4,046	2,659	1,386	115	1.75	2,639
事業主のみ	…	2,304	325	1,979	1,262	718	64	1.00	2,304
事業主と事業主の家族で無給の人	…	2,412	325	2,087	1,262	825	61	2.04	1,182
雇用者あり	…	8,213	957	7,256	4,847	2,409	197	2.69	3,053
サービス業（上記産業を除く）	5,070	9,946	822	9,124	5,864	3,259	239	2.08	4,782
事業主のみ	…	4,388	254	4,134	2,414	1,720	153	1.00	4,388
事業主と事業主の家族で無給の人	…	5,209	435	4,774	3,203	1,571	214	2.12	2,457
雇用者あり	…	17,940	1,614	16,326	10,748	5,578	349	3.38	5,308

「個人企業経済調査」（6月1日現在）による。令和元年調査より調査対象の拡大。「農林漁業」、「鉱業・採石業・砂利採取業」、「電気・ガス・熱供給・水道業」、「公務（他に分類されるものを除く）」及び「分類不能な産業」以外の産業を個人で営んでいる全国約40,000事業所を対象。
資料　総務省統計局「個人企業経済調査結果」

業種	母集団 (法人数)	資産合計 1)	資産			負債及び	
			流動 資産	固定 資産	繰延 資産	流動 負債	固定 負債
全産業	**2,846,147**	**1,879,658**	**814,103**	**1,062,126**	**3,430**	**545,939**	**568,781**
1 製造業	327,072	502,620	231,391	270,228	1,002	153,424	103,610
2 非製造業	2,519,075	1,377,038	582,712	791,898	2,428	392,515	465,171
3 農林水産業	32,100	5,865	2,888	2,962	15	2,052	2,843
4 鉱業、採石業、 砂利採取業	3,299	10,798	3,157	7,633	8.2	1,622	3,028
5 建設業	477,097	117,709	78,015	39,481	213	43,129	25,050
6 電気業	11,424	67,800	9,443	58,323	33	15,931	38,002
7 ガス・熱供給・ 水道業	925	6,979	1,534	5,441	3.3	1,296	2,410
8 情報通信業	120,234	111,625	51,538	59,769	318	37,878	23,259
9 運輸業、郵便業	78,721	107,936	32,992	74,798	146	22,185	49,095
10 卸売業、小売業	597,831	318,780	185,070	132,980	731	130,686	74,268
11 不動産業、 物品賃貸業	369,862	263,928	99,121	164,568	239	58,890	123,595
12 サービス業	827,582	365,618	118,954	245,943	722	78,846	123,619
全産業 （金融業、保険業を含む）	**2,912,668**	–	–	1,112,197	–	–	–
13＃ 金融業、保険業	66,521	–	–	50,072	–	–	–

「法人企業統計調査」による。　　1)　負債及び純資産の合計と共通。　　2)　中間配当額を含む。

経理状況 (令和2年度)

(単位　金額　10億円)

純資産		損益				剰余金の配当	付加価値額			業種
特別法上の準備金	純資産	売上高	営業利益	経常利益	当期純利益	配当金 2)		#従業員給与	#営業純益	
177	764,762	1,362,470	41,632	62,854	38,536	26,244	273,329	125,287	35,620	全産業
-	245,586	365,095	11,412	21,830	15,469	8,495	69,628	32,857	10,360	1
177	519,175	997,375	30,220	41,023	23,067	17,749	203,700	92,430	25,259	2
-	969	4,736	-148	191	106	16	765	473	-183	3
-	6,148	2,106	261	204	-175	100	541	135	223	4
-	49,530	133,870	5,714	7,013	4,629	1,089	29,591	12,152	5,374	5
73	13,793	27,793	947	1,002	629	2,585	3,566	846	650	6
0.0	3,273	4,853	196	226	176	74	727	205	180	7
-	50,489	77,374	6,647	7,298	4,729	3,301	23,805	9,819	6,427	8
71	36,584	57,354	-1,601	-840	-1,098	549	17,207	10,435	-2,090	9
32	113,794	482,161	7,373	11,066	6,626	3,330	53,401	24,312	6,485	10
-	81,443	60,041	4,971	5,897	4,375	1,625	15,971	3,022	3,875	11
-	163,152	147,086	5,862	8,964	3,071	5,079	58,126	31,030	4,319	12
-	935,619	-	-	73,370	45,705	31,204	-	131,602	-	全産業
-	170,858	-	-	10,516	7,169	4,961	-	6,315	-	13

資料　財務省財務総合政策研究所「財政金融統計月報（法人企業統計年報特集）」

7-8　銀行取引停止処分の状況

(単位　件)

項目		平成30年	令和元年	2年	3年
取引停止処分件数	1)	856	824	478	242
法人取引停止処分者件数		**762**	**751**	**432**	**215**
負債金額（100万円）		172,570	173,416	105,449	57,127
資本金別					
300万円未満		28	18	16	10
300　～1000		236	237	119	59
1000　～5000		474	462	275	135
5000　～3億円以下		22	31	21	10
3億円超		2	3	1	1
業種別					
製造業		222	212	149	60
# 食料品		26	26	19	4
繊維品		17	14	10	－
木材・パルプ・紙		19	15	9	2
出版・印刷		39	29	15	7
金属製品		34	33	25	10
機械		22	17	6	9
電気機器		7	12	2	2
卸売業		163	186	110	46
# 飲食料品		24	26	15	7
繊維		25	30	14	4
建材		27	23	18	5
電気機器		5	8	6	1
小売業		127	101	51	23
# 飲食店		13	8	4	－
建設業		140	130	56	57
サービス業		54	44	25	15
# 修理業		9	9	3	3
農林・漁業・水産業		4	4	3	－
鉱業		－	－	1	－
不動産業		6	17	9	1
運輸・通信業		31	33	12	6
その他		15	24	16	7
原因別	2)	900	896	502	243
在庫投資過大		8	7	3	－
設備投資過大		11	8	3	5
売上不振		492	473	273	121
コスト高・人手不足・採算悪化		125	123	60	24
売上金回収困難		31	29	21	12
関連企業倒産の波及		6	11	4	4
融通手形操作		9	14	2	1
高利金融		31	25	8	3
その他		187	206	128	73
個人企業取引停止処分者件数		85	62	44	23
個人（非企業）取引停止処分者件数		2	3	－	2

1)　取引なし等を含む。　2)　原因別件数は複数の原因があるため資本金、業種別件数とは一致しない。その他には原因不明分を含む。
資料　一般社団法人全国銀行協会「決済統計年報」

7-9 法人企業の投資動向

(単位 10億円)

業種	設備投資額					
	令和3年度			4年度		
	ソフトウェアを除く、土地を含む	ソフトウェアを除く、土地を除く	ソフトウェアのみ	ソフトウェアを除く、土地を含む	ソフトウェアを除く、土地を除く	ソフトウェアのみ
製造業	**13,019**	**11,970**	**1,077**	**15,007**	**14,535**	**1,387**
食料品製造業	1,168	1,147	62	1,313	1,289	76
繊維工業	324	280	14	293	293	20
木材・木製品製造業	66	52	9	109	95	4
パルプ・紙・紙加工品製造業	635	454	11	349	346	15
化学工業	2,044	1,949	126	2,261	2,210	181
石油製品・石炭製品製造業	113	111	3	90	90	5
窯業・土石製品製造業	568	526	26	782	767	27
鉄鋼業	339	318	9	391	375	17
非鉄金属製造業	298	293	28	465	444	70
金属製品製造業	822	623	29	634	598	30
はん用機械器具製造業	172	171	16	211	209	26
生産用機械器具製造業	785	716	110	1,292	1,226	144
業務用機械器具製造業	377	360	78	410	387	88
電気機械器具製造業	584	568	126	734	730	148
情報通信機械器具製造業	1,188	1,165	135	1,528	1,506	151
自動車・同附属品製造業	1,772	1,752	156	2,177	2,141	208
その他の輸送用機械器具製造業	141	138	18	180	171	24
その他製造業	1,624	1,349	117	1,789	1,659	154
非製造業	**26,638**	**22,835**	**3,779**	**27,350**	**24,614**	**4,348**
農林水産業	190	186	1	114	92	2
鉱業、採石業、砂利採取業	198	191	2	202	194	2
建設業	2,198	1,802	166	2,564	2,112	196
電気・ガス・水道業	1,238	1,230	53	1,476	1,467	56
情報通信業	2,536	2,466	890	2,550	2,515	882
運輸業、郵便業	3,877	3,544	207	3,905	3,785	159
卸売業	1,601	1,229	311	1,806	1,455	403
小売業	3,047	2,781	245	3,023	2,909	241
不動産業	3,872	2,394	89	3,896	2,663	107
リース業	1,439	1,367	30	1,478	1,439	39
その他の物品賃貸業	942	932	7	1,013	1,012	7
サービス業	4,560	3,858	695	4,175	3,940	862
金融業、保険業	941	853	1,082	1,148	1,030	1,393

「法人企業景気予測調査」による。資本金、出資金又は基金が1000万円以上（電気・ガス・水道業及び金融業、保険業は資本金1億円以上）の法人。令和3年度は実績。4年度は実績見込み。
資料 内閣府経済社会総合研究所、財務省財務総合政策研究所「法人企業景気予測調査」

第8章　農林水産業

8-1　経営形態別農業経営体数（令和2年）

農業地域	総数	法人化している				
		計	農業組合法人	会社	各種団体	
					農協	森林組合
全国	1,075,705	30,707	7,329	19,977	1,699	19
北海道	34,913	4,047	234	3,565	143	2
東北	194,193	4,266	1,299	2,374	230	2
北陸	76,294	2,860	1,412	1,154	171	1
関東・東山	235,938	5,264	848	3,817	256	–
東海	92,650	2,460	457	1,802	92	–
近畿	103,835	1,986	628	1,151	110	3
中国	96,594	2,491	971	1,190	174	3
四国	65,418	1,411	277	934	132	2
九州	164,560	5,498	1,132	3,690	384	4
沖縄	11,310	424	71	300	7	–

農業地域	法人化している		地方公共団体・財産区	法人化していない	
	各種団体	その他の法人			個人経営体
	その他の各種団体				
全国	358	1,325	144	1,044,854	1,037,342
北海道	37	66	60	30,806	30,566
東北	124	237	37	189,890	187,885
北陸	22	100	6	73,428	72,450
関東・東山	76	267	17	230,657	229,995
東海	23	84	6	90,184	89,786
近畿	15	79	4	101,845	100,831
中国	11	142	4	94,099	93,467
四国	9	57	2	64,005	63,852
九州	40	248	8	159,054	157,635
沖縄	1	45	–	10,886	10,875

「農林業センサス」（2月1日現在）による。
資料　農林水産省「農林業センサス　農林業経営体調査報告書」

8-2　都道府県別総農家数 (令和2年)

(単位　戸)

都道府県	総農家数	販売農家	自給的農家
全国	1,747,079	1,027,892	719,187
北海道	37,594	32,232	5,362
青森	36,465	28,062	8,403
岩手	52,688	33,861	18,827
宮城	41,509	28,632	12,877
秋田	37,116	27,780	9,336
山形	39,628	26,796	12,832
福島	62,673	41,060	21,613
茨城	71,761	43,920	27,841
栃木	46,202	31,993	14,209
群馬	42,275	19,405	22,870
埼玉	46,463	27,588	18,875
千葉	50,826	34,261	16,565
東京	9,567	4,606	4,961
神奈川	21,290	10,479	10,811
新潟	62,556	41,751	20,805
富山	17,314	11,323	5,991
石川	15,874	9,263	6,611
福井	16,058	9,777	6,281
山梨	27,986	14,178	13,808
長野	89,786	40,510	49,276
岐阜	48,936	19,924	29,012
静岡	50,736	24,426	26,310
愛知	61,055	25,906	35,149
三重	33,530	18,062	15,468
滋賀	21,971	13,807	8,164
京都	24,953	13,616	11,337
大阪	20,813	7,413	13,400
兵庫	67,124	37,025	30,099
奈良	21,950	10,616	11,334
和歌山	25,263	17,250	8,013
鳥取	23,106	13,911	9,195
島根	27,186	14,397	12,789
岡山	50,735	27,937	22,798
広島	45,335	20,861	24,474
山口	27,338	14,837	12,501
徳島	25,119	14,059	11,060
香川	29,222	15,942	13,280
愛媛	34,994	20,639	14,355
高知	19,924	12,173	7,751
福岡	41,351	27,187	14,164
佐賀	18,645	13,293	5,352
長崎	28,282	17,329	10,953
熊本	47,879	32,529	15,350
大分	31,954	18,099	13,855
宮崎	30,940	20,304	10,636
鹿児島	48,360	28,199	20,161
沖縄	14,747	10,674	4,073

「農林業センサス」(2月1日現在)による。「販売農家」とは、経営耕地面積が30a以上又は調査期日前1年間における農産物販売金額が50万円以上の農家。
資料　農林水産省「農林業センサス　農林業経営体調査報告書」

8-3　年齢階級別基幹的農業従事者数

(単位　100人)

年次	計	15-39歳	40-59	60-74	75歳以上
平成 17 年	22,407	1,105	5,636	11,051	4,615
22	20,514	960	4,305	9,355	5,894
27	17,568	837	2,912	8,323	5,495
29	15,071	759	2,410	7,723	4,181
30	14,505	725	2,236	7,737	3,805
31	14,041	681	2,084	7,647	3,628
令和 2 年	13,630	665	2,078	6,569	4,318
3	13,021	658	2,027	6,234	4,103

「農林業センサス」（2月1日現在）による。ただし、平成29～31年、令和3年は「農業構造動態調査」（2月1日現在）による。基幹的農業従事者とは、15歳以上の世帯員のうち、ふだん仕事として主に自営農業に従事している者をいう。
資料　農林水産省「農林業センサス　農林業経営体調査報告書」「農業構造動態調査」

8-4　耕地面積

(単位　1,000ha)

年次	計	本地 1)	けい畔 2)	田	畑	耕地率 (%) 3)
令和 元 年	4,397	4,223	175	2,393	2,004	11.8
2	4,372	4,199	173	2,379	1,993	11.7
3	4,349	4,177	172	2,366	1,983	11.7

「作物統計調査」（7月15日現在）による。耕地とは、農作物の栽培を目的とする土地をいう。
1)　直接農作物の栽培に供せられる土地。　2)　耕地の一部にあって、主として本地の維持に必要なものをいう。いわゆる畦（あぜ）のことで、田の場合、たん水設備となる。　3)　国土面積のうち耕地面積（田畑計）が占める割合（%）。国土面積は国土交通省国土地理院「全国都道府県市区町村別面積調」（前年の数値）による。
資料　農林水産省「耕地及び作付面積統計」

8-5　耕地の拡張・かい廃面積

(単位　ha)

年次	田			畑		
	拡張 (増加要因)	かい廃 (減少要因)	荒廃農地	拡張 (増加要因)	かい廃 (減少要因)	荒廃農地
令和 元 年	4,040	15,900	5,330	6,460	17,000	7,920
2	3,730	17,700	6,120	6,350	17,200	9,020
3	3,480	16,700	5,190	6,020	16,100	7,610

「作物統計調査」による。前年7月15日から当年7月14日までの間に生じたもの。
資料　農林水産省「耕地及び作付面積統計」

8-6　都道府県別耕地面積 (令和3年)

（単位　ha）

都道府県	計	#本地 1)	田	畑	耕地率 (%) 2)
全国	4,349,000	4,177,000	2,366,000	1,983,000	11.7
北海道	1,143,000	1,124,000	222,000	920,700	14.6
青森	149,600	145,400	79,200	70,400	15.5
岩手	149,300	141,400	93,900	55,400	9.8
宮城	125,500	121,100	103,400	22,100	17.2
秋田	146,400	141,100	128,400	17,900	12.6
山形	115,800	111,000	91,600	24,200	12.4
福島	137,300	131,800	97,100	40,200	10.0
茨城	162,300	160,000	95,300	67,000	26.6
栃木	121,700	118,400	94,800	26,900	19.0
群馬	65,900	63,600	24,700	41,200	10.4
埼玉	73,500	72,300	40,900	32,600	19.4
千葉	122,700	119,200	72,700	50,100	23.8
東京	6,410	6,320	223	6,180	2.9
神奈川	18,200	17,700	3,530	14,600	7.5
新潟	168,200	159,400	149,400	18,800	13.4
富山	58,000	55,500	55,300	2,690	13.7
石川	40,600	39,500	33,700	6,830	9.7
福井	39,900	38,900	36,200	3,690	9.5
山梨	23,300	22,600	7,710	15,600	5.2
長野	105,200	96,300	51,700	53,400	7.8
岐阜	55,200	51,900	42,300	12,900	5.2
静岡	61,500	59,400	21,500	40,000	7.9
愛知	73,300	69,800	41,500	31,800	14.2
三重	57,600	54,700	44,000	13,600	10.0
滋賀	50,900	48,700	47,100	3,830	12.7
京都	29,700	28,000	23,100	6,620	6.4
大阪	12,400	11,900	8,640	3,760	6.5
兵庫	72,800	66,600	66,700	6,120	8.7
奈良	19,800	18,300	14,000	5,830	5.4
和歌山	31,600	30,000	9,260	22,300	6.7
鳥取	34,100	31,400	23,300	10,900	9.7
島根	36,200	33,000	29,200	6,970	5.4
岡山	62,700	57,000	49,300	13,400	8.8
広島	52,800	47,800	39,600	13,100	6.2
山口	44,500	40,500	37,100	7,400	7.3
徳島	28,100	27,300	19,200	8,910	6.8
香川	29,300	27,300	24,400	4,860	15.6
愛媛	46,200	43,400	21,700	24,500	8.1
高知	26,200	24,800	19,800	6,450	3.7
福岡	79,300	75,600	64,000	15,300	15.9
佐賀	50,500	48,000	41,800	8,640	20.7
長崎	45,900	42,300	21,000	24,900	11.1
熊本	107,500	99,900	66,100	41,400	14.5
大分	54,500	50,500	38,800	15,700	8.6
宮崎	64,800	61,500	34,600	30,100	8.4
鹿児島	112,900	105,800	35,200	77,600	12.3
沖縄	36,500	35,300	800	35,700	16.0

「作物統計調査」（7月15日現在）による。耕地とは、農作物の栽培を目的とする土地をいう。　1）　直接農作物の栽培に供せられる土地で、耕地からけい畔（けい畔とは耕地の一部にあって、主として本地の維持に必要なものをいう。いわゆる畔（あぜ）のことで、田の場合、たん水設備となる。）を除いた土地。　2）　国土面積のうち耕地面積（田畑計）が占める割合（%）。国土面積は国土交通省国土地理院「全国都道府県市区町村別面積調」（前年の数値）による。
資料　農林水産省「耕地及び作付面積統計」

8-7 都道府県別農作物作付延べ面積 (令和2年)

(単位 ha)

都道府県	作付(栽培)延べ面積	水稲(子実用)	麦類(子実用)	大豆(乾燥子実)	そば(乾燥子実)	なたね(子実用)	その他作物 1)
全国	3,991,000	1,462,000	276,200	141,700	66,600	1,830	2,043,000
北海道	1,129,000	102,300	124,200	38,900	25,700	1,040	837,300
青森	120,000	45,200	779	4,840	1,670	202	67,300
岩手	120,300	50,400	3,810	4,320	1,680	22	60,100
宮城	113,700	68,300	2,270	10,800	606	x	31,700
秋田	124,200	87,600	284	8,650	3,980	25	23,600
山形	105,500	64,700	x	4,830	5,320	7	30,600
福島	105,000	65,300	431	1,390	3,790	100	33,900
茨城	149,000	67,800	7,590	3,350	3,510	8	66,700
栃木	120,000	59,200	12,700	2,250	3,030	25	42,800
群馬	60,500	15,500	7,650	275	587	11	36,400
埼玉	64,700	31,900	5,990	657	342	18	25,800
千葉	110,100	55,400	772	822	219	2	52,900
東京	6,100	124	x	4	3	x	5,950
神奈川	17,300	2,990	44	37	25	x	14,200
新潟	146,700	119,500	x	4,180	1,270	x	21,600
富山	52,600	37,100	3,270	4,270	517	19	7,370
石川	34,600	24,800	1,430	1,630	377	x	6,350
福井	41,100	25,100	4,800	1,800	3,400	x	6,060
山梨	20,200	4,880	114	216	193	x	14,800
長野	88,600	31,800	2,750	1,960	4,600	12	47,400
岐阜	47,400	22,500	3,600	2,860	341	–	18,100
静岡	54,800	15,500	x	223	71	2	38,300
愛知	66,900	27,400	5,720	4,370	33	40	29,300
三重	52,500	27,100	6,910	4,350	124	34	14,000
滋賀	52,300	31,100	7,680	6,510	565	31	6,410
京都	24,000	14,300	247	302	121	–	9,060
大阪	9,990	4,700	2	15	1	x	5,270
兵庫	59,900	36,500	2,350	2,110	211	13	18,800
奈良	15,800	8,480	114	137	26	1	7,060
和歌山	28,700	6,250	x	28	3	–	22,400
鳥取	26,400	12,900	x	624	330	5	12,400
島根	28,300	17,100	674	780	638	8	9,080
岡山	49,300	29,800	3,250	1,540	192	8	14,500
広島	39,600	22,600	x	430	302	x	15,900
山口	33,200	18,900	2,120	870	71	x	11,200
徳島	24,200	11,000	x	10	40	–	13,100
香川	23,900	11,700	2,900	60	31	x	9,220
愛媛	40,600	13,400	2,110	348	31	x	24,700
高知	21,400	11,300	x	75	4	–	9,990
福岡	91,300	34,900	22,100	8,220	89	32	26,000
佐賀	67,300	23,900	21,200	7,750	34	40	14,300
長崎	44,200	11,100	1,970	409	162	12	30,500
熊本	105,000	33,300	7,170	2,420	670	42	61,400
大分	49,500	20,200	5,110	1,410	228	31	22,600
宮崎	67,800	16,000	x	223	242	4	51,100
鹿児島	105,900	19,300	x	346	1,180	17	84,700
沖縄	31,300	650	x	x	69	–	30,500

「作物統計調査」による。年次は収穫年次である。 1) 陸稲、かんしょ、小豆、いんげん、らっかせい、果樹、茶、野菜、花き、飼料作物等。
資料 農林水産省「耕地及び作付面積統計」

8-8　農作物の作付面積と収穫量

（単位　面積　1,000ha、　収穫量　1,000t）

農作物名	令和元年産 作付面積 1)	収穫量 2)	2年産 作付面積 1)	収穫量 2)	3年産 作付面積 1)	収穫量 2)
水陸稲計（子実用）	1,470	7,764	1,462	7,765	1,404	7,564
＃ 水稲	1,469	7,762	1,462	7,763	1,403	7,563
4麦計（子実用）	273	1,260	276	1,171	283	1,332
＃ 小麦	212	1,037	213	949	220	1,097
大豆	144	218	142	219	146	247
かんしょ	34	749	33	688	33	672
だいこん	31	1,300	30	1,254	30	1,251
にんじん	17	595	17	586	17	636
ごぼう	8	137	7	127	7	133
ばれいしょ	74	2,399	72	2,205	71	2,175
さといも	11	140	11	140	10	143
はくさい	17	875	17	892	17	900
キャベツ	35	1,472	34	1,434	34	1,485
ほうれんそう	20	218	20	214	19	211
レタス	21	578	21	564	20	547
ねぎ	22	465	22	441	22	440
たまねぎ	26	1,334	26	1,357	26	1,096
きゅうり	10	548	10	539	10	551
かぼちゃ	15	186	15	187	15	174
なす	9	302	8	297	8	298
トマト	12	721	11	706	11	725
ピーマン	3	146	3	143	3	149
えだまめ	13	66	13	66	13	72
いちご	5	165	5	159	5	165
メロン	6	156	6	148	6	150
みかん	39	747	38	766	37	749
りんご	36	702	36	763	35	662
日本なし	11	210	11	171	10	185
もも 3)	10	108	9	99	9	107
うめ	15	88	14	71	14	105
ぶどう	17	173	17	163	17	165
茶	41	82	39	70	38	78
てんさい 4)	57	3,986	57	3,912	58	4,061
さとうきび 5)	22	1,174	23	1,336	23	1,359

「作物統計調査」による。　1）みかん、りんご、日本なし、もも、うめ及びぶどうは結果樹面積、茶は栽培面積、さとうきびは収穫面積。　2）茶は荒茶生産量。　3）ネクタリンを含む。　4）北海道のみ。　5）鹿児島県及び沖縄県のみ。
資料　農林水産省「作物統計」「野菜生産出荷統計」「果樹生産出荷統計」

8-9 生乳、鶏卵と枝肉の生産量

(単位 t)

年次	生乳	#牛乳等向け	#乳製品向け	鶏卵
令和 元 年	7,313,530	3,999,655	3,269,669	2,639,733
2	7,438,218	4,019,561	3,374,111	2,632,882
3	7,592,061	4,000,979	3,542,626	2,574,255

年次	枝肉			
	豚	成牛	子牛	馬
令和 元 年	1,278,892	470,434	484	4,102
2	1,305,828	476,990	467	4,025
3	1,318,207	477,391	463	4,551

「畜産物流通調査」「牛乳乳製品統計調査」による。
資料 農林水産省「畜産物流通統計」「牛乳乳製品統計」

8-10 農業総産出額

(単位 億円)

年次	総産出額	耕種	#米	#麦類	#豆類	#いも類	#野菜	#果実	#花き
平成 12 年	91,295	66,026	23,210	1,306	1,013	2,298	21,139	8,107	4,466
17	85,119	59,396	19,469	1,537	768	2,016	20,327	7,274	4,043
22	81,214	55,127	15,517	469	619	2,071	22,485	7,497	3,512
27	87,979	56,245	14,994	432	684	2,261	23,916	7,838	3,529
30	90,558	57,815	17,416	398	623	1,955	23,212	8,406	3,327
令和 元 年	88,938	56,300	17,426	527	758	1,992	21,515	8,399	3,264
2	89,370	56,562	16,431	508	690	2,370	22,520	8,741	3,080

年次	耕種 #工芸農作物	畜産	#肉用牛	#乳用牛	#豚	#鶏	加工農産物	生産農業所得 1)	農業総産出額に占める生産農業所得の割合 (%)
平成 12 年	3,391	24,596	4,564	7,675	4,616	7,023	673	35,562	39.0
17	3,027	25,057	4,730	7,834	4,987	6,889	666	32,030	37.6
22	2,143	25,525	4,639	7,725	5,291	7,352	562	28,395	35.0
27	1,862	31,179	6,886	8,397	6,214	9,049	555	32,892	37.4
30	1,786	32,129	7,619	9,110	6,062	8,606	615	34,873	38.5
令和 元 年	1,699	32,107	7,880	9,193	6,064	8,231	530	33,215	37.3
2	1,553	32,372	7,385	9,247	6,619	8,334	436	33,433	37.4

農業総産出額は、推計期間(1月1日〜12月31日)における農業生産活動による最終生産物の品目ごとの生産量(全国計)に、品目ごとの農家庭先販売価格(全国平均)(消費税を含む。)を乗じた額を合計したものである。 1) 生産農業所得=農業総産出額×(農業粗収益(経常補助金を除く。)-物的経費)/農業粗収益(経常補助金を除く。)+経常補助金
資料 農林水産省「生産農業所得統計」

8-11　林業経営体数

年次	総数	組織形態別						
		法人化している				地方公共団体・財産区	法人化していない	
		農事組合法人	会社	各種団体	その他の法人			
平成 27 年	87,284	145	2,456	2,337	661	1,289	80,396	
令和 2 年	34,001	72	1,994	1,608	419	828	29,080	

年次	保有山林面積規模別　1)							
	保有山林なし	1〜3ha	3〜5	5〜10	10〜20	20〜50	50〜100	100ha以上
平成 27 年	1,257	990	23,767	24,391	17,494	12,193	3,572	3,620
令和 2 年	1,028	492	6,236	8,197	7,023	6,045	2,151	2,829

「農林業センサス」（2月1日現在）による。
1)　保有山林＝所有山林－貸付山林＋借入山林
資料　農林水産省「農林業センサス　農林業経営体調査報告書」

8-12　森林資源

(単位　面積　1,000ha、蓄積量　100万m^3)

年次区分	総数		立木地				無立木地　1)		竹林
			人工林		天然林				
	面積	蓄積量	面積	蓄積量	面積	蓄積量	面積	蓄積量	面積
平成 24 年	25,081	4,901	10,289	3,042	13,429	1,858	1,201	0	161
29	25,048	5,242	10,204	3,308	13,481	1,932	1,197	1	167
国有林	7,659	1,226	2,288	513	4,733	712	637	0	0
民有林	17,389	4,016	7,916	2,795	8,747	1,220	560	0	167
# 公有林	2,995	616	1,334	397	1,531	218	124	0	6
私有林	14,347	3,394	6,569	2,396	7,188	999	431	0	158

「森林資源現況調査」（3月31日現在）による。
1)　立木及び竹の樹冠の占有面積歩合の合計が0.3未満の林分。
資料　林野庁「森林資源の現況」

8-13　保安林面積

(単位　1,000ha)

年度末	総数(実面積)1)	#水源かん養	#土砂流出防備	#飛砂防備	#防風	#水害防備	#潮害防備	#干害防備	#なだれ防止	#魚つき	#保健	#風致
平成 30 年	12,214	9,224	2,602	16	56	1	14	126	19	60	704	28
令和 元 年	12,230	9,235	2,606	16	56	1	14	126	19	60	704	28
2	12,245	9,244	2,610	16	56	1	14	126	19	60	704	28

林野庁調べ。　1)　2以上の目的に重複して指定されているものはそれぞれに計上してあるため、総面積と内訳の合計とは一致しない。
資料　林野庁「森林・林業統計要覧」

8-14 都道府県、所有形態別現況森林面積(令和2年)

(単位 1,000ha)

都道府県	総数	国有	民有 計	独立行政法人等	公有 都道府県	森林整備法人(林業・造林公社)	市区町村	財産区	私有
全国	24,436	7,032	17,404	647	1,308	351	1,397	305	13,394
北海道	5,313	2,839	2,474	143	620	0	327	–	1,383
青森	613	375	238	12	15	–	14	13	184
岩手	1,140	357	783	21	85	–	61	9	607
宮城	404	120	284	12	13	10	35	1	213
秋田	818	371	446	14	12	28	49	15	328
山形	644	328	316	7	3	16	14	17	258
福島	938	372	566	13	10	16	45	25	458
茨城	198	44	154	0	2	–	4	0	148
栃木	339	118	220	6	12	0	4	7	193
群馬	407	177	230	9	7	2	14	0	198
埼玉	119	12	107	6	9	3	6	–	83
千葉	155	8	148	1	8	–	1	0	137
東京	76	5	71	0	14	1	8	1	47
神奈川	93	9	84	1	28	–	4	5	47
新潟	799	223	576	8	6	11	54	6	490
富山	241	61	180	14	14	9	12	4	127
石川	278	26	251	7	12	15	8	0	209
福井	310	37	273	14	26	–	12	1	220
山梨	347	5	343	10	177	–	12	11	133
長野	1,022	323	699	30	19	18	110	48	474
岐阜	839	155	684	23	20	27	51	17	547
静岡	488	84	404	14	7	–	22	14	348
愛知	218	11	207	2	11	–	6	8	179
三重	371	22	349	13	4	–	22	6	304
滋賀	204	18	185	1	6	23	3	7	145
京都	342	7	335	16	10	–	7	11	291
大阪	57	1	56	0	1	–	1	3	51
兵庫	562	29	533	27	7	25	34	9	431
奈良	284	13	271	11	8	–	11	4	236
和歌山	360	16	344	12	5	4	8	4	311
鳥取	257	30	228	14	5	15	9	12	173
島根	524	31	492	33	3	24	24	2	406
岡山	485	36	448	9	7	24	35	12	361
広島	610	47	563	16	26	–	34	8	478
山口	437	11	425	12	1	14	54	1	343
徳島	313	17	296	12	7	10	8	1	258
香川	87	8	79	0	2	–	6	5	65
愛媛	400	38	362	8	7	0	21	8	318
高知	592	123	469	17	10	15	22	0	405
福岡	222	25	197	3	6	–	15	4	169
佐賀	111	15	95	3	3	–	10	–	80
長崎	242	23	218	2	7	14	21	1	173
熊本	458	61	396	14	11	9	35	6	321
大分	449	45	403	15	15	–	20	1	352
宮崎	584	176	408	26	14	10	27	0	332
鹿児島	585	149	436	10	7	10	57	–	353
沖縄	106	32	75	0	6	–	41	–	29

「農林業センサス」(2月1日現在)による。
資料 農林水産省「農林業センサス 農山村地域調査」

8-15　素材と特用林産物の生産量

品目	単位	平成30年	令和元年	2年
素材生産量				
総数（国産材）	1,000m³	**21,640**	**21,883**	**19,882**
需要部門別				
製材用	1,000m³	12,563	12,875	11,615
合板等用　　　1)	1,000m³	4,492	4,745	4,195
木材チップ用	1,000m³	4,585	4,263	4,072
樹種別				
針葉樹	1,000m³	19,462	19,876	18,037
あかまつ・くろまつ	1,000m³	628	601	570
すぎ	1,000m³	12,532	12,736	11,663
ひのき	1,000m³	2,771	2,966	2,722
からまつ	1,000m³	2,252	2,217	2,008
えぞまつ・とどまつ	1,000m³	1,114	1,188	932
その他	1,000m³	165	168	142
広葉樹	1,000m³	2,178	2,007	1,845
特用林産物生産量				
乾しいたけ	t	2,635	2,414	2,302
生しいたけ	t	69,754	71,071	70,280
なめこ	t	22,809	23,285	22,835
えのきたけ	t	140,038	128,974	127,914
ひらたけ	t	4,001	3,862	3,824
ぶなしめじ	t	117,916	118,597	122,802
まいたけ	t	49,670	51,108	54,993
くり　　　　　　2)	t	16,500	15,700	16,900
たけのこ	t	25,364	22,285	26,449
わさび	t	2,080	1,973	2,017
生うるし	kg	1,845	1,997	2,051
竹材	1,000束	1,143	1,071	1,030
桐材	m³	404	264	200
木炭　　　　　　3)	t	14,699	14,393	12,945
薪	1,000層積m³	77	74	84

「木材統計調査」「特用林産物生産統計調査」による。竹材、桐材及び生うるしは販売に供された量である。
1)　LVL用を含む。　2)　「果樹生産出荷統計」、「令和2年産西洋なし、かき、くりの結果樹面積、収穫量及び出荷量」の収穫量による。　3)　粉炭を含む。
資料　農林水産省「木材需給報告書」　林野庁「特用林産基礎資料」

8-16　木材需給

（単位　1,000m³）

年次	総数（供給、需要共通）	需要					供給				
		国内消費			輸出	#用材	国内生産			輸入	#用材
		計	#用材	#燃料材			計	#用材	#燃料材		
令和元年	81,905	79,190	68,558	10,382	2,715	2,711	30,988	23,805	6,932	50,917	47,464
2	74,439	71,430	58,387	12,800	3,009	3,005	31,149	21,980	8,927	43,290	39,412
3	82,132	78,881	63,895	14,740	3,251	3,247	33,723	24,127	9,350	48,409	43,015

資料　林野庁「木材需給表」

8-17　経営組織・経営体階層別海面漁業経営体数

年次	総数	経営組織別					会社	漁業協同組合
		個人経営体						
		計	専業	兼業	第1種兼業	第2種兼業		
平成 20 年	115,196	109,451	53,009	56,442	32,294	24,148	2,715	206
25	94,507	89,470	44,498	44,972	24,940	20,032	2,534	211
30	79,067	74,526	38,298	36,228	19,664	16,564	2,548	163

年次	経営組織別			経営体階層別				
	漁業生産組合	共同経営	その他 1)	漁船非使用	漁船使用			
					無動力	船外機付	動力	
							5t未満	5～10
平成 20 年	105	2,678	41	3,694	157	24,161	47,153	9,550
25	110	2,147	35	3,032	97	20,709	37,959	8,247
30	94	1,700	36	2,595	47	17,364	29,464	7,495

年次	経営体階層別								
	漁船使用				大型定置網	さけ定置網	小型定置網	海面養殖	のり類養殖
	動力								
	10～30	30～100	100～200	200t以上					
平成 20 年	4,810	836	275	253	454	632	3,575	19,646	4,868
25	4,202	759	252	187	431	821	2,867	14,944	3,819
30	3,833	682	233	168	409	534	2,293	13,950	3,214

「漁業センサス」（11月1日現在）による。海面漁業経営体とは、調査期日前1年間に利潤又は生活の資を得るために、生産物を販売することを目的として、海面において水産動植物の採捕又は養殖の事業を行った世帯又は事業所をいう。ただし、調査期日前1年間の漁業の海上作業従事日数が30日未満の個人経営体を除く。経営体階層とは、調査期日前1年間に漁業経営体が主として営んだ漁業種類（販売金額1位の漁業種類）による区分又は調査期日前1年間に使用した漁船の種類及び動力漁船の合計トン数による区分に分類したもの。　1)　栽培漁業センター、水産増殖センターなど。
資料　農林水産省「漁業センサス報告書」

8-18　海面漁業就業者数

(単位　1,000人)

年次	計	男	#60歳以上	女	個人経営体の自家漁業のみ	男	漁業従事役員 1)	男	漁業雇われ	男
平成 25 年	181	157	76	24	109	89	…	…	72	68
30	152	134	65	18	87	73	8.7	8.5	56	53
令和 元 年	145	128	61	17	80	67	7.6	7.5	57	53
2	136	120	57	16	76	64	7.4	7.3	52	49

「漁業センサス」（11月1日現在）による。ただし、令和元、2年は「漁業構造動態調査」による。調査範囲は沿海市区町村及び漁業法に規定する農林水産大臣が指定した市区町村の区域内にある海面漁業に係る漁業経営体及びこれらの市区町村の区域外にある海面漁業に係る漁業経営体であって農林水産大臣が必要と認めるもの。平成25年は福島県の試験操業を含む。
1)　平成30年に漁業雇われから分離。
資料　農林水産省「漁業センサス報告書」「漁業構造動態調査報告書」

8-19　都道府県別海面漁業経営体数（平成30年）

都道府県	漁業経営体数	#個人経営体	#会社	#漁業協同組合	#漁業生産組合	#共同経営
全国	79,067	74,526	2,548	163	94	1,700
北海道	11,089	10,006	411	26	12	629
青森	3,702	3,567	48	9	5	72
岩手	3,406	3,317	17	24	10	37
宮城	2,326	2,214	80	3	13	16
秋田	632	590	14	-	-	26
山形	284	271	5	-	-	6
福島	377	354	14	-	-	9
茨城	343	318	23	2	-	-
千葉	1,796	1,739	37	11	3	6
東京	512	503	4	3	-	-
神奈川	1,005	920	65	5	3	12
新潟	1,338	1,307	18	2	1	9
富山	250	204	24	2	5	15
石川	1,255	1,176	65	-	1	11
福井	816	778	21	1	-	16
静岡	2,200	2,095	75	4	4	21
愛知	1,924	1,849	15	1	-	59
三重	3,178	3,054	60	4	2	57
京都	636	618	12	-	3	2
大阪	519	493	5	-	1	20
兵庫	2,712	2,247	67	-	1	397
和歌山	1,581	1,535	19	4	1	21
鳥取	586	538	42	5	-	-
島根	1,576	1,487	54	-	3	31
岡山	872	843	13	1	-	15
広島	2,162	2,059	101	-	1	1
山口	2,858	2,790	45	11	-	8
徳島	1,321	1,276	34	-	1	9
香川	1,234	1,125	106	-	-	3
愛媛	3,444	3,284	146	2	1	10
高知	1,599	1,507	69	3	-	20
福岡	2,386	2,277	35	7	-	66
佐賀	1,609	1,554	10	3	-	42
長崎	5,998	5,740	226	12	-	18
熊本	2,829	2,734	78	4	2	10
大分	1,914	1,807	102	-	1	4
宮崎	950	790	149	-	9	1
鹿児島	3,115	2,877	210	7	11	9
沖縄	2,733	2,683	29	7	-	12

「漁業センサス」（11月1日現在）による。
資料　農林水産省「漁業センサス報告書」

8-20　漁業部門別生産量

年次	総数	海面漁業	遠洋漁業	沖合漁業	沿岸漁業	海面養殖業 1)	内水面漁業 2)	内水面養殖業 3)
生産量 (1,000t)								
平成 22 年	5,313	4,122	480	2,356	1,286	1,111	40	39
27　4)	4,631	3,492	358	2,053	1,081	1,069	33	36
令和 元 年 4)	4,197	3,229	329	1,970	930	915	22	31
2　4)	4,234	3,213	298	2,044	871	970	22	29
産出額 (10億円) 1)5)								
平成 22 年	1,461	972	…	…	…	410	23	57
27　4)	1,562	996	…	…	…	467	18	81
令和 元 年 4)	1,468	869	…	…	…	480	16	103
2　4)	1,322	775	…	…	…	437	16	93

「海面漁業生産統計調査」「内水面漁業生産統計調査」による。　1)　種苗養殖を除く。　2)　平成22年は主要108河川24湖沼、27年は主要112河川24湖沼、令和元、2年は主要113河川24湖沼の値。販売目的として漁獲された量。　3)　令和元年以降にしきごいを含む。　4)　東日本大震災の影響により出荷制限又は出荷自粛の措置がとられたものは除く。　5)　海面漁業に捕鯨業を含む。
資料　農林水産省「漁業・養殖業生産統計」「漁業産出額」

8-21　海面漁業主要魚種別漁獲量

(単位　1,000t)

魚種	平成30年	令和元年	2年	魚種	平成30年	令和元年	2年
総漁獲量	**3,360**	**3,229**	**3,213**	ほっけ	34	34	41
魚類	2,739	2,591	2,602	きちじ	1	1	1
#くろまぐろ	8	10	11	はたはた	5	5	5
みなみまぐろ	5	6	6	にぎす類	3	3	2
びんなが	42	30	63	あなご類	3	3	3
めばち	37	34	32	たちうお	6	6	6
きはだ	72	80	64	まだい	16	16	15
かじき類	12	11	10	さわら類	16	16	16
かつお	248	229	188	すずき類	6	6	6
そうだがつお類	12	8	8	いかなご	15	11	6
さめ類	32	24	22	えび類	15	13	12
さけ類	84	56	56	かに類	24	23	21
ます類	12	4	7	貝類	350	386	382
にしん	12	15	14	#あわび類	1	1	1
まいわし	522	556	698	さざえ	5	5	5
かたくちいわし	111	130	144	あさり類	8	8	4
まあじ	118	97	98	ほたてがい	305	339	346
むろあじ類	17	17	12	いか類	84	73	82
さば類	542	450	390	#するめいか	48	40	48
さんま	129	46	30	たこ類	36	35	33
ぶり類	100	109	101	うに類	8	8	7
ひらめ	7	7	6	海産ほ乳類	0	0	0
かれい類	41	41	40	海藻類	79	67	63
まだら	51	53	56	#こんぶ類	56	47	45
すけとうだら	127	154	160				

東日本大震災の影響により出荷制限又は出荷自粛の措置がとられたものは除く。
資料　農林水産省「漁業・養殖業生産統計」

8-22　海面養殖業の収獲量

(単位　t)

年次	計	# ぎんざけ	# ぶり類	# まあじ	# しまあじ	# まだい	# ひらめ	# ふぐ類	# くろまぐろ
平成 22 年	1,111,338	14,766	138,936	1,471	2,795	67,607	3,977	4,410	…
27 1)	1,069,017	13,937	140,292	811	3,352	63,605	2,545	4,012	14,825
令和 元 年 1)	915,228	15,938	136,367	839	4,409	62,301	2,006	3,824	19,584
2 1)	969,649	17,333	137,511	595	4,042	65,973	1,790	3,393	18,167

年次	# ほたてがい	# かき類(殻付き)	# くるまえび	# ほや類	# こんぶ類	# わかめ類	# のり類(生重量)	# もずく類	真珠(浜揚量)
平成 22 年	219,649	200,298	1,634	10,272	43,251	52,393	328,700	8,100	21
27 1)	248,209	164,380	1,314	8,288	38,671	48,951	297,370	14,574	20
令和 元 年 1)	144,466	161,646	1,458	12,484	32,812	45,099	251,362	16,470	19
2 1)	149,061	159,019	1,369	9,390	30,304	53,809	289,396	24,305	16

「海面漁業生産統計調査」による。種苗養殖を除く。　1)　東日本大震災の影響により出荷制限又は出荷自粛の措置がとられたものは除く。
資料　農林水産省「漁業・養殖業生産統計」

8-23　内水面漁業と養殖業の生産量

(単位　t)

年次	内水面漁業 1)						
	総数	魚類	# さけ類	# からふとます	# わかさぎ	# あゆ	# しらうお
平成 27 年	32,917	19,704	12,330	237	1,417	2,407	774
令和 元 年	21,767	11,824	6,240	227	981	2,053	565
2	21,745	12,488	6,609	683	935	2,084	507

年次	魚類			貝類	# しじみ	その他の水産動植物類 2)	# えび類
	# ふな	# うぐい・おいかわ	# うなぎ				
平成 27 年	555	486	70	12,697	9,819	516	372
令和 元 年	423	163	66	9,524	9,520	420	257
2	396	181	66	8,899	8,894	358	198

年次	内水面養殖業						
	総数	にじます	その他のます類	あゆ	こい	うなぎ	その他の魚類 3)
平成 27 年	36,336	4,836	2,873	5,084	3,256	20,119	168
令和 元 年	31,216	4,651	2,537	4,089	2,741	17,071	127
2	29,087	3,858	2,026	4,044	2,247	16,806	107

「内水面漁業生産統計調査」による。東日本大震災の影響により出荷制限又は出荷自粛の措置がとられたものは除く。　1)　平成27年は主要112河川24湖沼、令和元、2年は主要113河川24湖沼の値。販売目的として漁獲された量。　2)　さざあみ、やつめうなぎ、かに、藻類等。　3)　琵琶湖、霞ヶ浦及び北浦の調査。
資料　農林水産省「漁業・養殖業生産統計」

8-24　水産加工品の生産量

(単位　1,000t)

品目	令和2年	3年	品目	令和2年	3年
ねり製品	473	495	節製品	72	66
かまぼこ類	411	433	節類	47	43
魚肉ハム・ソーセージ類	63	61	# かつお節	27	26
冷凍食品	230	225	さば節	10	10
魚介類	127	126	けずり節	25	23
水産物調理食品	103	100	# かつおけずり節	14	13
素干し品	6	5	その他の食用加工品	319	319
# するめ	2	2	# いか塩辛	13	13
いわし	1	0	水産物漬物	45	43
塩干品	121	118	こんぶつくだ煮	30	25
# いわし	9	8	乾燥・焙煎・揚げ加工品　1)	14	15
あじ	24	22	焼・味付のり(100万枚)	6,013	5,974
さんま	9	7	生鮮冷凍水産物	1,111	1,110
さば	17	16	# まぐろ類	28	17
かれい	4	4	かつお類	14	26
ほっけ	34	37	さけ・ます類	61	61
煮干し品	53	54	いわし類	388	366
# いわし	18	16	まあじ・むろあじ類	38	29
しらす干し	31	33	さば類	268	277
塩蔵品	156	151	さんま	21	11
# さば	36	33	たら類	13	14
さけ・ます	85	82	ほっけ	17	26
さんま	2	1	いか類	15	14
くん製品	7	7	すり身	54	54

「水産加工統計調査」による。調査対象は、水産加工品を生産する陸上加工経営体（販売を目的とした水産加工品を生産する加工場又は加工施設を有し、専従の従業者がいる経営体）。　1)　いか製品
資料　農林水産省「水産加工統計」

8-25　食料需給 （令和3年度）

(単位　1,000t)

類・品目	国内生産量	外国貿易		在庫の増減量 1)	国内消費仕向量	国民1人1年当たり供給量(kg)
		輸入量	輸出量			
穀類	9,599	23,675	90	205	32,101	84.6
米	8,226	878	90	-59	8,195	51.5
小麦	1,097	5,375	0	51	6,421	31.6
大麦	213	1,658	0	-22	1,893	0.2
はだか麦	22	15	0	1	36	0.1
とうもろこし	0	15,310	0	219	15,091	0.5
こうりゃん	0	275	0	6	269	0.0
その他の雑穀	41	164	0	9	196	0.6
いも類	2,848	1,140	28	0	3,960	19.6
かんしょ	672	52	16	0	708	3.5
ばれいしょ	2,176	1,088	12	0	3,252	16.1
でんぷん	2,243	141	0	-19	2,403	15.1
豆類	312	3,464	0	-121	3,897	8.7
大豆	247	3,224	0	-93	3,564	6.7
その他の豆類	65	240	0	-28	333	2.0
野菜	11,015	a)2,895	a)23	0	13,887	85.7
緑黄色野菜	2,513	1,538	4	0	4,047	26.5
その他の野菜	8,502	1,357	19	0	9,840	59.2
果実	a)2,599	a)4,157	a)84	12	6,660	32.4
うんしゅうみかん	749	0	2	13	734	3.7
りんご	662	528	55	-1	1,136	6.9
その他の果実	1,188	3,629	27	0	4,790	21.8
肉類	3,484	3,138	19	9	6,594	34.0
牛肉	480	813	11	15	1,267	6.2
豚肉	1,318	1,357	3	-3	2,675	13.2
鶏肉　　　　2)	1,678	927	5	-1	2,601	14.4
その他の肉	6	41	0	-3	50	0.2
鯨　　　　　2)	2	0	0	1	1	0.0
鶏卵	2,582	115	24	0	2,673	17.2
牛乳及び乳製品	7,646	4,690	64	110	12,162	94.4
農家自家用	49	0	0	0	49	0.1
飲用向け	3,998	0	8	0	3,990	31.5
乳製品向け	3,599	4,690	56	110	8,123	62.8
魚介類　　　2)	3,770	3,650	828	-49	6,641	23.2
生鮮・冷凍	1,515	904	710	18	1,691	7.6
塩干、くん製、その他	1,375	1,885	68	15	3,177	14.3
かん詰	161	145	4	5	297	1.3
飼肥料	719	716	46	-87	1,476	0.0
海藻類　　　2)3)	81	39	2	0	118	0.8
砂糖類	…	…	…	…	…	16.9
粗糖	143	1,018	0	-16	1,177	0.0
精糖	1,733	412	2	16	2,127	16.6
含みつ糖	27	6	0	4	29	0.2
糖みつ	84	140	0	3	221	0.0
油脂類　　　2)	2,012	991	33	-24	2,994	13.9
植物油脂	1,673	958	19	-74	2,686	13.5
動物油脂	339	33	14	50	308	0.5
みそ	465	0	20	-1	446	3.5
しょうゆ	708	3	49	1	661	5.3

国際連合食糧農業機関（FAO）の作成の手引きに準拠して作成したもの。事実のないもの及び事実不詳は全て「0」と表示。概算値。　1)　当年度末繰越量と当年度始め持越量との差。　2)　暦年　3)　乾燥重量換算　a)　暦年
資料　農林水産省「食料需給表」

8-26　食料自給率

（単位　％）

品目		平成29年度	30年度	令和元年度	2年度	3年度 P
食料自給率						
供給熱量ベースの総合食料自給率	1)	38	37	38	37	38
主食用穀物自給率	2)	59	59	61	60	61
穀物自給率	2)	28	28	28	28	29
品目別自給率	2)					
穀類						
米	3)	96	97	97	97	98
小麦		14	12	16	15	17
いも類		74	73	73	73	72
豆類		9	7	7	8	8
大豆		7	6	6	6	7
野菜		79	78	79	80	79
果実		40	38	38	38	39
肉類（鯨肉を除く）		52	51	52	53	53
牛肉		36	36	35	36	38
豚肉		49	48	49	50	49
鶏肉		64	64	64	66	65
鶏卵		96	96	96	97	97
牛乳・乳製品		60	59	59	61	63
魚介類		52	55	53	55	57
うち食用		56	59	55	57	59
海藻類		69	68	65	70	69
砂糖類		32	34	34	36	36
油脂類		13	13	13	13	14
きのこ類		88	88	88	89	89

国際連合食糧農業機関（FAO）の作成の手引きに準拠して作成したもの。　1)　（国産供給熱量÷供給熱量）×100（供給熱量ベース）　2)　（国内生産量÷国内消費仕向量）×100（重量ベース）　3)　国内生産量に国産米在庫取崩し量を加えた数量を用いて算出。
資料　農林水産省「食料需給表」

第9章　鉱工業

9-1　鉱工業生産指数と生産者出荷指数

(平成27年＝100)

年次	鉱工業	製造工業	鉄鋼・非鉄金属工業	金属製品工業	生産用機械工業	汎用・業務用機械工業	電子部品・デバイス工業	電気・情報通信機械工業	輸送機械工業
生産指数 (付加価値額ウェイト)									
ウェイト	10,000.0	9,983.0	624.8	438.1	708.0	728.6	580.8	839.3	1,796.5
平成 29 年	103.1	103.1	102.3	99.1	110.7	101.6	104.1	101.5	105.2
30	104.2	104.2	103.0	99.6	116.3	108.1	106.8	102.3	105.6
令和 元 年	101.1	101.1	97.5	97.7	106.3	102.4	95.0	98.2	104.8
2	90.6	90.7	83.3	86.5	95.3	90.0	96.4	88.7	86.5
3	95.7	95.7	94.1	90.0	115.9	99.8	110.4	94.2	85.8
生産者出荷指数									
ウェイト	10,000.0	9,986.8	890.8	386.5	607.0	607.7	478.4	773.6	1,871.4
平成 29 年	102.2	102.2	102.4	99.7	111.9	101.4	99.3	100.9	105.0
30	103.0	103.0	103.3	99.8	117.2	107.2	99.7	102.1	107.0
令和 元 年	100.2	100.2	97.7	98.2	106.7	100.8	91.9	98.2	106.9
2	89.6	89.6	85.1	87.8	96.5	88.2	91.2	89.6	87.2
3	93.7	93.7	94.0	89.9	116.8	98.2	102.8	95.7	86.4

年次	製造工業							鉱業
	窯業・土石製品工業	化学工業	石油・石炭製品工業	プラスチック製品工業	パルプ・紙・紙加工品工業	食料品・たばこ工業	その他工業	
生産指数 (付加価値額ウェイト)								
ウェイト	322.0	1,093.0	118.0	441.7	226.5	1,313.8	751.9	17.0
平成 29 年	101.9	106.2	98.3	104.3	102.2	100.2	97.4	103.9
30	102.2	107.2	93.5	105.7	100.3	99.4	96.3	97.7
令和 元 年	97.9	106.5	93.0	104.2	98.2	100.6	93.9	92.7
2	89.6	96.3	78.5	97.6	88.7	97.6	81.5	87.2
3	93.1	99.7	78.7	100.6	91.4	96.9	85.4	86.6
生産者出荷指数								
ウェイト	241.4	945.1	692.7	390.5	238.6	1,266.0	597.1	13.2
平成 29 年	102.0	104.6	96.8	104.3	100.9	99.2	97.6	102.5
30	102.4	104.3	93.1	106.1	99.6	98.5	96.1	101.7
令和 元 年	98.0	103.7	91.9	104.8	95.3	98.5	93.7	99.2
2	90.2	95.5	80.5	98.2	86.6	95.6	82.2	92.9
3	93.8	98.2	79.7	100.7	88.6	94.3	85.4	96.0

採用品目数は412。算式：ラスパイレス算式。ウェイト：生産指数は付加価値額ウェイト、生産者出荷指数は出荷額ウェイトを用いており、ともに経済センサス-活動調査等を基礎データとしている。
資料　経済産業省「鉱工業指数」

9-2　鉱工業生産者製品在庫指数

(平成27年＝100)

年次	鉱工業	製造工業	鉄鋼・非鉄金属工業	金属製品工業	生産用機械工業	汎用・業務用機械工業	電子部品・デバイス工業	電気・情報通信機械工業	輸送機械工業
ウェイト	10,000.0	9,980.9	1,736.5	470.9	545.7	481.6	489.2	632.9	757.4
平成 29 年	98.8	98.7	99.0	92.4	88.0	93.5	60.5	110.9	94.5
30	100.5	100.5	101.3	96.0	83.8	107.2	75.0	106.9	84.3
令和 元 年	101.7	101.8	105.2	99.0	87.9	111.5	66.3	96.8	78.8
2	93.2	93.2	89.5	89.4	77.1	115.3	57.6	90.1	84.8
3	97.8	97.8	104.2	86.2	87.6	126.8	72.2	95.6	80.4

年次	製造工業							鉱業
	窯業・土石製品工業	化学工業	石油・石炭製品工業	プラスチック製品工業	パルプ・紙・紙加工品工業	食料品・たばこ工業	その他工業	
ウェイト	361.6	1,664.0	594.4	435.4	321.7	860.4	629.2	19.1
平成 29 年	96.8	102.1	88.7	102.1	102.3	126.8	98.0	109.7
30	99.1	114.3	98.4	104.6	91.8	107.6	102.7	101.1
令和 元 年	100.1	122.6	89.0	108.4	102.9	108.2	103.0	98.7
2	93.4	109.1	88.1	104.6	92.0	93.4	98.7	115.6
3	96.5	107.1	90.8	110.7	94.5	96.0	96.8	105.4

採用品目数は292。算式：ラスパイレス算式。ウェイト：在庫額ウェイトを用いており、経済センサス-活動調査等を基礎データとしている。在庫指数は年末現在。
資料　経済産業省「鉱工業指数」

9-3　製造工業生産能力指数と稼働率指数

（平成27年＝100）

年次	製造工業	鉄鋼・非鉄金属工業	# 鉄鋼業	金属製品工業	生産用機械工業	汎用・業務用機械工業	電子部品・デバイス工業	電気・情報通信機械工業
生産能力指数 1)								
ウェイト	10,000.0	768.8	511.3	453.1	900.1	684.7	668.5	1,476.8
平成 29 年	99.3	98.2	97.5	99.7	101.3	97.5	106.7	98.2
30	98.7	98.5	97.6	99.0	103.6	97.0	107.0	93.6
令和 元 年	98.2	97.7	96.5	99.7	104.7	95.8	103.5	92.6
2	97.3	95.8	93.7	98.6	104.0	94.9	100.7	92.4
3	96.2	95.4	93.5	98.5	106.1	94.0	101.1	89.4
稼働率指数								
ウェイト	10,000.0	820.3	555.8	435.4	929.7	697.1	762.6	1,102.4
平成 29 年	102.3	102.4	101.9	99.3	94.6	105.4	102.7	102.4
30	103.1	102.8	101.8	103.3	97.4	111.6	102.4	106.2
令和 元 年	99.9	98.0	97.2	98.8	86.9	105.1	91.7	107.5
2	87.1	85.9	83.4	90.0	69.0	90.4	96.4	94.4
3	94.1	97.1	97.0	93.2	86.2	111.6	104.2	95.9

年次	製造工業						
	輸送機械工業	窯業・土石製品工業	化学工業	石油・石炭製品工業	パルプ・紙・紙加工品工業	その他工業	# 繊維工業
生産能力指数 1)							
ウェイト	2,110.3	486.1	1,499.0	137.2	255.8	559.6	243.0
平成 29 年	99.3	97.9	99.0	90.0	101.5	96.5	96.3
30	99.3	97.4	98.9	90.0	101.6	95.9	95.3
令和 元 年	99.7	96.4	98.4	90.0	101.8	95.0	93.8
2	99.5	93.5	98.4	88.5	100.3	93.1	90.4
3	96.7	92.5	97.8	88.4	98.5	91.1	88.8
稼働率指数							
ウェイト	2,359.5	422.8	1,435.9	155.1	297.6	581.6	239.4
平成 29 年	104.4	103.2	103.7	109.3	100.9	99.2	97.7
30	104.7	103.3	100.1	105.5	99.3	99.5	97.1
令和 元 年	104.0	98.3	100.5	105.1	96.6	97.8	93.9
2	85.6	88.9	89.6	86.8	86.9	83.7	85.8
3	87.0	92.6	96.2	87.6	91.4	92.6	87.5

採用品目数は141。算式：ラスパイレス算式。ウェイト：生産能力指数は鉱工業生産指数に用いる基準年の付加価値額ウェイトを加工して求めた、能力付加価値額ウェイト、稼働率指数は鉱工業生産指数に用いる基準年の付加価値額ウェイトを加工して求めた、生産実績付加価値額ウェイトを用いており、経済センサス-活動調査等を基礎データとしている。　1)　年末
資料　経済産業省「鉱工業指数」

9-4 鉱業、採石業、砂利採取業の産業小分類別事業所数、従業者数、売上（収入）金額、生産金額と給与総額（令和3年）

（単位 金額 100万円）

産業		事業所数	従業者数 1)	男	女	従業者数うち他への出向・派遣従業者数 1)	他からの出向・派遣従業者数
総数	3)	1,769	19,398	16,421	2,956	184	709
管理、補助的経済活動を行う事業所		131	1,926	1,455	471	66	161
金属鉱業		7	339	293	46	4	8
石炭・亜炭鉱業		18	332	306	21	–	10
原油・天然ガス鉱業		21	914	825	89	49	40
採石業、砂・砂利・玉石採取業		1,374	12,293	10,272	2,005	40	256
窯業原料用鉱物鉱業	4)	178	3,159	2,907	252	25	221
その他の鉱業		33	268	210	58	–	13

産業		売上（収入）金額	その他の収入	生産金額 (A)	給与総額等 2)
総数	3)	638,069	38,190	599,879	68,408
管理、補助的経済活動を行う事業所		–	–	–	–
金属鉱業		45,794	–	45,794	x
石炭・亜炭鉱業		14,957	683	14,274	x
原油・天然ガス鉱業		126,514	766	125,748	20,995
採石業、砂・砂利・玉石採取業		298,583	29,151	269,433	32,502
窯業原料用鉱物鉱業	4)	142,720	6,498	136,222	11,729
その他の鉱業		5,230	869	4,361	368

「経済センサス-活動調査」による。事業所数及び従業者数は6月1日現在。売上（収入）金額は令和2年1年間の数値。個人経営を含まない。 1) 男女別の不詳を含む。 2) 産業細分類格付不能の事業所を含まない。 3) 産業小分類、産業細分類不詳の事業所を含む。 4) 耐火物・陶磁器・ガラス・セメント原料用に限る。
資料 総務省統計局、経済産業省「経済センサス-活動調査結果」

9-5　鉱物、原油、天然ガスの生産・出荷と在庫量

年次	金属鉱物（精鉱、含有量）					
	金(g)			銀(kg)		
	生産	出荷	在庫	生産	出荷	在庫
令和 元 年	6,312,809	6,038,170	601,784	3,467	3,294	322
2	7,590,080	7,591,942	599,922	4,192	4,190	324
3	6,225,213	6,152,365	672,770	3,339	3,302	361

年次	非金属鉱物					
	けい石(t)			石灰石(t)		
	生産	出荷（販売）	在庫	生産	出荷（販売）	在庫
令和 元 年	9,184,591	8,415,890	636,527	138,533,553	112,284,048	8,528,182
2	8,709,461	7,950,464	572,380	131,533,130	104,918,240	9,038,455
3	8,375,465	7,657,094	564,729	131,829,866	107,043,746	8,491,770

年次	非金属鉱物					
	ドロマイト(t)			けい砂(t)		
	生産	出荷（販売）	在庫	生産	出荷（販売）	在庫
令和 元 年	3,259,001	2,825,580	147,410	2,272,655	2,428,319	130,469
2	3,216,505	2,789,211	176,522	1,923,843	2,065,398	103,526
3	2,925,643	2,472,015	142,525	2,044,706	2,188,271	123,396

年次	原油(kL)			天然ガス(1,000m³)		
	生産	出荷	在庫	生産	出荷	在庫
令和 元 年	522,472	599,680	27,419	2,523,871	4,196,458	243,859
2	512,257	565,648	38,623	2,295,361	3,940,683	169,881
3	490,195	564,753	34,522	2,304,510	4,111,989	208,416

「経済産業省生産動態統計調査」による。調査対象：経済産業省生産動態統計調査規則別表に掲げる鉱産物及び工業品を生産する者であり、生産品目別に掲げる範囲に属する事業所。また、上記事業所の生産品目の販売の管理を行っている事業所又は当該事業所へ、生産品目について生産の委託を行っている事業所であって、生産品目別に掲げる範囲に属する事業所。ただし、石灰石は従事者10人以上の事業所。在庫量は年末現在。調査対象の変更等のため前年とは接続しない場合がある。
資料　経済産業省「経済産業省生産動態統計年報」

9-6　製造業の産業中分類別事業所数、従業者数、製造品出荷額等と付加価値額 (令和3年)

(単位　金額　100万円)

産業	事業所数	従業者数 1)	製造品出荷額等 2)	付加価値額 3)
合計	176,858	7,465,556	302,003,273	96,825,529
食料品	21,624	1,094,454	29,605,781	10,270,051
飲料・たばこ・飼料	4,093	102,880	9,275,727	2,759,855
繊維工業	9,448	219,843	3,452,491	1,356,402
木材・木製品 (家具を除く)	4,546	86,067	2,738,069	888,369
家具・装備品	4,241	86,078	1,999,768	736,866
パルプ・紙・紙加工品	5,043	179,189	7,095,704	2,232,319
印刷・同関連業	9,306	235,105	4,575,588	2,099,908
化学工業	4,978	377,971	28,603,045	11,556,149
石油・石炭製品	979	28,027	11,114,363	1,541,748
プラスチック製品 (別掲を除く)	11,680	440,660	12,574,301	4,676,691
ゴム製品	2,009	111,724	2,981,969	1,290,818
なめし革・同製品・毛皮	863	16,903	264,189	104,382
窯業・土石製品	9,058	232,706	7,558,126	3,261,172
鉄鋼業	4,213	218,553	15,072,285	2,679,966
非鉄金属	2,533	141,077	9,423,653	2,260,154
金属製品	24,094	582,642	15,020,417	5,981,069
はん用機械器具	6,555	318,401	11,424,236	4,094,696
生産用機械器具	18,138	606,843	19,553,507	7,112,788
業務用機械器具	3,786	209,694	6,387,042	2,476,128
電子部品・デバイス・電子回路	3,841	412,146	14,592,905	5,337,609
電気機械器具	8,191	480,830	17,819,148	6,309,548
情報通信機械器具	1,135	112,986	6,416,679	1,741,255
輸送用機械器具	9,718	1,017,610	60,178,105	14,308,273
その他の製造業	6,786	153,167	4,276,175	1,749,313

「経済センサス-活動調査」による。事業所数及び従業者数は6月1日現在。その他は令和2年1年間の数値。日本標準産業分類に掲げる製造業に属する事業所。個人経営を含まない。従業者4人以上の事業所。　1)　当該事業所で働いている人。別経営の事業所から出向又は派遣されている人 (受入者) を含む。別経営の事業所へ出向又は派遣している人 (送出者)、有期雇用者 (1か月未満、日々雇用) は含まない。　2)　製造品出荷額、加工賃収入額、くず廃物の出荷額及びその他収入額の合計　3)　従業員30人以上の事業所は付加価値額、29人以下の事業所は粗付加価値額。付加価値額=製造品出荷額等+ (製造品年末在庫額-製造品年初在庫額) + (半製品及び仕掛品年末価額-半製品及び仕掛品年初価額) - (推計酒税、たばこ税、揮発油税及び地方揮発油税+推計消費税額) -原材料・燃料・電力使用額等-減価償却額
粗付加価値額=製造品出荷額等- (推計酒税、たばこ税、揮発油税及び地方揮発油税+推計消費税額) -原材料・燃料・電力使用額等
資料　総務省統計局、経済産業省「経済センサス-活動調査結果」

9-7　鉄鋼製品の需給

(単位　t)

年次	銑鉄				1)
	生産	受入	消費	出荷（販売）	在庫
令和元年	74,907,006	296,787	71,095,275	3,155,284	512,473
2	61,600,469	262,336	58,953,870	2,499,077	277,733
3	70,344,478	195,022	66,473,686	3,091,778	577,224

年次	フェロアロイ				1)
	生産	受入	消費	出荷（販売）	在庫
令和元年	866,205	96,400	250,351	807,632	171,880
2	684,380	68,272	212,843	664,969	154,744
3	737,723	91,028	59,826	764,117	119,312

年次	粗鋼				
	生産	受入	消費	出荷（販売）	在庫
令和元年	99,284,114	310,823	99,492,844	41,581	61,838
2	83,186,485	227,788	83,346,035	35,597	61,410
3	96,336,009	348,449	96,610,823	12,777	72,446

年次	鋼半製品				
	生産	受入	消費	出荷（販売）	在庫
令和元年	97,250,690	8,858,715	94,089,900	4,911,765	4,438,617
2	81,713,444	6,557,210	79,014,014	4,794,824	3,602,983
3	94,871,396	9,224,869	92,112,527	4,461,649	4,178,057

「経済産業省生産動態統計調査」による。調査対象：経済産業省生産動態統計調査規則別表に掲げる鉱産物及び工業品を生産する者であり、生産品目別に掲げる範囲に属する事業所。また、上記事業所の生産品目の販売の管理を行っている事業所又は当該事業所へ、生産品目について生産の委託を行っている事業所であり、生産品目別に掲げる範囲に属する事業所。在庫は年末現在。調査対象の変更等のため前年とは接続しない場合がある。
1)　生産者分のみ。
資料　経済産業省「経済産業省生産動態統計年報」

9-8 非鉄金属製品の生産量と在庫量

品目	単位	生産			在庫		
		令和元年	2年	3年	令和元年	2年	3年
電気金	t	110	109	100	5.6	4.0	4.7
電気銀	t	1,783	1,755	1,751	87	78	87
電気銅	1,000t	1,495	1,580	1,517	56	56	65
電気鉛	1,000t	198	198	197	18	16	13
亜鉛	1,000t	527	501	517	26	27	24
精製アルミニウム地金	1,000t	38	33	31	0.7	1.0	0.7
アルミニウム合金地金	1,000t	38	30	36	3.2	2.7	3.1
アルミニウム二次合金地金 1)	1,000t	1,295	1,298	1,450	40	42	45
伸銅製品	1,000t	753	644	775	40	37	38
アルミニウム圧延製品	1,000t	1,895	1,712	1,877	58	59	60
アルミニウムはく	1,000t	108	106	127	6.1	5.4	6.5
電線・ケーブル							
銅線（完成品）	導体1,000t	645	572	576	46	39	40
アルミニウム線	導体1,000t	34	36	37	1.2	0.9	1.0
光ファイバ製品							
通信用ケーブル	1,000kmコア	13,169	16,846	20,843	1,030	1,375	2,162
光ファイバ心線 2)	1,000kmコア	27,727	23,802	24,344	1,002	541	904

「経済産業省生産動態統計調査」による。調査対象：9-5表脚注参照。ただし、電線・ケーブルは従事者30人以上の事業所。在庫は年末現在。調査対象の変更等のため前年とは接続しない場合がある。
1) アルミニウム二次地金を含む。 2) ユーザー向け
資料 経済産業省「経済産業省生産動態統計年報」

9-9 機械受注実績

（単位 100万円）

需要者区分	令和元年度	2年度	3年度
受注総額	27,390,839	26,484,902	31,800,802
外需	10,214,469	10,754,199	15,036,287
内需	15,745,680	14,473,350	15,337,954
官公需	3,220,922	3,304,369	3,367,804
民需	12,524,758	11,168,981	11,970,150
製造業	4,391,741	4,019,308	5,092,893
# 化学工業	278,698	306,700	353,422
鉄鋼業	144,707	112,067	132,792
はん用・生産用機械	912,741	814,747	1,086,675
電気機械	741,665	743,566	1,032,440
情報通信機械	178,491	171,555	237,430
自動車・同附属品	461,189	366,790	421,276
造船業	223,951	193,354	183,118
非製造業	8,133,017	7,149,673	6,877,257
# 建設業	665,306	646,495	719,990
電力業	1,890,769	1,523,679	1,418,450
運輸業・郵便業	1,498,027	1,035,216	948,766
通信業	547,577	595,382	534,197
卸売業・小売業	474,990	430,771	477,685
金融業・保険業	789,905	781,114	732,966
情報サービス業	559,670	527,611	572,041
代理店	1,430,690	1,257,353	1,426,561
販売額	28,064,877	25,530,660	28,512,378
受注残高	27,772,703	28,207,915	31,532,899

「機械受注統計調査」による。
資料 内閣府経済社会総合研究所「機械受注統計調査報告」

9-10　各種機械の生産高

品目		単位	生産量		生産金額 (10億円)	
			令和2年	3年	令和2年	3年
はん用・生産用・業務用機械						
内燃機関	1)	1,000台	3,205	3,844	784	948
一般用ボイラ		台	7,137	7,581	87	136
一般用蒸気タービン		台	211	151	60	36
掘削機械		台	180,907	222,316	1,075	1,365
化学機械		台	184,689	192,509	157	161
プラスチック加工機械		台	11,429	15,231	180	202
印刷機械		台	17,181	18,853	95	103
ポンプ	2)3)	1,000台	2,313	2,427	218	216
圧縮機	3)	台	246,191	251,607	140	112
送風機	3)4)	台	220,307	231,751	37	36
クレーン（運搬機械）		台	17,754	18,996	85	93
プレイバックロボット		台	123,017	165,469	251	326
動力伝導装置	5)	t	258,004	310,071	387	459
固定比減速機	5)	1,000台	4,823	5,774	206	244
動力耕うん機	6)	台	93,859	110,301	9.7	12
装輪式トラクタ		台	123,870	162,170	227	299
田植機		台	21,358	20,450	36	36
コンバイン		台	13,418	14,183	65	69
木工機械及び製材機械		台	3,229	2,862	14	16
金属工作機械		台	45,569	67,601	724	895
機械プレス		台	1,719	2,120	82	66
食料品加工機械	7)	台	40,266	44,149	72	68
包装機械及び荷造機械	7)	台	35,211	38,393	208	194
複写機	8)	台	91,408	88,650	39	36
ミシン		台	99,257	142,641	14	25
化学繊維機械		台	15,494	16,704	50	38
紡績機械		台	367	1,073	15	44
冷凍機		1,000台	18,051	20,930	360	412
エアコンディショナ		1,000台	17,523	16,493	1,438	1,442
自動販売機		台	202,448	164,540	64	48
金型		組	483,443	484,277	358	344
ドリル（機械工具）	9)	1,000個	23,178	27,603	13	16
ガスメータ		1,000個	4,981	4,313	47	43
水道メータ		1,000個	3,041	3,327	13	15
カメラ		台	74,399	81,210	81	98
カメラ用交換レンズ		1,000個	1,650	1,859	87	109
時計		1,000個	135,524	169,946	56	57

「経済産業省生産動態統計調査」による。品目により調査の対象となる事業所の従業者数が異なる。調査対象の変更等のため前年とは接続しない場合がある。　1)　自動車用、二輪自動車用、鉄道車両用及び航空機用を除く。　2)　手動式及び消防ポンプを除く。　3)　自動車用、二輪自動車用及び航空機用を除く。　4)　排風機を含み、電気ブロワを除く。　5)　自己消費を除く。　6)　歩行用トラクタを含む。　7)　手動のものを除く。8)　ジアゾ式等を除く。　9)　木工用を除く。

9-10　各種機械の生産高 (続き)

品目		生産量			生産金額 (10億円)	
	単位	令和2年	3年		令和2年	3年
電気・電子デバイス・情報通信機械						
一般用エンジン発電機	台	189,660	120,686		50	47
交流電動機	1,000台	8,344	9,496		282	349
電動工具	1,000台	2,355	2,931		52	66
分電盤	1,000台	2,642	2,739		103	103
監視制御装置	式	376,174	509,876		227	229
低圧遮断器	1,000台	43,784	47,974		89	98
安全ブレーカ	1,000台	19,747	20,895		7.3	7.5
電気がま	1,000台	3,943	3,497		66	58
電気冷蔵庫	1,000台	1,321	1,262		223	229
クッキングヒーター	台	741,847	733,932		49	48
電気洗濯機	台	840,932	810,418		73	74
電気掃除機	1,000台	1,928	2,132		38	39
白熱電球	1,000個	337,562	367,037		14	15
蛍光ランプ	1,000個	64,345	57,503		42	37
白熱灯器具	1,000個	1,498	1,516		6.3	5.0
電話機	台	154,829	132,906		1.9	1.7
インターホン	1,000式	1,494	1,530		27	22
薄型テレビ	台	154,179	98,214		18	8.3
デジタルカメラ	1,000台	1,868	1,946		103	104
カーナビゲーションシステム	1,000台	5,081	5,032		222	230
磁気テープ	1,000m^2	122,136	124,354		28	32
半導体素子	100万個	47,537	56,051		776	912
シリコンダイオード	100万個	4,734	5,380		16	16
集積回路	100万個	25,134	27,358		1,707	1,895
パーソナルコンピュータ	1,000台	6,045	5,520		637	593
プリンタ	1,000台	1,979	2,352		57	63
X線装置	台	28,235	33,739		177	219
超音波応用装置	台	172,284	180,152		103	119
乾電池	100万個	2,150	2,578		61	71
輸送機械						
乗用車	1,000台	6,960	6,619		14,600	14,483
二輪自動車 10)	台	484,594	646,911		274	372
完成自転車 11)	台	868,589	842,888		62	64
産業車両	台	122,811	136,662		304	344
フォークリフトトラック	台	108,419	119,477		222	244
ショベルトラック	台	8,267	11,205		65	87
航空機	機	19	25		116	140

10)　モータースクータを含む。　11)　原動機付自転車を除く。
資料　経済産業省「経済産業省生産動態統計年報」

9-11　各種製品の生産量と販売額

品目	生産量			販売金額 (10億円)	
	単位	令和2年	3年	令和2年	3年
セメント	1,000t	50,905	50,083	351	348
窯業・土石（建材）製品					
板ガラス　　　　　　　　　　1)	1,000換算箱	19,762	21,392	68	69
安全ガラス	1,000m²	37,989	37,104	200	187
ガラス繊維製品	1,000t	348	377	160	169
容器類（ガラス製品）	1,000t	961	1,000	107	108
台所・食卓用品（ガラス製品）　2)	1,000t	19	19	16	17
ほうろう鉄器製品	1,000t	38	39	14	14
耐火れんが	1,000t	280	321	108	119
化学製品					
アンモニア（NH₃100%換算）	1,000t	784	843	26	21
複合肥料（化成肥料）	1,000t	931	904	63	72
生石灰	1,000t	5,821	6,653	76	86
ポリエチレン	1,000t	2,246	2,452	380	408
合成ゴム　　　　　　　　　　3)	1,000t	1,204	1,481	404	474
スチレンモノマー	1,000t	1,875	1,949	181	212
硫酸（100%換算値）	1,000t	6,460	6,118	37	41
酸素（空気分留法）	100万m³	9,713	11,645	68	72
窒素	100万m³	14,115	14,905	71	71
塩化ビニル樹脂	1,000t	1,627	1,625	223	250
合成洗剤	1,000t	1,156	1,195	299	308
柔軟仕上げ剤	1,000t	356	397	106	120
漂白剤	1,000t	283	274	62	59
化粧品	1,000t	395	364	1,478	1,353
塗料	1,000t	1,486	1,528	622	653
印刷インキ	1,000t	279	281	257	261
プラスチック製品	1,000t	5,501	5,685	4,084	4,324
＃シート	1,000t	204	219	78	83
板	1,000t	95	97	53	58
パイプ	1,000t	362	363	86	90
機械器具部品（照明用品を含む）	1,000t	658	671	1,187	1,262
容器	1,000t	795	850	435	454
建材	1,000t	242	253	136	146
発泡製品	1,000t	244	245	171	171
ゴム製品	1,000t				
＃自動車用タイヤ	100万本	121	138	992	1,146
ゴムホース	100万m	263	293	125	138
皮革製品					
＃革靴	1,000足	9,091	8,068	53	47

「経済産業省生産動態統計調査」による。品目により調査の対象となる事業所の従業者数が異なる。調査対象の変更等のため、前年とは接続しない場合がある。　1)　1換算箱は厚さ2mm、広さ9.29m²。　2)　花びん・灰皿を含む。　3)　合成ラテックスを含む。
資料　経済産業省「経済産業省生産動態統計年報」

9-12　パルプ・紙の生産量

（単位　金額　100万円）

年次	製紙パルプ（t）				出荷	年末在庫
	生産	消費（製紙用）	紙用	板紙用		
令和 元 年	8,373,969	7,152,893	6,830,304	322,589	326,341	125,155
2	7,056,805	5,922,775	5,637,602	285,173	270,922	146,434
3	7,612,558	6,390,788	6,071,176	319,612	289,073	114,797

年次	紙					販売額
	生産量（t）	# 新聞巻取紙	# 印刷・情報用紙	# 包装用紙	# 衛生用紙	
令和 元 年	13,502,275	2,422,120	7,511,760	899,323	1,831,023	1,671,876
2	11,212,099	2,061,404	5,877,382	759,008	1,832,949	1,463,430
3	11,680,971	1,977,977	6,314,393	830,976	1,797,496	1,487,206

年次	板紙					販売額
	生産量（t）	# 段ボール原紙	# 白板紙	# 建材原紙	# 紙管原紙	
令和 元 年	11,899,132	9,658,198	1,460,983	204,894	298,913	829,309
2	11,656,805	9,700,518	1,261,667	185,263	263,696	791,266
3	12,258,000	10,131,462	1,375,707	183,816	297,015	834,507

「経済産業省生産動態統計調査」による。調査対象：パルプ、紙及び板紙に関する調査票に記載された調査品目を生産する国内の事業所。
資料　経済産業省「経済産業省生産動態統計年報」

9-13　繊維製品の生産量

品目	単位	令和元年	2年	3年
化学繊維				
短繊維	t	430,536	390,848	x
再生・半合成繊維	t	142,415	145,266	x
合成繊維	t	288,121	245,582	264,518
＃ポリエステル	t	82,742	76,160	79,046
長繊維	t	387,544	314,515	x
再生・半合成繊維	t	22,423	14,896	x
合成繊維	t	365,121	299,619	335,203
＃ナイロン	t	76,326	54,052	69,751
ポリエステル	t	116,175	92,799	99,684
紡績糸	t	63,970	45,314	50,610
＃綿糸　　　　　1)	t	31,149	21,318	26,355
毛糸	t	7,493	5,796	5,415
合成繊維紡績糸	t	22,117	16,083	17,348
＃ポリエステル	t	11,538	8,881	9,047
織物	1,000m^2	1,064,425	857,651	875,690
＃綿織物	1,000m^2	109,255	88,364	91,720
毛織物	1,000m^2	24,430	18,945	13,575
人絹・アセテート織物	1,000m^2	43,383	28,012	24,438
合成繊維織物	1,000m^2	840,332	676,373	695,018
＃ナイロン	1,000m^2	127,447	98,545	106,836
ポリエステル	1,000m^2	473,685	393,731	389,336
その他の織物				
タイヤコード	t	21,497	15,276	20,533
タオル	t	11,174	8,992	8,291
プレスフェルト　　　2)	t	6,533	5,464	5,046
不織布	t	320,439	301,566	300,257
ニット生地	t	51,497	46,597	50,018

「経済産業省生産動態統計調査」による。調査対象：化学繊維、ニット生地は従事者30人以上の事業所。紡績糸、プレスフェルト及び不織布は従事者20人以上の事業所。織物は従事者10人以上の事業所。調査対象の変更等のため、前年とは接続しない場合がある。　1)　コンデンサー糸を含む。　2)　ニードルフェルトを除く。
資料　経済産業省「経済産業省生産動態統計年報」

9-14　食料品の生産量

品目		単位	平成30年	令和元年	2年
酒類	1)	1,000kL	7,978	7,900	7,446
# 清酒		1,000kL	406	366	312
焼酎		1,000kL	792	746	688
ビール		1,000kL	2,544	2,418	1,839
果実酒	2)	1,000kL	102	102	109
ウイスキー		1,000kL	140	153	135
発泡酒		1,000kL	422	400	391
みそ		1,000t	478	482	475
しょうゆ		1,000kL	757	744	702
国内産糖	3)	1,000t	745	788	…
食酢	1)	1,000kL	430	432	…
マヨネーズ・ドレッシング		1,000t	411	410	…
ウスターソース類		1,000kL	128	142	…
グルタミン酸ソーダ		1,000t	20	18	…
びん詰		1,000t	50	49	49
# ジャム		1,000t	28	27	27
缶詰		1,000t	2,687	2,526	2,264
# 水産	4)	1,000t	104	99	93
果実	4)	1,000t	29	28	29
小麦粉	1)	1,000t	4,834	4,795	…
大豆油		1,000t	466	489	…
バター		1,000t	59	62	72
チーズ		1,000t	162	161	165
マーガリン		1,000t	166	170	…
ハム		1,000t	138	137	133
ソーセージ		1,000t	319	317	318
ベーコン		1,000t	97	97	98
レトルト食品		1,000t	380	383	389

1)　年度　2)　甘味果実酒を含む。
3)　てん菜糖、甘しゃ糖及び含蜜糖の計。砂糖年度（当該年10月〜翌年9月）　4)　丸缶のみ。
資料　国税庁「国税庁統計年報」
　　　農林水産省「農林水産省統計表」「食品産業動態調査」「牛乳乳製品統計調査」
　　　公益社団法人日本缶詰びん詰レトルト食品協会「国内生産数量統計」
　　　日本ハム・ソーセージ工業協同組合「食肉加工品等流通調査」

第10章　建設業

10-1　発注者別建設工事受注高

(単位　10億円)

年度	総数	民間等								
		計	製造業	非製造業	農林漁業	鉱業、採石業、砂利採取業、建設業	電気・ガス・熱供給・水道業	運輸業、郵便業	情報通信業	卸売業、小売業
平成 27 年	14,225	9,596	1,950	7,646	9.5	97	553	998	293	400
令和 2 年	14,881	10,096	1,992	8,104	18	444	681	1,096	452	311
3	15,098	10,927	2,424	8,503	10	235	726	1,298	436	422

年度	民間等				公共機関			駐留軍・外国公館	小口工事	海外
	非製造業				計	国の機関	地方の機関			
	金融業、保険業	不動産業	サービス業	その他						
平成 27 年	398	2,633	2,189	75	3,568	2,354	1,215	30	483	547
令和 2 年	405	2,992	1,565	139	3,905	2,708	1,198	53	467	359
3	351	2,929	1,943	153	3,350	2,189	1,161	22	436	363

「建設工事受注動態統計調査（大手50社調査）」による。調査対象：年間完成工事高が比較的大きい建設業者のうち国土交通大臣の指定したもの（大手50社）が受注し、国内及び海外で施工される建設工事。
資料　国土交通省「建設工事受注動態統計調査」

10-2　工事の種類別建設工事受注高

(単位　10億円)

年度	総額	工事種類別							
		建築	# 事務所・庁舎	# 店舗	# 工場・発電所	# 倉庫・流通施設	# 住宅	# 教育・研究・文化施設	# 医療・福祉施設
平成 27 年	14,225	9,651	2,143	499	1,509	637	1,722	893	897
令和 2 年	14,881	9,608	2,392	397	1,421	1,029	1,427	951	622
3	15,098	10,389	2,509	437	1,912	1,153	1,342	895	518

年度	工事種類別								
	土木	# 治山・治水	# 鉄道	# 上下水道	# 土地造成	# 港湾・空港	# 道路	# 電線路	# 小口工事
平成 27 年	4,574	180	582	237	261	321	1,155	167	373
令和 2 年	5,273	163	709	267	178	325	1,328	277	379
3	4,709	237	771	250	199	198	1,321	258	340

「建設工事受注動態統計調査（大手50社調査）」による。調査対象：年間完成工事高が比較的大きい建設業者のうち国土交通大臣の指定したもの（大手50社）が受注し、国内及び海外で施工される建設工事。
資料　国土交通省「建設工事受注動態統計調査」

10-3　建築主・構造別着工建築物

(単位　面積　1,000m^2、金額　10億円)

年次	総数		建築主別						
	床面積の合計	工事費予定額	国 1)		都道府県 2)		市区町村 3)		会社
			床面積の合計	工事費予定額	床面積の合計	工事費予定額	床面積の合計	工事費予定額	床面積の合計
平成27年	129,444	24,913	876	247	1,667	409	4,803	1,271	61,714
令和2年	113,744	24,307	820	297	1,067	316	3,493	1,159	60,726
3	122,239	26,261	1,016	325	1,101	324	3,255	1,113	66,316

年次	建築主別					構造別			
	会社	会社でない団体		個人		木造		鉄骨鉄筋コンクリート造	
	工事費予定額	床面積の合計	工事費予定額	床面積の合計	工事費予定額	床面積の合計	工事費予定額	床面積の合計	工事費予定額
平成27年	11,224	9,107	2,321	51,277	9,441	53,615	8,868	2,601	682
令和2年	12,454	6,383	1,992	41,254	8,090	49,756	8,560	1,954	546
3	13,720	6,543	2,063	44,007	8,716	53,100	9,148	1,842	624

年次	構造別							
	鉄筋コンクリート造		鉄骨造		コンクリートブロック造		その他	
	床面積の合計	工事費予定額	床面積の合計	工事費予定額	床面積の合計	工事費予定額	床面積の合計	工事費予定額
平成27年	23,233	5,583	49,077	9,683	90	15	828	82
令和2年	21,757	6,027	39,534	9,102	60	12	682	60
3	21,111	6,086	45,309	10,302	56	12	820	89

「建築着工統計調査」による。調査対象：新たに建築（新築、増築又は改築）される全国の建築物。ただし、床面積10m^{2}以下の建築物は除く。　1)　独立行政法人等を含む。　2)　関係機関（地方独立行政法人、住宅供給公社、道路公社等）を含む。　3)　関係機関（地方独立行政法人、住宅供給公社、市区町村組合等）を含む。
資料　国土交通省「建築着工統計調査」

10-4　用途別着工建築物床面積

(単位　1,000m^2)

用途	平成27年	令和2年	3年
総数	**129,444**	**113,744**	**122,239**
#居住専用住宅	74,246	65,275	69,597
居住産業併用	3,782	3,455	3,434
農林水産業用	1,693	2,012	2,074
鉱業、採石業、砂利採取業、建設業用	1,037	1,214	1,063
製造業用	9,094	6,678	8,044
電気・ガス・熱供給・水道業用	556	612	660
運輸業用	5,576	8,421	9,816
卸売業、小売業用	7,563	5,178	6,057
不動産業用	2,499	2,842	3,641
宿泊業、飲食サービス業用	1,683	2,310	1,927
教育、学習支援業用	4,847	3,049	2,769
医療、福祉用	7,130	4,895	5,212
公務用	2,159	1,711	1,746

「建築着工統計調査」による。調査対象：新たに建築（新築、増築又は改築）される全国の建築物。ただし、床面積10m^{2}以下の建築物は除く。
資料　国土交通省「建築着工統計調査」

10-5　利用関係・資金・建築主別着工新設住宅

（単位　戸数　1,000戸、　面積　1,000m^2）

年次	計		利用関係別					
	戸数	床面積の合計	持家		貸家		給与住宅	
			戸数	床面積の合計	戸数	床面積の合計	戸数	床面積の合計
平成27年	909	75,059	283	34,825	379	18,334	6.0	397
令和2年	815	66,454	261	30,803	307	14,101	7.2	434
3	856	70,666	286	33,558	321	14,839	5.6	364

年次	利用関係別		資金別					
	分譲住宅		民間資金		公営		住宅金融支援機構	
	戸数	床面積の合計	戸数	床面積の合計	戸数	床面積の合計	戸数	床面積の合計
平成27年	241	21,502	806	65,654	14	882	45	4,544
令和2年	240	21,116	735	59,315	9.7	586	39	3,787
3	244	21,906	779	63,679	9.0	529	34	3,398

年次	資金別				建築主別			
	都市再生機構		その他		国 1)		都道府県 2)	
	戸数	床面積の合計	戸数	床面積の合計	戸数	床面積の合計	戸数	床面積の合計
平成27年	2.1	158	42	3,822	2.4	177	7.0	425
令和2年	1.1	60	31	2,706	1.4	99	5.2	289
3	1.1	66	33	2,994	1.7	109	4.6	241

年次	建築主別							
	市区町村 3)		会社		会社でない団体		個人	
	戸数	床面積の合計	戸数	床面積の合計	戸数	床面積の合計	戸数	床面積の合計
平成27年	7.6	531	368	26,593	9.4	723	515	46,610
令和2年	4.9	319	396	27,205	6.4	535	401	38,007
3	4.9	311	414	28,640	7.8	650	423	40,715

「建築着工統計調査」による。調査対象：新たに建築（新築、増築又は改築）される全国の建築物。ただし、床面積10m^{2}以下の建築物は除く。新設とは、住宅の新築、増築又は改築によって住宅の戸が新たに造られる工事をいう。　1)　独立行政法人等を含む。　2)　関係機関（地方独立行政法人、住宅供給公社、道路公社等）を含む。　3)　関係機関（地方独立行政法人、住宅供給公社、市区町村組合等）を含む。
資料　国土交通省「建築着工統計調査」

10-6　業種別完成工事高

（単位　金額　10億円）

年度、業種	業者数	完成工事高	元請	民間発注	公共発注	下請
平成22年	214,710	72,484	46,997	33,352	13,644	25,487
27	217,566	88,248	56,414	40,381	16,033	31,834
令和2年	**342,143**	**125,075**	**75,659**	**54,388**	**21,271**	**49,416**
総合工事業	161,212	72,984	54,932	38,438	16,493	18,053
一般土木建築	7,819	19,631	17,981	11,626	6,355	1,650
土木	40,477	12,487	7,219	1,749	5,470	5,268
造園	5,862	698	383	181	202	315
水道施設	2,577	832	531	111	420	301
舗装	5,299	2,226	917	205	712	1,309
しゅんせつ	237	113	25	8.3	17	88
建築	77,262	32,291	23,859	20,626	3,233	8,432
木造建築	21,680	4,706	4,017	3,933	84	690
職別工事業	99,688	20,677	4,265	3,231	1,034	16,412
大工	8,316	1,067	141	119	22	926
とび・土工・コンクリート	20,853	4,470	578	394	185	3,892
鉄骨	7,182	2,758	546	306	240	2,212
鉄筋	2,532	502	19	17	2.7	483
石工	1,562	279	114	88	26	165
煉瓦・タイル・ブロック	2,179	838	145	111	34	693
左官	3,738	464	42	33	8.5	423
屋根	3,615	420	97	72	25	323
金属製屋根	1,705	232	37	33	4.1	195
板金	3,055	395	55	53	2.3	340
塗装	10,985	1,552	555	428	127	997
ガラス	1,476	399	65	41	24	334
建具	5,265	1,807	188	173	14	1,620
防水	4,841	857	130	92	38	727
内装	17,504	3,564	1,298	1,078	220	2,267
はつり・解体	4,879	1,071	254	194	60	816
設備工事業	81,242	31,414	16,462	12,719	3,743	14,952
電気	32,012	11,832	6,173	4,671	1,502	5,659
電気通信	6,766	3,147	1,815	1,323	493	1,332
管	26,214	8,361	3,478	2,743	735	4,883
さく井	624	75	39	25	14	36
熱絶縁	1,678	464	75	74	1.5	388
機械器具設置	11,275	6,513	4,285	3,683	602	2,228
消防施設	2,259	431	103	78	25	328
その他	415	591	493	121	372	98

「建設工事施工統計調査」による。調査対象企業：建設業法に基づく許可を有する業者。「完成工事高」とは、決算期内に工事が完成し、その引渡しが完了したものについての最終請負高及び未完成工事を工事進行基準により収益に計上する場合における決算期中出来高相当額をいう。
資料　国土交通省「建設工事施工統計調査」

10-7　発注機関別公共機関からの受注工事件数と請負契約額

（単位　金額　10億円）

年度	総数							
	工事件数					請負契約額		
	総数	#JV 1)	新設等 2)	災害復旧	維持・補修	総数	#JV 1)	新設等 2)
平成27年	193,379	7,986	130,868	9,235	53,275	14,518	3,852	11,836
令和2年	208,547	8,694	134,956	15,533	58,059	16,999	4,472	13,594
3	274,797	8,305	179,657	17,973	77,167	20,099	4,233	15,799

年度	総数		発注機関別					
	請負契約額		国の機関					
			国		独立行政法人		政府関連企業等	
	災害復旧	維持・補修	工事件数	請負契約額	工事件数	請負契約額	工事件数	請負契約額
平成27年	853	1,829	16,312	2,527	2,755	768	6,247	1,839
令和2年	961	2,444	24,899	3,854	2,693	547	5,504	2,337
3	868	3,432	26,706	3,797	3,079	487	8,564	2,781

年度	発注機関別							
	地方の機関							
	都道府県		市区町村		地方公営企業		その他	
	工事件数	請負契約額	工事件数	請負契約額	工事件数	請負契約額	工事件数	請負契約額
平成27年	65,968	3,562	83,079	4,391	14,812	1,034	4,205	398
令和2年	75,327	4,226	82,602	4,564	13,261	1,020	4,261	451
3	108,922	5,521	103,270	5,597	18,409	1,341	5,847	575

「建設工事受注動態統計調査」による。前々年度の完成工事高が1億円以上の業者から、完成工事高規模に応じて抽出した約12,000業者が受注し、国内で施工される建設工事であり、元請工事が1件500万円以上の公共機関からの受注工事。　1）Joint venture（共同企業体）　2）増設、改良、解体、除却、移転及び耐震改修を含む。
資料　国土交通省「建設工事受注動態統計調査報告」

10-8　目的別工事分類別公共機関からの受注工事件数と請負契約額

（単位　金額　10億円）

年度	総数		目的別工事分類							
	工事件数	請負契約額	治山・治水		農林水産		道路（含共同溝工事）		港湾・空港	
			工事件数	請負契約額	工事件数	請負契約額	工事件数	請負契約額	工事件数	請負契約額
平成27年	193,379	14,518	22,074	1,432	11,441	570	63,632	4,130	4,617	654
令和2年	208,547	16,999	33,684	2,283	14,024	868	65,656	5,141	5,832	614
3	274,797	20,099	45,844	2,761	18,938	1,021	90,733	6,350	7,098	647

年度	目的別工事分類									
	下水道		公園・運動競技場施設		教育・病院		住宅・宿舎		庁舎	
	工事件数	請負契約額	工事件数	請負契約額	工事件数	請負契約額	工事件数	請負契約額	工事件数	請負契約額
平成27年	15,630	1,003	5,795	353	25,469	2,294	6,213	540	4,612	582
令和2年	15,137	1,082	6,108	409	22,149	2,067	4,501	356	5,307	797
3	16,623	1,310	7,962	608	33,252	2,635	5,669	543	6,491	766

年度	目的別工事分類									
	再開発ビル等建設		土地造成		鉄道・軌道・自動車交通事業用施設		郵政事業用施設		電気・ガス事業用施設	
	工事件数	請負契約額	工事件数	請負契約額	工事件数	請負契約額	工事件数	請負契約額	工事件数	請負契約額
平成27年	230	15	1,560	232	1,274	356	736	129	713	55
令和2年	66	8.2	1,213	98	1,546	366	249	13	213	30
3	106	13	1,116	118	2,960	400	318	25	1,661	69

年度	目的別工事分類					
	上・工業用水道事業用施設		廃棄物処理施設等		他に分類されない工事	
	工事件数	請負契約額	工事件数	請負契約額	工事件数	請負契約額
平成27年	16,750	794	2,005	388	10,626	990
令和2年	16,330	948	2,216	453	14,320	1,467
3	19,521	1,140	3,239	695	13,266	998

「建設工事受注動態統計調査」による。前々年度の完成工事高が1億円以上の業者から、完成工事高規模に応じて抽出した約12,000業者が受注し、国内で施工される建設工事であり、元請工事が1件500万円以上の公共機関からの受注工事。

資料　国土交通省「建設工事受注動態統計調査報告」

10-9 減失建築物

(単位 面積 m², 金額 万円)

年次	除却建築物				
	総数		#居住用		
	床面積の合計	建築物の評価額	戸数	床面積の合計	建築物の評価額
平成22年	22,364,156	25,744,631	111,030	12,262,569	9,054,573
27	23,323,087	27,725,649	106,625	10,922,551	8,632,249
令和2年	20,444,635	29,303,840	97,685	10,430,339	8,280,820

年次	災害建築物				
	総数		#居住用		
	床面積の合計	建築物の損害見積額	戸数	床面積の合計	建築物の損害見積額
平成22年	630,750	2,815,722	4,024	368,672	1,890,716
27	931,151	6,029,075	3,737	383,365	2,408,095
令和2年	1,245,680	3,169,261	8,565	850,970	2,099,093

「建築物滅失統計調査」による。除却建築物は、老朽、増改築等により除去される建築物。災害建築物は、火災、風水災、震災等により失われた建築物。ただし、いずれの場合も床面積10m²以下の建築物は除く。
資料 国土交通省「建築統計年報」

第11章　エネルギー・水

11-1　総合エネルギー

	部門	合計	石炭	石炭製品 1)	原油 2)	石油製品
1	一次エネルギー国内供給	**17,961**	**4,488**	**-69**	**5,307**	**1,238**
2	総供給	18,669	4,488	26	5,228	1,933
3	国内産出	2,763	18	0	19	0
4	輸入	15,906	4,470	26	5,209	1,933
5	輸出	-839	-0	-94	0	-744
6	供給在庫変動	131	0	-0	79	49
7	**エネルギー転換**	**-6,038**	**-4,158**	**887**	**-5,320**	**4,394**
8	純転換部門	-5,364	-4,178	995	-5,327	4,551
9	石炭製品製造	-94	-1,337	1,262	0	-13
10	石油製品製造	-176	0	0	-5,302	5,257
11	ガス製造	-2	0	0	0	-78
12	事業用発電 4)	-4,108	-2,458	-112	-25	-212
13	自家用発電	-838	-172	-96	-0	-156
14	自家用蒸気発生	-183	-212	-58	-0	-276
15	地域熱供給	2	0	0	0	-0
16	他転換・品種振替	35	0	0	0	29
17	自家消費・送配損失	-707	-13	-107	-0	-184
18	転換・消費在庫変動	33	33	-1	6	27
19	統計誤差	-163	-5	35	-14	-102
20	**最終エネルギー消費**	**12,087**	**335**	**783**	**0**	**5,734**
21	企業・事業所他	7,488	335	783	0	2,592
22	農林水産鉱建設業	394	0	0	0	348
23	製造業	5,101	335	775	0	1,739
24	食品飲料	238	0	0	0	27
25	繊維工業	74	0	0	0	5
26	木製品・家具他工業	28	0	0	0	4
27	パルプ・紙・紙加工品	291	0	0	0	13
28	印刷・同関連業	28	0	0	0	2
29	化学工業（含石油石炭製品）	2,101	2	48	0	1,519
30	プラスチック・ゴム・皮革製品	98	0	0	0	4
31	窯業・土石製品	342	120	12	0	74
32	鉄鋼・非鉄・金属製品	1,508	213	712	0	61
33	機械	383	0	2	0	28
34	他製造業	12	0	0	0	1
35	業務他（第三次産業）	1,993	0	9	0	505
36	家庭	1,908	0	0	0	514
37	運輸	2,691	0	0	0	2,628
38	エネルギー利用（最終消費内数）	10,657	335	765	0	4,334
39	非エネルギー利用（最終消費内数）	1,430	0	19	0	1,400

エネルギーバランス表は、全てのエネルギー源を共通の単位のJ（ジュール）で表示し、エネルギーが生産・輸入によって国内に供給され、一部は直接、また一部は電力等の二次エネルギーに転換された後、最終的に何らかの形で各部門において消費されていくまでのエネルギーの流れを数値で表現した表である。PJ（ペタジュール）はエネルギー量の単位で、千兆（10の15乗）ジュール。数値に0.0258を乗じると、原油換算百万キロリットルとなる。

需給バランス（令和2年度）

（単位　PJ）

天然ガス 3)	都市ガス	再生可能エネルギー（水力を除く）	水力発電（揚水を除く）	未活用エネルギー	原子力発電	電力	熱	部門
4,272	1	1,193	664	540	327	0	0	1
4,269	0	1,194	664	540	327	0	0	2
90	0	1,104	664	540	327	0	0	3
4,179	0	89	0	0	0	0	0	4
0	0	-0	0	0	0	0	0	5
2	1	0	0	0	0	0	0	6
-4,221	992	-1,183	-664	-511	-327	3,254	818	7
-4,177	1,015	-1,181	-664	-510	-327	3,614	825	8
0	0	0	0	-5	0	0	0	9
2	0	-20	0	0	0	0	-113	10
-1,604	1,680	-0	0	0	0	0	0	11
-2,673	-196	-379	-639	-131	-327	3,043	0	12
-42	-111	-616	-25	-193	0	574	0	13
-22	-188	-165	0	-178	0	0	916	14
0	-13	-0	0	-3	0	-3	21	15
162	-156	-0	0	0	0	0	0	16
-13	-23	-0	0	0	0	-360	-6	17
-31	0	-2	0	-1	0	0	0	18
-4	0	0	-0	-0	0	-35	-39	19
55	992	10	0	30	0	3,289	858	20
55	558	4	0	30	0	2,274	857	21
4	3	0	0	0	0	38	1	22
51	243	0	0	30	0	1,138	791	23
0	32	0	0	0	0	88	92	24
0	5	0	0	0	0	26	38	25
0	1	0	0	0	0	12	10	26
0	5	0	0	1	0	96	176	27
0	6	0	0	0	0	18	2	28
26	23	0	0	2	0	179	302	29
0	5	0	0	0	0	67	21	30
5	26	0	0	25	0	60	20	31
18	97	0	0	2	0	304	101	32
2	43	0	0	0	0	280	28	33
0	1	0	0	0	0	7	2	34
0	312	4	0	0	0	1,098	65	35
0	433	6	0	0	0	952	1	36
0	1	0	0	0	0	62	0	37
45	992	10	0	30	0	3,289	858	38
11	0	0	0	0	0	0	0	39

1) コークス炉ガス、高炉ガス及び転炉ガスを含む。　2) 天然ガス液(NGL)・コンデンセートを含む。
3) 輸入天然ガス（LNG）を含む。　4) 揚水発電を含む。
資料　資源エネルギー庁「総合エネルギー統計」

11-2 一次エネルギー国内供給

(単位 PJ)

年度	国内供給計	国内産出	輸入	輸出	供給在庫変動	エネルギー源別	
						石炭	石炭製品 1)
平成 17 年	22,905	4,331	19,582	-930	-78	4,766	16
22	21,995	4,335	18,934	-1,208	-67	4,983	14
27	20,016	2,198	19,095	-1,289	11	5,097	57
令和 元 年	19,136	2,968	17,552	-1,357	-26	4,872	-25
2	17,961	2,763	15,906	-839	131	4,488	-69

年度	エネルギー源別						
	原油 2)	石油製品	天然ガス 3)	再生可能エネルギー（水力を除く）	水力発電（揚水を除く）	未活用エネルギー	原子力発電
平成 17 年	9,518	1,174	3,291	381	671	428	2,660
22	8,127	731	3,994	436	716	530	2,462
27	7,406	731	4,658	726	726	536	79
令和 元 年	6,632	469	4,282	1,116	676	576	539
2	5,307	1,238	4,272	1,193	664	540	327

1) コークス炉ガス、高炉ガス及び転炉ガスを含む。　2) 天然ガス液（NGL）・コンデンセートを含む。
3) 輸入天然ガス（LNG）を含む。
資料　資源エネルギー庁「総合エネルギー統計」

11-3　発電所数と最大出力

(単位　出力　1,000kW)

年度末	総数		水力		火力		原子力		風力	
	発電所数	最大出力	発電所数	最大出力	発電所数	最大出力	発電所数	最大出力	発電所数	最大出力
平成 22 年	4,641	282,315	1,684	48,111	2,682	182,381	17	48,960	227	2,294
27	7,131	291,836	1,708	50,035	2,570	190,805	16	42,048	295	2,808
令和 2 年	11,290	298,550	1,834	50,033	2,434	191,758	15	33,083	474	4,119

年度末	総数						電気事業用		自家用	
	太陽光		地熱		その他					
	発電所数	最大出力	発電所数	最大出力	発電所数	最大出力	発電所数	最大出力	発電所数	最大出力
平成 22 年	16	32	15	537	–	–	1,464	228,479	3,177	53,836
27	2,523	5,624	18	517	1	0	1,523	231,484	5,608	60,352
令和 2 年	6,508	19,028	21	487	4	43	5,391	269,648	5,899	28,903

資料　資源エネルギー庁「電気事業便覧」

11-4　発電電力量

(単位　100万kWh)

年度	総数	水力	火力	原子力	風力	太陽光	地熱	電気事業用 1)	自家用 2)
平成 22 年	1,156,888	90,681	771,306	288,230	4,016	22	2,632	918,239	238,649
27	1,024,179	91,383	908,779	9,437	5,161	6,837	2,582	762,551	261,628
令和 2 年 3)	948,979	86,310	789,725	37,011	8,326	24,992	2,114	845,409	103,570

試運転分電力量を含む。　1)　平成27年度以前は発電端値、令和2年度は送電端値。　2)　1発電所最大出力1MW以上。発電端値。　3)　電気事業者の区分に発電事業者のライセンスが新設されたため、平成27年度以前自家用に計上されていた事業者のうち、発電事業者の要件を満たした事業者に係る発電量については、電気事業用に計上。
資料　資源エネルギー庁「電気事業便覧」

11-5 電灯・電力需要

| 年度 | 契約口数（1,000口） | | | 契約kW数
(1,000kW) |
	計	電灯	電力	電力
平成 22 年	83,479	75,765	7,714	53,530
27	85,654	78,567	7,087	49,153
令和 2 年	51,007	47,351	3,656	24,795

10社計（旧一般電気事業者）。年度末現在。特定規模需要（特別高圧需要及び高圧需要）を除く。令和2年度
は、特定小売供給約款に基づく特定需要。
資料　資源エネルギー庁「電気事業便覧」

11-6 需要電力量

（単位　100万kWh）

| 年度 | 合計 | 電気事業者 | | | | |
		計	低圧電灯 1)	低圧電力 2)	特別高圧 3)	高圧 3)
平成 22 年	1,056,441	931,059	304,234	47,453	*574,937	*
27	955,345	841,542	266,855	39,150	*531,514	*
令和 2 年 5)	935,491	863,159	279,047	35,628	215,017	291,205

| 年度 | 電気事業者 | | 自家発自家消費
4) |
	特定供給	自家消費	
平成 22 年	6	4,429	125,382
27	5	4,018	113,803
令和 2 年 5)	5,472	36,790	72,332

特別高圧は7,000Vを超えるもの。高圧は直流750Vを超え、7,000V以下。低圧は直流750V以下。
1)　平成27年度以前は電灯。　2)　平成27年度以前は電力。　3)　平成27年度以前は特定規模需要。　4)　自家
発電設備1,000kw以上の事業場を計上。　5)　平成27年度までは自家発自家消費に計上していた事業者のうち、
一部の事業者が発電事業者のライセンスを取得し、電気事業者に移行している。
資料　資源エネルギー庁「電気事業便覧」

11-7　都市ガス事業需要家数とガス販売量

年度	事業者数 1)2)			供給区域内世帯数 (1,000) (A) 2)	メーター取付数 (1,000) (B) 1)3)	供給区域内普及率 (%) (B/A)	導管延長数 (1,000km) 1)2)
	計	私営	公営				
平成 22 年	211	181	30	36,204	28,902	79.8	246
27	206	180	26	38,835	29,980	77.2	257
令和 2 年	193	173	20	41,899	31,228	74.5	266

年度	ガス生産・購入量 (PJ)			ガス販売量 (PJ)				自家消費量 (PJ) 3)	加熱用 (PJ) 3)
	計 4)	私営	公営	計	#家庭用	#商業用	#工業用 4)		
平成 22 年	1,547	1,519	27	1,477	410	198	738	9	1
27	1,610	1,585	25	1,526	387	177	842	9	1
令和 2 年	2,200	2,176	24	1,654	419	153	953	27	1

都市ガス事業とは、主に都市部に広く敷設された導管によりガスを供給する事業。PJ（ペタジュール）とはエネルギーの単位であり、1PJは10億MJ（メガジュール）。　1) 年度末現在　2) 平成27年度までは旧一般ガス事業者計、令和2年度は一般ガス導管事業者計。　3) 平成27年度までは旧一般ガス事業者計、令和2年度はガス事業者計。　4) 平成27年度までは旧一般ガス事業者計（旧一般ガス事業者間での卸供給分を除く）、令和2年度はガス事業者計。
資料　一般社団法人日本ガス協会「ガス事業便覧」

11-8　上水道、簡易水道と専用水道の現況

種類	平成22年度末	27年度末	令和元年度末	2年度末
上水道				
事業数	1,443	1,381	1,321	1,312
計画給水人口（1,000人）	129,368	128,703	128,457	128,629
現在給水人口（1,000人）	a) 119,505	d) 119,996	d) 121,351	d) 121,284
管路延長（km） 1)	632,865	666,310	726,804	739,403
年間取水量（100万m³）	b) 15,722	15,176	15,233	15,342
年間浄水量（100万m³）	b) 10,828	10,304	10,451	10,547
年間有効水量（100万m³） 2)	b) 14,015	13,432	13,469	13,587
1日当たり施設能力（1,000m³） 3)	a) 68,422	67,433	67,484	66,668
簡易水道				
事業数	6,687	5,629	3,027	2,507
計画給水人口（1,000人）	6,727	5,748	3,034	2,591
現在給水人口（1,000人）	c) 4,878	4,037	2,053	1,741
実績年間給水量（100万m³）	686	590	331	293
専用水道				
施設箇所数	7,950	8,208	8,214	8,228
確認時給水人口（自己水源のみ）（1,000人）	2,384	2,413	2,758	2,688
現在給水人口（自己水源のみ）（1,000人）	434	371	368	368
普及率	a) 97.5	d) 97.9	d) 98.1	d) 98.1

1) 導水管、送水管及び配水管延長の計。水道用水供給事業分を含む。　2) 年間給水量のうち無効水量（配水本支管、メーターより上流の給水管の漏水等）を除いたもの。水道用水供給事業からの給水量を含む。　3) 年度末現在の稼働しうる浄水能力を基準としたもの。　a) 東日本大震災の影響により岩手県及び福島県内の一部を除く。　b) 東日本大震災の影響により岩手県、宮城県及び福島県内の一部を除く。　c) 東日本大震災の影響により岩手県内の一部を除く。　d) 東日本大震災の影響により福島県内の一部を除く。
資料　公益社団法人日本水道協会「水道統計　施設・業務編」

11-9　製造業の産業中分類別工業用水量（令和3年）

産業	事業所数 1)	用水量（1,000m³/日）				
		計	淡水			
			水源別			
			# 公共水道		# 井戸水	# その他の淡水
			工業用水道	上水道		
合計	47,053	76,711	10,698	6,460	9,490	6,632
食料品	7,706	4,901	354	1,191	2,668	398
飲料・たばこ・飼料	774	1,318	128	102	1,051	23
繊維工業	1,815	2,815	214	172	1,449	484
木材・木製品（家具を除く）	677	114	22	32	56	1
家具・装備品	574	22	3	11	8	0
パルプ・紙・紙加工品	1,572	7,259	1,809	80	827	3,597
印刷・同関連業	1,911	113	6	74	17	15
化学工業	2,360	17,374	3,291	282	921	1,065
石油製品・石炭製品	113	2,751	700	10	2	9
プラスチック製品（別掲を除く）	3,546	1,428	169	232	507	130
ゴム製品	617	223	34	22	88	10
なめし革・同製品・毛皮	129	7	–	4	4	0
窯業・土石製品	1,547	1,299	164	82	258	145
鉄鋼業	1,275	28,169	2,757	2,345	419	530
非鉄金属	874	1,110	226	89	154	143
金属製品	4,585	858	120	551	152	8
はん用機械器具	1,766	304	19	151	82	5
生産用機械器具	4,118	516	35	364	57	11
業務用機械器具	1,209	118	20	63	34	0
電子部品・デバイス・電子回路	1,803	1,352	344	187	364	33
電気機械器具	2,692	367	62	113	58	3
情報通信機械器具	508	93	2	22	16	0
輸送用機械器具	3,883	4,125	212	246	273	17
その他の製造業	999	74	8	34	28	3

「経済センサス-活動調査」による。事業所数は6月1日現在。個人経営を除く。用水量は、令和2年1月から12月の1年間に使用した工業用水の総量を操業日数で割ったものをいう。　1)　従業者30人以上の事業所（製造、加工又は修理を行っていない本社又は本店を除く。）
資料　総務省統計局、経済産業省「経済センサス-活動調査」

11-10　用途、地域別農業用水量

(単位　億m³/年)

用途、地域		平成17年	22年	27年	30年	令和元年
合計		549	544	540	535	533
用途別						
水田かんがい用水		517	510	506	502	499
畑地かんがい用水		28	29	29	29	30
畜産用水		5	4	4	4	4
地域別	1)					
北海道		46	46	46	46	46
東北		158	158	156	155	155
関東内陸		56	56	56	55	55
関東臨海		26	25	25	25	25
東海		52	50	50	49	49
北陸		28	28	28	28	28
近畿内陸		19	19	19	18	18
近畿臨海		22	21	21	21	21
山陰		12	12	12	12	12
山陽		31	31	30	30	29
四国		22	22	21	21	20
北九州		39	39	39	38	38
南九州		34	34	34	34	34
沖縄		2	3	3	3	3

農業用水量は、実際の使用量の計測が難しいため、耕地の整備状況、かんがい面積、単位用水量（減水深）、家畜飼養頭羽数などから、推計した値。　1)　年度
資料　国土交通省「日本の水資源の現況」

第12章　情報通信

12-1　情報通信業の企業数、事業所数、従業者数と売上高（令和2年度）

（単位　金額　億円）

産業	企業数	事業所数	従業者数（人） 1)	売上高	# 情報通信業売上高
情報通信業	5,169	18,753	1,400,233	561,457	515,800
電気通信業	157	1,124	149,433	189,275	179,563
民間放送業	341	936	28,254	22,691	21,678
有線放送業	134	408	12,341	7,142	6,277
ソフトウェア業	2,286	7,033	629,930	188,994	166,205
情報処理・提供サービス業	1,107	4,565	375,360	81,401	74,550
インターネット附随サービス業	355	1,164	99,006	35,456	34,837
映像情報制作・配給業	276	553	26,696	8,202	7,128
# テレビ番組制作業	208	422	19,350	4,404	3,996
音声情報制作業	32	85	2,565	1,599	1,376
# ラジオ番組制作業	20	22	390	82	67
新聞業	111	1,939	37,986	13,871	12,128
出版業	208	489	22,521	9,705	9,313
広告制作業	65	173	5,329	1,397	1,260
映像・音声・文字情報制作に附帯するサービス業	97	284	10,812	1,723	1,485

「情報通信業基本調査」による。主たる事業内容に着目した結果（主業格付けベース）。年度末現在。売上高は年度の1年間。　1)　受入れ派遣従業者は含まない。
資料　総務省、経済産業省「情報通信業基本調査」

12-2　世帯における情報通信機器の保有率

（単位　%）

年次	固定電話	FAX	携帯電話 1)	スマートフォン	タブレット型端末	パソコン	ウェアラブル端末	インターネットに接続できるゲーム機 2)
平成 27 年	75.6	42.0	63.6	72.0	33.3	76.8	0.9	33.7
令和 元 年	69.0	33.1	41.4	83.4	37.4	69.1	4.7	25.2
2	68.1	33.6	40.1	86.8	38.7	70.1	5.0	29.8
3	66.5	31.3	36.9	88.6	39.4	69.8	7.1	31.7

「通信利用動向調査」（8月31日現在。ただし、令和元年は9月30日現在。平成27年は12月31日現在。）による。調査年4月1日現在で満20歳以上の世帯主がいる世帯及びその6歳以上の構成員。
1)　令和2年以前はPHSを含む。　2)　平成27年はインターネットに接続できる家庭用ゲーム機。
資料　総務省「通信利用動向調査」

12-3　情報通信サービスの加入・契約数

(単位　1,000)

年度末	加入電話	ISDN	ブロードバンドサービス					携帯電話	PHS
			FTTH 1)	DSL 2)	CATV	BWA 3)	3.9〜4世代携帯電話		
令和 元 年	15,954	2,507	33,085	1,398	6,712	71,200	152,623	184,898	1,616
2	14,856	2,307	35,017	1,073	6,584	75,709	154,366	194,395	660
3	13,827	2,117	36,671	690	6,468	79,732	139,055	202,998	337

1)　光ファイバー回線でネットワークに接続するアクセスサービス（集合住宅内等において、一部に電話回線を利用するVDSL等を含む）。　2)　電話回線（メタル回線）でネットワークに接続するアクセスサービス（ADSL等）。　3)　2.5GHz帯を使用する広帯域移動無線アクセスシステム(WiMAX等)でネットワークに接続するアクセスサービス。
資料　総務省「情報通信統計データベース」

12-4　用途、局種別無線局数

年度末 用途	総数	#固定局	#基地局	#アマチュア局	#陸上移動局	#携帯局	#簡易無線局 1)
令和 2 年	277,108,741	99,402	954,209	386,588	273,794,700	191,682	1,365,038
3	**291,978,505**	**96,689**	**1,078,563**	**378,680**	**288,593,755**	**96,788**	**1,417,943**
# 電気通信	288,767,123	6,772	1,019,940	–	287,564,174	6	10
陸上運輸	242,025	477	20,853	–	220,651	11	–
海上水上運輸	18,605	11	16	–	88	344	–
航空運輸	10,219	7	224	–	5,329	244	–
放送	44,148	2,072	103	–	12,970	12,199	–
漁業	39,206	217	23	–	228	725	–
ガス	11,999	1,372	535	–	10,052	38	–
電気	34,362	4,311	3,070	–	25,420	930	–
上下水道	7,753	559	483	–	6,703	–	–
水防水利道路	53,787	22,278	10,527	–	17,494	1,038	–
消防	134,398	1,862	2,612	–	128,317	1,339	–
救急医療	3,915	41	172	–	3,095	482	–
防災行政	143,234	52,012	2,136	–	88,054	662	–
防災対策	7,295	52	183	–	5,041	1,975	–
警備	5,510	85	258	–	5,117	–	–
上記以外の 国家行政	250,641	3,895	7,194	–	163,501	71,083	–
アマチュア	378,680	–	–	378,680	–	–	–
簡易無線	1,417,782	–	–	–	88	–	1,417,677
MCA	136,687	4	–	–	136,536	–	–
一般業務	143,962	437	5,248	–	121,366	2,968	237
その他	94,840	3	4,458	–	72,454	206	–

1)　パーソナル無線を含む。
資料　総務省「情報通信統計データベース」

12-5　ケーブルテレビの現状

年度末	加入世帯総数（万）	自主放送を行うもの				再放送のみを行うもの			CATVアクセスサービス
		加入世帯数（万）	普及率（%）1)	事業者数	設備数	加入世帯数（万）	事業者数	設備数	契約数（万）
令和 元 年	3,191	3,091	52.3	471	653	100	199	321	671
2	3,217	3,117	52.4	464	660	100	193	314	658
3	3,238	3,139	52.5	464	660	100	181	303	647

登録に係る有線電気通信設備分。　1)　当年度1月1日現在の住民基本台帳世帯数から算出。
資料　総務省「ケーブルテレビの現状」「情報通信統計データベース」

12-6　年齢階級別インターネットの利用率（令和3年）

（単位　%）

年齢階級	電子メールの送受信	ホームページやブログの閲覧、書き込み又は開設・更新	SNSの利用 1)	動画投稿・共有サイトの利用 2)	オンラインゲームの利用	情報検索 3)	商品・サービスの購入・取引
総数	71.4	53.8	74.2	54.2	28.1	70.8	58.1
6～12歳	14.5	25.5	34.1	70.2	50.2	24.7	8.4
13～19	52.2	50.7	83.5	67.9	56.0	56.1	35.9
20～29	76.4	60.6	89.1	71.1	47.5	75.9	77.2
30～39	79.2	64.0	87.1	71.2	38.6	82.0	80.1
40～49	82.2	63.1	83.6	60.2	27.9	81.0	73.6
50～59	83.9	61.4	77.1	53.0	16.7	80.8	67.3
60～64	79.9	54.8	72.7	41.7	10.4	75.4	55.7
65～69	74.1	48.5	64.9	31.9	8.3	73.9	47.8
70～74	69.8	37.4	55.7	21.4	4.6	64.6	34.5
75～79	61.3	31.5	51.2	11.5	4.0	56.7	27.0
80歳以上	49.5	22.5	33.9	6.6	3.2	35.7	17.9

「通信利用動向調査」（8月31日現在）による。過去1年間に利用のもの。複数回答。
1)　無料電話を含む。
2)　YouTube、ニコニコ動画など。
3)　天気情報、ニュースサイト及び地図・交通情報等の利用。
資料　総務省「通信利用動向調査」

12-7　公立学校におけるICT環境の整備状況（令和3年度）

区分	学校数	児童生徒数 1)	普通教室数	教育用PC 1台当たりの 児童生徒数	普通教室に おける校内 LAN整備率 (%)
総数	32,732	11,319,053	482,483	0.9	98.4
小学校	18,797	6,107,666	273,356	0.9	98.4
中学校	9,143	2,958,457	114,463	0.8	97.9
義務教育学校	145	54,618	2,772	0.8	98.8
高等学校	3,518	2,039,668	61,878	1.4	99.3
中等教育学校	34	17,261	701	0.7	100.0
特別支援学校	1,095	141,383	29,313	0.8	98.4

区分	超高速インターネット接続率 (%)			指導者用 デジタル 教科書の 整備率 (%)	普通教室の 大型提示装置 整備率 (%) 2)
	30Mbps〜 100Mbps 未満	100Mbps〜 1Gbps 未満	1Gbps 以上		
総数	2.9	36.7	59.8	81.4	83.6
小学校	3.1	37.3	59.0	88.6	88.1
中学校	3.4	36.9	59.0	89.9	83.9
義務教育学校	2.8	42.6	53.2	93.8	85.1
高等学校	0.9	32.7	66.1	37.2	79.3
中等教育学校	-	17.6	82.4	82.4	91.0
特別支援学校	1.7	38.1	59.9	26.5	48.6

3月1日現在。ICT（Information and Communication Technology）：コンピュータやインターネットなどの情報通信技術。
1)　5月1日現在　2)　大型提示装置を設置している普通教室の総数÷普通教室の総数
資料　文部科学省「学校における教育の情報化の実態等に関する調査」

12-8　情報サービス業の従業者規模別事業所数、従業者数、事業従事者数と年間売上高（令和2年）

従業者規模別	ソフトウェア業			
	事業所数	従業者数	ソフトウェア業務の事業従事者数 1)	年間売上高（100万円）
計	25,977	837,606	821,205	18,854,107
1 ～ 4人	10,476	21,511	21,938	280,509
5 ～ 9	3,946	27,281	26,718	428,554
10 ～ 29	6,139	105,999	105,971	1,327,348
30 ～ 49	1,925	75,647	77,079	1,124,535
50 ～ 99	1,764	122,593	120,012	2,014,824
100 ～ 299	1,357	218,858	201,695	3,948,447
300 ～ 499	175	68,340	66,627	1,641,308
500 人以上	195	197,379	201,165	8,088,582

従業者規模別	情報処理・提供サービス業			
	事業所数	従業者数	情報処理・提供サービス業務の事業従事者数 1)	年間売上高（100万円）
計	5,998	192,446	206,488	4,925,237
1 ～ 4人	2,679	6,364	6,544	61,757
5 ～ 9	1,273	8,344	8,912	114,938
10 ～ 29	879	14,819	15,373	254,999
30 ～ 49	403	15,842	17,325	308,571
50 ～ 99	367	25,383	27,086	569,718
100 ～ 299	281	46,074	49,000	1,239,732
300 ～ 499	58	22,702	25,357	478,793
500 人以上	59	52,919	56,890	1,896,729

従業者規模別	インターネット付随サービス業			
	事業所数	従業者数	インターネット附随サービス業務の事業従事者数 1)	年間売上高（100万円）
計	4,802	95,268	96,284	3,201,051
1 ～ 4人	2,771	5,318	5,270	125,381
5 ～ 9	923	6,037	6,218	91,711
10 ～ 29	632	11,033	11,034	290,308
30 ～ 49	185	6,739	7,122	231,802
50 ～ 99	143	10,036	10,049	387,344
100 ～ 299	119	19,651	20,248	663,439
300 ～ 499	10	4,098	3,893	104,776
500 人以上	19	32,356	32,450	1,306,290

「経済構造実態調査（乙調査）」（6月1日現在）による。年間売上高の調査対象期間は、原則、平成31年1月から令和元年12月までの1年間。事業従事者全規模。標本調査により拡大推計して集計後に四捨五入をしているため、計と内訳の合計とは一致しない場合がある。　1）事業所の従業者数から別経営の事業所に派遣している人を除き、別経営の事業所から派遣されている人を加えた実際に従事している人をいう。
資料　総務省統計局、経済産業省「経済構造実態調査結果」

12-9　企業等の電子商取引の状況 （平成28年）

企業産業	企業等数	電子商取引を行った	電子商取引を行わなかった
農業、林業	22,070	1,092	20,978
漁業	2,800	90	2,710
鉱業、採石業、砂利採取業	1,294	15	1,279
建設業	409,536	13,519	396,017
製造業	366,065	20,059	346,006
電気・ガス・熱供給・水道業	1,013	48	965
情報通信業	38,218	5,130	33,088
運輸業、郵便業	64,662	1,863	62,799
卸売業、小売業	794,837	63,393	731,444
金融業、保険業	27,353	1,614	25,739
不動産業、物品賃貸業	278,732	6,137	272,595
学術研究、専門・技術サービス業	173,944	6,810	167,134
宿泊業、飲食サービス業	446,485	12,941	433,544
生活関連サービス業、娯楽業	341,559	7,719	333,840
教育、学習支援業	105,841	3,284	102,557
医療、福祉	276,248	5,689	270,559
複合サービス事業	5,606	171	5,435
サービス業（他に分類されないもの）	229,866	5,521	224,345

「経済センサス‐活動調査」（6月1日現在）による。東日本大震災に関して、原子力災害対策特別措置法に基づき原子力災害対策本部長が設定した帰還困難区域を含む調査区を除く。電子商取引とは、金銭的な対価を伴うモノ、サービスの提供について、インターネットなどのコンピュータネットワークを介して成約(受発注が確定)したものをいう。
資料　総務省統計局、経済産業省「経済センサス‐活動調査結果」

第13章　運輸・観光
13-1　輸送機関別輸送量

年度	貨物			
	自動車 1)	鉄道	内航	航空 2)3)
輸送トン数（1,000トン）				
平成22年	4,270,375	43,628	366,734	1,004
27	4,094,030	43,210	365,486	1,014
令和元年	4,117,399	42,660	341,450	875
2	3,786,998	39,124	306,076	490
3	3,888,397	38,912	324,659	557
輸送トンキロ（100万トンキロ）				
平成22年	286,538	20,398	179,898	1,032
27	240,195	21,519	180,381	1,056
令和元年	251,471	19,993	169,680	931
2	213,419	18,340	153,824	528
3	224,095	18,042	161,795	609

年度	旅客			
	自動車 1)4)	鉄道	旅客船	航空 2)
輸送人員（100万人）				
平成22年	6,241	22,669	85	82
27	6,031	24,290	88	96
令和元年	5,800	25,190	80	102
2	4,000	17,670	45	34
3	4,270	18,805	…	50
輸送人キロ（100万人キロ）				
平成22年	78,962	393,466	3,004	73,751
27	67,019	427,486	3,138	88,214
令和元年	61,301	435,063	3,076	94,490
2	25,593	263,211	1,523	31,543
3	30,189	289,891	…	46,658

自動車については、令和2年度調査からの調査方法及び集計方法の見直しのため過去に遡り推計を行い算出。
1)　東日本大震災の影響のため、北海道運輸局及び東北運輸局の平成23年3月の数値（営業用バスを除く）を含まない。　2)　定期のみ。　3)　超過手荷物・郵便物を含む。　4)　営業用のみ。
資料　国土交通省「航空輸送統計年報」「自動車輸送統計年報」「数字で見る海事」
　　「鉄道輸送統計年報」「内航船舶輸送統計年報」

13-2　道路現況

（単位　1,000km）

年次、道路種別	総延長	実延長	幅員別		路面別			種類別
			規格改良済	未改良	舗装道	簡易舗装道	未舗装道	道路延長
平成22年	1,269	1,210	740	470	326	647	237	1,194
27　　3)	1,277	1,221	767	453	342	656	223	1,203
30　　3)	1,280	1,225	778	446	347	661	216	1,207
31	**1,281**	**1,226**	**782**	**445**	**349**	**663**	**215**	**1,208**
高速自動車国道	9.2	9.0	9.0	−	9.0	−	−	6.4
一般国道	66	56	53	2.4	52	3.5	0.3	51
都道府県道	143	130	105	25	86	40	4.1	126
市町村道	1,063	1,032	614	418	202	619	210	1,025

年次、道路種別	実延長						歩道設置道路実延長	舗装率
	種類別							
	橋梁 1)		延長	トンネル		延長		
	自地域内	都道府県界		自地域内	都道府県界			
			(km)			(km)		(%) 2)
平成22年	679,227	662	12,525	9,741	216	3,725	169	27.0
27　　3)	690,083	692	13,267	10,301	219	4,349	177	28.0
30　　3)	691,647	696	13,449	10,464	233	4,585	180	28.4
31	**691,488**	**690**	**13,523**	**10,523**	**234**	**4,683**	**181**	**28.5**
高速自動車国道	12,379	54	1,423	1,133	62	1,159	−	100.0
一般国道	57,733	177	2,909	4,098	137	2,141	34	93.2
都道府県道	101,139	231	3,138	2,713	27	922	52	66.0
市町村道	520,237	228	6,053	2,579	8	460	95	19.6

3月31日現在。ただし平成30年以前は4月1日現在。総延長は、道路法の規定に基づき指定又は認定された路線の全延長をいう。実延長は、総延長から重用延長、未供用延長及び渡船延長を除いたもの。規格改良済とは、道路の幅員、線形、勾配、視距などが道路構造令の規格に合うように改良されたもの。　1)　橋梁2ｍ以上の道路橋で、高架の道路及び桟橋を含む。　2)　簡易舗装を除く。　3)　東日本大震災の影響により、市町村道の一部に当年4月1日以前のデータを含む。
資料　国土交通省「道路統計年報」

13-3　保有自動車数

（単位　1,000台）

年度末	保有車両	貨物（トラック）				乗合（バス）	
		普通車	小型車	被けん引車（トレーラー）	軽自動車	普通車	小型車
平成22年	78,653	2,272	3,790	153	8,923	108	119
27	80,893	2,317	3,539	163	8,520	111	120
令和2年	82,078	2,433	3,493	186	8,284	108	114
3	82,175	2,447	3,491	190	8,299	105	111

年度末	乗用			特種（殊）用途 1)	二輪		登録自動車
	普通車	小型車	軽四輪車		小型二輪車	軽二輪車	
平成22年	16,839	23,297	18,004	1,646	1,535	1,968	48,075
27	18,001	21,354	21,477	1,700	1,628	1,962	47,145
令和2年	19,975	19,206	22,736	1,780	1,748	2,014	47,136
3	20,271	18,746	22,850	1,793	1,812	2,059	46,996

1)　消防車、冷蔵冷凍車、タンク車など。
資料　国土交通省「自動車保有車両数月報」

13-4　自動車貨物の主要品目別輸送量

（単位　1,000トン）

品目	令和2年度	#営業用	3年度	#営業用
総数	3,786,998	2,550,515	3,888,397	2,602,052
# 野菜・果物	60,070	41,703	58,244	39,971
畜産品	44,796	34,040	48,718	38,456
水産品	28,393	21,984	25,516	19,075
木材	118,368	73,458	129,224	79,670
砂利・砂・石材	570,629	280,687	582,835	278,288
工業用非金属鉱物	34,299	25,707	39,764	26,982
金属　1)	146,952	116,126	157,393	124,555
金属製品	108,763	65,985	111,103	66,838
機械　2)	342,538	274,851	342,540	267,704
窯業品	371,265	207,107	361,509	212,997
石油製品　3)	160,958	110,144	168,185	124,911
化学工業品　4)	132,495	117,572	127,249	112,861
紙・パルプ	95,442	79,120	100,634	83,263
製造食品	121,789	109,541	118,863	106,618
食料工業品	196,769	176,684	208,454	187,290
日用品	171,386	160,661	177,186	166,694
くずもの	104,480	38,497	107,236	38,575
動植物性製造飼・肥料	70,617	43,832	68,734	44,641
廃棄物	242,873	91,681	272,307	95,889
廃土砂	295,206	149,705	297,426	142,858

「自動車輸送統計調査」による。自家用貨物軽自動車等を除く。　1)　鉄鋼及び非鉄金属の計。
2)　輸送用機械、輸送用機械部品及びその他の機械の計。　3)　LPG及びその他のガスを含む。　4)　化学薬品、化学肥料及び染料・塗料・その他の化学工業品の計。
資料　国土交通省「自動車輸送統計年報」

13-5　鉄道輸送量

年度	貨物輸送量					
	貨物数量（1,000トン）			貨物トンキロ（100万トンキロ）　1)		
	計	コンテナ	車扱	計	コンテナ	車扱
令和 元 年	42,660	23,506	19,154	19,993	18,382	1,610
2	39,124	21,273	17,850	18,340	16,838	1,502
3	38,912	20,819	18,093	18,042	16,537	1,505

年度	旅客輸送量					
	旅客数量（100万人）			旅客人キロ（100万人キロ）　2)		
	計	定期	定期外	計	定期	定期外
計						
令和 元 年	25,190	14,797	10,392	435,063	213,511	221,552
2	17,670	11,252	6,418	263,211	160,549	102,662
3	**18,805**	**11,344**	**7,461**	**289,891**	**161,860**	**128,031**
JR						
令和 元 年	9,503	5,876	3,627	271,936	113,907	158,029
2	6,707	4,608	2,099	152,084	87,868	64,216
3	7,061	4,576	2,485	170,190	87,284	82,906
# 新幹線	195	42	154	46,533	3,615	42,918
民鉄（JR以外）						
令和 元 年	15,687	8,921	6,765	163,126	99,604	63,523
2	10,963	6,644	4,319	111,127	72,680	38,447
3	11,744	6,768	4,976	119,700	74,576	45,124

年度	索道旅客輸送量					
	旅客数量（1,000人）			旅客収入（100万円）		
	計	普通索道 3)	特殊索道 4)	計	普通索道 3)	特殊索道 4)
令和 元 年	239,594	45,441	194,153	63,017	25,964	37,053
2	200,069	23,843	176,226	43,343	13,812	29,531
3	240,755	30,020	210,735	54,997	17,585	37,412

「鉄道輸送統計調査」による。　1)　各駅間通過トン数に各駅間キロ程を乗じて全駅分を集計したもの。　2)　各駅間通過人員に各駅間のキロ程を乗じて全駅分を集計したもの。　3)　閉さ式搬器（扉を有する箱型の搬器）を使用して、人又は人及び物を運送する索道。ロープウェイ。　4)　椅子式搬器（外部に解放された座席で構成される搬器）を使用して人を運送する索道。スキーリフト。
資料　国土交通省「鉄道輸送統計年報」

13-6　船種別船腹量

（単位　総トン数　1,000トン）

年次	総数		#油送船		#化学薬品船 1)		#液化ガス船	
	隻数	総トン数	隻数	総トン数	隻数	総トン数	隻数	総トン数
令和 2 年	4,069	26,915	562	5,385	338	226	159	3,347
3	4,009	26,758	563	5,401	335	222	157	3,246

年次	#フルコンテナ船		#一般貨物船 2)		#旅客船 3)	
	隻数	総トン数	隻数	総トン数	隻数	総トン数
令和 2 年	44	2,315	1,345	1,471	376	1,076
3	47	2,619	1,313	1,450	378	1,090

6月30日現在。調査対象：日本国籍を有する100総トン以上の鋼船。（漁船及び雑船を除く。）総トン数は、船の全体の容積を表す単位で、船舶内の合計容積から除外場所の容積を差し引いたものに一定の係数を掛けたもの。　1)　ケミカルタンカー、諸薬品船、糖蜜船等。
2)　重量物運搬船を含む。　3)　フェリー及び鉄道連絡船を含む。
資料　一般社団法人日本船主協会「海運統計要覧」

13-7　内航船舶の貨物輸送量

（単位　1,000トン、100万トンキロ）

年度	総数		大型鋼船 1)		小型鋼船 2)		プッシャーバージ・台船 3)	
	トン数	トンキロ	トン数	トンキロ	トン数	トンキロ	トン数	トンキロ
令和 2 年	304,338	153,429	192,047	111,727	94,082	38,567	18,209	3,135
3	323,758	161,739	207,462	117,615	98,900	40,935	17,395	3,188

「内航船舶輸送統計調査」による。自家用を除く。　1)　500総トン以上の船舶。　2)　20総トン以上500総トン未満の鋼製船舶。木船を含む。　3)　動力を有しない船舶で他の動力船により曳航又は押航されて輸送を行うもの。
資料　国土交通省「内航船舶輸送統計年報」

13-8　内航船舶の主要品目別輸送量

（単位　1,000トン）

年度	総数	# 石炭	# 鉄鉱石	# 砂利・砂・石材	# 石灰石	# 原油	# 鉄鋼	# 輸送用機械	# セメント
令和 2 年	304,338	13,306	37	17,571	33,375	17,554	32,186	5,668	31,721
3	323,758	14,479	244	15,730	35,844	14,957	36,072	7,426	30,282

年度	# 重油	# 揮発油	# LPG（液化石油ガス）	# コークス	# 化学薬品	# 再利用資材	# 動植物性製造飼肥料	# 廃棄物	# 廃土砂
令和 2 年	16,760	31,496	4,653	3,096	20,133	9,447	3,086	2,937	3,624
3	19,992	34,008	8,609	2,504	19,191	9,313	3,527	3,253	2,893

「内航船舶輸送統計調査」による。自家用を除く。
資料　国土交通省「内航船舶輸送統計年報」

13-9　航空輸送量

年度	旅客		貨物		郵便物	
	輸送人数（1,000人）	人キロ（100万）2)	輸送重量（トン）	トンキロ（1,000）1) 3)	輸送重量（トン）	トンキロ（1,000）3)
国内定期						
令和 元 年	101,873	94,490	816,574	872,712	58,514	58,086
2	33,768	31,543	443,235	482,004	46,395	45,778
3	**49,695**	**46,658**	**508,201**	**561,089**	**49,199**	**48,405**
幹線						
令和 元 年	42,494	44,381	594,489	666,841	36,939	39,091
2	15,000	15,840	340,830	388,912	29,382	30,926
3	22,055	23,034	393,481	453,063	31,126	32,648
ローカル線						
令和 元 年	59,379	50,108	222,085	205,872	21,575	18,995
2	18,768	15,703	102,405	93,091	17,013	14,852
3	27,639	23,624	114,720	108,027	18,073	15,757
国際						
令和 元 年	21,434	98,602	1,488,295	8,261,210	51,492	319,573
2	798	5,106	1,359,100	7,701,485	40,360	236,373
3	1,761	11,712	1,764,958	10,440,689	45,760	257,182

「航空輸送統計調査」による。　1)　超過手荷物を含む。　2)　人キロ＝路線における区間ごとの旅客数×距離
3)　トンキロ＝路線における区間ごとの各重量×距離
資料　国土交通省「航空輸送統計年報」

13-10　国籍別訪日外客数

国籍・地域	平成22年	27年	令和2年	3年	#観光客 1)
総数	8,611,175	19,737,409	4,115,828	245,862	66,387
アジア	6,528,432	16,645,843	3,403,547	150,427	12,861
# イスラエル	14,189	21,928	2,315	619	396
インド	66,819	103,084	26,931	8,831	552
インドネシア	80,632	205,083	77,724	5,209	415
韓国	2,439,816	4,002,095	487,939	18,947	2,089
シンガポール	180,960	308,783	55,273	857	300
タイ	214,881	796,731	219,830	2,758	498
台湾	1,268,278	3,677,075	694,476	5,016	590
中国	1,412,875	4,993,689	1,069,256	42,239	3,851
トルコ	9,929	17,274	2,886	1,161	545
フィリピン	77,377	268,361	109,110	5,625	484
ベトナム	41,862	185,395	152,559	26,586	196
香港	508,691	1,524,292	346,020	1,252	377
マレーシア	114,519	305,447	76,573	1,831	321
北アメリカ	905,896	1,310,606	284,829	26,238	11,924
# アメリカ合衆国	727,234	1,033,258	219,307	20,026	7,993
カナダ	153,303	231,390	53,365	3,536	2,111
メキシコ	19,248	36,808	9,528	1,124	757
南アメリカ	39,481	74,198	18,222	5,204	3,543
# ブラジル	21,393	34,017	6,888	2,731	1,714
ヨーロッパ	853,166	1,244,970	240,897	52,238	31,577
# アイルランド	10,738	14,318	3,270	820	538
イギリス	184,045	258,488	51,024	7,294	4,538
イタリア	62,394	103,198	13,691	3,527	2,228
オーストリア	14,440	18,184	3,605	888	465
オランダ	32,837	49,973	8,481	1,860	1,405
スイス	26,005	40,398	6,036	1,387	1,001
スウェーデン	29,188	46,977	7,622	1,112	724
スペイン	44,076	77,186	11,741	3,053	1,922
デンマーク	14,606	21,717	4,780	794	529
ドイツ	124,360	162,580	29,785	5,197	2,952
ノルウェー	10,302	18,597	3,620	557	390
フィンランド	16,960	22,655	4,859	736	485
フランス	151,011	214,228	43,102	7,024	3,297
ベルギー	15,981	24,354	4,074	1,122	775
ポーランド	10,253	24,296	3,996	1,350	970
ポルトガル	10,313	18,666	3,179	728	552
ロシア	51,457	54,365	22,260	3,723	1,814
アフリカ	22,665	31,918	7,840	6,769	3,466
オセアニア	260,872	429,026	160,386	4,953	3,003
# オーストラリア	225,751	376,075	143,508	3,265	2,076
ニュージーランド	32,061	49,402	16,070	1,404	763
無国籍・その他	663	848	107	33	13

訪日外客とは、国籍に基づく法務省集計による外国人正規入国者から日本に居住する外国人を除き、これに外国人一時上陸客等を加えた入国外国人旅行者のこと。　1)　短期滞在入国者から商用客を引いた入国外国人で、親族友人訪問を含む。
資料　日本政府観光局（JNTO）「訪日外客統計」

13-11　主要旅行業者の旅行取扱状況

(単位　金額　100万円)

年度	主要旅行業者数 (社)	総取扱額	海外旅行	外国人旅行	国内旅行
平成 22 年	63	5,930,373	2,201,348	64,172	3,664,853
27	49	6,636,285	2,018,618	174,217	4,443,450
令和 2 年	46	999,734	42,496	9,099	948,139
3	45	1,396,774	73,304	48,758	1,274,712

外国人旅行とは、日本の旅行会社による外国人の訪日旅行の取扱いをいう。
資料　観光庁「主要旅行業者旅行取扱状況（速報）」

13-12　延べ宿泊者数と客室稼働率

(単位　人泊)

年次	延べ宿泊者数	観光目的の 宿泊者が 50%以上	観光目的の 宿泊者が 50%未満	#外国人	観光目的の 宿泊者が 50%以上	観光目的の 宿泊者が 50%未満
	1)	2)	3)		2)	3)
令和 元 年	595,921,480	312,420,400	281,357,240	115,656,350	79,969,780	35,068,300
2	331,654,060	157,813,680	173,060,100	20,345,180	14,074,700	6,172,330
3	317,773,850	143,340,860	173,612,050	4,317,140	1,877,420	2,412,430

年次	客室稼働率	宿泊施設タイプ				
	(%)　4)	旅館	リゾート ホテル	ビジネス ホテル	シティ ホテル	会社・団体の 宿泊所
令和 元 年	62.7	39.6	58.5	75.8	79.5	28.8
2	34.3	25.0	30.0	42.8	34.1	18.6
3	34.3	22.8	27.3	44.3	33.6	12.7

「宿泊旅行統計調査」による。全国全ての宿泊施設における推定値。「延べ宿泊者数」とは、各日の全宿泊者数を足し合わせた数をいう。寝具を使用して施設を利用するもの。子供や乳幼児を含む。
1)　不詳を含む。　2)　「観光レクリエーション目的」の宿泊者が50%以上の宿泊施設の延べ宿泊者数。
3)　「出張・業務目的」の宿泊者が50%以上の宿泊施設の延べ宿泊者数。　4)　不詳及び簡易宿所を含む。
資料　観光庁「宿泊旅行統計調査」

13-13　居住地、旅行の種類別旅行平均回数と旅行単価（令和3年）

（単位　平均回数　回/人、単価　円/人回）

居住地	国内旅行			
	宿泊旅行			
			#観光・レクリエーション	
	平均回数	単価	平均回数	単価
全国	1.1301	49,323	0.6346	56,240
北海道	1.3922	48,277	0.6823	53,563
東北	1.1019	37,344	0.6216	39,079
関東	1.2216	53,777	0.7161	61,387
北陸信越	0.8345	43,475	0.5533	45,755
中部	1.1076	46,094	0.6036	58,548
近畿	1.2212	50,044	0.6905	58,735
中国	0.8800	44,360	0.4111	49,039
四国	0.6329	50,724	0.3326	56,850
九州	1.0705	47,367	0.5604	49,291
沖縄	0.8786	53,325	0.5014	40,961

居住地	国内旅行			
	日帰り旅行			
			#観光・レクリエーション	
	平均回数	単価	平均回数	単価
全国	1.0079	17,328	0.6686	17,251
北海道	0.9436	16,139	0.5936	16,881
東北	0.9492	17,367	0.6231	15,374
関東	1.0039	17,170	0.6983	17,590
北陸信越	1.1331	15,848	0.7349	15,217
中部	1.2324	17,611	0.7683	17,805
近畿	1.0125	18,221	0.7440	17,237
中国	0.9591	15,315	0.5482	15,647
四国	0.5891	16,527	0.3566	16,345
九州	0.9809	18,665	0.5694	19,037
沖縄	0.2250	12,522	0.1502	10,431

「旅行・観光消費動向調査」による。
資料　観光庁「旅行・観光消費動向調査」

第14章　卸売業・小売業

14-1　卸売業・小売業の事業所数、従業者数、年間商品販売額と売場面積

年次	事業所数	法人	個人	従業者数	年間商品販売額 (100万円)	売場面積 (m²)
			1)	2)	3)	3) 4)
合計						
平成 26 年 5)	1,407,235	943,144	464,091	11,618,054	478,828,374	134,854,063
28 6)	1,355,060	922,545	432,515	11,596,089	581,626,347	135,343,693
卸売業						
平成 26 年 5)	382,354	332,947	49,407	3,932,276	356,651,649	–
28 6)	364,814	322,861	41,953	3,941,646	436,522,525	–
小売業						
平成 26 年 5)	1,024,881	610,197	414,684	7,685,778	122,176,725	134,854,063
28 6)	990,246	599,684	390,562	7,654,443	145,103,822	135,343,693

「経済センサス-活動調査」による。ただし、平成26年は「商業統計調査」による。6月1日現在。平成26年は7月1日現在。管理、補助的経済活動を行う事業所産業細分類が格付不能の事業所、卸売の商品販売額（仲立手数料を除く）、小売の商品販売額及び仲立手数料のいずれの金額もない事業所を含む。年間商品販売額は前年1月1日から12月31日までの1年間。消費税を含む。　1）　法人でない団体を含む。　2）　個人業主、無給家族従業者、有給役員及び常用雇用者の計。臨時雇用者は除く。　3）　数値が得られた事業所について集計。4）　28年は個人経営の事業所を除く。　5）　警戒区域等をその区域に含む調査区分にある事業所を除く。6）　東日本大震災に関して原子力災害対策特別措置法に基づき原子力災害対策本部長が設定した帰還困難区域を含む調査区を除く。
資料　経済産業省「商業統計表　産業編（総括表）」
　　　総務省統計局、経済産業省「経済センサス-活動調査結果」

14-2　卸売業・小売業の産業別事業所数、従業者数と年間商品販売額（平成28年）

産業	事業所数	従業者数 1)	年間商品販売額 (100万円) 2)
総数	**1,355,060**	**11,596,089**	**581,626,347**
卸売業	364,814	3,941,646	436,522,525
各種商品	1,410	39,435	30,126,639
繊維・衣服等	22,883	244,847	12,420,864
飲食料品	70,613	772,054	88,896,530
＃ 食料・飲料	35,672	414,287	52,059,294
建築材料、鉱物・金属材料等	85,388	757,863	115,645,350
＃ 化学製品	18,052	184,029	26,816,114
石油・鉱物	5,983	69,984	27,526,676
鉄鋼製品	8,964	102,414	25,628,580
機械器具	98,974	1,217,552	116,070,350
＃ 自動車	18,708	201,883	20,027,467
電気機械器具	26,301	421,391	52,315,188
その他	85,163	906,909	73,242,146
小売業 3)	990,246	7,654,443	145,103,822
各種商品	3,275	356,644	12,879,348
織物・衣服・身の回り品	140,465	698,105	9,986,885
＃ 婦人・子供服	64,013	322,551	4,961,255
飲食料品	299,120	3,012,432	41,568,327
＃ 野菜・果実	18,397	84,882	970,860
酒	32,233	95,169	1,564,253
菓子・パン	61,922	369,508	2,392,327
機械器具	142,223	884,255	27,113,527
その他	367,376	2,365,520	43,284,270
＃ 燃料	48,240	305,230	12,123,560

「経済センサス-活動調査」による。6月1日現在。東日本大震災に関して原子力災害対策特別措置法に基づき原子力災害対策本部長が設定した帰還困難区域を含む調査区を除く。年間商品販売額は前年1月1日から12月31日までの1年間。消費税を含む。　1）　14-1表脚注2)参照。　2）　14-1表脚注3)参照。　3）　無店舗を含む。
資料　総務省統計局、経済産業省「経済センサス-活動調査結果」

14-3　小売業の売場面積（令和2年）

（単位　m²）

項目	小売業計	各種商品	#百貨店、総合スーパー	織物・衣服・身の回り品	#男子服	#婦人・子供服
売場面積	130, 679, 696	16, 196, 978	15, 762, 910	18, 406, 481	2, 717, 731	8, 615, 392

項目	飲食料品	#各種食料品	#野菜・果実	#酒	#菓子・パン	機械器具
売場面積	32, 979, 699	22, 677, 804	731, 494	994, 242	1, 242, 078	12, 935, 982

項目	機械器具 #自動車	その他	#医薬品・化粧品	#燃料
売場面積	2, 734, 573	50, 160, 556	12, 066, 030	447, 189

「経済構造実態調査（甲調査）」による。6月1日現在。法人企業の傘下事業所を集計対象としている。「農業、林業」、「漁業」、「鉱業、採石業、砂利採取業」、「建設業」、「製造業」、「生活関連サービス業、娯楽業」（家事サービス業）、「サービス業」（政治・経済・文化団体、宗教及び外国公務）、「公務（他に分類されるものを除く）」に属する企業の傘下事業所を除く。
資料　総務省統計局、経済産業省「経済構造実態調査結果」

14-4　小売業の産業、商品販売形態別年間商品販売額（平成28年）

（単位　10億円）

産業	総額	卸売計	小売商品販売形態別						
			計	店頭	訪問	通信・カタログ	インターネット	自動販売機	その他
小売業　　　　　1)	130, 362	1, 057	129, 305	111, 534	5, 540	3, 283	3, 409	940	4, 599
各種商品	12, 814	-	12, 814	12, 337	307	36	110	25	0.7
# 百貨店、総合スーパー	12, 584	-	12, 584	12, 113	304	x	108	25	x
織物・衣服・身の回り品	9, 227	31	9, 197	8, 995	60	22	106	0.5	13
飲食料品	34, 834	107	34, 726	34, 099	125	101	96	62	243
機械器具	24, 889	324	24, 565	21, 742	1, 817	33	385	3.9	583
その他	39, 308	324	38, 984	34, 361	1, 466	98	270	27	2, 763

「経済センサス-活動調査」による。6月1日現在。東日本大震災に関して原子力災害対策特別措置法に基づき原子力災害対策本部長が設定した帰還困難区域を含む調査区を除く。前年1月1日から12月31日までの1年間。消費税を含む。法人組織の事業所。管理、補助的経済活動のみを行う事業所、産業細分類が格付不能の事業所、卸売の商品販売額（仲立手数料を除く）、小売の商品販売額及び仲立手数料のいずれの金額も無い事業所は除く。数値が得られた事業所について集計。
1)　無店舗を含む。
資料　総務省統計局、経済産業省「経済センサス-活動調査結果」

14-5　セルフサービス方式採用事業所の事業所数、従業者数、年間商品販売額と売場面積

年次	総数			
	事業所数 1)	従業者数 1) 2)	年間商品販売額 (100万円) 1)	売場面積 (m²)
平成 26 年　3)	128,291	2,414,370	43,700,551	73,121,141
28　4)	120,382	2,603,686	51,314,939	83,004,221

年次	#織物・衣服・身の回り品小売業			
	事業所数 1)	従業者数 1) 2)	年間商品販売額 (100万円) 1)	売場面積 (m²)
平成 26 年　3)	14,944	164,326	2,719,507	8,385,880
28　4)	16,367	183,836	3,221,790	8,838,391

年次	#飲食料品小売業			
	事業所数 1)	従業者数 1) 2)	年間商品販売額 (100万円) 1)	売場面積 (m²)
平成 26 年　3)	79,904	1,540,989	25,204,952	27,588,485
28　4)	67,334	1,617,263	29,526,543	31,413,805

「経済センサス-活動調査」による。ただし、平成26年は「商業統計調査」による。6月1日現在。平成26年は7月1日現在。年間商品販売額は前年1月1日から12月31日までの1年間。消費税を含む。セルフサービス方式採用事業所とは、売場面積の50%以上についてセルフサービス方式を採用している事業所。なお、セルフサービス方式とは、客が値札等により各商品の値段が判るような表示方式をとり、買い物カゴなどにより客が自由に商品を選び取れるようなシステムをとっており、売場の出口などに設置されている精算所（レジ）で客が一括して支払いを行うシステムになっていること、の三つの条件を兼ね備えている場合をいう。法人組織の事業所のみ。26年は法人組織と個人経営の事業所の合計。
1)　管理、補助的経済活動のみを行う事業所、産業細分類が格付不能の事業所、卸売の商品販売額（仲立手数料を除く）、小売の商品販売額及び仲立手数料のいずれの金額もない事業所を除く。したがって、14-1表、14-2表とは一致しない。　2)　有給役員及び常用雇用者の計。26年は個人業主、無給家族従業者、有給役員及び常用雇用者の計。臨時雇用者を除く。　3)　警戒区域等をその区域に含む調査区分にある事業所を除く。
4)　東日本大震災に関して原子力災害対策特別措置法に基づき原子力災害対策本部長が設定した帰還困難区域を含む調査区を除く。
資料　経済産業省「商業統計表　産業編（総括表）」
　　　総務省統計局、経済産業省「経済センサス-活動調査結果」

14-6　卸売業・小売業の業種別販売額

（単位　10億円）

年次	商業計	卸売業	各種商品	繊維品	衣服・身の回り品	農畜産物・水産物	食料・飲料
平成 17 年	542,422	407,595	51,722	4,245	12,776	39,206	40,803
22	461,643	325,163	35,492	3,133	6,642	26,577	38,350
27	460,143	319,477	38,489	3,409	5,728	23,164	45,438
令和 2 年	503,116	356,658	21,790	2,117	3,985	33,386	52,895
3	551,910	401,448	22,324	2,069	3,990	34,773	53,433

年次	卸売業						
	建築材料	化学製品	鉱物・金属材料	機械器具	家具・建具・じゅう器	医薬品・化粧品	その他
平成 17 年	22,226	21,816	50,607	98,343	6,141	22,293	37,417
22	15,058	18,402	50,349	74,718	3,173	23,802	29,467
27	16,067	16,134	45,114	66,464	2,619	25,558	31,293
令和 2 年	20,902	21,176	46,167	90,541	4,122	28,193	31,384
3	21,465	24,654	61,510	106,414	4,460	30,698	35,658

年次	小売業 1)	各種商品	織物・衣服・身の回り品	飲食料品	自動車	機械器具	その他 2)
平成 17 年	134,828	16,147	11,110	40,644	15,704	8,226	42,996
22	136,479	13,080	10,562	42,794	15,952	9,516	44,575
27	140,666	12,798	11,271	45,311	16,779	6,351	44,342
令和 2 年	146,457	10,207	8,638	45,145	16,592	9,429	45,655
3	150,462	10,346	8,610	45,328	17,001	10,035	47,727

「商業動態統計調査」による。卸売・小売業のうち、代理商、仲立業を除く。商業動態統計調査は、商業統計調査又は経済センサス活動調査を母集団とした標本調査であったため、2～3年ごとに実施する商業統計調査の結果が公表された時点で、過去にさかのぼって業種別販売額の水準を商業統計調査の結果に合わせるように数値の改訂（水準修正）を行っていたが、令和2年2月に中止。3月以降は平成28年経済センサス-活動調査に合致するよう修正した値を基準に再計算（水準の調整）を行った。
1)　平成27年以降は無店舗小売業を含む。　2)　燃料、医薬品・化粧品及びその他小売業の計。
資料　経済産業省「商業動態統計年報」

第15章　サービス産業

15-1　サービス産業の産業、従業上の地位別年平均事業従事者数（令和3年）

（単位　1,000人）

産業	年平均事業従事者数	# 常用雇用者	正社員・正職員	# 臨時雇用者	# 別経営の事業所・企業等からの出向・派遣
産業計	29,193	24,759	14,131	565	878
情報通信業	1,986	1,688	1,474	12	202
#通信業	202	162	133	0.5	36
放送業	81	61	51	0.5	17
情報サービス業	1,317	1,141	1,015	5.7	123
運輸業、郵便業	3,349	2,973	2,273	72	164
#鉄道業	258	249	227	1.7	5.4
道路旅客運送業	472	433	339	1.4	5.9
道路貨物運送業	1,837	1,628	1,252	37	90
航空運輸業、郵便業（信書便事業を含む）	59	56	50	0.1	2.9
不動産業、物品賃貸業	1,587	1,031	684	15	47
不動産取引業	334	237	184	3.3	13
不動産賃貸業・管理業	947	528	303	6.8	24
物品賃貸業	305	267	197	4.8	10
学術研究、専門・技術サービス業 1)	1,756	1,387	1,103	16	72
専門サービス業（他に分類されないもの） 2)	702	531	398	5.7	16
広告業	139	117	93	1.9	7.8
技術サービス業（他に分類されないもの）	915	739	612	8.6	48
宿泊業、飲食サービス業	4,912	4,050	982	141	30
#宿泊業	643	539	241	31	16
飲食店	3,678	2,958	595	101	10
生活関連サービス業、娯楽業	2,375	1,804	810	63	44
#洗濯・理容・美容・浴場業	1,109	713	367	16	14
娯楽業	878	777	276	35	22
教育、学習支援業 3)	996	809	288	39	19
医療、福祉	8,495	7,804	4,773	102	124
#医療業	4,305	3,794	2,651	60	70
社会保険・社会福祉・介護事業 4)	4,066	3,898	2,059	34	53
サービス業（他に分類されないもの） 5)	3,738	3,216	1,746	105	176

「サービス産業動向調査」による。　1)　学術・開発研究機関を除く。　2)　純粋持株会社を除く。　3)　学校教育を除く。　4)　社会保険事業団体及び福祉事務所を除く。　5)　政治・経済・文化団体、宗教及び外国公務を除く。
資料　総務省統計局「サービス産業動向調査年報結果」

15-2　サービス産業の事業活動の産業、
事業所・企業等の事業従事者規模別年平均売上高（令和3年）

（単位　10億円）

産業	総数	10人未満	10〜29	30〜99	100〜299	300人以上
産業計	30,346	4,045	4,817	5,170	3,234	13,081
情報通信業	4,983	141	248	417	510	3,667
＃ 通信業	1,582	11	18	28	35	1,491
放送業	298	3.0	6.3	22	64	202
情報サービス業	2,268	59	156	237	268	1,548
運輸業、郵便業	4,683	292	629	938	554	2,271
＃ 鉄道業	399	0.1	0.8	2.3	10	386
道路旅客運送業	192	7.6	24	53	40	68
道路貨物運送業	2,003	135	360	639	184	685
航空運輸業、郵便業 　（信書便事業を含む）	150	0.3	0.7	2.5	3.3	143
不動産業、物品賃貸業	4,094	933	529	443	444	1,745
不動産取引業	1,256	345	152	146	161	451
不動産賃貸業・管理業	1,782	441	226	172	168	775
物品賃貸業	1,056	147	151	125	115	519
学術研究、専門・技術サービス業　1)	2,834	471	348	409	232	1,375
専門サービス業　　　　　　2) 　（他に分類されないもの）	801	212	112	110	67	300
広告業	794	69	69	101	56	499
技術サービス業 　（他に分類されないもの）	1,240	191	167	199	108	575
宿泊業、飲食サービス業	1,775	485	545	263	88	394
＃ 宿泊業	323	35	87	70	53	78
飲食店	1,214	395	387	154	22	255
生活関連サービス業、娯楽業	3,326	482	816	1,029	273	727
＃ 洗濯・理容・美容・浴場業	437	238	78	76	17	29
娯楽業	2,506	119	671	890	230	596
教育、学習支援業　　　　　　3)	289	81	73	54	15	67
医療、福祉	4,907	589	986	933	711	1,688
＃ 医療業	3,478	472	569	316	535	1,585
社会保険・社会福祉・介護事業　4)	1,372	115	413	602	152	91
サービス業　　　　　　　　　5) （他に分類されないもの）	3,453	572	643	685	406	1,148

「サービス産業動向調査」による。　1)　学術・開発研究機関を除く。　2)　純粋持株会社を除く。　3)　学校教育を除く。　4)　社会保険事業団体及び福祉事務所を除く。　5)　政治・経済・文化団体、宗教及び外国公務を除く。
資料　総務省統計局「サービス産業動向調査年報結果」

15-3　郵便施設と郵便物数

年度	郵便局数 (年度末)	直営の郵便局	簡易郵便局	郵便ポスト設置数 (年度末)	引受郵便物等物数 (100万)	郵便物
平成 22 年	24,529	20,233	4,296	186,753	22,780	19,812
27	24,452	20,165	4,287	181,692	22,082	18,030
令和 2 年	24,311	20,148	4,163	178,211	19,634	15,244
3	24,284	20,145	4,139	176,683	19,193	14,858

年度	引受郵便物等物数 （100万）					
	郵便物				国際（差立）	
	内国					通常
		普通		特殊		
			# 年賀郵便			
平成 22 年	19,758	19,300	2,812	458	54	44
27	17,981	17,426	2,351	555	49	25
令和 2 年	15,221	14,713	1,557	508	23	13
3	14,833	14,330	1,368	503	25	13

年度	引受郵便物等物数 （100万）				
	郵便物		荷物		
	国際（差立）			ゆうパック	ゆうメール
	小包	国際スピード郵便			
				1)	
平成 22 年	1.4	8.9	2,968	347	2,622
27	4.8	19	4,052	636	3,416
令和 2 年	2.5	7.2	4,390	1,091	3,299
3	2.8	8.6	4,335	989	3,346

1)　平成22年度はエクスパックを含む。27年度以降は、ゆうパケットを含む。
資料　日本郵政株式会社「日本郵政グループ　統合報告書（ディスクロージャー誌）」

15-4　第３次産業活動指数

（平成27年＝100）

年次	第3次産業総合	電気・ガス・熱供給・水道業	情報通信業	運輸業、郵便業	運輸業	郵便業（信書便事業を含む）
ウエイト	10,000.0	378.3	946.9	968.8	928.1	40.7
平成 30 年	102.8	101.2	104.6	103.9	104.1	98.5
令和 元 年	103.1	99.5	105.6	103.7	104.0	97.0
2	96.0	97.5	102.8	90.5	90.5	90.1
3	97.4	98.7	104.4	91.6	91.7	88.0

年次	卸売業	金融業、保険業	金融業	保険業	物品賃貸業（自動車賃貸業を含む）	物品賃貸業
ウエイト	1,350.5	878.5	512.6	365.9	249.1	205.8
平成 30 年	102.0	100.9	107.4	91.9	106.4	105.5
令和 元 年	101.3	100.3	107.6	89.9	107.5	106.6
2	91.3	100.9	112.8	84.2	105.3	105.7
3	92.0	105.2	119.5	85.4	104.1	104.0

年次	物品賃貸業（自動車賃貸業を含む）自動車賃貸業	事業者向け関連サービス	小売業	不動産業	不動産取引業	不動産賃貸業
ウエイト	43.3	881.7	1,182.6	809.2	149.7	659.5
平成 30 年	110.9	106.7	101.7	101.8	104.5	101.2
令和 元 年	111.6	107.5	101.4	102.1	104.8	101.5
2	103.5	102.4	97.5	101.4	101.2	101.4
3	104.5	103.4	98.0	101.3	107.0	100.0

年次	医療、福祉	医療業	社会福祉・介護事業	生活娯楽関連サービス
ウエイト	1,238.9	892.6	315.4	1,115.5
平成 30 年	105.9	106.2	104.1	97.4
令和 元 年	107.8	109.2	104.1	98.7
2	104.7	106.0	102.0	74.1
3	109.4	111.9	102.3	73.2

算式：個別業種指数を基準年のウエイトで加重平均するラスパイレス算式
資料　経済産業省「第３次産業活動指数」

第16章　金融・保険

16-1　日本銀行勘定

(単位　億円)

年末	総額（資産・負債及び純資産共通）	資産							
		#金地金 1)	#現金 2)	#国債 3)	#社債 3)4)	#貸出金	#外国為替	#代理店勘定	#雑勘定 5)
平成 22 年	1,287,104	4,412	3,422	767,382	1,021	436,571	52,495	1	5,591
27	3,831,076	4,412	1,731	3,250,019	31,984	364,638	64,980	13	6,169
令和 2 年	7,025,822	4,412	1,396	5,355,098	64,646	1,116,649	67,062	5	7,367
3	7,237,659	4,412	2,516	5,211,195	82,650	1,448,478	76,691	2	7,065

年末	負債及び純資産								
	#発行銀行券	#当座預金	#その他預金 6)	#政府預金	#売現先勘定	#雑勘定 7)	#引当金勘定	#資本金	#準備金
平成 22 年	823,143	226,513	153	19,210	151,652	7,336	32,311	1	26,783
27	984,299	2,530,135	63,970	170,436	0	8,567	42,279	1	31,385
令和 2 年	1,183,281	4,942,272	282,064	491,950	3,241	25,741	64,101	1	33,167
3	1,219,637	5,430,417	280,021	177,133	676	26,648	69,345	1	33,777

1)　古金貨は雑勘定に計上。　2)　支払元貨幣を計上。　3)　「資産買入等の基金」（平成25年4月4日付で廃止）の運営として買入れた残高を含む。　4)　不動産投資法人債を含む。　5)　貸倒引当金（控除項目）を含む。　6)　外国中央銀行等の預金。　7)　その他負債＋当期損益金
資料　日本銀行「日本銀行勘定」

16-2　国内銀行の資産・負債等 (銀行勘定)

(単位　億円)

年末	総額	資産			負債及び資本				
		#現金預け金	#有価証券	#貸出金	#預金	#譲渡性預金	#債券 1)	#借用金	#純資産
平成 22 年	8,147,716	243,655	2,438,946	4,204,178	5,796,794	345,685	15,982	288,158	368,710
27	10,102,591	1,581,307	2,304,766	4,759,372	6,798,664	479,650	2,469	449,897	514,332
令和 2 年	12,623,230	3,296,913	2,361,959	5,544,439	8,765,116	336,552	116	1,193,921	562,274
3	13,273,183	3,756,341	2,473,073	5,611,372	9,080,594	351,907	0	1,501,541	559,689

整理回収機構、第二日本承継銀行（平成23年12月26日付で事業譲渡）、ゆうちょ銀行及び海外店勘定を除く。特別国際金融取引勘定（オフショア勘定）を含む。　1)　債券発行高＋債券募集金
資料　日本銀行「民間金融機関の資産・負債」

16-3　国内銀行の資産・負債 (信託勘定)

(単位　億円)

年末	総額	資産					負債			
		#現金預け金	#コールローン	#有価証券	#貸出金	#投資信託有価証券	#金銭信託	#貸付信託	#投資信託	#有価証券の信託
平成 22 年	7,684,150	115,493	96,925	3,423,258	38,804	79,902	1,580,856	2,909	1,086,480	587,271
27	9,749,446	199,027	230,120	4,126,496	36,403	107,380	1,565,742	124	1,657,365	624,248
令和 2 年	13,168,083	276,211	165,803	5,385,603	50,814	135,044	1,557,555	0	2,328,918	655,374
3	14,439,416	264,675	152,292	5,871,384	56,881	192,892	1,642,409	0	2,527,830	660,503

整理回収機構を除く。
資料　日本銀行「民間金融機関の資産・負債」

16-4 貸出先別貸出金 （主要業種別）

(単位 億円)

年末	計	# 製造業	# 建設業	# 電気・ガス・熱供給・水道業	# 情報通信業	# 運輸業、郵便業	# 卸売業
平成22年	4,092,989	536,556	126,095	43,297	46,528	162,063	265,647
27	4,613,138	569,405	112,252	101,098	60,525	158,854	271,701
令和2年	5,363,841	673,507	135,373	150,978	64,782	190,338	272,590
3	5,422,216	617,868	137,379	160,856	63,705	191,267	279,605

年末	# 小売業	# 金融業、保険業	# 不動産業	# 物品賃貸業	# 宿泊業	# 飲食業	# 医療・福祉
平成22年	147,872	333,199	597,391	99,431	22,260	25,436	87,129
27	151,208	392,007	677,506	120,539	20,022	24,649	105,109
令和2年	169,354	393,121	874,547	177,039	27,908	34,964	123,631
3	169,713	422,735	903,475	163,370	27,549	32,727	123,168

国内銀行の銀行勘定。対象となる貸出金は、「割引手形」、「手形貸付」、「証書貸付」及び「当座貸越」の4種類。「コールローン」、「買入手形」、「外国為替勘定」などを除く。整理回収機構、第二日本承継銀行（平成23年12月26日付で事業譲渡）及びゆうちょ銀行を除く。特別国際金融取引勘定（オフショア勘定）を除く。
資料 日本銀行「貸出先別貸出金」

16-5 預金者別預金 （末残）

(単位 億円)

年末	預金	# 一般法人・個人・公金	# 要求払預金	# 一般法人	# 個人
平成 22 年	5,767,079	5,641,889	2,999,840	1,082,813	1,845,514
27	6,757,745	6,607,110	3,937,294	1,398,232	2,446,637
令和 2 年	8,726,776	8,367,327	5,958,509	2,355,559	3,445,155
3	9,038,439	8,699,142	6,350,241	2,455,184	3,725,025

年末	預金			譲渡性預金	
	# 一般法人・個人・公金				# 一般法人
	# 定期性預金	# 一般法人	# 個人		
平成 22 年	2,531,200	475,735	1,981,111	345,685	194,804
27	2,509,532	515,722	1,911,537	479,650	209,736
令和 2 年	2,192,470	470,120	1,656,676	336,552	184,470
3	2,137,781	463,535	1,611,136	351,907	204,828

国内銀行の銀行勘定。整理回収機構、第二日本承継銀行（平成23年12月26日付で事業譲渡）及びゆうちょ銀行を除く。特別国際金融取引勘定（オフショア勘定）を除く。
資料 日本銀行「預金・現金・貸出金」

16-6　ゆうちょ銀行の貯金と貸出金

(単位　10億円)

年度末	貯金								貸出金		
	計	振替貯金	通常貯金	貯蓄貯金	定期貯金	特別貯金	定額貯金	その他の貯金	計	証書貸付	当座貸越
平成 27 年	177,872	13,875	47,466	388	11,441	18,968	85,550	184	2,542	2,322	220
令和 元 年	183,005	7,712	78,425	509	5,226	921	90,073	138	4,962	4,818	144
2	189,593	9,150	90,808	613	4,709	738	83,436	139	4,692	4,592	100
3	193,442	10,750	100,214	699	4,352	592	76,670	165	4,442	4,355	87

資料　株式会社ゆうちょ銀行「ゆうちょ銀行　統合報告書（ディスクロージャー誌）」

16-7　かんぽ生命保険の運用状況

(単位　100万円)

年度末	合計	現金及び預貯金	コールローン	債券貸借取引支払保証金	買入金銭債権	金銭の信託
平成 27 年	79,888,652	1,856,037	360,000	3,008,591	430,150	1,644,547
令和 元 年	69,887,292	1,406,640	380,000	3,191,710	318,581	3,056,072
2	68,749,583	1,329,749	130,000	2,585,087	276,772	4,189,294
3	63,537,045	1,265,070	40,000	–	39,543	4,521,912

年度末	有価証券				貸付金	
	# 国債	# 地方債	# 社債	# 外国証券	# 一般貸付	# 機構貸付
平成 27 年	44,178,631	9,405,494	6,236,913	3,688,822	829,027	8,053,780
令和 元 年	36,730,786	6,737,380	5,486,350	4,687,342	994,446	4,515,620
2	37,345,671	5,593,508	5,325,276	4,632,376	996,127	3,806,540
3	37,408,974	4,472,466	4,866,504	4,332,519	965,872	3,145,103

資料　株式会社かんぽ生命保険「統合報告書（ディスクロージャー誌）　かんぽ生命の現状」

16-8　財政融資資金

（単位　億円）

年末	総額 （資産・ 負債共通）	資産						
		現金預金	有価 証券	# 信託受 益権等	貸付金		一般・ 特別会計	政府関係 機関
平成 27 年	1,316,236	14,689	2,616	2,216	1,298,931		251,191	195,514
令和 元 年	1,182,569	21,058	–	–	1,161,512		203,069	168,569
2	1,387,668	105,877	–	–	1,281,791		193,832	286,389
3	1,384,435	134,581	–	–	1,249,854		158,514	278,907

年末	資産		負債						
	貸付金		預託金					公債	その他
	地方公共 団体	特別法人		特別会計	資金	共済組合	その他		
平成 27 年	505,634	346,591	355,067	228,274	69,929	35,580	21,285	951,584	9,585
令和 元 年	448,540	341,334	277,436	200,291	17,506	25,289	34,349	894,378	10,756
2	436,058	365,512	262,941	186,466	5,567	22,382	48,526	1,114,035	10,693
3	428,180	384,252	254,411	170,148	3,235	19,394	61,634	1,119,547	10,476

資料　財務省「財政融資資金現在高」

16-9　個人向け貸出金

（単位　億円）

年次	住宅資金				消費財・サービス購入資金			
	国内銀行 1)		信用金庫		国内銀行 1)		信用金庫	
	新規貸出	貸出残高 （年末）	新規貸出	貸出残高 （年末）	新規貸出	貸出残高 （年末）	新規貸出	貸出残高 （年末）
平成 22 年	133,138	1,030,770	15,371	149,159	8,249	72,223	3,702	16,732
27	139,356	1,159,895	20,264	161,314	12,532	87,104	5,321	18,379
令和 元 年	144,373	1,280,468	15,501	170,517	12,501	99,164	5,500	22,150
2	146,408	1,320,205	15,439	172,485	12,923	94,447	4,618	20,919
3	157,505	1,368,846	15,763	174,193	12,183	92,929	5,136	20,789

1)　国内銀行の銀行勘定、信託勘定、海外店勘定（国内向け）の計。ただし、整理回収機構、第二日本承継銀行
　（平成23年12月26日付で事業譲渡）及びゆうちょ銀行を除く。
資料　日本銀行「貸出先別貸出金」

16-10　預貯金金利

(単位　年%)

年月	銀行預金							
	定期預金新規受入平均金利（国内銀行）　2)							
	預入金額1000万円以上				預入金額300〜1000万円未満			
	3〜6か月未満	6か月〜1年	1〜2年	2〜3年	3〜6か月未満	6か月〜1年	1〜2年	2〜3年
令和 3 年 4 月	0.154	0.058	0.010	0.042	0.223	0.017	0.016	0.014
5	0.127	0.051	↓	0.028	0.240	0.021	0.017	↓
6	0.111	0.058	0.015	0.033	0.227	↓	0.022	0.017
7	0.140	0.060	0.014	0.062	0.245	0.026	0.023	0.024
8	0.127	0.066	0.012	0.045	0.238	0.020	0.017	0.021
9	0.109	0.104	↓	0.052	0.223	0.013	0.018	0.022
10	0.143	0.111	0.011	0.038	0.251	↓	↓	0.016
11	0.134	0.067	↓	0.037	0.253	0.012	0.017	0.019
12	0.113	0.079	0.014	0.036	0.225	0.022	0.019	0.021
4 年 1 月	0.133	0.093	0.019	0.050	0.190	0.020	0.023	0.024
2	0.125	0.094	0.012	0.052	0.182	0.019	0.020	0.038
3	0.090	0.100	0.008	0.059	0.140	0.010	0.015	0.053
4	0.128	0.105	0.011	0.025	0.146	0.011	0.014	0.016
5	0.097	0.061	0.009	0.029	0.143	0.012	0.015	0.020
6	0.113	0.082	0.012	0.035	0.167	0.021	0.022	↓
7	0.145	0.108	↓	0.046	0.175	0.023	0.023	0.023
8	0.130	0.102	0.012	0.056	0.184	0.026	0.018	0.033
9	0.104	0.157	0.013	0.062	0.164	0.018	↓	0.041

年月	銀行預金							普通預金 1)	ゆうちょ銀行貯金 1)	
	定期預金新規受入平均金利（国内銀行）　2)				定期積金　1)				定額貯金	通常貯金
	預入金額300万円未満				1年	3年	5年		1年以上1年6か月未満	
	3〜6か月未満	6か月〜1年	1〜2年	2〜3年						
令和 3 年 4 月	0.111	0.010	0.015	0.007	0.005	0.006	0.006	0.001	0.002	0.001
5	0.110	0.012	↓	↓	↓	↓	↓	↓	↓	↓
6	0.101	0.015	0.022	0.009	↓	↓	↓	↓	↓	↓
7	0.125	0.018	0.021	0.012	↓	↓	↓	↓	↓	↓
8	0.113	0.017	0.016	0.009	↓	↓	↓	↓	↓	↓
9	0.114	0.007	↓	0.010	↓	↓	↓	↓	↓	↓
10	0.105	↓	0.015	0.008	↓	↓	↓	↓	↓	↓
11	0.107	↓	0.014	0.010	↓	↓	↓	↓	↓	↓
12	0.119	0.017	0.017	↓	↓	0.005	↓	↓	↓	↓
4 年 1 月	0.113	0.016	0.022	0.012	↓	↓	↓	↓	↓	↓
2	0.079	↓	0.017	0.021	↓	↓	↓	↓	↓	↓
3	0.080	0.006	0.013	0.030	↓	↓	↓	↓	↓	↓
4	↓	0.005	↓	0.009	…	…	…	↓	↓	↓
5	↓	0.006	↓	0.011	…	…	…	↓	↓	↓
6	0.087	0.015	0.023	↓	…	…	…	↓	↓	↓
7	0.082	0.016	0.022	0.013	…	…	…	↓	↓	↓
8	0.091	0.017	0.016	0.019	…	…	…	↓	↓	↓
9	0.077	0.007	↓	0.024	…	…	…	↓	↓	↓

1)　月末　2)　日本銀行と取引のある国内銀行の銀行勘定の計数。ただし、整理回収機構及びゆうちょ銀行を除く。月中新規受入高を0.1%刻みで集計の上、下限金利を加重平均したもの。
資料　日本銀行「定期預金の預入期間別平均金利」「預金種類別店頭表示金利の平均年利率等」
　　　株式会社ゆうちょ銀行「金利一覧」

16-11　貸出金利等

(単位　年%)

年末	日本銀行基準割引率及び基準貸付利率	プライムレート		住宅ローン(都市銀行)	貸出約定平均金利(ストック)		コールレート	
		短期 1)	長期 2)	3)	国内銀行 4)	信用金庫	有担保翌日	無担保オーバーナイト 5)
平成 22 年	0.30	1.475	1.60	2.475	1.551	2.330	0.060	0.079
27	0.30	1.475	1.10	2.475	1.110	1.814	0.031	0.038
令和 元 年	0.30	1.475	0.95	2.475	0.861	1.526	-	-0.068
2	0.30	1.475	1.00	2.475	0.814	1.458	-	-0.033
3	0.30	1.475	1.00	2.475	0.795	1.428	-	-0.018

1)　都市銀行が短期プライムレートとして自主的に決定した金利のうち、最も多くの数の銀行が採用した金利。
2)　みずほ銀行が、長期プライムレートとして自主的に決定・公表した金利。　3)　変動金利。都市銀行各行の中央値。12月初めの金利。　4)　日本銀行と取引のある銀行の銀行勘定の計数。ただし、整理回収機構、第二日本承継銀行（平成23年12月26日付で事業譲渡）及びゆうちょ銀行を除く。　5)　日中全取引の加重平均レート。末値。有担保コールはブローキング取引の約定レート。無担保コールは出し手・取り手の仲値レート。
資料　日本銀行「基準割引率および基準貸付利率（従来「公定歩合」として掲載されていたもの）の推移」
「金融経済統計月報」「長・短期プライムレート（主要行）の推移」「貸出約定平均金利」
「短期金融市場金利」

16-12　手形交換

年次	手形交換高				不渡手形実数		取引停止処分数	
			# 東京 1)					2)
	枚数(1,000枚)	金額(億円)	枚数(1,000枚)	金額(億円)	枚数	金額(億円)	件数	金額(億円)
平成 22 年	87,993	3,758,952	28,512	2,734,096	85,254	2,955	3,603	215
27	64,100	2,990,322	20,591	2,097,815	25,095	2,978	1,364	162
令和 元 年	47,630	1,839,808	15,282	1,205,468	14,489	368	824	25
2	40,911	1,342,534	13,104	789,921	9,434	808	478	103
3	35,882	1,229,846	11,512	743,908	4,827	181	242	19

1)　行内交換分を除く。　2)　不渡届の提出に基づく取引停止処分の年中の合計。
資料　一般社団法人全国銀行協会「決済統計年報」

16-13 国債の発行・償還額と現在額

(単位 10億円)

年度	内国債			# 普通国債			政府短期証券		
	発行額	償還額	年度末現在額	発行額	償還額	年度末現在額	発行額	償還額	年度末現在額
平成 22 年	160,726	122,631	758,569	152,013	109,661	636,312	455,099	450,342	110,785
27	176,033	146,701	910,810	160,326	128,983	805,418	639,996	673,136	83,749
30	149,060	131,470	976,803	138,081	117,289	874,043	251,067	252,367	73,349
令和 元 年	143,259	132,560	987,589	130,621	118,057	886,695	251,517	250,447	74,419
2	221,777	135,117	1,074,160	182,550	122,509	946,647	406,427	390,546	90,299

資料 財務省「国債統計年報」

16-14 公社債の発行・償還額と現存額 (国内起債分)

(単位 10億円)

年度	地方債	政府保証債	財投機関債等	普通社債	資産担保型社債	転換社債型新株予約権付社債	利付金融債
発行額							
平成 22 年	7,482	4,197	5,063	9,933	120	78	3,130
27	6,772	3,146	4,489	6,941	50	166	2,365
令和 2 年 1)	6,991	1,419	6,170	15,613	0	23	1,016
3 1)	7,240	1,129	4,030	14,860	0	13	989
満期償還額							
平成 22 年	3,631	4,901	1,299	7,054	30	94	5,060
27	6,001	4,347	2,279	8,629	120	61	2,718
令和 2 年 1)	6,094	3,941	1,682	8,820	3.2	11	2,026
3 1)	5,335	3,931	2,144	9,217	110	0	1,580
年度末現存額							
平成 22 年	48,436	35,897	27,173	62,114	704	1,161	16,085
27	58,869	34,899	34,042	57,167	641	305	11,242
令和 2 年 1)	62,258	25,629	41,963	76,379	214	112	5,921
3 1)	63,965	22,827	42,576	81,926	104	85	5,330

1) 令和2年4月以降は、株式会社証券保管振替機構の月次統計を基に作成。
資料 日本証券業協会「公社債発行額・償還額等」

16-15　東京証券取引所の上場株式取引状況

年次	上場会社数 1)	上場株式数 (100万株) 1)	時価総額 (10億円) 1)	1日平均売買高 (1,000株)	株価指数 2)3)	単純株価平均 (円) 3)	単純平均利回り (%)	有配会社 4) 平均配当金 (円)	有配会社 4) 単純平均利回り (%)	単純 PER (株価収益率) (倍) 1)
第一部										
平成 22 年	1,670	379,527	305,693	2,088,554	885.43	240.36	1.91	5.24	2.04	32.9
27	1,934	402,412	571,833	2,541,008	1,547.30	3,066.29	1.48	…	1.51	18.5
令和 2 年	2,186	284,237	666,862	1,518,439	1,804.68	2,341.19	2.05	46.32	2.14	22.6
3	2,182	303,845	728,425	1,370,725	1,992.33	2,390.86	1.73	46.36	1.86	25.4
第二部										
平成 22 年	431	12,506	3,447	29,857	2,129.54	170.08	2.32	5.09	2.58	39.4
27	543	14,458	6,340	149,921	4,729.85	2,068.04	1.65	…	1.83	14.4
令和 2 年	475	9,988	6,845	147,080	6,570.91	1,348.59	2.21	33.72	2.42	15.7
3	472	10,100	5,830	192,171	7,622.97	1,351.56	1.88	33.26	2.12	26.7

1)　年末現在　2)　第一部TOPIXおよび東証第二部株価指数。昭和43年1月4日＝100　3)　平成22年は年平均、27年以降は年末現在。　4)　各月末の単純平均。
資料　株式会社東京証券取引所「統計月報」

16-16　東証株価指数 (第一部) と日経平均株価

(昭和43年1月4日＝100)

年末	株価指数 1)	#建設業	#食料品	#化学 2)	#医薬品 2)	#電気機器	#輸送用機器	#精密機器	#電気・ガス業
平成 22 年	885.43	425.16	752.18	835.60	1,319.01	1,361.31	1,652.56	2,610.76	613.89
27	1,547.30	1,114.65	1,866.40	1,534.17	2,878.84	1,897.81	3,267.86	4,919.91	514.62
令和元 年	1,721.36	1,209.68	1,720.77	2,056.30	3,235.00	2,634.11	2,800.79	8,193.33	417.26
2	1,804.68	1,055.41	1,659.54	2,263.05	3,324.29	3,284.79	2,787.66	9,812.42	361.62
3	1,992.33	1,132.05	1,689.25	2,273.45	2,978.30	4,107.21	3,460.70	11,234.20	323.75

年末	#陸運業	#卸売業 2)	#小売業 2)	#銀行業 2)	#証券、商品先物取引業 2)	#保険業 2)	#不動産業	#サービス業	日経平均株価 (円) 3)
平成 22 年	1,002.56	864.31	508.41	127.28	278.56	566.62	846.95	734.28	10,228.92
27	2,232.56	1,175.57	1,191.81	206.95	421.93	967.17	1,561.74	1,676.01	19,033.71
令和元 年	2,322.47	1,585.04	1,262.16	152.42	354.87	1,034.70	1,539.76	2,339.54	23,656.62
2	1,911.96	1,551.93	1,367.72	119.38	338.72	926.44	1,303.03	2,657.10	27,444.17
3	1,751.35	1,950.36	1,292.54	145.43	380.37	1,128.26	1,378.50	3,056.84	28,791.71

東証株価指数の対象銘柄は東証市場第一部に上場する内国普通株式全銘柄。日経平均株価は東証第一部に上場する銘柄から選定された225銘柄。　1)　平成22年は年平均、27年以降は年末現在。
2)　平成4年1月6日＝1,000　3)　終値
資料　株式会社東京証券取引所「統計月報」　株式会社日本経済新聞社「日経平均プロフィル」

16-17　証券投資信託の設定額と純資産総額

(単位　10億円)

年末	総額		株式投信				公社債投信	
			単位型		追加型			
	設定額	純資産総額	設定額	純資産総額	設定額	純資産総額	設定額	純資産総額
平成 22 年	61,699	63,720	447	1,266	23,472	51,198	37,780	11,256
27	103,894	97,756	502	1,734	43,635	80,004	59,756	16,018
令和 2 年	76,218	139,431	163	701	38,680	124,461	37,375	14,269
3	86,076	164,500	5	524	45,270	149,504	40,802	14,472

資料　一般社団法人投資信託協会「公募投資信託」

16-18　主要金融機関の店舗数

年度末	全国銀行 1)	都市銀行	地方銀行	地方銀行Ⅱ	信託銀行	その他	ゆうちょ銀行 2)
平成 22 年	13,460	2,489	7,493	3,138	277	63	24,248
27	13,767	2,870	7,507	3,056	278	56	24,113
令和 元 年	13,661	2,748	7,778	2,813	272	50	23,881
2	13,717	2,836	7,756	2,805	273	47	23,815
3	13,665	2,798	7,841	2,708	272	46	23,734

1)　店舗外の現金自動設備を除く。　2)　銀行代理業を行っていない郵便局（分室及び簡易郵便局を含む。）を除く。
資料　一般社団法人全国銀行協会「全国銀行財務諸表分析」
　　　株式会社ゆうちょ銀行「ゆうちょ銀行　統合報告書（ディスクロージャー誌）」

16-19 生命保険会社、損害保険会社事業成績 (令和3年度)

(単位 金額 100万円)

保険種類		新契約		年度末現在契約	
		件数	金額	件数	金額
生命保険					
個人保険		12,261,462	49,899,711	193,019,098	806,878,456
死亡保険		9,775,490	40,433,458	161,594,714	689,869,026
生死混合保険		1,462,914	9,038,574	20,955,611	106,363,602
生存保険		1,023,058	427,678	10,468,773	10,645,826
個人年金保険	1)	867,843	5,274,151	20,393,818	101,113,461
団体保険	2)	1,707,588	5,416,533	201,176,220	408,830,662

保険種類	元受正味保険料	正味収入保険料	元受正味保険金	正味支払保険金
損害保険				
火災	1,772,725	1,507,141	1,089,891	949,139
海上	231,977	206,773	108,842	107,941
運送	77,118	66,125	43,111	33,601
自動車	4,307,175	4,228,750	2,088,152	2,061,877
傷害	876,861	631,501	300,847	283,857
新種	1,655,417	1,393,092	746,753	711,970
自動車損害賠償責任	749,542	772,875	559,833	562,726

1) 年金開始前 (金額は年金支払い開始時における年金原資) 及び年金開始後 (金額は責任準備金) の計。
2) 件数は被保険者数による。
資料 一般社団法人生命保険協会「生命保険事業概況」 一般社団法人日本損害保険協会「保険種目別データ」

第17章　環境

17-1　国内温室効果ガス排出量

(単位　100万トンCO$_2$換算)

温室効果ガス		平成22年度	27年度	令和元年度	2年度
計		1,304	1,322	1,212	1,150
二酸化炭素（CO$_2$）		1,218	1,226	1,108	1,044
メタン（CH$_4$）		32.0	29.3	28.5	28.4
一酸化二窒素（N$_2$O）		22.8	21.3	20.3	20.0
ハイドロフルオロカーボン類（HFCs）	1)	23.3	39.3	49.7	51.7
パーフルオロカーボン類（PFCs）	1)	4.3	3.3	3.4	3.5
六ふっ化硫黄（SF$_6$）	1)	2.4	2.1	2.0	2.0
三ふっ化窒素（NF$_3$）	1)	1.5	0.6	0.3	0.3

1)　暦年
資料　環境省「日本の温室効果ガス排出量」

17-2　国内二酸化炭素の部門別排出量

(単位　100万トンCO$_2$換算)

部門		平成22年度	27年度	令和元年度	2年度
合計		1,217.5	1,225.8	1,108.1	1,044.2
エネルギー起源	1)	1,137.0	1,145.9	1,028.6	967.4
産業部門（工場等）		431.0	430.4	386.7	355.5
運輸部門（自動車等）		228.8	217.4	205.7	184.8
業務その他部門（商業・サービス・事業所等）		199.9	217.9	191.1	182.2
家庭部門		178.4	186.7	159.3	166.5
エネルギー転換部門（製油所・発電所等）		99.0	93.5	85.7	78.4
非エネルギー起源		80.5	79.9	79.5	76.8
工業プロセス及び製品の使用		47.3	47.0	45.1	42.7
廃棄物（焼却等）		29.5	29.6	31.3	31.1
その他（農業・間接CO$_2$等）	2)	3.7	3.3	3.0	3.0

1)　発電及び熱発生に伴うエネルギー起源の二酸化炭素排出量は電力及び熱の消費量に応じて各部門に配分。
2)　燃料の漏出等による排出を含む。
資料　環境省「日本の温室効果ガス排出量」

17-3 産業廃棄物の処理状況

(単位 1,000トン)

年度	排出量	直接再生利用量 (A)	直接最終処分量 (B)	中間処理				再生利用量計 (A+E)	減量化量 (C-D)	最終処分量計 (B+F)
				中間処理量 (C)	処理残渣量 (D)	再生利用量 (E)	最終処分量 (F)			
平成 29 年	383,544	74,313	4,771	304,460	130,831	125,904	4,927	200,217	173,630	9,697
30	378,832	75,354	4,212	299,265	128,568	123,654	4,914	199,008	170,698	9,126
令和 元 年	385,955	76,114	4,562	305,278	132,050	127,455	4,595	203,569	173,228	9,157

「産業廃棄物排出・処理状況調査」による。調査対象業種は、日本標準産業分類を基に抽出した産業廃棄物の排出が想定される大分類18業種、対象廃棄物は、廃棄物の処理及び清掃に関する法律に規定する産業廃棄物19種類。
資料 環境省「産業廃棄物排出・処理状況調査」

17-4 一般廃棄物 (ごみ) 処理状況

年度	計画収集人口 (1,000人) 1)	ごみ総排出量 (1,000t)	1人1日当たりの排出量 (g)	自家処理量 (1,000t)	ごみ総処理量 (1,000t)	減量処理率 (%) 2)	中間処理後再生利用量 (1,000t) 3)	リサイクル率 (%) 4)	最終処分量 (1,000t)	焼却施設における1日当たりのごみ処理能力 (t)
平成 27 年	128,024	43,981	939	22	41,699	98.9	4,576	20.4	4,165	181,891
令和 元 年	127,150	42,737	918	8	40,949	99.0	4,605	19.6	3,798	177,001
2	126,733	41,669	901	8	40,085	99.1	4,760	20.0	3,638	176,202

「一般廃棄物処理事業実態調査」による。災害廃棄物処理に係るものを除く。 1) 市町村の計画処理区域内でごみ又はし尿の収集を行っている人口。 2) (直接焼却量+資源化等の中間処理量+直接資源化量)÷ごみ総処理量×100 3) 資源ごみ、粗大ごみ等を処理した後、鉄、アルミ等を回収し資源化した量。
4) (直接資源化量+中間処理後再生利用量+集団回収量)÷(ごみ総処理量+集団回収量)×100
資料 環境省「日本の廃棄物処理」

17-5 一般廃棄物 (し尿) 処理状況

年度	総人口 (1,000人) 1)	水洗化人口 (1,000人) 2)	# 公共下水道 (1,000人)	水洗化率 (%)	# 浄化槽 (1,000人)	非水洗化人口 (1,000人)	し尿処理量 (1,000kL)	計画処理量 (1,000kL)	自家処理量 (1,000kL)
平成 27 年	128,039	120,772	94,463	73.8	26,015	7,267	21,237	21,168	69
令和 元 年	127,156	121,340	96,778	76.1	24,256	5,816	20,270	20,162	108
2	126,740	121,199	97,200	76.7	23,740	5,541	20,048	20,013	35

「一般廃棄物処理事業実態調査」による。
1) 調査対象年度の10月1日における住民基本台帳人口。 2) コミュニティプラント人口を含む。
資料 環境省「日本の廃棄物処理」

17-6　容器包装リサイクル法に基づく分別収集等の実績

年度	分別収集量　1)		分別基準適合物量/再商品化事業者他への引渡量	分別収集実施市町村　2)		
	見込量 （t）	実績量 （t）	（t） 1)	実施 市町村数	全市町村に対する実施率 （%）	人口カバー率 （%）
無色のガラス製容器						
平成 27 年	322,380	321,138	294,821	1,653	94.9	98.7
令和 元 年	313,521	264,979	257,085	1,637	94.0	97.9
2	287,020	268,014	261,059	1,632	93.7	97.3
紙製容器包装						
平成 27 年	135,577	80,180	75,798	684	39.3	35.4
令和 元 年	115,352	73,684	69,742	612	35.2	32.3
2	99,543	76,080	72,275	605	34.8	32.2
ペットボトル						
平成 27 年	300,090	292,881	280,301	1,717	98.6	99.8
令和 元 年	290,264	323,082	306,151	1,713	98.4	99.6
2	312,158	335,404	317,326	1,715	98.5	99.7
プラスチック製容器包装						
平成 27 年	763,369	745,508	696,883	1,328	76.3	85.5
令和 元 年	758,834	749,896	685,881	1,335	76.7	85.1
2	725,757	779,464	713,492	1,318	75.7	84.9
スチール製容器						
平成 27 年	211,210	164,153	160,390	1,704	97.9	97.2
令和 元 年	169,455	140,628	137,085	1,688	97.0	97.4
2	149,297	145,147	141,003	1,682	96.6	96.8
アルミ製容器						
平成 27 年	137,684	131,342	129,231	1,697	97.5	98.0
令和 元 年	143,381	138,848	135,489	1,690	97.1	97.5
2	146,339	151,398	148,286	1,686	96.8	96.9
段ボール製容器						
平成 27 年	700,294	591,863	586,969	1,580	90.8	94.4
令和 元 年	716,661	569,440	567,032	1,588	91.2	92.8
2	685,547	646,435	643,961	1,599	91.8	93.0
飲料用紙製容器						
平成 27 年	23,319	12,579	12,325	1,344	77.2	87.3
令和 元 年	17,252	10,489	10,425	1,252	71.9	84.8
2	15,310	10,414	10,341	1,252	71.9	84.4

容器包装リサイクル法における「分別収集」とは、容器包装廃棄物を資源としてリサイクルするために、分別して収集し、必要に応じて分別、圧縮、梱包等を行う一連の過程をいう。　1)　市町村独自処理量を含む。
2)　3月末現在。東京都特別区を含む。
資料　環境省「容器包装リサイクル法に基づく市町村の分別収集等の実績について」

17-7　主な大気汚染物質の環境基準達成率と年平均濃度

年度	有効測定局数						環境基準達成率 (%)　1)		
	二酸化窒素	浮遊粒子状物質	光化学オキシダント	二酸化硫黄	一酸化炭素	微小粒子状物質(PM2.5)	二酸化窒素	浮遊粒子状物質	光化学オキシダント
一般環境大気測定局									
平成 17 年	1,424	1,480	1,157	1,319	91	…	99.9	96.4	0.3
22	1,332	1,374	1,144	1,114	70	34	100.0	93.0	0.0
27	1,253	1,302	1,144	974	57	765	100.0	99.6	0.0
令和 2 年	1,208	1,272	1,155	913	55	844	100.0	99.9	0.2
自動車排出ガス測定局									
平成 17 年	437	411	27	85	304	…	91.3	93.7	0.0
22	416	399	33	68	258	12	97.8	93.0	0.0
27	402	393	29	51	232	219	99.8	99.7	0.0
令和 2 年	374	367	31	45	220	237	100.0	100.0	0.0

年度	環境基準達成率 (%)　1)			年平均濃度					
	二酸化硫黄	一酸化炭素	微小粒子状物質(PM2.5)	二酸化窒素 (ppm)	浮遊粒子状物質 (mg/m³)	光化学オキシダント (ppm) 2)	二酸化硫黄 (ppm)	一酸化炭素 (ppm)	微小粒子状物質(PM2.5) (μg/m³)
一般環境大気測定局									
平成 17 年	99.7	100.0	…	0.015	0.027	0.047	0.004	0.4	…
22	99.7	100.0	32.4	0.011	0.021	0.048	0.003	0.3	15.1
27	99.9	100.0	74.5	0.010	0.019	0.048	0.002	0.3	13.1
令和 2 年	99.7	100.0	98.3	0.007	0.014	0.046	0.001	0.2	9.5
自動車排出ガス測定局									
平成 17 年	100.0	100.0	…	0.027	0.031	0.038	0.004	0.6	…
22	100.0	100.0	8.3	0.022	0.023	0.043	0.003	0.5	17.2
27	100.0	100.0	58.4	0.019	0.020	0.044	0.002	0.4	13.9
令和 2 年	100.0	100.0	98.3	0.014	0.015	0.044	0.001	0.3	10.0

有効測定局は、年間測定時間が6,000時間以上（光化学オキシダント及び微小粒子状物質を除く。）の測定局をいう。微小粒子状物質の有効測定局は、測定している機器が標準測定法と等価性のあるもので、かつ年間測定日数が250日以上の測定局をいう。　1)　有効測定局数のうち環境基準を達成した局数の割合。　2)　昼間の日最高1時間値。
資料　環境省「大気汚染状況について」

17-8　下水道の状況

(単位　面積　ha)

年度末	公共下水道　1)							都市下水路		
	計画排水区域面積	計画処理区域面積	供用排水区域面積	供用処理区域面積	供用処理場数	整備率 (%)		計画排水区域面積	供用排水区域面積	整備率 (%)
平成 22 年	1,970,833	1,966,872	1,459,637	1,460,916	1,250	74.1		114,155	94,003	82.3
27	1,986,889	1,981,721	1,550,298	1,545,570	1,267	78.0		91,725	79,810	87.0
令和 元 年	2,008,682	2,000,346	1,604,905	1,607,213	1,281	79.9		87,127	76,390	87.7
2	1,998,327	1,984,738	1,608,808	1,607,807	1,266	80.5		84,800	73,566	86.8

1)　特定公共下水道を含む。
資料　国土交通省「都市計画現況調査」

17-9　公共用水域における水質の環境基準達成率

年度	類型指定水域数	河川	湖沼	海域	達成水域数	河川 2)	湖沼 3)	海域 3)	環境基準達成率 (%) 1)	河川 2)	湖沼 3)	海域 3)
平成 22 年	3,337	2,561	186	590	2,930	2,369	99	462	87.8	92.5	53.2	78.3
27	3,340	2,559	189	592	3,042	2,451	111	480	91.1	95.8	58.7	81.1
令和 元 年	3,350	2,572	188	590	2,989	2,420	94	475	89.2	94.1	50.0	80.5
2	3,326	2,567	189	570	2,954	2,400	94	460	88.8	93.5	49.7	80.7

前年度までに類型指定がなされた水域のうち、有効な測定結果が得られた水域について取りまとめたもの。類型指定水域とは、国又は都道府県が、水域群（河川、湖沼及び海域）別に利水目的等に応じて環境基準の類型指定を行った水域。　　1)　環境基準達成率＝（達成水域数÷類型指定水域数）×100　2)　生物化学的酸素要求量（BOD）　3)　化学的酸素要求量（COD）
資料　環境省「公共用水域水質測定結果」

17-10　公害苦情件数

公害	平成22年度 1)	27年度	令和2年度	3年度
合計	80,095	72,461	81,557	73,739
典型7公害	54,845	50,677	56,123	51,395
大気汚染	17,612	15,625	17,099	14,384
水質汚濁	7,574	6,729	5,631	5,353
土壌汚染	222	167	194	192
騒音	15,678	16,574	19,769	18,755
低周波	197	227	313	294
振動	1,675	1,663	2,174	2,301
地盤沈下	23	22	20	23
悪臭	12,061	9,897	11,236	10,387
典型7公害以外	25,250	21,784	25,434	22,344
廃棄物投棄	12,306	10,173	11,978	9,867
生活系	9,770	8,128	9,600	7,774
農業系	318	309	334	309
建設系	1,138	918	1,125	973
産業系	1,080	818	919	811
その他	12,944	11,611	13,456	12,477

「公害苦情調査」による。各年度中に都道府県及び市町村の公害苦情相談窓口が受け付けた公害苦情件数。
1)　東日本大震災の影響により、青森県、岩手県、宮城県及び福島県内の一部の市町村を除く。
資料　公害等調整委員会「公害苦情調査」

第18章　科学技術

18-1　研究主体別研究活動の状況 (令和3年度)

研究主体	研究関係従業者数	#研究者 1)	内部 (社内) 使用研究費総額 (100万円)	総売上高 (支出総額) に対する内部 (社内) 使用研究費比率 (%)	研究者1人当たりの内部 (社内) 使用研究費 (万円) 1)2)
企業	**641,790**	**529,053**	**14,224,449**	**…**	**2,689**
# 建設業	8,134	6,012	174,125	0.50	2,896
製造業	545,179	444,959	12,210,783	4.03	2,744
電気・ガス・熱供給・水道業	1,994	1,576	46,513	0.18	2,952
情報通信業	30,739	28,902	485,320	1.42	1,679
運輸業、郵便業	1,101	996	43,329	0.40	4,352
卸売業	17,970	15,135	414,064	1.04	2,736
学術研究、専門・技術サービス業	34,802	29,857	829,490	6.78	2,778
非営利団体・公的機関	**76,880**	**38,146**	**1,732,420**	**29.25**	**4,542**
非営利団体	12,404	7,710	219,424	34.13	2,846
公的機関	64,476	30,436	1,512,996	28.66	4,971
国営	4,903	2,409	217,780	76.53	9,040
公営	16,389	9,243	158,596	51.10	1,716
特殊法人・独立行政法人	43,184	18,784	1,136,620	24.27	6,051
大学等	**427,182**	**301,233**	**3,783,923**	**38.46**	**1,256**
国立	202,243	136,647	1,538,135	46.03	1,126
公立	31,819	22,021	22,021	28.69	1,065
私立	193,120	142,565	2,011,336	35.41	1,411

研究主体	自己負担研究費 (100万円)	受入研究費 (100万円)	外部 (社外) 支出研究費 (100万円)
企業	**15,656,674**	**928,244**	**2,272,399**
# 建設業	192,460	3,275	21,430
製造業	13,617,246	378,744	1,750,721
電気・ガス・熱供給・水道業	104,738	16,201	70,366
情報通信業	723,383	29,828	260,745
運輸業、郵便業	58,598	820	15,938
卸売業	484,885	11,286	81,069
学術研究、専門・技術サービス業	446,100	485,788	62,340
非営利団体・公的機関	**700,511**	**2,925,541**	**836,414**
非営利団体	80,528	169,800	19,308
公的機関	619,983	2,755,742	817,106
国営	225,962	6,409	14,120
公営	150,520	9,255	1,006
特殊法人・独立行政法人	243,502	2,740,078	801,980
大学等	**3,106,464**	**816,625**	**36,605**
国立	1,100,907	545,731	29,392
公立	204,593	37,416	1,248
私立	1,800,964	233,478	5,965

「科学技術研究調査」による。従業者 (研究者) 数は令和4年3月31日現在、研究費は3月31日又はその直近の決算日から遡る1年間の実績を示す。企業は、特定産業を除く資本金1000万円以上の会社法に規定する会社を対象としている。　1)　大学等は研究本務者。　2)　令和3年度の研究費を令和4年3月31日現在の研究者数で除したもの。
資料　総務省統計局「科学技術研究調査結果」

18-2　科学技術研究活動の状況

年次	研究者数				内部（社内）使用研究費　（10億円）			
	総数 1)	企業 1)	非営利団体・公的機関 1)	大学等	総額	企業	非営利団体・公的機関	大学等
平成 27 年	866,920	506,134	39,215	321,571	18,971	13,586	1,689	3,696
令和 2 年	880,954	507,473	38,839	334,642	19,576	14,212	1,643	3,720
3	890,548	515,469	38,230	336,849	19,236	13,861	1,700	3,676
4	908,330	529,053	38,146	341,131	19,741	14,224	1,732	3,784

「科学技術研究調査」による。研究者数は3月31日現在、内部（社内）使用研究費は3月31日又はその直近の決算日から遡る1年間の実績を示す。企業は、特定産業を除く資本金1000万円以上の会社法に規定する会社を対象としている。　1)　企業及び非営利団体・公的機関の研究者については、実際に研究関係業務に従事した割合であん分して算出したもの。
資料　総務省統計局「科学技術研究調査結果」

18-3　産業財産権の出願・登録件数

年次	特許		実用新案		意匠 1)		商標 2)	
	出願	登録	出願	登録	出願	登録	出願	登録
平成 22 年	344,598	222,693	8,679	8,572	31,756	27,438	113,519	97,780
27	318,721	189,358	6,860	6,695	29,903	26,297	147,283	98,085
令和 2 年	288,472	179,383	6,018	5,518	31,798	26,417	181,072	135,313
3	**289,200**	**184,372**	**5,239**	**5,499**	**32,525**	**27,490**	**184,631**	**174,098**
内国人	222,452	141,853	3,762	3,911	22,078	19,395	133,009	125,277
外国人	66,748	42,519	1,477	1,588	10,447	8,095	51,622	48,821

年次	現存権利件数							
	内国人				外国人			
	特許	実用新案 3)	意匠 1)	商標 2)	特許	実用新案 3)	意匠 1)	商標 2)
平成 22 年	1,255,489	34,598	231,861	1,475,649	167,943	8,421	20,369	276,205
27	1,624,596	37,590	222,763	1,506,109	321,972	10,531	28,358	319,853
令和 2 年	1,666,809	29,211	219,506	1,580,239	372,231	9,857	43,801	393,401
3	1,642,368	28,545	215,214	1,642,049	378,056	9,967	48,060	428,828

1)　平成27年5月13日に発効されたハーグ協定のジュネーブ改正協定に基づく国際意匠登録出願を含む。
2)　国際商標登録出願を含む。　3)　平成17年4月1日施行の権利期間10年の実用新案登録出願に係る現存件数。
資料　特許庁「特許行政年次報告書」

第19章　労働・賃金
19-1　就業状態別15歳以上人口

(単位　万人)

年次	15歳以上人口 総数 (A) 1)	労働力人口 総数 (B)	労働力人口 就業者 (C) 2)	労働力人口 完全失業者 (D)	非労働力人口 総数	非労働力人口 #通学	非労働力人口 #家事	労働力人口比率 (B/A) (%)	就業率 (C/A) (%)	完全失業率 (D/B) (%)
総数										
平成 7 年平均	10,510	6,666	6,457	210	3,836	914	1,659	63.4	61.4	3.2
12	10,836	6,766	6,446	320	4,057	815	1,775	62.4	59.5	4.7
17	11,008	6,651	6,356	294	4,346	750	1,721	60.4	57.7	4.4
22	11,111	6,632	6,298	334	4,473	696	1,672	59.6	56.6	5.1
27	11,110	6,625	6,402	222	4,479	678	1,528	59.6	57.6	3.4
28	11,115	6,678	6,470	208	4,430	656	1,498	60.0	58.1	3.1
29	11,118	6,732	6,542	190	4,379	656	1,458	60.5	58.8	2.8
30	11,116	6,849	6,682	167	4,258	621	1,379	61.5	60.0	2.4
令和 元 年平均	11,112	6,912	6,750	162	4,191	599	1,329	62.1	60.6	2.4
2	11,108	6,902	6,710	192	4,197	588	1,317	62.0	60.3	2.8
3	11,087	6,907	6,713	195	4,171	588	1,269	62.1	60.4	2.8
男										
平成 7 年平均	5,108	3,966	3,843	123	1,139	489	22	77.6	75.2	3.1
12	5,253	4,014	3,817	196	1,233	435	36	76.4	72.7	4.9
17	5,323	3,901	3,723	178	1,416	404	39	73.3	69.9	4.6
22	5,365	3,850	3,643	207	1,513	375	54	71.6	67.7	5.4
27	5,365	3,773	3,639	135	1,588	359	68	70.3	67.8	3.6
28	5,367	3,784	3,657	126	1,580	345	69	70.4	68.1	3.3
29	5,368	3,789	3,677	112	1,576	347	73	70.5	68.4	3.0
30	5,367	3,826	3,726	99	1,537	328	67	71.2	69.3	2.6
令和 元 年平均	5,366	3,841	3,744	96	1,520	318	67	71.4	69.7	2.5
2	5,364	3,840	3,724	115	1,520	311	75	71.4	69.3	3.0
3	5,351	3,827	3,711	117	1,520	311	77	71.3	69.1	3.1
女										
平成 7 年平均	5,402	2,701	2,614	87	2,698	424	1,637	50.0	48.4	3.2
12	5,583	2,753	2,629	123	2,824	381	1,739	49.3	47.1	4.5
17	5,685	2,750	2,633	116	2,930	346	1,681	48.4	46.3	4.2
22	5,746	2,783	2,656	128	2,960	321	1,618	48.5	46.3	4.6
27	5,746	2,852	2,764	89	2,891	320	1,460	49.6	48.0	3.1
28	5,748	2,895	2,813	82	2,850	311	1,429	50.3	48.9	2.8
29	5,750	2,944	2,865	78	2,803	309	1,385	51.1	49.8	2.7
30	5,749	3,024	2,956	67	2,721	293	1,312	52.5	51.3	2.2
令和 元 年平均	5,747	3,072	3,005	66	2,670	282	1,263	53.3	52.2	2.2
2	5,744	3,063	2,986	76	2,677	277	1,243	53.2	51.8	2.5
3	5,735	3,080	3,002	78	2,651	278	1,191	53.5	52.2	2.5

「労働力調査」による。「労働力人口」とは15歳以上人口のうち、就業者と完全失業者を合わせたものをいう。
1)　不詳を含む。　2)　従業者と休業者を合わせたもの。従業者とは、調査週間中（毎月の末日に終わる1週間（12月は20日から26日まで））に、収入を伴う仕事を1時間以上した者（家族従業者は、無給であっても仕事をしたとする）。休業者とは、仕事を持ちながら、調査週間中に少しも仕事をしなかった者のうち、雇用者で、給料、賃金の支払いを受けている者又は受けることになっている者。自営業主で、自分の経営する事業を持ったまま で、その仕事を休み始めてから30日にならない者。
資料　総務省統計局「労働力調査結果」

19-2 年齢階級、就業状態別労働力人口 総数

(単位 万人)

年次	総数	15～24歳	25～34歳	35～44歳	45～54歳	55～64歳	65歳以上
労働力人口							
平成 17 年平均	6,651	635	1,503	1,377	1,392	1,240	504
22	6,632	544	1,329	1,542	1,343	1,290	585
27	6,625	516	1,191	1,558	1,439	1,173	746
令和 2 年平均	6,902	584	1,158	1,397	1,636	1,208	919
3	6,907	580	1,161	1,371	1,661	1,208	926
就業者							
平成 17 年平均	6,356	580	1,419	1,324	1,350	1,189	495
22	6,298	492	1,247	1,472	1,291	1,227	570
27	6,402	488	1,136	1,510	1,400	1,137	732
令和 2 年平均	6,710	558	1,113	1,363	1,597	1,177	903
3	6,713	554	1,117	1,337	1,621	1,175	909
完全失業者							
平成 17 年平均	294	55	84	52	42	51	10
22	334	51	82	71	52	64	15
27	222	29	55	48	40	37	15
令和 2 年平均	192	27	45	35	38	31	16
3	195	27	43	34	40	33	17
労働力人口比率 (%) 1)							
平成 17 年平均	60.4	44.7	81.9	82.0	83.7	66.6	19.8
22	59.6	43.2	83.9	82.8	85.3	68.7	19.9
27	59.6	43.0	85.2	85.0	86.2	72.2	22.1
令和 2 年平均	62.0	48.6	88.6	87.1	88.1	78.7	25.5
3	62.1	48.8	89.3	87.6	88.1	79.1	25.6
完全失業率 (%) 2)							
平成 17 年平均	4.4	8.7	5.6	3.8	3.0	4.1	2.0
22	5.1	9.4	6.2	4.6	3.9	5.0	2.4
27	3.4	5.5	4.6	3.1	2.8	3.1	2.0
令和 2 年平均	2.8	4.6	3.9	2.5	2.3	2.6	1.7
3	2.8	4.6	3.8	2.5	2.4	2.7	1.8

「労働力調査」による。「労働力人口」とは15歳以上人口のうち、就業者と完全失業者を合わせたものをいう。
1) 労働力人口比率＝（労働力人口÷15歳以上人口）×100
2) 完全失業率＝（完全失業者÷労働力人口）×100

19-2　年齢階級、就業状態別労働力人口　男 （続き）

（単位　万人）

年次	総数	15〜24歳	25〜34	35〜44	45〜54	55〜64	65歳以上
労働力人口							
平成 17 年平均	3,901	323	886	819	799	757	317
22	3,850	273	767	912	760	778	361
27	3,773	263	672	893	802	687	455
令和 2 年平均	3,840	295	636	781	895	683	549
3	3,827	292	633	763	909	681	549
就業者							
平成 17 年平均	3,723	291	839	790	773	719	309
22	3,643	244	717	873	729	731	350
27	3,639	248	640	866	779	663	443
令和 2 年平均	3,724	280	609	761	873	663	537
3	3,711	277	607	744	886	660	536
完全失業者							
平成 17 年平均	178	32	46	29	25	38	8
22	207	29	49	39	31	46	12
27	135	15	32	27	23	25	11
令和 2 年平均	115	15	27	21	21	20	13
3	117	15	26	20	22	21	13
労働力人口比率 (%)　1)							
平成 17 年平均	73.3	44.4	95.1	97.0	96.1	83.0	29.4
22	71.6	42.4	95.1	96.8	96.4	83.9	28.8
27	70.3	42.9	94.5	96.1	95.4	85.6	31.1
令和 2 年平均	71.4	48.1	94.9	96.0	95.5	89.7	35.1
3	71.3	48.0	95.0	96.3	95.4	89.8	34.9
完全失業率 (%)　2)							
平成 17 年平均	4.6	9.9	5.2	3.5	3.1	5.0	2.5
22	5.4	10.4	6.6	4.3	4.1	6.0	3.3
27	3.6	5.9	4.8	3.0	2.9	3.7	2.4
令和 2 年平均	3.0	5.0	4.1	2.7	2.4	2.9	2.4
3	3.1	5.1	4.2	2.5	2.4	3.1	2.4

19-2　年齢階級、就業状態別労働力人口　女（続き）

(単位　万人)

年次	総数	15～24歳	25～34	35～44	45～54	55～64	65歳以上
労働力人口							
平成 17 年平均	2,750	312	617	557	593	483	187
22	2,783	271	562	631	582	512	224
27	2,852	253	519	664	638	486	293
令和 2 年平均	3,063	289	524	616	741	524	370
3	3,080	288	527	607	753	527	377
就業者							
平成 17 年平均	2,633	289	579	534	576	470	185
22	2,656	248	530	599	561	495	221
27	2,764	240	496	643	620	475	289
令和 2 年平均	2,986	278	504	602	724	513	366
3	3,002	277	510	593	735	514	373
完全失業者							
平成 17 年平均	116	23	38	23	17	14	2
22	128	22	32	32	21	17	3
27	89	13	22	21	17	11	3
令和 2 年平均	76	12	20	14	17	11	4
3	78	12	17	14	17	13	4
労働力人口比率 (%)　1)							
平成 17 年平均	48.4	45.0	68.3	66.7	71.2	50.8	12.7
22	48.5	44.0	72.3	68.6	74.2	53.9	13.3
27	49.6	43.1	75.3	73.4	76.9	59.2	15.3
令和 2 年平均	53.2	49.1	82.0	77.9	80.5	68.0	18.2
3	53.5	49.7	83.2	78.9	80.5	68.6	18.4
完全失業率 (%)　2)							
平成 17 年平均	4.2	7.4	6.2	4.1	2.9	2.7	1.1
22	4.6	8.0	5.7	5.0	3.6	3.3	1.3
27	3.1	5.1	4.3	3.2	2.7	2.3	1.0
令和 2 年平均	2.5	4.2	3.7	2.3	2.3	2.1	1.1
3	2.5	4.2	3.3	2.3	2.3	2.5	1.1

1)　労働力人口比率＝（労働力人口÷15歳以上人口）×100
2)　完全失業率＝（完全失業者÷労働力人口）×100
資料　総務省統計局「労働力調査結果」

19-3　産業別就業者数

（単位　万人）

年次	総数 1)	農業、林業	非農林業 1)	漁業	鉱業、採石業、砂利採取業	建設業	製造業
総数							
令和 元 年平均	6,750	207	6,542	15	2	500	1,068
2	6,710	200	6,510	13	2	494	1,051
3	**6,713**	**195**	**6,517**	**13**	**3**	**485**	**1,045**
男							
令和 元 年平均	3,744	125	3,620	12	2	416	747
2	3,724	121	3,604	11	2	412	737
3	3,711	120	3,591	10	2	402	732
女							
令和 元 年平均	3,005	83	2,922	4	0	84	321
2	2,986	79	2,907	3	0	82	314
3	3,002	75	2,927	3	1	83	313

年次	非農林業						
	電気・ガス・熱供給・水道業	情報通信業	運輸業、郵便業	卸売業、小売業	金融業、保険業	不動産業、物品賃貸業	学術研究、専門・技術サービス業
総数							
令和 元 年平均	28	230	348	1,064	167	130	241
2	32	241	349	1,062	167	140	245
3	**34**	**258**	**352**	**1,069**	**168**	**142**	**254**
男							
令和 元 年平均	24	164	274	509	78	78	155
2	27	172	274	508	75	84	157
3	28	184	276	515	75	84	162
女							
令和 元 年平均	4	66	74	554	89	52	86
2	5	69	75	554	92	56	87
3	6	74	77	554	93	58	92

年次	非農林業						
	宿泊業、飲食サービス業	生活関連サービス業、娯楽業	教育、学習支援業	医療、福祉	複合サービス事業	サービス業（他に分類されないもの）	公務（他に分類されるものを除く）
総数							
令和 元 年平均	421	242	336	847	54	457	243
2	392	236	341	867	51	454	249
3	**371**	**227**	**348**	**891**	**50**	**452**	**250**
男							
令和 元 年平均	158	96	140	210	32	271	175
2	150	96	144	213	30	270	174
3	141	91	145	220	30	269	172
女							
令和 元 年平均	263	146	196	639	23	185	67
2	242	139	197	655	21	182	74
3	230	135	203	672	21	183	78

「労働力調査」による。　1)　分類不能・不詳を含む。
資料　総務省統計局「労働力調査結果」

19-4　産業、従業上の地位別就業者数

(単位　万人)

年次、産業	総数				男			女		
	総数 1)	自営業主	家族従業者	雇用者	自営業主	家族従業者	雇用者	自営業主	家族従業者	雇用者
平成　7　年平均	6,457	784	397	5,263	550	70	3,215	234	327	2,048
12	6,446	731	340	5,356	527	63	3,216	204	278	2,140
17	6,356	650	282	5,393	485	56	3,164	166	226	2,229
22	6,298	582	190	5,500	436	34	3,159	146	156	2,342
27	6,402	546	162	5,663	410	30	3,181	136	132	2,483
28	6,470	530	154	5,755	396	30	3,213	134	123	2,542
29	6,542	529	151	5,830	395	30	3,234	133	121	2,596
30	6,682	535	151	5,954	399	31	3,272	137	120	2,681
令和　元　年平均	6,750	532	144	6,028	395	29	3,295	137	115	2,734
2	6,710	527	140	6,005	392	27	3,284	135	113	2,721
3	**6,713**	**523**	**139**	**6,016**	**386**	**28**	**3,278**	**136**	**112**	**2,739**
農業、林業	195	85	52	57	76	11	32	9	41	25
漁業	13	5	2	6	5	1	4	0	1	1
鉱業、採石業、砂利採取業	3	0	–	3	0	–	2	–	–	1
建設業	482	76	12	393	76	4	320	1	8	73
製造業	1,037	31	7	999	21	1	703	10	5	296
電気・ガス・熱供給・水道業	34	0	0	34	0	0	28	–	0	6
情報通信業	256	13	0	242	10	0	173	4	0	69
運輸業、郵便業	350	13	1	337	12	0	262	1	1	74
卸売業、小売業	1,062	54	19	989	37	4	471	16	16	518
金融業、保険業	166	2	0	164	2	0	73	1	0	91
不動産業、物品賃貸業	141	13	3	125	8	1	74	4	3	51
学術研究、専門・技術サービス業	252	48	5	198	35	0	125	13	5	73
宿泊業、飲食サービス業	369	38	14	317	24	2	115	14	11	203
生活関連サービス業、娯楽業	225	47	10	168	21	2	68	26	8	101
教育、学習支援業	346	26	1	319	7	0	137	19	1	182
医療、福祉	884	24	7	852	19	0	198	5	7	654
複合サービス事業	50	0	0	50	0	–	29	0	0	20
サービス業（他に分類されないもの）	449	41	3	405	29	1	237	12	3	167
公務（他に分類されるものを除く）	248	–	–	248	–	–	170	–	–	78
分類不能の産業	104	4	1	68	3	0	33	1	1	35

「労働力調査」による。　1)　従業上の地位不詳を含む。
資料　総務省統計局「労働力調査結果」

19-5　職業別就業者数

（単位　万人）

年次	総数 1)	管理的職業従事者	専門的・技術的職業従事者	事務従事者	販売従事者	サービス職業従事者	保安職業従事者	農林漁業従事者	生産工程従事者	輸送・機械運転従事者	建設・採掘従事者	運搬・清掃・包装等従事者
令和 元 年平均	6,750	129	1,179	1,326	859	852	133	217	911	222	294	492
2	6,710	129	1,221	1,360	852	831	133	209	873	218	293	482
3	6,713	129	1,265	1,389	848	806	130	203	865	214	284	488

「労働力調査」による。　1)　分類不能・不詳を含む。
資料　総務省統計局「労働力調査結果」

19-6　一般職業紹介状況

（単位　人数　1,000人、件数　1,000件）

年度	月間有効求職者数 (A) 1)	月間有効求人数 (B) 2)	新規求職申込件数 (C)	#パートタイム	新規求人数 (D)	#パートタイム	就職件数 (E)	#パートタイム	有効求人倍率 (倍) (B/A)	就職率 (%) (E/C)	充足率 (%) (E/D)
一般労働者											
令和 元 年	1,714	2,663	393	135	923	373	123	53	1.55	31.3	13.3
2	1,883	2,070	386	133	731	286	102	47	1.10	26.5	14.0
3	1,956	2,266	386	139	802	309	104	48	1.16	26.8	12.9
常用労働者											
令和 元 年	1,695	2,395	385	134	827	316	112	46	1.41	…	…
2	1,862	1,875	378	131	659	242	93	40	1.01	…	…
3	1,936	2,041	379	138	719	260	94	41	1.05	…	…
臨時・季節労働者											
令和 元 年	19	268	7.7	1.0	96	58	11	6.9	…	…	…
2	21	194	7.4	1.3	72	44	9.2	6.3	…	…	…
3	20	225	6.8	1.3	84	48	9.6	6.7	…	…	…

新規学卒者を除く。月平均。一般労働者とは常用労働者と臨時・季節労働者を合わせたもの。パートタイムとは1週間の所定労働時間が、同一の事業所に雇用されている通常の労働者の1週間の所定労働時間に比べ短いもの。　1)　「前月から繰越された有効求職者数」と当月の「新規求職申込件数」の合計。　2)　「前月から繰越された有効求人数」と当月の「新規求人数」の合計。
資料　厚生労働省「一般職業紹介状況」

19-7　新規学校卒業者の職業紹介状況

年次	中卒者					
	求職申込件数 (A)	求人数 (B)	就職者数 (C)	求人倍率 (倍) (B/A)	就職率 (%) (C/A)	充足率 (%) (C/B)
平成 30 年	650	1,891	584	2.91	89.8	30.9
令和 元 年	534	1,985	506	3.72	94.8	25.5
2	505	1,771	464	3.51	91.9	26.2
3	394	1,168	376	2.96	95.4	32.2
4	310	1,102	297	3.55	95.8	27.0

年次	高卒者					
	求職申込件数 (A)	求人数 (B)	就職者数 (C)	求人倍率 (倍) (B/A)	就職率 (%) (C/A)	充足率 (%) (C/B)
平成 30 年	171,209	432,645	170,635	2.53	99.7	39.4
令和 元 年	171,114	476,699	170,641	2.79	99.7	35.8
2	167,251	484,438	166,695	2.90	99.7	34.4
3	146,314	386,325	145,761	2.64	99.6	37.7
4	134,584	388,590	134,108	2.89	99.6	34.5

各年3月卒業者について、6月末日までに公共職業安定所及び学校において取り扱ったもの。
資料　厚生労働省「新規学卒者（高校・中学）の職業紹介状況」

19-8　主な週休制の形態別企業数と適用労働者数の割合 (令和3年)

(単位　%)

企業規模、産業	計	週休1日制又は1日半制	何らかの週休2日制	完全週休2日制より休日日数が実質的に少ない制度	完全週休2日制	完全週休2日制より休日日数が実質的に多い制度
企業数 3)						
調査産業計	**100.0**	**8.0**	**83.5**	**35.0**	**48.4**	**8.5**
1,000 人以上	100.0	4.1	83.3	16.6	66.7	12.6
300 ～ 999	100.0	2.9	85.2	25.2	60.0	11.9
100 ～ 299	100.0	5.3	84.2	30.6	53.7	10.5
30 ～ 99 人	100.0	9.5	83.0	38.0	45.0	7.4
鉱業、採石業、砂利採取業	100.0	6.5	90.9	66.4	24.5	2.6
建設業	100.0	11.5	82.7	43.6	39.1	8.0
製造業	100.0	1.7	91.0	46.5	44.5	7.2
電気・ガス・熱供給・水道業	100.0	2.1	89.9	22.1	67.8	8.0
情報通信業	100.0	1.5	89.1	8.7	80.3	9.4
運輸業、郵便業	100.0	15.7	79.8	48.6	31.2	4.5
卸売業、小売業	100.0	10.3	81.2	30.8	50.4	8.5
金融業、保険業	100.0	－	94.7	2.8	91.9	5.3
不動産業、物品賃貸業	100.0	2.6	90.0	37.3	52.7	7.4
学術研究、専門・技術サービス業	100.0	2.2	92.1	14.0	78.1	5.7
宿泊業、飲食サービス業	100.0	15.0	79.3	45.8	33.5	5.7
生活関連サービス業、娯楽業 1)	100.0	14.6	77.2	40.6	36.6	8.2
教育、学習支援業	100.0	5.9	88.3	36.7	51.6	5.8
医療、福祉	100.0	5.7	78.1	21.9	56.2	16.3
複合サービス事業	100.0	7.6	91.3	33.6	57.7	1.1
サービス業 2) (他に分類されないもの)	100.0	13.3	80.0	32.1	47.9	6.8
適用労働者数 4)						
調査産業計	**100.0**	**3.9**	**84.8**	**24.2**	**60.7**	**11.3**
1,000 人以上	100.0	1.9	84.7	11.8	72.9	13.4
300 ～ 999	100.0	2.5	86.5	25.0	61.5	10.9
100 ～ 299	100.0	4.5	83.8	29.4	54.4	11.7
30 ～ 99 人	100.0	7.9	84.5	39.3	45.1	7.6
鉱業、採石業、砂利採取業	100.0	4.1	93.5	44.7	48.8	2.4
建設業	100.0	5.5	90.5	31.8	58.7	4.0
製造業	100.0	0.6	90.2	25.8	64.3	9.3
電気・ガス・熱供給・水道業	100.0	0.3	95.7	8.5	87.2	3.9
情報通信業	100.0	0.5	93.7	5.2	88.5	5.7
運輸業、郵便業	100.0	8.3	77.7	42.4	35.3	14.0
卸売業、小売業	100.0	4.7	80.6	24.2	56.4	14.7
金融業、保険業	100.0	0.0	92.8	0.2	92.6	7.2
不動産業、物品賃貸業	100.0	2.5	90.1	20.8	69.3	7.4
学術研究、専門・技術サービス業	100.0	0.6	90.1	8.6	81.5	9.3
宿泊業、飲食サービス業	100.0	9.0	74.3	29.6	44.7	16.7
生活関連サービス業、娯楽業 1)	100.0	8.0	81.5	32.3	49.2	10.5
教育、学習支援業	100.0	9.6	85.1	26.6	58.5	5.2
医療、福祉	100.0	4.2	76.6	24.5	52.2	19.2
複合サービス事業	100.0	1.0	98.7	12.5	86.2	0.3
サービス業 2) (他に分類されないもの)	100.0	8.4	83.3	22.0	61.3	8.2

「就労条件総合調査」（1月1日現在）による。調査対象：常用労働者30人以上を雇用する民営企業。　1)　家事サービス業を除く。　2)　政治・経済・文化団体、宗教及び外国公務を除く。　3)　主な週休制とは、企業において最も多くの労働者に適用される週休制をいう。　4)　監視又は断続労働に従事する者及び監督又は管理の地位にある者などで、労働時間の定めのない者は含まない。
資料　厚生労働省「就労条件総合調査」

19-9　1日の所定労働時間別企業数と適用労働者数の割合 (令和3年)

(単位　%)

企業規模、産業	計	6:29時間:分以下	6:30〜6:59	7:00	7:01〜7:29	7:30〜7:59	8:00	8:01時間:分以上	平均1日の所定労働時間(時間:分)
全企業 3)									
調査産業計	**100.0**	**0.2**	**1.1**	**5.9**	**3.8**	**28.4**	**60.0**	**0.6**	**7:47**
1,000 人以上	100.0	–	0.3	2.6	3.9	39.7	53.2	0.2	7:48
100 〜 999	100.0	0.3	0.5	4.7	4.7	33.1	56.6	0.1	7:47
30 〜 99 人	100.0	0.1	1.3	6.4	3.5	26.2	61.7	0.8	7:48
鉱業、採石業、砂利採取業	100.0	–	–	3.9	12.7	31.3	52.0	–	7:44
建設業	100.0	–	–	9.1	4.6	32.1	54.2	–	7:44
製造業	100.0	–	0.4	2.5	3.1	40.8	52.7	0.5	7:49
電気・ガス・熱供給・水道業	100.0	–	–	–	6.8	72.3	20.9	–	7:41
情報通信業	100.0	–	–	10.0	0.6	40.0	49.4	–	7:45
運輸業、郵便業	100.0	0.9	1.4	10.7	4.0	20.4	62.7	0.0	7:44
卸売業、小売業	100.0	0.1	1.3	6.9	4.7	25.1	60.9	0.9	7:46
金融業、保険業	100.0	–	0.3	8.7	13.1	42.2	35.8	–	7:39
不動産業、物品賃貸業	100.0	–	1.3	6.6	3.4	34.0	54.6	–	7:45
学術研究、専門・技術サービス業	100.0	–	1.1	8.3	3.3	40.0	47.4	–	7:43
宿泊業、飲食サービス業	100.0	–	3.4	2.9	2.5	14.8	76.4	–	7:51
生活関連サービス業、娯楽業 1)	100.0	–	1.6	5.9	2.6	31.1	58.8	–	7:47
教育、学習支援業	100.0	0.8	1.4	6.2	7.0	23.2	58.4	3.1	7:48
医療、福祉	100.0	–	–	4.4	3.3	18.9	72.5	0.9	7:52
複合サービス事業	100.0	–	0.5	–	8.9	63.4	27.2	–	7:38
サービス業 2)(他に分類されないもの)	100.0	0.8	3.4	7.7	4.7	25.5	56.9	1.1	7:43
労働者計 4)									
調査産業計	**100.0**	**0.1**	**0.5**	**4.4**	**3.9**	**39.9**	**50.8**	**0.3**	**7:46**
1,000 人以上	100.0	–	0.2	2.8	3.6	48.8	44.4	0.2	7:46
100 〜 999	100.0	0.2	0.5	5.1	4.3	37.9	51.8	0.1	7:46
30 〜 99 人	100.0	0.1	1.0	5.9	3.9	28.4	59.9	0.9	7:48
鉱業、採石業、砂利採取業	100.0	–	–	3.0	26.9	35.6	34.5	–	7:39
建設業	100.0	–	–	4.6	3.2	41.9	50.2	–	7:47
製造業	100.0	–	0.3	1.3	2.0	52.3	43.8	0.4	7:49
電気・ガス・熱供給・水道業	100.0	–	–	–	0.7	96.2	3.1	–	7:40
情報通信業	100.0	–	–	6.8	5.4	54.7	33.1	–	7:40
運輸業、郵便業	100.0	0.0	1.3	5.4	5.2	20.4	67.3	0.4	7:48
卸売業、小売業	100.0	0.2	0.2	3.2	4.4	34.9	56.6	0.5	7:47
金融業、保険業	100.0	–	1.2	13.5	11.0	51.9	22.4	–	7:32
不動産業、物品賃貸業	100.0	–	0.1	5.1	3.6	41.3	50.0	–	7:45
学術研究、専門・技術サービス業	100.0	–	0.3	12.8	2.9	52.0	32.0	–	7:40
宿泊業、飲食サービス業	100.0	–	1.9	2.0	1.3	16.9	77.9	–	7:52
生活関連サービス業、娯楽業 1)	100.0	–	0.3	4.1	3.6	31.1	60.8	–	7:48
教育、学習支援業	100.0	0.4	1.3	8.8	8.4	45.4	35.1	0.7	7:41
医療、福祉	100.0	–	–	5.5	3.7	32.4	58.2	0.2	7:46
複合サービス事業	100.0	–	0.3	–	3.0	33.8	62.9	–	7:49
サービス業 2)(他に分類されないもの)	100.0	0.9	1.7	5.4	4.8	26.7	59.7	0.9	7:46

「就労条件総合調査」（1月1日現在）による。調査対象：常用労働者30人以上を雇用する民営企業。　1)　家事サービス業を除く。　2)　政治・経済・文化団体、宗教及び外国公務を除く。　3)　企業において最も多くの労働者に適用される1日の所定労働時間についての割合。　4)　監視又は断続労働に従事する者及び監督又は管理の地位にある者などで労働時間の定めのない者は含まない。
資料　厚生労働省「就労条件総合調査」

19-10　定年年齢階級別企業数の割合 (平成29年)

(単位　%)

企業規模、産業	一律定年制を定めている企業 1)		定年年齢						
			60歳	61	62	63	64	65	66歳以上
総数	(97.8)	100.0	79.3	0.3	1.1	1.2	0.3	16.4	1.4
企業規模別									
1,000 人以上	(91.8)	100.0	90.6	0.4	1.3	0.9	0.1	6.7	-
300 ～ 999	(94.2)	100.0	87.2	0.4	1.4	1.5	0.1	9.2	0.2
100 ～ 299	(97.2)	100.0	84.1	0.3	1.7	1.1	0.2	11.8	0.7
30 ～ 99 人	(98.5)	100.0	76.7	0.3	0.9	1.2	0.4	18.8	1.7
産業別									
鉱業、採石業、砂利採取業	(100.0)	100.0	88.7	3.3	-	2.0	-	6.0	-
建設業	(99.8)	100.0	74.4	-	1.5	1.8	-	20.8	1.5
製造業	(99.4)	100.0	88.7	0.2	0.3	0.4	0.5	9.1	0.8
電気・ガス・熱供給・水道業	(97.1)	100.0	89.9	-	1.4	0.5	-	7.1	1.2
情報通信業	(100.0)	100.0	89.4	0.7	0.4	-	-	8.4	1.2
運輸業、郵便業	(99.1)	100.0	67.0	0.3	4.2	1.5	1.5	24.8	0.7
卸売業、小売業	(98.5)	100.0	85.4	0.0	0.9	1.0	-	11.1	1.7
金融業、保険業	(99.5)	100.0	96.4	0.2	-	1.1	-	2.4	-
不動産業、物品賃貸業	(98.2)	100.0	83.0	1.6	0.2	1.2	-	12.8	1.2
学術研究、専門・技術サービス業	(98.5)	100.0	84.2	-	1.9	2.6	-	11.4	-
宿泊業、飲食サービス業	(97.7)	100.0	64.5	1.6	2.5	1.7	-	26.6	3.2
生活関連サービス業、娯楽業 2)	(96.5)	100.0	88.5	-	0.2	-	-	11.3	-
教育、学習支援業	(85.4)	100.0	78.5	-	2.6	0.5	0.1	18.1	0.1
医療、福祉	(94.7)	100.0	71.0	-	0.3	1.9	0.6	23.9	2.2
複合サービス事業	(97.9)	100.0	97.9	-	0.6	-	-	1.6	-
サービス業 (他に分類されないもの) 3)	(98.9)	100.0	66.5	1.1	1.7	2.5	-	26.6	1.7

「就労条件総合調査」（1月1日現在）による。調査対象：常用労働者30人以上を雇用する民営企業。
1)　（　）の数値は、定年制を定めている企業のうち、一律定年制を定めている企業の割合。　2)　家事サービス業を除く。　3)　政治・経済・文化団体、宗教及び外国公務を除く。
資料　厚生労働省「就労条件総合調査」

19-11 産業別常用雇用指数

(令和2年平均＝100)

産業	平成29年	30年	令和元年	2年	3年
調査産業計	**98.1**	**98.5**	**99.7**	**100.0**	**99.8**
鉱業、採石業、砂利採取業	87.3	101.9	101.2	100.0	101.0
建設業	94.8	94.8	97.8	100.0	101.2
製造業	99.2	99.3	100.1	100.0	98.4
電気・ガス・熱供給・水道業	108.3	105.6	102.0	100.0	99.2
情報通信業	96.9	97.2	97.9	100.0	100.4
運輸業、郵便業	97.8	98.0	98.8	100.0	99.2
卸売業、小売業	99.8	100.4	100.5	100.0	99.6
金融業、保険業	101.2	101.0	101.7	100.0	98.8
不動産業、物品賃貸業	95.7	97.1	99.8	100.0	101.0
学術研究、専門・技術サービス業	98.3	98.7	99.4	100.0	100.0
宿泊業、飲食サービス業	99.4	97.9	101.0	100.0	99.0
生活関連サービス業、娯楽業 1)	95.5	95.8	98.5	100.0	96.1
教育、学習支援業	92.3	98.4	99.0	100.0	101.4
医療、福祉	100.2	97.2	98.7	100.0	101.4
複合サービス事業	96.7	103.9	100.5	100.0	97.6
サービス業（他に分類されないもの） 2)	95.0	97.9	100.5	100.0	100.3

「毎月勤労統計調査」による。常用労働者30人以上の事業所の月末常用労働者数を指数化したもの。平成25年10月改定の日本標準産業分類による。　1)　家事サービス業を除く。　2)　外国公務を除く。
資料　厚生労働省「毎月勤労統計調査年報（全国調査）」

19-12 産業別常用労働者1人平均月間総実労働時間数

(単位　時間)

産業	平成29年	30年	令和元年	2年	3年
調査産業計	**148.4**	**147.4**	**144.4**	**140.4**	**142.4**
鉱業、採石業、砂利採取業	163.6	165.3	163.9	159.7	160.2
建設業	173.4	173.0	170.7	168.6	169.3
製造業	165.1	165.1	162.0	155.8	159.0
電気・ガス・熱供給・水道業	156.9	157.2	154.4	156.4	156.3
情報通信業	159.5	156.4	154.9	156.2	159.0
運輸業、郵便業	172.0	167.2	164.0	157.7	160.0
卸売業、小売業	137.4	136.7	134.3	133.0	134.7
金融業、保険業	148.5	147.6	145.9	146.3	147.4
不動産業、物品賃貸業	147.7	147.0	144.2	140.7	144.3
学術研究、専門・技術サービス業	156.3	156.8	155.4	153.8	156.0
宿泊業、飲食サービス業	109.9	108.7	103.7	88.8	88.2
生活関連サービス業、娯楽業 1)	129.4	128.7	121.9	105.8	113.2
教育、学習支援業	127.0	128.2	126.1	123.6	126.9
医療、福祉	143.6	143.6	140.6	139.0	139.1
複合サービス事業	155.6	153.6	149.4	149.4	149.8
サービス業（他に分類されないもの） 2)	139.7	139.7	136.8	132.5	133.9

「毎月勤労統計調査」による。常用労働者30人以上の事業所。平成25年10月改定の日本標準産業分類による。
1)　家事サービス業を除く。　2)　外国公務を除く。
資料　厚生労働省「毎月勤労統計調査年報（全国調査）」

19-13　産業別常用労働者賃金指数 （現金給与総額）

（令和2年平均＝100）

産業	平成29年	30年	令和元年	2年	3年
調査産業計	100.7	101.9	101.7	100.0	100.9
鉱業、採石業、砂利採取業	85.8	100.1	102.8	100.0	105.3
建設業	95.1	96.7	100.8	100.0	99.6
製造業	102.4	103.9	104.1	100.0	102.2
電気・ガス・熱供給・水道業	96.9	98.6	99.8	100.0	100.8
情報通信業	102.3	103.0	101.4	100.0	99.5
運輸業、郵便業	103.6	106.0	106.9	100.0	99.8
卸売業、小売業	95.4	101.8	98.4	100.0	103.3
金融業、保険業	97.4	98.5	100.0	100.0	96.9
不動産業、物品賃貸業	101.3	102.9	101.6	100.0	104.3
学術研究、専門・技術サービス業	97.4	98.2	100.1	100.0	98.6
宿泊業、飲食サービス業	113.6	109.4	108.3	100.0	97.7
生活関連サービス業、娯楽業　　　　1)	100.3	104.9	103.9	100.0	102.1
教育、学習支援業	100.7	99.9	98.1	100.0	100.1
医療、福祉	101.2	99.9	100.6	100.0	99.8
複合サービス事業	106.1	104.9	103.0	100.0	98.9
サービス業（他に分類されないもの）　2)	100.3	100.6	102.5	100.0	103.3

「毎月勤労統計調査」による。常用労働者30人以上を雇用する事業所の常用労働者1人平均現金給与総額を指数化したもの。平成25年10月改定の日本標準産業分類による。　　1)　家事サービス業を除く。　　2)　外国公務を除く。
資料　厚生労働省「毎月勤労統計調査年報（全国調査）」

19-14 産業別常用労働者1人平均月間現金給与額　総数（令和3年）

（単位　円）

産業	現金給与総額	きまって支給する給与	所定内給与	所定外給与	特別に支払われた給与
調査産業計	319,461	263,739	245,709	18,030	55,722
鉱業、採石業、砂利採取業	432,181	346,531	320,981	25,550	85,650
建設業	416,278	344,665	319,609	25,056	71,613
製造業	384,765	308,762	279,638	29,124	76,003
電気・ガス・熱供給・水道業	572,188	442,674	392,100	50,574	129,514
情報通信業	487,110	381,634	349,553	32,081	105,476
運輸業、郵便業	344,926	296,172	256,071	40,101	48,754
卸売業、小売業	288,500	237,701	226,403	11,298	50,799
金融業、保険業	476,589	361,872	337,917	23,955	114,717
不動産業、物品賃貸業	379,265	301,101	282,063	19,038	78,164
学術研究、専門・技術サービス業	469,320	371,781	346,060	25,721	97,539
宿泊業、飲食サービス業	117,182	111,424	107,305	4,119	5,758
生活関連サービス業、娯楽業 1)	207,747	192,124	185,155	6,969	15,623
教育、学習支援業	367,260	287,346	281,021	6,325	79,914
医療、福祉	296,620	252,439	238,916	13,523	44,181
複合サービス事業	368,967	289,950	274,238	15,712	79,017
サービス業（他に分類されないもの） 2)	264,075	229,537	212,007	17,530	34,538

「毎月勤労統計調査」による。常用労働者5人以上の事業所。平成25年10月改定の日本標準産業分類による。
1) 家事サービス業を除く。　2) 外国公務を除く。

19-14　産業別常用労働者1人平均月間現金給与額　男、女（令和3年）（続き）

（単位　円）

産業	男			女		
	現金給与総額	きまって支給する給与	特別に支払われた給与	現金給与総額	きまって支給する給与	特別に支払われた給与
調査産業計	407,616	331,371	76,245	220,265	187,637	32,628
鉱業、採石業、砂利採取業	467,215	372,949	94,266	298,785	245,941	52,844
建設業	446,358	369,058	77,300	279,346	233,623	45,723
製造業	449,448	356,491	92,957	232,360	196,303	36,057
電気・ガス・熱供給・水道業	595,756	461,219	134,537	422,617	324,982	97,635
情報通信業	538,049	418,623	119,426	362,648	291,257	71,391
運輸業、郵便業	379,491	324,555	54,936	221,404	194,744	26,660
卸売業、小売業	397,200	318,463	78,737	182,437	158,899	23,538
金融業、保険業	657,426	487,330	170,096	337,863	265,629	72,234
不動産業、物品賃貸業	452,842	354,123	98,719	261,959	216,566	45,393
学術研究、専門・技術サービス業	540,625	424,747	115,878	322,657	262,838	59,819
宿泊業、飲食サービス業	157,606	147,972	9,634	93,935	90,406	3,529
生活関連サービス業、娯楽業　1)	270,199	245,273	24,926	162,091	153,268	8,823
教育、学習支援業	437,495	340,378	97,117	303,413	239,137	64,276
医療、福祉	404,901	347,499	57,402	261,476	221,586	39,890
複合サービス事業	436,902	341,138	95,764	265,866	212,265	53,601
サービス業　2)（他に分類されないもの）	321,772	275,154	46,618	188,265	169,599	18,666

1)　家事サービス業を除く。　2)　外国公務を除く。
資料　厚生労働省「毎月勤労統計調査年報（全国調査）」

19-15 産業別月間現金給与額 (令和3年)

産業	男				女			
	労働者数 (1,000人)	年齢	勤続 年数	きまって 支給する 現金給与額 (1,000円)	労働者数 (1,000人)	年齢	勤続 年数	きまって 支給する 現金給与額 (1,000円)
産業計	18,180	44.1	13.7	370.5	10,031	42.1	9.7	270.2
鉱業、採石業、砂利採取業	8.9	48.5	15.2	366.4	1.2	46.5	12.8	268.1
建設業	1,576	45.0	13.8	377.8	248	41.9	11.0	268.9
製造業	4,690	43.2	15.5	359.8	1,538	42.9	11.7	240.8
電気・ガス・熱供給・水道業	120	45.3	21.9	480.9	18	42.4	16.7	350.0
情報通信業	988	41.3	14.0	427.1	320	37.2	9.6	341.7
運輸業、郵便業	1,911	47.6	13.1	338.7	340	42.8	9.4	251.0
卸売業、小売業	3,054	43.3	14.6	367.2	1,583	41.6	10.3	251.5
金融業、保険業	480	43.6	16.3	520.3	538	41.9	12.2	312.3
不動産業、物品賃貸業	306	44.8	11.4	389.0	160	40.3	8.4	277.3
学術研究、専門・技術サービス業	777	43.9	14.1	449.1	306	40.0	9.9	328.4
宿泊業、飲食サービス業	434	43.2	10.7	307.2	298	41.4	8.4	228.8
生活関連サービス業、娯楽業 1)	315	42.8	11.6	314.3	247	39.7	9.0	236.5
教育、学習支援業	410	46.8	13.6	448.1	391	40.8	9.7	321.5
医療、福祉	1,293	42.2	9.4	383.1	3,119	43.1	8.9	282.9
複合サービス事業	207	44.7	17.3	339.6	89	41.7	12.6	247.8
サービス業(他に分類されないもの) 2)	1,611	46.4	10.4	311.9	835	42.6	6.8	244.9

「賃金構造基本統計調査」による。6月30日(給与締切日の定めがある場合は、6月の最終給与締切日)現在。常用労働者10人以上の民営の事業所。常用労働者のうち一般労働者1人当たりの平均値。きまって支給する現金給与額(所得税、社会保険料などを控除する前の額、超過労働給与額を含む。)は6月分。 1) 家事サービス業を除く。 2) 外国公務を除く。
資料 厚生労働省「賃金構造基本統計調査」

19-16　産業、企業規模別女性短時間労働者の1時間当たり所定内給与額

年次、産業	企業規模計			10～99人		
	労働者数 (1,000人)	年齢	1時間当たり 所定内給与額 (円)	労働者数 (1,000人)	年齢	1時間当たり 所定内給与額 (円)
製造業						
令和 元 年　1)	649	49.6	1,021	338	50.1	967
2	631	50.6	1,204	289	51.2	1,171
3	592	49.9	1,099	302	50.8	1,057
卸売業、小売業						
令和 元 年　1)	2,594	44.9	1,040	624	44.9	1,020
2	2,640	45.1	1,156	695	43.5	1,165
3	2,400	45.3	1,107	669	43.3	1,092
宿泊業、飲食サービス業						
令和 元 年　1)	1,831	37.9	1,028	472	41.9	995
2	1,564	38.3	1,242	371	40.8	1,166
3	1,595	38.0	1,241	426	42.3	1,291
医療、福祉						
令和 元 年　1)	1,495	51.5	1,491	716	51.7	1,423
2	1,580	52.2	1,555	653	52.5	1,546
3	1,480	52.0	1,536	647	52.1	1,545

年次、産業	100～999人			1,000人以上		
	労働者数 (1,000人)	年齢	1時間当たり 所定内給与額 (円)	労働者数 (1,000人)	年齢	1時間当たり 所定内給与額 (円)
製造業						
令和 元 年　1)	219	49.5	1,025	92	47.7	1,210
2	220	50.0	1,256	121	50.4	1,189
3	179	50.8	1,094	111	46.1	1,220
卸売業、小売業						
令和 元 年　1)	443	45.2	1,029	1,527	44.8	1,051
2	407	46.2	1,152	1,538	45.6	1,153
3	368	45.6	1,149	1,363	46.3	1,103
宿泊業、飲食サービス業						
令和 元 年　1)	320	38.5	1,014	1,039	36.0	1,047
2	305	40.7	1,378	888	36.4	1,227
3	271	38.6	1,240	898	35.9	1,217
医療、福祉						
令和 元 年　1)	574	51.3	1,517	205	51.0	1,657
2	651	52.6	1,521	276	50.3	1,656
3	596	52.3	1,495	237	51.2	1,615

「賃金構造基本統計調査」による。6月30日（給与締切日の定めがある場合は、6月の最終給与締切日）現在。
常用労働者10人以上の民営の事業所。常用労働者のうち短時間労働者1人当たりの平均値。短時間労働者とは、
常用労働者のうち、1日の所定労働時間又は1週の所定労働日数が一般の労働者より少ない労働者。現金給与額
は6月分。所定内給与額とは、きまって支給する現金給与額のうち、超過労働給与額を差し引いた額。
1)　令和2年と同じ推計方法による集計。
資料　厚生労働省「賃金構造基本統計調査」

19-17 企業規模・産業、学歴別月間現金給与額 (令和3年)

(単位 1,000円)

企業規模・産業	中学	高校	高専・短大	大学	大学院
男					
企業規模別					
1,000 人以上	346.2	376.7	419.6	462.2	522.0
100 ～ 999	300.0	323.1	356.8	400.2	479.4
10 ～ 99 人	310.1	308.4	332.6	364.6	442.8
産業別					
鉱業、採石業、砂利採取業	309.8	337.2	353.0	487.5	553.4
建設業	332.9	345.0	405.5	437.9	507.2
製造業	306.4	340.0	391.6	398.8	461.2
電気・ガス・熱供給・水道業	441.1	486.9	448.2	463.9	565.6
情報通信業	301.6	399.1	443.8	436.7	465.0
運輸業、郵便業	338.4	332.1	329.8	368.0	436.6
卸売業、小売業	291.1	325.3	364.7	403.8	480.5
金融業、保険業	330.7	406.9	572.6	522.3	722.7
不動産業、物品賃貸業	328.3	339.4	379.4	421.9	462.9
学術研究、専門・技術サービス業	362.7	385.7	412.9	464.4	505.1
宿泊業、飲食サービス業	308.8	293.2	325.7	337.5	403.5
生活関連サービス業、娯楽業 1)	275.8	295.0	351.3	347.2	337.6
教育、学習支援業	330.1	326.5	353.8	430.2	544.3
医療、福祉	250.5	274.2	335.8	471.4	776.9
複合サービス事業	257.1	341.7	339.5	336.5	374.1
サービス業(他に分類されないもの) 2)	267.7	293.2	336.8	344.1	410.5
女					
企業規模別					
1,000 人以上	241.9	254.5	314.3	328.9	449.5
100 ～ 999	212.1	231.6	273.4	303.2	408.2
10 ～ 99 人	204.6	219.7	250.8	285.2	369.4
産業別					
鉱業、採石業、砂利採取業	226.4	244.0	281.3	339.2	367.5
建設業	233.1	244.1	279.2	297.0	350.1
製造業	200.5	227.0	270.5	291.5	358.3
電気・ガス・熱供給・水道業	259.8	356.0	349.0	363.3	394.7
情報通信業	265.3	274.8	334.2	359.4	418.3
運輸業、郵便業	258.0	237.3	266.5	285.0	338.6
卸売業、小売業	191.1	223.4	270.2	298.4	372.6
金融業、保険業	279.4	285.5	332.6	324.2	641.9
不動産業、物品賃貸業	216.8	252.0	284.9	296.6	368.9
学術研究、専門・技術サービス業	241.8	267.5	312.6	348.1	442.8
宿泊業、飲食サービス業	201.0	211.1	247.9	265.3	341.9
生活関連サービス業、娯楽業 1)	214.2	219.4	255.2	262.0	308.2
教育、学習支援業	300.0	264.5	266.1	326.0	482.1
医療、福祉	225.3	236.5	276.3	315.8	432.2
複合サービス事業	220.3	238.9	264.5	261.2	268.8
サービス業(他に分類されないもの) 2)	199.1	224.1	252.5	280.4	320.8

「賃金構造基本統計調査」による。常用労働者10人以上の民営の事業所。常用労働者のうち一般労働者1人当たりの平均値。6月分として支給された現金給与額。(所得税、社会保険料などを控除する前の額、超過労働給与額を含む。) 1) 家事サービス業を除く。 2) 外国公務を除く。
資料 厚生労働省「賃金構造基本統計調査」

19-18　主要職種別平均年齢、勤続年数、実労働時間数と月間給与額 (令和3年)

職種	労働者数 (10人)	年齢	勤続 年数	所定内 実労働 時間数 (時間)	きまって 支給する 現金給与額 (1,000円)	#所定内 給与額
男						
管理的職業従事者	171,853	50.8	21.9	168	544.0	535.2
その他の営業職業従事者	76,397	42.0	13.0	168	381.2	357.9
販売店員	65,248	41.3	12.3	168	301.4	279.4
その他の運搬従事者	51,900	44.7	11.8	167	290.4	258.1
総合事務員	48,903	44.2	14.7	162	395.6	363.6
ソフトウェア作成者	48,230	38.1	11.1	167	363.1	330.4
営業用貨物自動車運転者 （大型車を除く）	44,804	47.6	11.1	174	322.6	263.9
食料品・飲料・たばこ製造従事者	43,228	41.7	11.9	166	282.6	247.7
営業用大型貨物自動車運転者	40,885	50.0	12.2	177	354.7	282.6
介護職員（医療・福祉施設等）	38,711	40.3	7.3	163	268.2	250.5
機械技術者	36,919	41.8	14.4	166	391.1	343.6
営業・販売事務従事者	32,905	43.7	14.4	165	376.3	350.1
電気・電子・電気通信技術者 （通信ネットワーク技術者を除く）	32,374	42.2	15.1	165	404.5	353.9
土木技術者	31,702	45.9	13.9	170	385.2	353.4
建築技術者	30,773	43.7	13.3	171	406.5	361.9
生産関連事務従事者	29,416	45.3	17.2	166	353.5	321.7
庶務・人事事務員	27,838	45.6	14.9	165	372.7	346.3
その他の一般事務従事者	27,389	45.8	16.0	161	394.7	364.5
電気機械器具組立従事者	24,596	42.1	14.0	163	320.2	268.8
自動車整備・修理従事者	23,718	38.9	12.7	167	313.8	281.1
飲食物調理従事者	23,705	43.5	9.8	170	287.4	266.2
金属工作機械作業従事者	23,033	41.5	13.5	169	316.3	267.3
機械器具・通信・システム営業職業従事者（自動車を除く）	22,906	41.8	14.3	165	397.0	368.9
ゴム・プラスチック製品製造従事者	22,638	41.4	13.4	167	319.4	272.3
自動車組立従事者	22,188	41.0	15.2	164	390.6	313.3
企画事務員	21,092	42.6	14.5	164	455.7	416.2
警備員	20,274	52.2	9.7	169	256.7	221.7
その他の情報処理・通信技術者	19,779	41.7	13.7	163	381.5	346.7
運輸・郵便事務従事者	19,745	46.1	15.7	163	335.3	303.5

「賃金構造基本統計調査」による。6月30日（給与締切日の定めがある場合は、6月の最終給与締切日）現在。常用労働者10人以上の民営の事業所。常用労働者のうち一般労働者1人当たりの平均値。所定内実労働時間数及び現金給与額（所得税、社会保険料などを控除する前の額、超過労働給与額を含む。）は6月分。

19-18 主要職種別平均年齢、勤続年数、実労働時間数と月間給与額（令和3年）（続き）

職種	労働者数 （10人）	年齢	勤続 年数	所定内 実労働 時間数 （時間）	きまって 支給する 現金給与額 （1,000円）	#所定内 給与額
女						
看護師	76,183	41.6	9.3	159	342.8	311.8
介護職員（医療・福祉施設等）	70,345	45.8	7.7	163	241.0	227.9
総合事務員	65,367	42.5	11.2	162	273.9	257.6
販売店員	60,476	42.9	9.6	159	212.8	204.3
その他の一般事務従事者	57,336	41.5	9.5	161	255.0	240.6
営業・販売事務従事者	47,180	39.9	10.6	163	269.1	253.1
庶務・人事事務員	46,439	43.2	11.9	163	274.7	259.7
食料品・飲料・たばこ製造 従事者	30,790	43.4	8.9	164	199.7	180.5
会計事務従事者	30,308	42.6	11.8	162	267.0	254.7
保育士	23,069	38.4	8.9	166	255.1	249.1
生産関連事務従事者	20,024	43.1	12.7	162	250.5	234.3
飲食物調理従事者	17,239	45.1	7.9	164	204.3	193.6
保険営業職業従事者	16,785	46.3	10.9	144	280.7	280.0
幼稚園教員、保育教諭	16,723	36.0	8.6	171	251.1	246.1
管理的職業従事者	16,605	49.8	19.7	165	473.4	463.9
企画事務員	14,909	38.1	9.9	162	342.3	315.2
その他の営業職業従事者	14,639	36.3	8.0	165	301.1	282.5
准看護師	13,886	51.1	11.5	160	285.2	265.8
電気機械器具組立従事者	13,547	42.0	11.1	163	221.5	192.0
その他の社会福祉専門職業従事者	13,335	43.6	8.5	164	263.9	252.7
その他の運搬従事者	11,617	44.8	7.9	162	213.3	195.9
飲食物給仕従事者	11,251	40.1	7.7	161	217.0	204.7
看護助手	11,118	47.9	8.6	157	213.6	202.0
理学療法士、作業療法士、 言語聴覚士、視能訓練士	10,726	35.1	7.4	160	283.4	274.4
電話応接事務員	10,678	41.5	7.4	157	248.3	229.2
ソフトウェア作成者	10,327	33.7	7.9	167	307.6	283.2
その他のサービス職業従事者	10,130	39.8	7.3	162	241.7	228.7
栄養士	9,932	37.4	8.4	165	252.8	242.4
娯楽場等接客員	7,775	38.7	8.2	160	222.5	215.1

資料　厚生労働省「賃金構造基本統計調査」

19-19　主要職種別従業員数、平均年齢と平均給与月額（令和3年）

職種		調査人員（復元後）1)	平均年齢	4月分平均給与月額　（円）		
				きまって支給する給与	#時間外手当	#通勤手当
支店長	2)	3,025	53.4	776,226	1,941	14,239
事務部長	2)	107,263	52.8	709,859	2,073	13,239
事務課長		230,905	49.5	604,032	9,784	14,430
事務係長		265,516	44.4	494,589	70,348	15,402
事務主任		188,743	41.8	400,824	48,306	15,640
事務係員		967,151	36.9	337,505	40,698	13,053
工場長	2)	2,194	54.0	713,891	1,065	8,910
技術部長	2)	58,476	52.9	698,026	2,850	11,437
技術課長		165,225	49.6	583,191	9,110	10,729
技術係長		196,889	45.8	500,158	75,116	11,400
技術主任		179,051	42.9	439,220	68,839	10,723
技術係員		822,294	35.7	358,905	57,510	9,069
電話交換手	3)	78	47.1	275,577	1,032	18,570
自家用乗用自動車運転手	4)	394	49.1	416,006	74,557	14,505
守衛		1,330	51.4	354,092	43,714	6,618
用務員		1,365	55.5	248,798	9,197	12,153
研究所長	2)	203	55.3	773,926	325	9,554
研究部（課）長		7,346	51.9	678,503	3,148	11,611
研究室（係）長		8,508	51.6	596,786	16,323	10,329
研究員		48,305	39.7	425,985	51,493	7,278
大学学部長		1,180	60.2	789,867	1,959	28,492
大学教授		31,590	57.3	740,187	3,941	51,592
大学准教授		19,736	49.2	610,764	3,805	45,279
大学講師		9,049	46.0	520,876	4,690	39,567
高等学校校長		209	60.8	749,836	13,624	27,757
高等学校教頭		824	55.9	641,975	5,758	30,382
高等学校教諭		24,840	44.4	501,867	12,290	21,721
遠洋船長・機関長		35	49.7	730,828	0	0
遠洋一等航海士・機関士		42	33.2	728,300	0	0
遠洋二等航海士・機関士		28	28.0	456,225	0	0
近海船長・機関長		136	52.1	752,971	16,655	1,618
近海一等航海士・機関士		126	48.7	616,525	159,144	2,564
近海二等航海士・機関士		190	38.5	520,831	151,368	2,051
沿海・平水船長・機関長		95	54.4	726,466	145,497	2,196
沿海・平水一等航海士・機関士		120	48.4	581,723	156,517	3,629
沿海・平水二等航海士・機関士		131	40.2	515,655	158,739	3,210

「職種別民間給与実態調査」による。調査対象：令和3年4月分の最終給与締切日現在において、企業規模50人以上で、かつ、事業所規模50人以上の全国の民間事業所。病院を除く。　1）母集団に復元して算出。　2）取締役兼任者を除く。　3）見習、外国語の電話交換手を除く。　4）業務委託契約等に基づき、他の事業所において業務に従事している者を除く。
資料　人事院「職種別民間給与実態調査」

19-20 鉱工業・業種別労働生産性指数

(平成27年平均=100)

業種	平成30年平均	令和元年平均	2年平均	3年平均
製造工業	104.0	102.2	95.2	99.9
食料品・たばこ	96.2	98.5	97.0	95.8
繊維	101.0	98.3	91.5	95.6
木材・木製品	98.9	103.1	95.3	102.4
家具	109.9	110.5	104.3	109.0
パルプ・紙・紙加工品	101.9	98.8	92.5	97.5
印刷業	93.7	92.0	88.6	87.6
化学（石油・石炭を含む）	107.0	105.0	96.0	97.1
プラスチック製品	100.5	99.8	95.0	96.9
ゴム製品	100.4	100.5	87.0	95.9
窯業・土石製品	104.6	102.1	93.5	96.9
鉄鋼業	101.5	96.9	87.1	98.6
非鉄金属	101.2	95.7	90.6	95.8
金属製品	96.1	96.1	90.0	92.8
汎用機械	109.8	103.6	96.5	107.8
生産用機械	110.3	103.3	97.8	115.3
業務用機械	107.3	105.4	95.1	103.9
電子部品・デバイス	120.4	109.3	112.5	124.6
電気機械	110.0	105.9	101.2	106.9
情報通信機械	103.6	112.2	97.4	98.9
輸送機械	101.5	101.6	87.9	88.3
鉱業	107.8	96.8	92.7	95.0

本指数は製造業を中心とした産業の物的労働生産性の変化を示す。ウエイトは経済産業省の鉱工業生産指数による。事業所規模5人以上。
資料　公益財団法人日本生産性本部「生産性統計」

19-21　産業別労働組合数と組合員数

年次、産業	単位労働組合							単一労働組合	
	労働組合数	労働組合員数					推定組織率	労働組合数	労働組合員数
		(1,000人) 1)	主要団体				(%) 3)		(1,000人)
			連合	全労連	全労協	その他 2)			
平成 27 年	52,768	9,825	6,725	573	110	2,558	…	24,983	9,882
令和 2 年	49,098	10,044	6,854	510	94	2,718	16.9	23,761	10,115
3	**48,239**	**10,011**	**6,841**	**495**	**90**	**2,710**	**16.7**	**23,392**	**10,078**
農業、林業	303	8.0	5.1	0.2	0.3	2.4	*1.7	47	4.4
漁業	34	2.8	1.4	–	–	1.4	*	20	4.0
鉱業、採石業、砂利採取業	88	5.3	3.2	0.2	–	1.9	26.4	60	5.3
建設業	2,456	841	117	5.9	18	720	22.0	772	829
製造業	11,040	2,670	2,043	7.1	2.0	651	26.2	6,847	2,780
電気・ガス・熱供給・水道業	1,257	159	152	4.3	3.7	2.7	51.4	440	166
情報通信業	1,287	339	270	2.4	0.6	67	14.0	699	345
運輸業、郵便業	7,268	844	640	20	14	186	25.0	3,195	1,016
卸売業、小売業	5,335	1,522	1,312	58	1.8	151	15.3	1,810	1,459
金融業、保険業	2,747	744	378	4.5	0.1	362	45.4	608	738
不動産業、物品賃貸業	281	36	18	0.3	0.2	17	3.0	164	34
学術研究、専門・技術サービス業	1,122	143	99	3.6	0.2	41	7.1	426	97
宿泊業、飲食サービス業	414	327	210	0.5	0.1	116	9.9	285	300
生活関連サービス業、娯楽業	535	118	101	3.1	0.0	14	7.2	365	115
教育、学習支援業	3,350	440	274	64	13	105	14.2	2,098	429
医療、福祉	3,245	511	251	170	7.5	94	6.1	1,712	484
複合サービス事業	1,198	258	191	6.1	2.1	61	51.6	523	83
サービス業	1,457	196	142	4.0	2.0	51	4.7	835	183
公務	4,120	788	610	133	17	43	30.8	1,963	832
分類不能の産業 4)	702	61	22	7.5	7.7	23	…	523	176

「労働組合基礎調査」（6月30日現在）による。労働組合とは、労働者が主体となって自主的に労働条件の維持改善その他経済的地位の向上を図ることを主たる目的として組織する団体及びその連合団体。調査対象は我が国における全ての産業の労働組合。（国家公務員法又は地方公務員法に規定する職員団体を含む。） 1） 複数の主要団体に加盟している労働組合員数は、それぞれの団体に重複集計上。 2） 連合、全労連及び全労協に加盟していない産業別組織等及び無加盟の組合員数。 3） 雇用者数に占める労働組合員数の割合。本調査で得られた労働組合員数を、総務省統計局が実施している「労働力調査」の雇用者数（6月分の原数値）で除して計算している。 4） 産業の異なる複数の企業の労働者で組織されている労働組合等を含む。
資料　厚生労働省「労働組合基礎調査報告」

19-22　労働争議

年次	総争議		#争議行為を伴う争議						主要要求事項総数
	件数	総参加人員	件数	行為参加人員	#半日以上の同盟罷業		#半日未満の同盟罷業		
					件数	行為参加人員	件数	行為参加人員	
		(1,000人)		(1,000人)		(1,000人)		(1,000人)	
平成27年	425	174	86	23	39	13	60	11	578
令和2年	303	57	57	6	35	1	34	5	424
3	297	60	55	8	32	1	36	7	440

年次	主要要求事項総数									
	主要要求事項別争議件数									
	組合保障及び労働協約	組合保障及び組合活動	労働協約の締結、改訂及び効力	賃金	#賃金額(基本給・諸手当)の改定	賃金以外の労働条件	#所定内労働時間の変更	経営・雇用・人事	#解雇反対・被解雇者の復職	その他
	1)			1)		1)		1)		
平成27年	112	101	13	195	70	58	3	167	98	19
令和2年	126	119	10	154	51	35	2	74	41	7
3	137	126	13	150	55	31	1	96	57	3

「労働争議統計調査」による。労働争議とは、労働組合又は労働者の団体とその相手方との間で生じた紛争のうち、争議行為が現実に発生したもの又は解決のために第三者が関与したもの。　1)　2つの主要要求事項が同一の区分内にある労働争議は1件として計上している。
資料　厚生労働省「労働争議統計調査」

第20章　物価・地価

20-1　国内企業物価指数

（令和2年平均＝100）

年次	総平均	工業製品	飲食料品	繊維製品	木材・木製品	パルプ・紙・同製品	化学製品	石油・石炭製品	プラスチック製品	窯業・土石製品	鉄鋼	非鉄金属
ウエイト	1,000.0	892.3	144.6	9.4	9.6	28.8	86.1	52.8	41.0	23.4	50.6	26.7
平成29年	98.4	98.5	97.6	96.3	98.7	91.0	104.9	107.2	97.8	93.2	93.7	100.6
30	101.0	100.7	98.2	97.6	101.2	93.2	107.9	125.4	98.9	95.0	98.5	104.2
令和元年	101.2	100.8	99.3	99.4	100.8	98.4	104.6	119.4	100.4	98.0	100.7	98.9
2	100.0	100.0	100.0	100.0	100.0	100.0	100.0	100.0	100.0	100.0	100.0	100.0
3	104.6	104.7	101.9	100.5	131.8	99.8	105.9	128.6	100.0	100.7	114.8	128.6

| 年次 | 工業製品 | | | | | | | | | 農林水産物 | 鉱産物 | 電力・都市ガス・水道 | スクラップ類 |
	金属製品	はん用機器	生産用機器	業務用機器	電子部品・デバイス	電気機器	情報通信機器	輸送用機器	その他工業製品				
ウエイト	43.7	33.3	45.8	14.9	19.3	50.0	18.2	150.9	43.2	40.3	3.7	58.4	5.3
平成29年	93.2	95.9	96.8	99.2	99.3	99.9	102.3	98.9	96.3	99.7	94.6	95.6	114.2
30	95.7	96.3	97.4	99.0	99.3	99.7	101.2	98.7	96.6	101.8	98.4	101.7	130.2
令和元年	98.2	97.9	99.0	99.4	99.2	99.0	99.6	98.7	97.8	101.0	102.2	106.0	108.8
2	100.0	100.0	100.0	100.0	100.0	100.0	100.0	100.0	100.0	100.0	100.0	100.0	100.0
3	101.5	100.4	100.1	100.9	101.1	100.4	98.9	100.0	100.1	101.6	101.6	100.2	166.3

国内で生産した国内需要家向けの財（国内市場を経由して最終的に輸出するものを除く。）を対象とし、原則、生産者段階における出荷時点の価格を調査。ウエイト：工業製品は、令和元年の国内向け出荷額（元年「工業統計」の出荷額から、元年「貿易統計」の輸出額を控除した額）と、2年の国内向け出荷額（元年「工業統計」の出荷額を2年動態統計で延長推計した額から、2年「貿易統計」の輸出額を控除した額）の平均値を使用している。非工業製品などは、他の官庁・業界統計などを使用。算式：価格指数を基準時に固定した金額ウエイトにより加重算術平均する「固定基準ラスパイレス指数算式」。採用品目：515。消費税を含むベースで作成。
資料　日本銀行「企業物価指数」

20-2　輸出物価指数

（令和2年平均＝100）

| 年次 | 円ベース | | | | | | | | 契約通貨ベース |
	総平均	繊維品	化学製品	金属・同製品	はん用・生産用・業務用機器	電気・電子機器	輸送用機器	その他産品・製品	
ウエイト	1,000.0	9.2	117.5	103.5	196.5	210.2	269.9	93.2	1,000.0
平成29年	105.9	103.0	122.0	100.4	101.8	108.3	104.8	105.6	102.8
30	107.4	104.1	129.1	106.1	101.8	106.0	103.4	115.4	104.9
令和元年	103.3	102.9	113.5	101.0	100.7	101.8	100.9	112.5	102.1
2	100.0	100.0	100.0	100.0	100.0	100.0	100.0	100.0	100.0
3	108.3	102.7	117.2	133.2	102.5	100.8	104.3	110.9	105.8

輸出品の通関段階における船積み時点の価格。調査価格：FOB価格　ウエイト：財務省「貿易統計」の令和元年と2年の輸出額の平均値を使用。算式：価格指数を基準時に固定した金額ウエイトにより加重算術平均する「固定基準ラスパイレス指数算式」。採用品目：184
資料　日本銀行「企業物価指数」

20-3 輸入物価指数

(令和2年平均＝100)

年次	円ベース											契約通貨ベース
	総平均	飲食料品・食料用農水産物	繊維品	金属・同製品	木材・木製品・林産物	石油・石炭・天然ガス	化学製品	はん用・生産用・業務用機器	電気・電子機器	輸送用機器	その他産品・製品	
ウエイト	1,000.0	85.1	58.6	101.6	16.6	213.6	108.4	75.9	206.7	51.2	82.3	1,000.0
平成 29 年	109.5	103.7	102.6	96.6	103.0	123.0	114.0	98.7	115.4	100.6	103.2	105.8
30	117.8	104.2	102.5	101.0	111.4	154.1	120.5	102.3	113.2	100.7	104.2	115.0
令和 元 年	111.5	101.4	101.2	98.3	106.4	139.8	111.2	102.0	106.3	100.1	102.6	110.2
2	100.0	100.0	100.0	100.0	100.0	100.0	100.0	100.0	100.0	100.0	100.0	100.0
3	121.6	117.5	103.1	145.5	136.9	152.9	108.5	103.6	105.6	104.1	109.9	118.7

輸入品の通関段階における荷降ろし時点の価格。調査価格：CIF価格　ウエイト：財務省「貿易統計」の令和元年と2年の輸入額の平均値を使用。算式：価格指数を基準時に固定した金額ウエイトにより加重算術平均する「固定基準ラスパイレス指数算式」。採用品目：210
資料　日本銀行「企業物価指数」

20-4 需要段階・用途別指数

(平成27年平均＝100)

年次	国内需要財	国内品	輸入品	素原材料	#加工用素原材料	#建設用材料	中間財	#製品原材料	#建設用材料	最終財	輸出品
ウエイト	1,000.000	744.660	255.340	100.163	82.289	0.622	535.481	342.883	61.840	364.356	1,000.000
平成 29 年	97.2	98.7	92.7	95.9	97.0	100.4	97.4	97.6	100.5	97.3	95.5
30	100.9	101.3	99.7	109.5	110.6	100.8	101.6	100.7	104.3	97.5	96.8
令和 元 年	99.4	101.1	94.4	103.8	104.6	101.7	100.6	98.7	105.6	96.4	93.1
2	95.2	98.8	84.7	86.4	87.7	103.1	97.1	96.3	104.5	94.7	90.2
3	103.6	103.5	104.0	118.9	120.6	104.7	105.4	104.6	114.1	96.8	98.6

基本分類指数（国内企業物価指数、輸出・輸入物価指数）を商品の需要段階や用途に着目した分類に組み替えて集計した指数。
資料　日本銀行「企業物価指数」

20-5　企業向けサービス価格指数

（平成27年平均＝100）

年次	総平均	金融・保険	金融	保険	不動産	運輸・郵便	旅客輸送	陸上貨物輸送	海上貨物輸送	航空貨物輸送	倉庫・運輸附帯サービス	郵便・信書便
ウエイト	1,000.0	48.3	34.7	13.6	94.5	158.0	37.0	55.9	20.0	1.4	34.2	9.5
平成29年	101.0	101.1	100.4	102.9	102.4	100.2	100.6	101.0	95.2	87.2	100.6	104.7
30	102.2	101.2	100.3	103.3	103.6	102.7	100.9	105.1	101.1	94.9	100.8	107.2
令和元年	103.3	101.8	101.4	103.1	104.9	104.4	101.8	108.5	102.2	87.3	101.5	108.0
2	104.2	102.8	102.8	102.7	105.6	105.6	103.0	110.5	98.9	119.0	102.6	109.3
3	105.1	103.2	102.2	105.6	107.3	107.0	103.8	110.8	107.4	143.4	101.7	109.7

年次	情報通信	#通信	#情報サービス	リース・レンタル	広告	諸サービス	下水道・廃棄物処理	自動車整備・機械修理	専門サービス	技術サービス	職業紹介・労働者派遣サービス	その他諸サービス
ウエイト	228.3	56.8	129.1	79.2	49.2	342.5	26.9	66.2	41.4	56.2	46.7	105.1
平成29年	100.2	98.0	101.3	99.1	101.9	101.9	101.4	100.8	99.6	104.0	103.1	101.9
30	100.9	98.2	102.1	99.2	102.9	103.1	101.7	101.0	98.8	106.5	105.4	103.3
令和元年	101.3	96.3	103.2	99.5	103.6	104.7	103.0	101.8	98.9	109.0	109.0	105.1
2	102.5	96.5	105.3	100.4	97.3	106.4	105.3	103.4	99.8	111.9	114.7	104.5
3	102.7	96.3	105.5	100.2	104.0	106.9	106.3	103.2	99.5	114.3	115.4	104.5

調査価格：原則として、サービス内容、取引先、取引条件などを特定した実際の取引価格。ウエイト：平成27年延長産業連関表におけるサービス部門の企業間取引額（中間需要部門＋国内総固定資本形成＋家計外消費支出）から、輸入取引該当額を控除した取引額を基礎データとして算出。算式：価格指数を基準時に固定した金額ウエイトにより加重算術平均する「固定基準ラスパイレス指数算式」。採用品目：146
資料　日本銀行「企業向けサービス価格指数」

20-6　製造業部門別投入・産出物価指数

(平成23年平均＝100)

年次	製造業総合				飲食料品		繊維製品		パルプ・紙・木製品	
	投入	#国内財	産出	#国内財	投入	産出	投入	産出	投入	産出
ウエイト	1,000.000	718.760	1,000.000	829.751	109.032	124.085	9.416	11.224	38.997	40.968
平成30年	100.1	98.9	100.6	98.5	107.8	104.8	111.8	107.5	111.6	106.2
令和元年	98.6	98.7	99.7	98.2	107.7	105.3	112.3	108.4	112.7	109.2
2	94.4	96.7	97.6	96.2	105.8	105.5	108.9	107.7	109.5	108.9
3	105.1	103.2	103.3	101.5	110.7	107.6	113.1	108.5	117.8	114.9

年次	化学製品		石油・石炭製品		プラスチック・ゴム		窯業・土石製品		鉄鋼	
	投入	産出	投入	産出	投入	産出	投入	産出	投入	産出
ウエイト	98.234	101.113	84.326	71.748	46.661	47.614	17.385	23.750	94.618	86.274
平成30年	106.1	98.0	95.0	99.5	97.4	95.2	108.2	106.0	91.2	98.6
令和元年	100.3	93.4	86.1	94.5	96.0	95.1	109.3	110.6	92.2	99.2
2	91.1	88.7	60.6	76.9	90.7	93.3	106.5	108.5	88.9	96.5
3	107.0	98.2	91.9	98.4	96.3	93.8	112.2	106.9	108.3	112.8

年次	非鉄金属		金属製品		はん用機械		生産用機械		業務用機械	
	投入	産出	投入	産出	投入	産出	投入	産出	投入	産出
ウエイト	36.648	31.687	31.794	37.493	28.903	34.761	41.046	48.918	20.105	18.217
平成30年	103.3	103.4	100.2	108.0	102.5	107.5	101.3	105.5	98.6	103.4
令和元年	96.1	100.6	100.8	110.1	103.4	108.2	102.3	105.9	97.7	102.3
2	96.3	105.4	100.0	110.7	103.1	108.5	101.8	105.1	97.0	102.2
3	132.7	130.4	110.7	112.6	108.7	109.7	105.5	105.7	101.2	104.6

年次	電子部品		電気機械		情報・通信機器		輸送機械		その他の製造工業製品	
	投入	産出	投入	産出	投入	産出	投入	産出	投入	産出
ウエイト	47.843	49.798	51.853	55.444	28.557	29.108	189.578	155.401	25.004	32.399
平成30年	96.8	91.2	96.8	93.1	95.7	84.7	96.9	102.1	104.4	100.2
令和元年	96.4	88.8	96.0	91.9	94.1	82.6	96.8	101.0	106.5	101.0
2	96.3	88.0	95.2	91.2	93.2	81.1	96.6	100.6	105.8	101.6
3	101.0	88.9	100.8	92.2	97.1	81.0	99.9	102.0	108.9	102.5

対象範囲：投入物価指数は製造業の各部門が経常的な生産活動の過程で消費する原材料、燃料・動力及びサービスの価格を集計。産出物価指数は製造業の各部門における産出物の価格を集計。ウエイト：投入物価指数は、平成23年産業連関表の購入者価格ベースの中間投入額、産出物価指数は、同表の生産者価格ベースの国内生産額。
算式：価格指数を基準時に固定した金額ウエイトにより加重算術平均する「固定基準ラスパイレス指数算式」。
採用品目：投入物価指数1,192、産出物価指数1,155。消費税を含まないベースで作成。
資料　日本銀行「製造業部門別投入・産出物価指数」

20-7　消費者物価指数（CPI）（全国）

（令和2年平均＝100）

年次	総合	食料	#穀類	#魚介類	#肉類	#野菜・海藻	#外食	住居	#家賃	光熱・水道
ウエイト	10,000	2,626	214	199	249	285	460	2,149	1,833	693
平成29年	98.6	96.8	97.4	95.9	97.8	97.2	95.6	99.3	100.1	96.4
30	99.5	98.2	99.0	98.9	98.2	101.6	96.5	99.2	100.0	100.2
令和元年	100.0	98.7	99.9	100.4	99.0	96.7	97.9	99.4	99.9	102.5
2	100.0	100.0	100.0	100.0	100.0	100.0	100.0	100.0	100.0	100.0
3	99.8	100.0	98.8	101.1	100.9	98.3	100.3	100.6	100.1	101.3

年次	光熱・水道 #電気代	#ガス代	家具・家事用品	被服及び履物	保健医療	交通・通信	#交通	教育	教養娯楽	諸雑費	#理美容サービス
ウエイト	341	151	387	353	477	1,493	167	304	911	607	110
平成29年	96.4	95.6	96.7	98.3	97.5	99.5	97.3	109.6	98.3	101.7	97.3
30	100.7	98.6	95.7	98.5	99.0	100.9	97.5	110.1	99.0	102.1	97.5
令和元年	103.7	101.7	97.7	98.9	99.7	100.2	98.1	108.4	100.6	102.1	98.3
2	100.0	100.0	100.0	100.0	100.0	100.0	100.0	100.0	100.0	100.0	100.0
3	100.1	99.4	101.0	100.4	100.0	96.0	95.0	100.0	101.6	101.1	100.2

	財・サービス分類										
年次	財	#農水畜産物	生鮮商品	他の農水畜産物	#工業製品	#食料工業製品	繊維製品	#石油製品	サービス	公共サービス	一般サービス
ウエイト	5,046	720	658	62	3,678	1,522	375	278	4,954	1,219	3,735
平成29年	97.2	96.2	96.3	95.2	97.6	97.7	99.0	96.4	100.0	101.8	99.3
30	98.9	99.0	99.0	99.7	98.8	98.4	98.7	106.7	100.2	102.5	99.4
令和元年	99.5	97.7	97.5	99.9	99.5	99.4	99.2	105.5	100.5	102.5	99.8
2	100.0	100.0	100.0	100.0	100.0	100.0	100.0	100.0	100.0	100.0	100.0
3	100.8	99.6	99.9	96.8	101.0	100.2	99.7	110.8	98.7	100.5	98.2

指数品目：582　価格資料：原則として小売物価統計調査（動向編）による小売価格。ウエイト：家計調査の令和元年及び2年平均1か月間の1世帯当たり品目別消費支出金額による。算式：基準時加重相対法算式（ラスパイレス型）

資料　総務省統計局「消費者物価指数」

20-8　10大費目別消費者物価地域差指数 (令和3年)

都道府県	総合	家賃を除く総合	食料	住居	光熱・水道	家具・家事用品	被服及び履物	保健医療	交通・通信	教育	教養娯楽	諸雑費
全国	100.0	100.0	100.0	100.0	100.0	100.0	100.0	100.0	100.0	100.0	100.0	100.0
北海道	100.8	101.7	100.9	86.0	117.4	102.3	104.6	101.1	100.5	92.9	98.8	100.3
青森	97.9	98.9	97.5	86.4	111.2	98.9	102.0	98.5	99.3	94.0	95.0	94.1
岩手	99.4	100.0	98.7	90.6	112.5	99.7	98.9	100.5	100.1	89.7	99.5	96.4
宮城	99.4	99.6	98.1	94.5	104.4	100.3	99.6	101.7	100.1	97.5	99.0	101.4
秋田	98.4	98.9	98.3	82.2	109.3	104.1	99.3	98.5	99.5	85.6	97.7	99.9
山形	100.8	101.2	102.5	95.0	112.3	96.7	93.8	97.3	100.9	100.2	97.4	97.8
福島	99.4	100.0	99.8	90.5	110.0	99.3	97.1	98.5	100.3	94.0	94.8	100.9
茨城	97.8	98.2	98.3	93.5	104.1	93.6	99.8	98.3	98.0	89.9	97.0	98.5
栃木	98.1	98.6	98.5	87.0	98.4	102.6	107.9	100.4	98.9	98.3	95.4	99.2
群馬	96.6	97.2	97.2	90.2	100.4	99.2	97.9	99.3	98.0	79.4	97.1	97.4
埼玉	100.3	99.9	99.1	106.9	94.0	102.5	103.6	99.0	100.1	97.8	103.2	101.9
千葉	100.6	100.2	100.2	112.5	99.8	101.0	97.5	99.3	99.2	95.3	101.9	100.6
東京	104.5	102.7	102.8	131.9	93.7	104.3	102.0	101.8	103.2	109.5	104.9	100.6
神奈川	103.0	102.4	101.6	116.1	96.2	101.3	101.7	101.7	101.4	107.7	104.9	105.1
新潟	98.3	98.5	99.5	86.9	100.3	96.1	91.5	99.3	99.1	92.5	99.5	98.9
富山	98.8	99.2	99.5	93.2	102.6	98.7	99.0	101.5	98.6	81.0	95.0	101.1
石川	100.1	100.7	103.4	83.1	104.6	97.9	106.1	100.5	98.8	102.1	97.0	100.2
福井	99.5	99.9	103.9	86.5	97.4	103.5	99.3	101.4	100.3	101.9	93.5	98.0
山梨	97.7	98.3	98.1	92.9	97.9	99.1	98.2	99.1	100.1	87.7	97.4	97.2
長野	97.4	97.9	95.4	88.8	102.7	97.3	102.5	99.4	101.3	87.7	97.6	99.2
岐阜	97.3	97.9	98.3	84.6	94.8	95.4	96.6	99.2	101.2	92.2	98.0	99.7
静岡	98.4	98.7	98.9	95.2	97.4	102.4	100.3	100.3	100.3	84.8	99.2	97.2
愛知	98.0	98.4	98.3	93.6	96.3	98.4	97.6	100.0	97.5	98.1	100.0	100.2
三重	99.3	99.6	100.6	95.0	97.2	100.2	99.1	99.1	100.7	95.6	98.3	100.4
滋賀	100.0	100.3	99.2	94.8	98.6	101.1	98.7	100.1	100.7	115.9	97.5	104.6
京都	101.1	101.0	101.2	101.7	99.7	96.8	96.5	98.0	100.8	116.4	101.4	102.6
大阪	99.8	99.8	99.1	97.3	94.1	98.2	98.1	99.1	100.6	121.2	101.2	99.6
兵庫	99.7	99.8	100.2	95.2	96.2	101.9	100.9	98.6	99.0	107.7	100.0	101.8
奈良	97.3	98.0	96.8	85.8	100.7	97.5	97.5	98.9	99.9	97.1	98.8	98.0
和歌山	99.4	100.2	100.8	90.1	99.2	98.4	97.9	101.0	101.1	113.0	95.9	98.5
鳥取	98.3	99.1	101.5	83.1	108.1	97.7	103.5	98.0	98.8	91.3	93.1	97.6
島根	99.9	100.6	102.2	86.8	112.6	100.0	97.4	100.9	99.9	93.9	95.8	98.8
岡山	97.8	98.4	100.1	83.6	105.8	96.4	98.0	101.2	98.0	88.0	96.3	99.1
広島	98.7	99.2	101.2	94.6	104.3	93.6	96.9	99.9	99.6	98.7	96.3	96.8
山口	100.0	100.7	102.6	94.3	110.0	98.9	101.9	101.0	99.0	84.8	95.6	98.9
徳島	99.8	100.5	102.0	93.1	105.1	100.9	102.5	99.0	98.0	96.4	97.3	99.2
香川	98.5	99.6	100.8	81.4	105.3	102.2	94.2	98.5	100.7	92.5	95.4	103.1
愛媛	98.2	99.0	100.4	84.4	106.9	100.6	97.5	100.2	99.1	84.6	96.9	96.2
高知	99.9	100.6	101.6	92.8	104.4	100.4	103.4	101.5	99.9	93.4	96.5	99.9
福岡	97.5	98.5	97.1	90.0	104.5	98.1	95.8	99.3	98.7	92.2	98.0	99.2
佐賀	98.2	99.1	97.9	88.0	111.6	99.1	104.0	100.4	99.8	91.2	93.3	97.8
長崎	99.2	99.9	99.7	91.7	111.9	100.0	104.0	100.8	99.6	87.7	94.5	97.0
熊本	99.0	99.8	100.7	94.1	102.0	97.0	99.6	100.7	99.1	90.8	96.8	99.9
大分	97.8	98.9	99.6	84.4	105.0	101.3	95.1	96.9	98.6	104.1	96.3	93.9
宮崎	96.2	97.1	95.6	90.8	102.1	98.7	96.0	96.0	99.0	93.4	92.6	94.6
鹿児島	97.2	97.7	99.1	88.2	101.2	98.7	95.0	98.8	98.7	97.3	92.9	94.8
沖縄	98.5	99.9	103.9	88.2	102.8	94.6	100.0	99.1	99.2	90.8	97.1	91.2

資料　総務省統計局「小売物価統計調査（構造編）結果」

20-9　農業物価指数

(平成27年平均＝100)

年次	農産物総合	米	麦	雑穀	豆	いも	野菜	果実	工芸農作物	花き	畜産物	稲わら
ウエイト	10,000	2,273	81	14	103	213	2,582	1,097	232	502	2,900	3
平成29年	108.5	122.5	114.4	100.4	97.3	94.2	100.7	110.6	110.2	101.5	106.2	108.7
30	111.8	130.4	142.6	112.9	100.0	85.4	107.6	114.4	102.8	103.8	103.7	109.7
令和元年	109.3	131.1	138.5	85.4	109.8	89.0	94.8	116.4	99.5	109.1	104.2	111.9
2	111.0	128.9	144.1	54.7	111.7	108.3	98.9	133.1	95.0	101.1	102.0	114.3
3	107.9	114.8	153.8	68.2	103.8	124.6	95.0	128.8	108.3	106.6	104.2	119.3

年次	農業生産資材総合	種苗及び苗木	畜産用動物	肥料	飼料	農業薬剤	諸材料	光熱動力	農機具	自動車・同関係料金	建築資材	農用被服	賃借料及び料金
ウエイト	10,000	530	588	1,035	1,925	774	365	912	1,882	530	375	28	1,056
平成29年	98.8	101.1	121.2	92.7	92.4	99.4	99.6	95.7	100.2	100.1	101.1	102.5	100.3
30	100.7	101.5	118.3	94.3	96.1	99.4	100.8	107.0	100.3	100.5	102.4	102.8	100.8
令和元年	101.9	102.8	118.6	98.0	97.3	100.5	104.3	106.8	100.8	101.7	104.4	104.3	101.6
2	101.8	105.5	106.4	98.8	97.9	102.3	107.6	99.1	102.4	103.7	106.1	107.8	103.8
3	106.9	106.3	112.2	101.2	111.6	102.5	109.8	111.2	102.3	104.1	119.8	108.1	105.0

「農業物価統計調査」による。指数採用品目：農産物122、農業生産資材141　ウエイト：平成27年農業経営統計調査経営形態別経営統計（個別経営）結果の全国１農業経営体当たり平均を用いて、農業粗収益及び農業経営費から作成。算式：ラスパイレス式（基準時加重相対法算式）
資料　農林水産省「農業物価統計」

20-10　圏域、用途別地価変動率

(単位　％)

圏域		平成30年	令和元年	2年	3年	4年
全用途平均						
全国平均		0.1	0.4	-0.6	-0.4	0.3
東京圏		1.8	2.2	0.1	0.2	1.5
大阪圏		1.4	1.9	0.0	-0.3	0.7
名古屋圏		1.5	1.9	-0.8	0.5	1.8
三大都市圏		1.7	2.1	0.0	0.1	1.4
地方圏	1)	-0.6	-0.3	-0.8	-0.6	-0.2
#住宅地						
全国平均		-0.3	-0.1	-0.7	-0.5	0.1
東京圏		1.0	1.1	-0.2	0.1	1.2
大阪圏		0.1	0.3	-0.4	-0.3	0.4
名古屋圏		0.8	1.0	-0.7	0.3	1.6
三大都市圏		0.7	0.9	-0.3	0.0	1.0
地方圏	1)	-0.8	-0.5	-0.9	-0.7	-0.2
#商業地						
全国平均		1.1	1.7	-0.3	-0.5	0.5
東京圏		4.0	4.9	1.0	0.1	2.0
大阪圏		5.4	6.8	1.2	-0.6	1.5
名古屋圏		3.3	3.8	-1.1	1.0	2.3
三大都市圏		4.2	5.2	0.7	0.1	1.9
地方圏	1)	-0.1	0.3	-0.6	-0.7	-0.1

７月１日現在。前年に対する地価変動率。　　1)　三大都市圏を除く。
資料　国土交通省「都道府県地価調査」

20-11 都道府県、用途別宅地の平均価格（1㎡当たり）（令和4年）

（単位 価格 円）

都道府県	住宅地		宅地見込地		商業地		工業地	
	基準地数	平均価格	基準地数	平均価格	基準地数	平均価格	基準地数	平均価格
北海道	728	22,000	–		258	97,300	15	13,600
青森	267	15,900	10	8,500	91	33,400	27	12,800
岩手	256	25,600	2	13,800	72	44,300	13	12,100
宮城	267	46,000	2	14,400	100	275,100	16	23,300
秋田	216	13,200	3	4,800	91	24,400	7	6,200
山形	160	19,900	–		68	40,500	23	10,200
福島 1)	385	23,500	6	12,200	102	45,900	28	13,300
茨城	398	32,700	5	11,000	95	66,300	37	20,900
栃木	307	33,800	12	14,800	103	67,500	13	16,200
群馬	257	31,400	–		96	71,200	14	20,900
埼玉	650	116,200	–		136	312,700	43	67,900
千葉	696	79,300	–		134	266,200	25	58,000
東京	773	389,100	6	17,400	476	2,139,500	19	295,700
神奈川	646	183,300	–		223	624,600	41	115,900
新潟	388	25,800	5	22,300	106	75,600	22	18,400
富山	145	30,800	3	16,700	69	78,000	4	13,400
石川	176	46,700	2	26,000	90	114,300	17	19,200
福井	127	29,400	–		80	55,500	2	11,900
山梨	189	23,500	9	14,800	45	44,300	14	14,300
長野	275	25,000	–		111	52,300	11	21,700
岐阜	247	32,000	–		84	86,000	21	20,100
静岡	410	64,000	–		149	139,900	26	45,700
愛知	570	108,300	–		274	458,200	39	59,400
三重	212	28,100	–		85	62,200	15	19,500
滋賀	256	46,800	11	21,100	92	94,000	21	27,100
京都	279	109,900	5	27,300	92	656,800	18	85,900
大阪	481	152,200	1	33,000	166	1,013,600	40	111,600
兵庫	538	107,300	1	29,500	171	325,000	35	51,300
奈良	213	52,600	5	22,000	46	168,100	4	40,500
和歌山	154	35,700	3	15,100	46	82,900	8	20,000
鳥取	129	19,000	2	10,500	35	45,000	6	13,200
島根	182	20,500	3	17,600	57	37,600	19	13,600
岡山	254	29,400	4	17,400	95	99,600	9	18,500
広島	282	58,400	1	14,700	120	219,200	14	43,100
山口	276	25,800	10	8,100	85	44,700	12	19,700
徳島	123	29,100	1	17,800	47	57,100	8	17,700
香川	123	32,600	–		40	73,500	19	16,300
愛媛	284	34,700	1	41,100	96	93,200	23	22,300
高知	159	30,500	2	31,100	68	69,200	4	15,500
福岡	627	60,100	2	26,200	232	378,900	49	33,800
佐賀	134	21,100	1	16,000	65	41,200	13	16,900
長崎	309	24,800	5	9,000	114	100,900	10	21,500
熊本 2)	329	29,500	10	16,500	107	148,700	21	13,300
大分	203	25,800	4	6,800	83	54,200	9	16,900
宮崎	165	24,600	5	16,300	91	43,100	17	13,300
鹿児島	293	27,400	3	9,900	105	80,900	5	38,000
沖縄	193	65,200	5	30,600	77	180,800	5	103,200

7月1日現在。　1)　基準地数は、調査を休止した住宅地9地点、商業地1地点及び工業地1地点を含む。
2)　基準地数は、調査を休止した住宅地1地点を含む。
資料　国土交通省「都道府県地価調査」

20-12　都道府県別住宅地・商業地の地価変動率

(単位　%)

都道府県	住宅地			商業地		
	令和2年	3年	4年	令和2年	3年	4年
全国	-0.7	-0.5	0.1	-0.3	-0.5	0.5
北海道	-0.5	0.3	1.8	-0.4	-0.6	0.8
青森	-1.2	-1.1	-0.9	-1.2	-1.2	-1.0
岩手	-1.1	-0.8	-0.6	-1.8	-1.9	-1.7
宮城	0.1	0.3	1.3	3.0	1.6	2.7
秋田	-1.8	-1.6	-1.1	-2.1	-1.8	-1.3
山形	-0.7	-0.9	-0.4	-1.1	-1.3	-0.7
福島	-0.6	-0.5	-0.5	-0.8	-0.7	-0.5
茨城	-0.7	-0.5	0.0	-0.7	-0.2	0.3
栃木	-1.3	-0.9	-0.7	-1.5	-1.0	-0.8
群馬	-1.2	-1.2	-1.1	-0.9	-0.9	-0.8
埼玉	-0.3	-0.1	0.8	0.0	-0.3	1.0
千葉	-0.2	0.0	1.0	1.4	0.4	2.0
東京	0.2	0.2	1.5	1.3	-0.3	2.0
神奈川	-0.9	-0.2	0.8	0.2	0.8	1.9
新潟	-1.2	-1.2	-1.1	-1.5	-1.3	-0.9
富山	-0.5	-0.5	-0.4	-0.4	-0.4	0.1
石川	-1.1	0.3	0.9	-1.9	-1.1	-0.3
福井	-1.7	-1.3	-1.2	-1.7	-1.4	-1.1
山梨	-1.6	-1.3	-1.2	-1.4	-1.2	-0.9
長野	-1.1	-0.9	-0.7	-1.1	-1.3	-1.0
岐阜	-2.0	-1.6	-1.2	-2.2	-1.9	-0.9
静岡	-1.6	-1.2	-0.9	-1.7	-1.2	-0.6
愛知	-0.7	0.2	1.5	-1.1	1.0	2.3
三重	-1.6	-1.6	-1.0	-1.3	-1.6	-0.8
滋賀	-1.5	-1.3	-0.9	-0.5	-0.5	0.0
京都	-0.8	-0.6	-0.2	0.4	-0.6	1.4
大阪	-0.3	-0.2	0.4	1.8	-0.9	1.6
兵庫	-1.1	-0.8	-0.1	-0.1	-0.6	0.4
奈良	-1.3	-1.2	-1.0	-0.2	-1.1	0.0
和歌山	-1.4	-1.4	-1.1	-1.1	-1.2	-0.9
鳥取	-1.3	-1.1	-0.9	-1.7	-1.5	-1.3
島根	-1.2	-1.1	-1.0	-1.3	-1.3	-1.1
岡山	-1.1	-1.1	-0.7	-0.4	-0.7	0.2
広島	-0.6	-0.7	-0.3	0.1	-0.2	0.7
山口	-0.7	-0.6	-0.5	-0.9	-0.8	-0.6
徳島	-1.4	-1.3	-1.2	-2.0	-1.8	-1.7
香川	-0.8	-1.0	-0.8	-0.7	-1.0	-0.8
愛媛	-1.6	-1.6	-1.5	-1.6	-1.7	-1.5
高知	-0.9	-0.8	-0.7	-1.4	-1.2	-1.0
福岡	0.8	1.5	2.5	2.1	2.7	4.0
佐賀	-0.5	-0.3	0.1	-0.5	-0.4	0.1
長崎	-1.2	-1.0	-0.7	-0.9	-0.8	-0.4
熊本	-0.3	-0.2	0.2	0.1	-0.5	0.1
大分	0.1	0.0	0.2	-1.0	-1.2	-0.8
宮崎	-0.7	-0.5	-0.4	-1.4	-1.2	-0.9
鹿児島	-1.5	-1.4	-1.3	-1.7	-1.8	-1.5
沖縄	4.0	1.6	2.7	6.2	0.7	1.9

7月1日現在。前年に対する地価変動率。
資料　国土交通省「都道府県地価調査」

第21章　住宅・土地

21-1　住宅数、世帯数と世帯人員

（単位　住宅数・世帯数・世帯人員　1,000）

年次	住宅総数	世帯総数	主世帯	世帯人員	主世帯	居住世帯ありの住宅			
						1住宅当たり居住室数	1住宅当たり居住室の畳数 1)	1住宅当たり延べ面積 (m²)	1人当たり居住室の畳数 1)
平成 20 年	57,586	49,973	49,598	127,519	124,559	4.67	32.70	94.13	12.83
25	60,629	52,453	52,102	127,129	124,218	4.59	32.77	94.42	13.54
30	62,407	54,001	53,616	126,308	123,349	4.42	32.91	93.04	14.11

「住宅・土地統計調査」（10月1日現在）による。　1)　畳を敷いていない居住室も、3.3m²を2畳の割合で換算。
資料　総務省統計局「住宅・土地統計調査結果」

21-2　居住世帯の有無別住宅数

（単位　1,000戸）

年次	住宅総数								住宅以外で人が居住する建物総数（棟）
	総数	居住世帯あり			居住世帯なし				
		総数	同居世帯なし	同居世帯あり	総数	一時現在者のみ	空き家	建築中	
平成 20 年	57,586	49,598	49,323	276	7,988	326	7,568	93	75
25	60,629	52,102	51,843	259	8,526	243	8,196	88	70
30	62,407	53,616	53,330	286	8,791	217	8,489	86	72

「住宅・土地統計調査」（10月1日現在）による。
資料　総務省統計局「住宅・土地統計調査結果」

21-3　住宅の種類・建て方別住宅数

（単位　1,000戸）

年次	総数	住宅の種類		建て方		
		専用住宅	店舗、その他の併用住宅	#一戸建	#長屋建	#共同住宅
平成 20 年	49,598	48,281	1,317	27,450	1,330	20,684
25	52,102	50,982	1,121	28,599	1,289	22,085
30	53,616	52,642	974	28,759	1,369	23,353

「住宅・土地統計調査」（10月1日現在）による。居住世帯のある住宅。
資料　総務省統計局「住宅・土地統計調査結果」

21-4　住宅の構造・建築の時期別住宅数

（単位　1,000戸）

年次	総数 1)	構造			建築の時期					
		#木造	#防火 木造	#鉄筋・鉄 骨コンク リート造	昭和25 年以前	26〜 55年	56〜 平成2年	3〜 12年	13〜 25年	26〜 30年9月
平成20年	49,598	13,445	15,788	16,277	1,859	14,021	9,958	11,583	a)8,624	-
25	52,102	13,263	16,845	17,665	1,640	12,551	9,663	11,054	b)13,083	-
30	53,616	12,162	18,385	18,204	1,356	10,655	9,123	10,784	12,913	4,077

「住宅・土地統計調査」（10月1日現在）による。居住世帯のある住宅。　1)　建築の時期の不詳を含む。
a)　平成20年9月まで。　b)　平成25年9月まで。
資料　総務省統計局「住宅・土地統計調査結果」

21-5　住宅の所有の関係別住宅数、持ち家住宅率と空き家率

（単位　1,000戸）

年次	総数 1)	所有の関係						持ち家 住宅率 (%) 2)	空き家率 (%)
		持ち家	借家						
			総数	公営	都市再生 機構 (UR)・ 公社	民営	給与住宅		
平成20年	49,598	30,316	17,770	2,089	918	13,366	1,398	61.1	13.1
25	52,102	32,166	18,519	1,959	856	14,583	1,122	61.7	13.5
30	53,616	32,802	19,065	1,922	747	15,295	1,100	61.2	13.6

「住宅・土地統計調査」（10月1日現在）による。居住世帯のある住宅。　1)　住宅の所有の関係「不詳」を含む。　2)　（持ち家数÷居住世帯ありの住宅数）×100
資料　総務省統計局「住宅・土地統計調査結果」

21-6　住宅の所有の関係、建て方別専用住宅数と1住宅当たり延べ面積

（単位　住宅数　1,000戸）

建て方	総数 1)		持ち家		借家	
	平成25年	30年	平成25年	30年	平成25年	30年
住宅数						
総数	50,982	52,642	31,184	31,960	18,408	18,976
＃一戸建	27,603	27,906	25,401	25,948	1,731	1,434
長屋建	1,254	1,339	291	282	877	896
共同住宅	22,065	23,338	5,455	5,696	15,784	16,633
1住宅当たり延べ面積 (m²)						
総数	92.97	92.06	120.93	119.07	45.59	46.56
＃一戸建	128.63	126.63	131.72	128.93	83.24	85.06
長屋建	64.00	62.84	99.77	98.62	52.13	51.58
共同住宅	48.91	51.14	71.63	75.05	41.06	42.95

「住宅・土地統計調査」（10月1日現在）による。居住世帯のある住宅。　1)　住宅の所有の関係「不詳」を含む。
資料　総務省統計局「住宅・土地統計調査結果」

21-7　住宅の所有の関係、敷地面積別一戸建の住宅数

（単位　1,000戸）

敷地面積	持ち家			借家		
	平成20年	25年	30年	平成20年	25年	30年
総数 1)	25,187	26,302	26,714	1,921	1,807	1,494
49 m²以下	382	473	463	214	216	198
50 ～ 74	1,247	1,385	1,353	427	367	332
75 ～ 99	1,818	1,974	2,139	351	311	275
100 ～ 149	4,227	4,595	5,056	383	375	301
150 ～ 199	4,746	4,965	5,272	245	233	174
200 ～ 299	5,531	5,709	5,703	177	177	118
300 ～ 499	4,266	4,255	4,099	89	90	67
500 ～ 699	1,332	1,310	1,193	19	19	16
700 ～ 999	986	955	853	11	11	8.6
1,000 ～ 1,499	439	443	383	4.0	4.3	3.6
1,500 m²以上	215	239	201	2.1	3.0	2.0
1住宅当たり敷地面積 (m²)	285	281	267	134	140	132

「住宅・土地統計調査」（10月1日現在）による。　1)　敷地面積「不詳」を含む。
資料　総務省統計局「住宅・土地統計調査結果」

21-8　住宅の所有の関係・建て方、設備状況別住宅数 (平成30年)

(単位　1,000戸)

住宅の所有の関係・建て方	総数 1)	省エネルギー設備等がある			高齢者等のための設備がある			
		太陽熱を利用した温水機器等	太陽光を利用した発電機器	二重以上のサッシ又は複層ガラスの窓	総数 2)	#手すりがある	#またぎやすい高さの浴槽	#段差のない屋内
総数 3)	53,616	1,865	2,190	15,532	27,270	22,386	10,070	11,227
所有の関係別								
持ち家	32,802	1,790	2,060	12,577	21,040	18,254	8,441	8,585
借家	19,065	76	130	2,955	6,230	4,132	1,629	2,643
建て方別								
一戸建	28,759	1,773	2,008	11,209	17,393	15,880	6,558	6,143
長屋建	1,369	13	20	272	523	457	134	147
共同住宅	23,353	76	158	4,019	9,289	5,991	3,357	4,917
#エレベーターがある	10,656	…	…	…	6,277	3,910	2,662	3,821
高齢者対応型	4,240	…	…	…	3,125	2,138	1,514	2,117
その他	136	3.5	3.5	32	65	58	22	20

「住宅・土地統計調査」(10月1日現在)による。居住世帯のある住宅。　1)　高齢者等のための設備状況及び省エネルギー設備等の不詳を含む。　2)　複数回答であるため、内訳の合計とは必ずしも一致しない。　3)　住宅の所有の関係「不詳」を含む。
資料　総務省統計局「住宅・土地統計調査結果」

21-9　建築の時期、平成26年以降における住宅の耐震診断の有無別持ち家数 (平成30年)

(単位　1,000戸)

建築の時期	持ち家総数 1)	耐震診断の有無			
		耐震診断をした	耐震性が確保されていた	耐震性が確保されていない	耐震診断をしていない
総数 1)	32,802	2,969	2,623	346	29,832
昭和25年以前	1,214	35	14	22	1,179
26〜45年	2,382	97	45	53	2,284
46〜55	5,320	339	182	158	4,980
56〜平成2年	5,730	298	245	53	5,432
平成3〜7年	3,129	152	139	13	2,978
8〜12	3,544	219	211	7.8	3,325
13〜17	3,162	299	294	5.3	2,862
18〜22	2,986	264	259	4.8	2,722
23〜25	1,732	210	206	4.1	1,523
26	569	221	217	4.2	348
27	539	245	241	4.4	294
28	506	230	226	4.4	276
29	458	220	215	4.5	239
30年1月〜9月	285	121	117	4.1	164

「住宅・土地統計調査」(10月1日現在)による。　1)　建築の時期「不詳」を含む。
資料　総務省統計局「住宅・土地統計調査結果」

21-10　家計を主に支える者の年齢、世帯の種類、住宅の所有の関係別普通世帯数（平成30年）

(単位　1,000世帯)

家計を主に支える者の年齢	総数	主世帯				同居世帯	住宅以外の建物に居住する世帯
		総数 1)	持ち家	借家			
				#民営（木造）	#民営（非木造）		
総数　　2)	53,788	53,616	32,802	4,100	11,196	159	12
25歳未満	1,646	1,644	51	267	1,166	1.7	0.1
25～29	1,990	1,986	181	318	1,258	4.4	0.1
30～34	2,595	2,585	681	365	1,320	9.9	0.3
35～39	3,058	3,042	1,340	349	1,135	16	0.3
40～44	3,954	3,931	2,163	384	1,113	22	0.3
45～49	4,584	4,560	2,757	397	1,089	24	0.7
50～54	4,416	4,397	2,848	335	912	18	0.7
55～59	4,320	4,305	3,060	277	696	14	0.9
60～64	4,352	4,342	3,314	257	523	9.1	0.9
65～69	5,405	5,395	4,258	300	483	8.6	1.5
70～74	4,799	4,791	3,860	249	331	7.5	1.4
75歳以上	8,814	8,791	7,213	385	473	20	3.8

「住宅・土地統計調査」（10月1日現在）による。住宅及び世帯に関する基本集計。　1)　住宅の所有の関係「不詳」を含む。　2)　家計を主に支える者の年齢「不詳」を含む。
資料　総務省統計局「住宅・土地統計調査結果」

21-11　世帯の年間収入階級、世帯の種類、住宅の所有の関係別普通世帯数（平成30年）

(単位　1,000世帯)

世帯の種類、住宅の所有の関係	総数 1)	100万円未満	100～200	200～300	300～400	400～500	500～700	700～1000	1000～1500	1500～2000	2000万円以上
総数	53,788	3,159	6,529	8,703	7,670	6,234	7,893	5,813	2,655	545	373
主世帯　2)	53,616	3,152	6,513	8,677	7,643	6,210	7,861	5,790	2,645	543	372
持ち家	32,802	1,404	3,484	5,282	4,646	3,906	5,611	4,524	2,201	472	326
借家	19,065	1,748	3,029	3,395	2,997	2,304	2,250	1,267	443	71	46
公営	1,922	343	659	426	205	95	59	14	2.6	0.4	0.3
都市再生機構（UR）・公社	747	39	141	174	115	76	86	55	21	4.2	1.7
民営（木造）	4,100	394	727	754	643	490	472	229	64	9.4	6.7
民営（非木造）	11,196	960	1,461	1,897	1,873	1,495	1,391	754	266	44	27
給与住宅	1,100	12	42	144	161	150	242	216	90	13	11
同居世帯	159	5.7	14	24	25	22	31	21	10	1.8	1.0
住宅以外の建物に居住する世帯	12	1.1	1.8	2.5	1.8	1.1	1.1	1.0	0.5	0.1	0.0

「住宅・土地統計調査」（10月1日現在）による。　1)　年間収入階級「不詳」を含む。　2)　住宅の所有の関係「不詳」を含む。
資料　総務省統計局「住宅・土地統計調査結果」

21-12　土地の所有状況、世帯の年間収入階級・家計を主に支える者の従業上の地位別世帯数 (平成30年)

(単位　1,000世帯)

区分	総数 1)	#現住居敷地を所有	#現住居敷地以外の土地を所有 2)	農地	山林	宅地など	#現住居敷地と現住居敷地以外の土地の両方を所有
総数　　　　1)	53,788	26,031	8,249	3,834	2,250	5,886	7,017
世帯の年間収入階級別							
100 万円未満	3,075	1,059	365	201	111	211	295
100 ～　200	6,465	2,751	867	461	270	535	739
200 ～　300	8,605	4,262	1,311	657	395	854	1,153
300 ～　400	7,683	3,782	1,204	596	360	829	1,072
400 ～　500	6,216	3,185	972	462	260	702	847
500 ～　700	7,883	4,562	1,322	587	338	981	1,106
700 ～ 1000	5,819	3,730	1,146	486	289	881	925
1000 ～ 1500	2,742	1,930	677	258	151	553	560
1500 ～ 2000	581	435	199	69	38	171	165
2000 万円以上	391	309	180	55	38	164	151
家計を主に支える者の従業上の地位別							
自営業主	4,754	3,672	2,012	1,100	634	1,420	1,826
雇用者	22,809	12,580	3,434	1,435	838	2,542	2,678
無職	11,559	8,197	2,711	1,268	763	1,853	2,447

「世帯土地統計」（10月1日現在）による。　1)　不詳を含む。　2)　内訳には、複数の種類の土地を所有している世帯が重複計上されているため、内訳の合計とは一致しない。
資料　国土交通省「世帯土地統計」

21-13　業種・組織形態別法人の土地所有状況 (平成30年)

業種・組織形態	法人総数	土地所有法人数	所有面積 (km²)	1法人当たり平均所有面積 (m²)
総数　　　　　　　　　　　1)	1,959,980	713,150	26,203	36,743
業種別				
農業、林業	25,850	12,460	5,249	421,098
漁業	3,050	1,270	16	12,849
鉱業、採石業、砂利採取業	1,490	840	259	309,627
建設業	293,200	100,960	1,627	16,112
製造業	247,320	101,380	5,801	57,221
電気・ガス・熱供給・水道業	5,230	1,540	1,196	778,487
情報通信業	41,020	4,250	85	20,071
運輸業、郵便業	52,950	21,800	1,582	72,569
卸売業、小売業	397,830	121,110	1,746	14,414
金融業、保険業	25,260	4,580	102	22,255
不動産業、物品賃貸業	190,190	87,430	1,572	17,979
学術研究、専門・技術サービス業	93,050	13,900	241	17,307
宿泊業、飲食サービス業	93,630	23,970	264	11,006
生活関連サービス業	61,340	16,450	921	55,993
教育、学習支援業	26,730	10,640	1,740	163,602
医療、福祉	121,020	39,170	320	8,179
複合サービス事業	3,870	2,500	474	189,306
サービス業 (他に分類されないもの)	251,590	144,800	2,949	20,365
組織形態別				
株式会社・有限会社	1,630,930	529,950	16,164	30,502
東証一部・名証一部に上場	2,040	1,700	6,689	3,929,051
上記以外で上場	1,600	1,120	154	137,668
上場していない	1,627,290	527,130	9,321	17,683
合名会社・合資会社	13,450	4,370	51	11,590
合同会社	14,730	1,960	29	14,958
相互会社	10	10	7	1,367,025
会社以外の法人	300,600	176,810	9,948	56,263

「法人土地・建物基本調査」(1月1日現在) による。1法人当たり平均所有面積とは、土地を所有している法人の平均所有面積である。　1) 不詳を含む。
資料　国土交通省「法人土地・建物基本調査」

第22章　家計

22-1　1世帯当たり1か月間の収入と支出 (総世帯)

(単位　金額　円)

項目	令和2年平均	3年平均	#勤労者世帯					
				年間収入五分位階級別				
				I ～343万円	II 343～503	III 503～651	IV 651～869	V 869万円～
世帯数分布 (抽出率調整)	10,000	10,000	10,000	2,000	2,000	2,000	2,000	2,000
世帯人員	2.27	2.25	2.52	1.46	2.22	2.65	3.07	3.21
有業人員	1.06	1.06	1.52	1.13	1.35	1.51	1.72	1.88
世帯主の年齢	59.3	59.4	47.9	46.1	46.5	47.9	48.6	50.5
実収入	…	…	522,572	236,493	373,259	479,135	603,733	920,237
# 世帯主の勤め先収入	…	…	409,088	197,291	305,863	386,171	474,681	681,436
世帯主の配偶者の勤め先収入	…	…	60,651	4,167	22,075	40,690	72,715	163,606
消費支出	233,568	235,120	263,907	154,508	206,602	251,981	298,915	407,530
食料	63,145	62,531	65,737	38,586	54,755	66,005	76,833	92,506
住居	18,614	19,667	23,094	23,406	22,614	24,729	19,753	24,967
光熱・水道	18,306	17,939	17,734	12,238	15,994	18,233	20,175	22,030
家具・家事用品	10,014	9,720	10,543	6,357	8,291	10,234	12,235	15,600
被服及び履物	7,370	7,255	8,967	4,486	6,425	8,326	10,277	15,323
保健医療	11,710	11,896	10,941	6,398	8,083	9,722	12,978	17,522
交通・通信	32,360	32,322	40,987	24,598	31,231	40,234	46,317	62,554
教育	6,708	7,690	12,869	1,649	4,795	8,708	16,125	33,068
教養娯楽	21,208	21,907	24,887	14,149	18,812	24,798	27,769	38,906
その他の消費支出	44,133	44,192	48,149	22,642	35,604	40,991	56,452	85,056
可処分所得　1)	…	…	426,022	204,296	316,014	399,602	492,037	718,160
平均消費性向(%)　2)	…	…	61.9	75.6	65.4	63.1	60.8	56.7

「家計調査」による。年平均。総世帯とは、二人以上の世帯と単身世帯を合わせた世帯。
1)　可処分所得＝実収入－非消費支出　2)　可処分所得に対する消費支出の割合。
資料　総務省統計局「家計調査結果　家計収支編」

22-2 年間収入五分位階級別1世帯当たり1か月間の支出 (二人以上の世帯)

(単位 金額 円)

項目	令和2年平均	3年平均	構成比(%)	年間収入五分位階級別				
				I ～331万円	II 331～454	III 454～613	IV 613～851	V 851万円～
世帯数分布 (抽出率調整)	10,000	10,000	–	2,000	2,000	2,000	2,000	2,000
世帯人員	2.95	2.93	–	2.38	2.59	3.02	3.26	3.39
有業人員	1.34	1.34	–	0.61	0.89	1.45	1.76	1.96
世帯主の年齢	59.7	60.1	–	70.4	66.4	57.4	52.8	53.4
消費支出	277,926	279,024	100.0	187,630	235,634	261,766	301,705	408,384
食料	76,440	75,761	27.2	59,133	69,031	73,266	80,418	96,955
住居	17,365	18,329	6.6	13,494	17,613	17,862	18,767	23,908
光熱・水道	21,836	21,530	7.7	19,420	20,805	21,481	22,008	23,934
家具・家事用品	12,538	11,932	4.3	8,450	10,781	11,510	12,705	16,215
被服及び履物	8,799	8,709	3.1	4,322	5,841	7,843	9,988	15,551
保健医療	14,211	14,238	5.1	11,499	14,317	12,761	13,697	18,919
交通・通信	39,910	39,702	14.2	22,730	31,066	40,256	45,219	59,237
教育	10,290	11,902	4.3	1,861	2,862	8,051	15,308	31,426
教養娯楽	24,285	24,545	8.8	14,557	19,600	23,012	27,313	38,243
その他の消費支出	52,251	52,377	18.8	32,164	43,717	45,724	56,282	83,997

「家計調査」による。年間収入五分位階級とは、世帯を年間収入 (過去1年間の収入) の低い方から順番に並べ、それを調整集計世帯数 (抽出率を調整した世帯数) により5等分する分類で、年間収入の低い方から順次第I、第II、第III、第IV、第V五分位階級という。
資料 総務省統計局「家計調査結果 家計収支編」

22-3　年間収入五分位階級別１世帯当たり１か月間の収入と支出

(二人以上の世帯のうち勤労者世帯)

(単位　金額　円)

項目		令和2年平均	3年平均	年間収入五分位階級別				
				I ～466万円	II 466～604	III 604～750	IV 750～962	V 962万円～
世帯人員		3.31	**3.28**	2.98	3.24	3.30	3.46	3.41
有業人員		1.79	**1.78**	1.57	1.67	1.80	1.86	1.98
世帯主の年齢		49.8	**50.1**	51.1	49.8	49.5	49.2	50.6
実収入		609,535	**605,316**	340,751	451,739	547,272	684,082	1,002,735
# 勤め先収入		536,881	**550,973**	280,557	392,738	495,991	635,712	949,867
# 世帯主収入		431,902	**444,517**	242,984	333,794	408,281	524,222	713,303
定期収入		352,079	**360,299**	216,025	284,391	336,206	412,093	552,780
臨時収入		4,675	**4,234**	2,631	3,797	4,439	4,630	5,672
賞与		75,148	**79,984**	24,327	45,607	67,636	107,499	154,852
世帯主の配偶者の収入	1)	87,666	**90,827**	28,234	49,871	73,373	97,881	204,775
家賃収入		1,251	**1,546**	62	582	675	1,443	4,971
他の事業収入		1,606	**1,343**	1,105	542	927	1,909	2,233
実収入以外の受取	2)	443,539	**439,626**	290,791	354,621	412,041	479,250	661,427
実支出		416,707	**422,103**	266,922	328,879	381,799	468,285	664,630
消費支出		305,811	**309,469**	221,435	258,599	288,273	338,708	440,328
食料		79,496	**78,576**	61,718	70,361	77,706	82,990	100,102
住居		18,824	**19,848**	18,271	17,577	18,267	19,370	25,754
光熱・水道		21,696	**21,448**	19,831	20,614	21,202	22,295	23,298
家具・家事用品		13,364	**12,720**	9,649	10,707	12,563	13,788	16,890
被服及び履物		10,654	**10,463**	6,160	8,244	9,774	11,268	16,869
保健医療		13,068	**13,130**	9,434	10,222	12,918	14,177	18,899
交通・通信		49,469	**49,512**	37,385	44,589	43,225	54,373	67,991
教育		16,548	**19,197**	6,883	11,684	15,796	23,260	38,360
教養娯楽		26,824	**27,452**	16,896	21,946	25,480	29,690	43,247
その他の消費支出		55,868	**57,124**	35,209	42,655	51,342	67,495	88,917
非消費支出		110,896	**112,634**	45,487	70,280	93,525	129,577	224,302
実支出以外の支払	3)	655,349	**642,190**	375,752	495,233	595,221	716,278	1,028,464
可処分所得	4)	498,639	**492,681**	295,264	381,459	453,746	554,505	778,433
黒字	5)	192,828	**183,213**	73,829	122,860	165,473	215,797	338,105
# 金融資産純増		178,194	**171,070**	68,200	114,710	146,989	202,850	322,604
平均消費性向(%)	6)	61.3	**62.8**	75.0	67.8	63.5	61.1	56.6

「家計調査」による。　1)　うち女　2)　繰入金を除く。　3)　繰越金を除く。　4)　可処分所得＝実収入－非消費支出　5)　黒字＝実収入－実支出＝可処分所得－消費支出　6)　可処分所得に対する消費支出の割合。
資料　総務省統計局「家計調査結果　家計収支編」

22-4　年齢階級別1世帯当たり1か月間の支出 (単身世帯) (令和3年)

(単位　円)

年齢階級	消費支出	食料	住居	光熱・水道	家具・家事用品	被服及び履物	保健医療	交通・通信	教育	教養娯楽	その他の消費支出
平均	155,046	38,410	22,116	11,383	5,687	4,606	7,625	18,856	7	17,106	29,251
34歳以下	157,411	35,418	35,951	7,675	6,954	6,509	4,683	20,152	11	19,839	20,220
35〜59	180,109	42,108	27,842	11,480	5,452	5,096	7,462	25,059	6	21,329	34,275
60歳以上	141,126	37,629	13,867	12,747	5,320	3,616	8,832	15,151	7	13,864	30,093
男	160,403	42,332	24,511	10,416	4,910	3,260	7,078	21,624	15	20,277	25,979
34歳以下	152,805	39,821	34,179	7,041	6,595	3,737	3,533	19,643	18	21,220	17,017
35〜59	189,753	46,817	29,396	11,275	4,304	3,965	7,014	27,734	10	24,817	34,421
60歳以上	138,348	39,804	13,948	11,764	4,385	2,299	9,381	17,300	17	15,508	23,941
女	150,357	34,981	20,019	12,227	6,366	5,783	8,103	16,434	1	14,334	32,109
34歳以下	163,767	29,405	38,400	8,530	7,440	10,314	6,251	20,846	0	17,964	24,617
35〜59	164,749	34,616	25,360	11,806	7,282	6,896	8,179	20,787	0	15,793	34,029
60歳以上	142,606	36,471	13,824	13,271	5,818	4,318	8,539	14,006	1	12,988	33,369

「家計調査」による。学生の世帯を除く全国の単身世帯。寮・寄宿舎単位区の世帯を含む。
資料　総務省統計局「家計調査結果　家計収支編」

22-5　消費動向指数 (CTI)

(令和 2 年平均＝100)

年次	世帯消費動向指数							総消費動向指数 1)	
	総世帯			二人以上の世帯		単身世帯		名目値	実質値
	名目値	実質値		名目値	実質値	名目値	実質値		
			分布調整値						
平成 30 年	104.6	105.2	106.0	104.4	105.0	106.7	107.3	106.1	106.9
令和 元 年	105.2	105.2	106.8	106.2	106.2	105.5	105.5	106.0	106.4
2	100.0	100.0	100.0	100.0	100.0	100.0	100.0	100.0	100.0
3	100.2	100.5	101.1	99.8	100.1	103.6	103.9	100.8	101.2

消費動向指数は、家計調査の結果を補完し、消費全般の動向を捉える分析用のデータとして総務省統計局が開発中の参考指標である。
1)　世帯の消費支出の平均額の推移を示す指数である。家計調査の結果に、家計消費状況調査及び家計消費単身モニター調査の結果を合成した支出金額によって作成している。消費支出の平均額について、基準年（令和 2 年）の消費支出の平均月額を100とする指数で表している。
資料　総務省統計局「消費動向指数」

22-6　世帯消費動向指数 (総世帯)

(令和 2 年＝100)

年次	消費支出	食料	住居	光熱・水道	家具・家事用品	被服及び履物	保健医療	交通・通信	教育	教養娯楽	その他の消費支出
名目											
平成 30 年	104.6	27.2	8.0	7.5	4.0	4.0	4.8	17.4	－	10.8	－
令和 元 年	105.2	27.2	7.9	7.4	4.2	3.9	4.9	17.5	－	11.2	－
2	100.0	26.9	8.1	7.4	4.5	3.3	4.9	16.3	3.5	9.3	15.8
3	100.2	26.5	8.6	7.2	4.4	3.2	5.0	16.4	3.7	9.4	15.8
実質											
平成 30 年	105.2	27.7	8.2	7.5	4.2	4.0	4.8	17.2	－	10.9	－
令和 元 年	105.2	27.5	8.1	7.2	4.3	4.0	4.9	17.5	－	11.1	－
2	100.0	26.9	8.1	7.4	4.5	3.3	4.9	16.3	3.5	9.3	
3	100.5	26.5	8.5	7.1	4.3	3.2	5.0	17.2	3.7	9.2	－

資料　総務省統計局「消費動向指数」

22-7 年間収入五分位階級別貯蓄と負債の１世帯当たり現在高
(二人以上の世帯)

(単位 金額 万円)

項目	令和2年平均	3年平均	年間収入五分位階級				
			I ～331万円	II 331～457	III 457～623	IV 623～872	V 872万円～
二人以上の世帯							
世帯数分布（抽出率調整）	10,000	**10,000**	2,000	2,000	2,000	2,000	2,000
世帯人員	2.96	**2.94**	2.41	2.61	3.02	3.26	3.38
有業人員	1.35	**1.35**	0.66	0.94	1.44	1.73	1.97
年間収入 1)	634	**633**	253	392	537	737	1,245
貯蓄	1,791	**1,880**	1,406	1,798	1,664	1,665	2,868
金融機関	1,761	**1,851**	1,402	1,791	1,652	1,627	2,783
通貨性預貯金	556	**584**	421	505	513	565	918
定期性預貯金	607	**615**	590	688	531	491	777
生命保険など 2)	357	**357**	249	319	331	328	556
有価証券	240	**295**	142	279	278	243	532
金融機関外	31	**29**	4	7	11	38	85
負債	572	**567**	89	218	580	854	1,097
＃ 住宅・土地のため	518	**513**	71	196	522	785	989

項目	令和2年平均	3年平均	年間収入五分位階級				
			I ～463万円	II 463～606	III 606～759	IV 759～982	V 982万円～
＃ 勤労者世帯							
世帯数分布（抽出率調整）	10,000	**10,000**	2,000	2,000	2,000	2,000	2,000
世帯人員	3.30	**3.28**	2.98	3.27	3.29	3.44	3.41
有業人員	1.79	**1.78**	1.60	1.67	1.80	1.84	1.99
年間収入 1)	740	**749**	354	538	680	860	1,311
貯蓄	1,378	**1,454**	789	995	1,191	1,632	2,664
金融機関	1,330	**1,411**	782	979	1,160	1,578	2,555
通貨性預貯金	472	**521**	280	391	470	555	907
定期性預貯金	393	**399**	264	278	341	447	664
生命保険など 2)	305	**293**	163	207	243	341	511
有価証券	159	**198**	75	103	106	235	472
金融機関外	48	**44**	7	16	31	54	110
負債	851	**856**	400	773	882	1,049	1,173
＃ 住宅・土地のため	791	**791**	363	724	812	963	1,092

「家計調査」による。年間収入五分位階級とは、世帯を年間収入（過去１年間の収入）の低い方から順番に並べ、それを調整集計世帯数（抽出率を調整した世帯数）により５等分する分類で、年間収入の低い方から順次第Ｉ、第Ⅱ、第Ⅲ、第Ⅳ、第Ⅴ五分位階級という。 1) 過去１年間の収入。 2) 損害保険会社の損害保険（火災・傷害保険のうち、満期時に満期返戻金が支払われる積立型のもの）を含む。
資料 総務省統計局「家計調査結果 貯蓄・負債編」

22-8 購入先別1世帯当たり1か月間の支出 (二人以上の世帯) (令和元年)

(単位 金額 円)

品目	総数 1)	購入先別			
		通信販売(インターネット)	通信販売(その他)	一般小売店	スーパー
世帯数分布(抽出率調整)	32,575,312	32,575,312	32,575,312	32,575,312	32,575,312
世帯人員	2.98	2.98	2.98	2.98	2.98
有業人員	1.50	1.50	1.50	1.50	1.50
世帯主の年齢	58.1	58.1	58.1	58.1	58.1
消費支出	274,959	4,506	1,825	25,750	46,695
食料	76,319	620	618	7,059	39,553
住居	19,484	36	1	267	76
光熱・水道	20,564	1	5	864	18
家具・家事用品	10,283	605	215	1,965	1,816
被服及び履物	12,188	581	243	3,738	1,776
保健医療	14,769	292	305	1,138	757
交通・通信	39,512	431	38	6,077	175
教育	7,846	9	9	17	8
教養娯楽	26,137	1,446	114	2,980	1,214
その他の消費支出	47,858	486	279	1,646	1,301

品目	購入先別				
	コンビニエンスストア	百貨店	生協・購買	ディスカウントストア・量販専門店	その他
世帯数分布(抽出率調整)	32,575,312	32,575,312	32,575,312	32,575,312	32,575,312
世帯人員	2.98	2.98	2.98	2.98	2.98
有業人員	1.50	1.50	1.50	1.50	1.50
世帯主の年齢	58.1	58.1	58.1	58.1	58.1
消費支出	4,342	5,903	4,778	13,932	68,145
食料	3,066	1,994	3,903	3,389	14,413
住居	0	2	7	326	7,734
光熱・水道	0	0	43	90	1,318
家具・家事用品	52	327	265	3,432	1,179
被服及び履物	17	2,194	184	2,150	1,110
保健医療	78	61	62	1,039	10,597
交通・通信	69	31	64	505	11,961
教育	–	1	1	–	2,626
教養娯楽	251	492	143	1,771	9,071
その他の消費支出	807	802	106	1,231	8,137

「全国家計構造調査」による。10、11月の2か月間実施。 1) 不詳を含む。
資料 総務省統計局「全国家計構造調査(家計収支に関する結果)」

22-9　地方別1世帯当たり資産額（二人以上の世帯）（令和元年）

（単位　1,000円）

項目	全国	北海道	東北	関東	北陸	東海
二人以上の世帯						
純資産総額	32,194	17,189	21,258	41,739	24,823	35,177
純金融資産（貯蓄－負債）	8,386	5,969	6,963	8,507	9,689	9,971
金融資産残高（貯蓄現在高）	14,497	9,994	11,585	16,271	14,176	16,461
金融負債残高	6,110	4,025	4,622	7,763	4,487	6,489
住宅・宅地	23,808	11,220	14,295	33,232	15,135	25,206
現住居・居住地	19,762	9,591	11,809	27,975	12,649	20,107
＃宅地	15,693	6,957	8,408	23,478	9,013	14,956
現住居以外・居住地以外	4,046	1,629	2,486	5,257	2,486	5,099
＃勤労者世帯						
純資産総額	23,163	11,534	14,422	30,249	18,785	25,155
純金融資産（貯蓄－負債）	3,187	1,463	1,993	3,244	4,628	4,324
金融資産残高（貯蓄現在高）	11,082	7,110	8,457	12,554	10,974	12,797
金融負債残高	7,895	5,647	6,464	9,310	6,346	8,473
住宅・宅地	19,976	10,071	12,429	27,005	14,157	20,830
現住居・居住地	17,673	9,105	10,812	24,221	11,998	18,176
＃宅地	12,903	5,552	6,742	19,215	7,405	12,099
現住居以外・居住地以外	2,303	966	1,617	2,785	2,159	2,654

項目	近畿	中国	四国	九州	沖縄
二人以上の世帯					
純資産総額	31,985	26,006	25,090	19,518	24,748
純金融資産（貯蓄－負債）	9,518	9,422	9,478	5,585	1,858
金融資産残高（貯蓄現在高）	15,261	14,069	13,750	10,286	6,021
金融負債残高	5,743	4,647	4,272	4,701	4,164
住宅・宅地	22,467	16,584	15,612	13,933	22,890
現住居・居住地	18,778	13,153	12,329	11,542	17,422
＃宅地	14,761	9,494	8,906	8,500	12,831
現住居以外・居住地以外	3,689	3,431	3,283	2,391	5,468
＃勤労者世帯					
純資産総額	22,895	17,837	17,246	12,746	14,417
純金融資産（貯蓄－負債）	3,929	3,976	3,853	969	-302
金融資産残高（貯蓄現在高）	11,528	10,449	10,472	7,414	4,070
金融負債残高	7,599	6,473	6,618	6,445	4,372
住宅・宅地	18,966	13,862	13,393	11,776	14,720
現住居・居住地	16,760	11,800	11,345	10,302	11,974
＃宅地	12,046	7,342	6,939	6,519	8,286
現住居以外・居住地以外	2,206	2,061	2,048	1,474	2,745

「全国家計構造調査」による。10、11月の2か月間実施。
資料　総務省統計局「全国家計構造調査（家計資産・負債に関する結果）」

22-10　年齢階級別1世帯当たり資産及び負債の現在高

(単身世帯)　(令和元年)

(単位　1,000円)

項目	平均	30歳未満	30-39	40-49	50-59	60-69	70歳以上
男							
純資産総額	18,546	1,992	5,151	13,898	24,630	31,621	37,434
純金融資産 (貯蓄-負債)	7,877	229	1,136	4,379	11,289	17,032	14,972
金融資産残高 (貯蓄現在高)	10,140	1,566	4,415	8,646	14,770	17,912	15,479
預貯金	6,021	1,142	2,593	5,254	7,903	10,679	9,667
通貨性預貯金	3,219	881	1,898	3,315	4,815	4,615	4,284
定期性預貯金	2,803	261	695	1,939	3,088	6,065	5,382
生命保険など	1,477	115	395	1,078	2,627	3,172	1,802
有価証券	2,477	242	1,305	2,099	3,907	3,833	3,966
その他	165	67	123	215	333	228	44
金融負債残高	2,263	1,336	3,279	4,267	3,481	880	507
# 住宅・土地のための負債	1,732	440	2,847	3,708	2,627	677	376
月賦・年賦	205	307	182	340	231	88	46
住宅・宅地	10,670	1,763	4,015	9,519	13,341	14,589	22,462
女							
純資産総額	24,140	2,117	13,471	22,075	22,176	33,550	33,713
純金融資産 (貯蓄-負債)	8,063	1,638	2,550	3,535	8,501	13,777	11,148
金融資産残高 (貯蓄現在高)	9,189	1,867	4,079	7,997	11,107	14,233	11,489
預貯金	6,235	1,622	3,286	5,316	6,336	8,121	8,441
通貨性預貯金	2,571	970	2,029	2,836	2,668	3,250	3,031
定期性預貯金	3,664	652	1,257	2,481	3,668	4,871	5,410
生命保険など	1,593	143	412	1,402	2,980	2,862	1,695
有価証券	1,245	34	242	1,001	1,318	3,215	1,339
その他	116	68	139	279	472	35	14
金融負債残高	1,126	229	1,530	4,462	2,606	457	341
# 住宅・土地のための負債	941	1	1,226	4,174	2,311	322	246
月賦・年賦	78	90	207	130	121	71	14
住宅・宅地	16,077	479	10,922	18,539	13,675	19,773	22,566

「全国家計構造調査」による。10、11月の2か月間実施。
資料　総務省統計局「全国家計構造調査(家計資産・負債に関する結果)」

第23章　社会保障

23-1　部門別社会保障給付費と対国民所得比

区分	平成17年度	22年度	27年度 1)	30年度	令和元年度	2年度
	社会保障給付費（億円）					
合計	888,540	1,053,660	1,168,144	1,214,000	1,239,244	1,322,211
医療 2)	287,456	336,453	385,651	397,494	407,242	427,193
年金 3)	461,194	522,286	540,929	552,581	554,520	556,336
福祉その他 4)	139,891	194,921	241,564	263,926	277,481	338,682
1人当たり社会保障給付費(1,000円)	695.4	822.8	919.1	960.1	982.2	1,048.2
国民所得	3,881,164	3,646,882	3,926,293	4,022,687	4,006,470	3,756,954
	国民所得に占める割合(%)					
合計	22.89	28.89	29.75	30.18	30.93	35.19
医療	7.41	9.23	9.82	9.88	10.16	11.37
年金	11.88	14.32	13.78	13.74	13.84	14.81
福祉その他	3.60	5.34	6.15	6.56	6.93	9.01

1)　集計の対象とする地方単独事業の範囲を変更したため、平成22年度とは接続しない。ただし、国民所得を除く。　2)　医療保険、後期高齢者医療の医療給付、生活保護の医療扶助、労災保険の医療給付、結核、精神その他の公費負担医療等を含む。　3)　厚生年金、国民年金等の公的年金、恩給、労災保険の年金給付等を含む。　4)　社会福祉サービスや介護対策に係る費用、生活保護の医療扶助以外の各種扶助、児童手当等の各種手当、医療保険の傷病手当金等、労災保険の休業補償給付等及び雇用保険の求職者給付等を含む。
資料　国立社会保障・人口問題研究所「社会保障費用統計」

23-2　政策分野別社会支出

(単位　億円)

区分	平成17年度	22年度	27年度 1)	令和元年度	2年度
合計	922,627	1,084,436	1,208,210	1,278,783	1,363,600
高齢	442,758	514,971	471,816	483,903	487,975
遺族	64,642	68,023	66,792	64,600	64,199
障害、業務災害、傷病 2)	35,292	44,857	55,423	62,392	66,020
保健 3)	310,331	354,907	495,802	530,524	559,026
家族	37,536	56,722	76,022	96,730	107,536
積極的労働市場政策	6,822	14,212	8,235	8,294	40,202
失業	11,714	12,912	9,285	8,964	12,717
住宅	4,290	5,129	6,228	6,028	6,048
他の政策分野	9,242	12,701	18,608	17,347	19,878
国内総生産	5,341,097	5,048,721	5,407,394	5,573,065	5,355,099

OECD社会支出の基準に従って算出している。　1)　集計の対象とする地方単独事業の範囲を変更したため、平成22年度とは接続しない。ただし、国内総生産を除く。　2)　平成27年度から、衆議院、参議院、国立国会図書館、裁判所、外務省及び防衛省における特別職の国家公務員に対する災害補償を含む。　3)　国立社会保障・人口問題研究所による集計。平成22年度以前はOECD Health Statistics の公的保健医療支出から補装具費等と介護保険のうち医療・看護系サービスに関する費用を除いて集計。
資料　国立社会保障・人口問題研究所「社会保障費用統計」

23-3　社会保障費用（令和2年度）

（単位　10億円）

区分	収入合計	# 拠出		# 国庫負担	支出合計	# 給付			
		被保険者	事業主			# 疾病・出産		# 年金	
						医療	現金		
総計	229,559	38,703	34,838	41,003	180,850	42,447	1,485	55,233	
社会保険									
健康保険									
全国健康保険協会管掌健康保険	11,804	5,287	5,213	1,274	11,177	5,929	349	–	
組合管掌健康保険	10,043	4,265	4,992	76	9,126	3,938	263	–	
国民健康保険	12,860	3,087	–	3,805	11,941	8,912	13	–	
退職者医療制度（再掲）	1.6	1.0	–	–	0.4	0.4	–	–	
後期高齢者医療制度	16,512	1,378	–	5,361	15,731	15,295	–	–	
介護保険	11,573	2,357	–	2,650	11,119	–	–	–	
厚生年金保険	83,008	16,031	16,031	10,198	48,205	–	–	23,434	
厚生年金基金 1)	3,010	28	49	–	1,007	–	–	962	
石炭鉱業年金基金	2.0	–	0.0	–	0.7	–	–	0.5	
国民年金 2)	28,618	1,337	–	1,878	24,792	–	–	24,154	
国民年金基金	1,033	98	–	3.3	265	–	–	237	
農業者年金基金	174	–	–	120	175	–	–	77	
船員保険	48	17	20	3.0	42	18	2.0	–	
農林漁業団体職員共済組合 3)	67	–	46	0.6	239	–	–	1.4	
日本私立学校振興・共済事業団	1,477	428	422	136	1,238	136	10	328	
雇用保険	6,653	571	1,142	1,109	5,581	–	644	–	
労働者災害補償保険	1,232	–	898	0.0	1,020	–	–	–	
家族手当									
児童手当	3,215	–	856	1,214	2,768	–	–	–	
公務員									
国家公務員共済組合	4,029	1,009	1,181	297	3,734	243	15	1,426	
存続組合等	187	–	93	0.3	130	–	–	63	
地方公務員等共済組合	12,147	2,791	3,229	5.4	10,773	730	116	4,341	
旧令共済組合等	2.7	–	–	2.7	2.7	0.0	0.3	0.4	
国家公務員災害補償等 4)	11	–	11	–	11	–	–	–	
地方公務員等災害補償	41	0.0	35	–	34	–	–	–	
旧公共企業体職員業務災害	3.7	–	3.7	–	3.7	–	–	–	
国家公務員恩給	5.6	–	5.5	0.0	5.6	–	–	5.5	
地方公務員恩給	6.2	–	6.2	–	6.2	–	–	6.2	
公衆保健サービス									
公衆衛生 5)	4,115	–	–	3,863	4,115	3,802	67	1.8	
公的扶助及び社会福祉									
生活保護	3,623	–	–	2,718	3,623	1,816	0.4	–	
社会福祉	9,466	–	–	5,538	9,466	584	–	–	
雇用対策									
雇用対策	305	–	–	304	305	–	–	–	
戦争犠牲者									
戦争犠牲者	220	–	–	220	220	0.0	–	159	
他の社会保障制度	4,070	19	606	225	3,993	1,043	5.5	36	

ILO事務局「第18次社会保障費用調査」の分類に従って算出している。　1)　年金額には代行部分を含む。　2)　福祉年金及び基礎年金を含む。　3)　給付は職域加算部分のみ。　4)　衆議院、参議院、国立国会図書館、裁判所、外務省及び防衛省における特別職の国家公務員に対する災害補償を含む。　5)　結核医療等の公費負担医療を含む。

資料　国立社会保障・人口問題研究所「社会保障費用統計」

23-4 機能別社会保障給付費

（単位　100万円）

区分	平成22年度	27年度	令和元年度	2年度
社会保障給付費	105,365,984	116,814,420	123,924,355	132,221,055
高齢	51,334,660	55,339,440	57,833,421	58,921,320
現金給付	43,890,131	45,913,807	47,198,012	47,606,274
退職年金	43,189,281	45,113,830	46,569,734	46,765,850
一括給付金	700,850	799,977	628,184	834,868
その他の現金給付	-	-	95	5,556
現物給付	7,444,529	9,425,633	10,635,409	11,315,047
遺族	6,794,732	6,670,145	6,449,874	6,409,668
現金給付	6,740,952	6,614,053	6,391,277	6,350,681
遺族年金	6,643,920	6,533,863	6,326,057	6,275,889
一括給付金	8,611	13,970	5,734	15,876
その他の現金給付	88,420	66,220	59,487	58,915
現物給付	53,780	56,091	58,596	58,988
埋葬費	53,780	56,091	58,596	58,988
障害	3,398,366	4,283,326	4,900,056	5,225,202
現金給付	2,098,910	2,237,509	2,395,389	2,444,647
障害年金	1,932,761	2,013,543	2,134,072	2,190,824
一括給付金	6,663	1,583	3,024	16,504
その他の現金給付	159,486	222,383	258,293	237,318
現物給付	1,299,455	2,045,818	2,504,667	2,780,554
労働災害	942,826	918,954	930,493	904,590
被保険者に対する現金給付	410,538	376,215	365,753	355,793
短期現金給付	142,667	135,186	133,088	132,860
長期現金給付（年金）	209,370	185,716	177,999	168,049
その他の現金給付	58,502	55,313	54,666	54,884
遺族に対する現金給付	274,999	265,555	262,245	251,017
定期的給付	253,033	245,615	243,902	232,722
その他の現金給付	21,966	19,939	18,343	18,295
現物給付	257,288	277,185	302,495	297,780
医療の現物給付	230,419	257,269	277,802	272,612
その他の現物給付	26,869	19,916	24,693	25,168

ILO事務局「第19次社会保障費用調査」の分類に従って算出している。

23-4　機能別社会保障給付費（続き）

（単位　100万円）

区分	平成22年度	27年度	令和元年度	2年度
保健医療	32,213,813	36,891,052	39,083,133	41,143,595
現金給付	836,769	812,145	853,385	868,824
疾病給付	341,174	350,750	443,628	488,572
その他の現金給付	495,595	461,394	409,757	380,252
現物給付（保健）	31,377,044	36,078,907	38,229,747	40,274,771
家族	5,008,528	7,141,622	9,190,840	10,267,482
現金給付	3,446,321	3,481,645	3,621,911	3,934,114
定期的現金給付	3,356,650	3,311,155	3,474,523	3,391,409
その他の現金給付	89,671	170,490	147,389	542,705
現物給付	1,562,207	3,659,977	5,568,929	6,333,368
失業	2,250,143	1,442,363	1,463,462	5,023,945
現金給付	2,250,143	1,442,363	1,463,462	5,023,945
正規失業手当	1,176,068	756,869	698,647	988,195
特別失業手当	249,460	325,923	366,018	364,767
退職／余剰手当	1,666	3,646	3,438	3,335
その他の現金給付	822,949	355,925	395,358	3,667,648
住宅	512,935	617,234	602,794	604,792
現物給付	512,935	617,234	602,794	604,792
家賃補助	512,935	617,234	602,794	604,792
生活保護その他	2,909,982	3,510,285	3,470,281	3,720,461
現金給付	1,187,778	1,380,726	1,240,120	1,471,924
定期的現金給付	1,185,973	1,230,438	1,211,567	1,445,446
その他の現金給付	1,804	150,287	28,552	26,478
現物給付	1,722,205	2,129,559	2,230,161	2,248,537

資料　国立社会保障・人口問題研究所「社会保障費用統計」

23-5 制度区分別国民医療費

(単位 億円)

区分	平成22年度	27年度	令和元年度	2年度
総額	374,202	423,644	443,895	429,665
公費負担医療給付分	26,447	31,498	32,301	31,222
医療保険等給付分	178,950	198,284	200,457	193,653
医療保険	176,132	195,244	197,263	190,562
その他	2,818	3,040	3,194	3,091
後期高齢者医療給付分	116,876	140,255	156,596	152,868
患者等負担分	50,103	52,042	54,540	51,922
全額負担	4,702	5,486	5,396	5,600
公費・保険又は 　後期高齢者の一部負担	45,401	46,556	49,144	46,322
軽減特例措置　　　　1)	1,826	1,565	2	-

国民医療費は、当該年度内の医療機関等における保険診療の対象となり得る傷病の治療に要した費用を推計したもの。　1)　平成20年4月から31年3月までの70～74歳の患者の窓口負担の軽減措置に関する国庫負担分。
資料　厚生労働省「国民医療費」

23-6 社会保険適用者数

(単位 1,000人)

区分	平成27年度末	令和元年度末	2年度末	区分	平成27年度末	令和元年度末	2年度末
医療保険適用者数				私立学校教職員共済	900	938	947
全国健康保険協会管掌健康保険							
一般被保険者	37,165	40,444	40,296	組合員	551	592	602
被保険者	21,577	24,793	24,877	被扶養者	350	346	345
被扶養者	15,587	15,650	15,419				
法第3条第2項　1) 　被保険者	19	17	16	国民健康保険	34,687	29,324	28,904
被保険者　2)	13	12	11				
被扶養者	6.5	5.2	4.9				
組合管掌健康保険	29,136	28,838	28,681	**公的年金適用者数**			
被保険者	15,811	16,353	16,419	厚生年金保険	36,864	40,374	40,472
被扶養者	13,324	12,485	12,262	# 厚生年金基金	2,539	158	126
船員保険	124	118	116	船員保険	52	52	51
被保険者	58	58	58	国家公務員共済組合	1,064	1,078	1,084
被扶養者	66	59	58	地方公務員等共済組合	2,833	2,859	3,001
国家公務員共済組合				私立学校教職員共済	529	570	580
組合員	1,079	1,088	1,094	国民年金	25,830	22,737	22,424
被扶養者	1,146	1,051	1,032	# 農業者年金	48	46	46
地方公務員等共済組合							
組合員	2,875	2,882	3,022				
被扶養者	2,774	2,583	2,584				

1)　臨時に日々雇用され、1か月を超えない者あるいは2か月以内の期間を定めて使用される者等。　2)　有効手帳所有者数
資料　全国健康保険協会「全国健康保険協会管掌健康保険事業年報」　厚生労働省「健康保険・船員保険事業年報」「国民健康保険事業年報」「厚生年金保険・国民年金事業年報」「厚生年金基金の財政状況等」　財務省「国家公務員共済組合事業統計年報」　総務省「地方公務員共済組合等事業年報」　日本私立学校振興・共済事業団「私学共済制度統計要覧」　独立行政法人農業者年金基金「数字で見るのうねん」

23-7　医療保険制度別1人当たり医療費

（単位　円）

区分	平成 27年度末	30年度末	令和 元年度末	区分	平成 27年度末	30年度末	令和 元年度末
全国健康保険協会 管掌健康保険				船員保険	194,728	198,052	203,420
一般被保険者	173,957	181,072	185,539	被保険者分	179,313	184,059	183,818
被保険者分	163,239	169,376	173,534	被扶養者分	190,325	191,562	197,922
被扶養者分	169,980	175,544	177,962	高齢受給者	554,481	471,152	484,209
高齢受給者	589,620	544,937	545,914				
法第3条第2項 被保険者	113,275	61,623	58,973	共済組合　　　1)	156,817	159,040	162,575
被保険者分	107,954	64,242	62,917	組合員分	153,970	154,798	159,556
被扶養者分	124,880	65,754	59,001	被扶養者分	151,785	157,310	161,357
高齢受給者	106,662	42,025	44,522	高齢受給者	670,477	549,576	548,915
組合管掌健康保険	154,259	159,555	163,632	国民健康保険　2)	339,242	352,626	363,077
被保険者分	146,535	152,859	157,635	被保険者分	285,556	297,054	303,179
被扶養者分	154,634	159,564	161,856	高齢受給者	597,255	570,899	575,425
高齢受給者	570,554	531,113	537,784				

医療費とは、医療給付費に患者負担分及び公費負担医療制度併用時の公費負担分を含めたもの。
1人当たり医療費とは、被保険者及び被扶養者は70歳未満、高齢受給者は70歳以上加入者1人当たりの医療費である。
1)　国家公務員共済組合、地方公務員等共済組合、私立学校教職員共済の事業年報等に基づく推計値。　　2)　国民健康保険市町村と国民健康保険組合の計
資料　厚生労働省「医療保険に関する基礎資料」

23-8 国民健康保険

(単位 金額 1,000円)

年度	適用状況（年度末）		保険給付状況				
	世帯数	被保険者数 1)	療養諸費 2)		その他の給付		
			件数	金額	件数	金額	
平成 22 年	21,914,489	38,769,393	566,453,367	11,328,528,261	3,670,730	114,300,246	
27	20,824,245	34,686,828	566,769,139	12,027,203,799	2,763,476	87,478,863	
令和 元 年	18,743,434	29,324,486	495,548,727	10,839,254,872	2,895,237	66,206,257	
2	18,657,830	28,904,325	453,763,667	10,418,482,907	2,938,024	62,082,021	

1) 一般被保険者及び退職被保険者等。退職被保険者等は65歳未満の者。　2) 退職者医療分を含む。
資料　厚生労働省「国民健康保険事業年報」

23-9 組合管掌健康保険

(単位 金額 1,000円)

年度	適用状況（年度末）		保険給付決定状況		
			法定給付		
			被保険者分		
	被保険者数	被扶養者数	件数	金額	# 医療給付費 1)
平成 27 年	15,811,438	13,324,201	165,623,521	1,993,795,318	1,743,898,243
令和 元 年	16,352,548	12,485,147	181,697,958	2,245,088,018	1,952,584,000
2	16,418,565	12,262,268	166,681,148	2,231,021,190	1,923,248,190

年度	保険給付決定状況				
	法定給付			付加給付	
	被扶養者分				
	件数	金額	# 医療給付費 1)	件数	金額
平成 27 年	169,538,313	1,649,053,475	1,560,930,019	2,072,262	81,292,773
令和 元 年	164,048,384	1,597,096,055	1,535,231,990	2,062,382	83,989,581
2	135,835,231	1,442,168,515	1,387,113,278	1,995,476	81,058,334

1) 診療費、薬剤支給、高額療養費等の計。70〜74歳の現物給付（療養の給付又は家族療養費）を除く。
資料　厚生労働省「健康保険・船員保険事業状況報告」

23-10 全国健康保険協会管掌健康保険 (一般被保険者)

(単位 金額 1,000円)

年度	適用状況（年度末）		保険給付費		
			被保険者分		
	被保険者数	被扶養者数	件数	金額	# 医療給付 1)
平成 27 年	21,577,484	15,587,451	230,206,370	2,931,642,059	2,633,433,306
令和 元 年	24,793,285	15,650,386	278,596,793	3,605,694,139	3,209,862,858
2	24,877,229	15,419,118	262,050,914	3,628,981,588	3,196,049,665

年度	保険給付費				
	被扶養者分			高齢受給者分	
	件数	金額	# 医療給付 1)	件数	金額
平成 27 年	188,982,732	2,096,963,543	2,005,541,205	17,379,661	344,689,006
令和 元 年	196,350,379	2,191,148,084	2,112,404,633	26,678,942	513,690,383
2	166,221,006	2,003,891,319	1,935,218,926	28,086,896	552,913,125

1) 診療費、薬剤支給、高額療養費等の計。高齢受給者分の一部を含む。
資料　全国健康保険協会「事業年報」

23-11　全国健康保険協会管掌健康保険 (法第3条第2項被保険者)

(単位　金額　1,000円)

年度	適用状況（年度末）			保険給付費			
	印紙購入通帳数（事業所数）	有効手帳所有者数（被保険者数）	平均標準賃金日額（円）	被保険者分		# 医療給付 1)	
				件数	金額	件数	金額
平成 27 年	711	12,784	13,991	74,475	1,064,642	73,825	939,690
令和 元 年	624	11,514	14,330	37,346	538,830	37,001	455,243
2	484	10,989	15,388	25,549	425,661	25,262	361,386

年度	保険給付費					
	被扶養者分		# 医療給付 1)		高齢受給者分	
	件数	金額	件数	金額	件数	金額
平成 27 年	50,442	630,594	50,352	595,400	8,176	145,330
令和 元 年	18,342	219,920	18,323	213,420	5,211	96,793
2	13,431	167,055	13,424	164,501	4,549	85,916

1)　診療費、薬剤支給、高額療養費等の計。
資料　全国健康保険協会「事業年報」

23-12　国民年金

(単位　金額　100万円)

年度	被保険者数（年度末現在）			納付率（%）1)	年金受給者状況（年度末現在）　2)			
	総数	第1号、任意加入	第3号		旧法拠出制年金		基礎年金	
					受給者数	金額	受給者数	金額
平成 27 年	25,830,240	16,679,242	9,150,998	63.4	1,596,939	637,283	31,632,442	21,537,823
令和 元 年	22,736,502	14,533,402	8,203,100	69.3	822,023	333,206	34,823,430	23,641,024
2	22,424,275	14,494,591	7,929,684	71.5	680,603	278,022	35,280,411	24,043,213

年度	年金受給者状況（年度末現在）　2)						死亡一時金裁定状況	
	基礎年金				老齢福祉年金			
	# 老齢基礎年金		# 障害基礎年金		受給者数	金額	件数	金額
	受給者数	金額	受給者数	金額				
平成 27 年	29,740,388	19,874,029	1,801,979	1,568,660	447	179	26,722	3,830
令和 元 年	32,784,534	21,862,301	1,953,991	1,688,709	27	11	18,835	2,725
2	33,195,863	22,225,104	2,001,117	1,729,366	10	4	18,638	2,695

1)　納付率＝（到来済納付月数÷納付対象月数）×100　2)　一部支給停止されている金額を含む。
資料　厚生労働省「厚生年金保険・国民年金事業年報」

23-13　国家公務員共済組合年金受給権者（令和2年度末）

区分	受給権者数（人）	1人当たり年金額（円）	区分		受給権者数（人）	1人当たり年金額（円）
合計	1,311,877	1,187,314	遺族給付計		343,242	1,268,420
老齢・退職給付計	947,754	1,162,214	遺族厚生年金	1)	96,381	1,201,843
老齢厚生年金　　1)	312,231	976,190	遺族共済年金		226,069	1,299,080
65歳以上	241,754	991,558	遺族年金		20,689	1,248,179
65歳未満	70,477	923,472	通算遺族年金		103	340,033
退職共済年金	588,811	1,189,395	その他の給付			
65歳以上	588,809	1,189,395	船員年金		123	1,152,974
65歳未満	2	1,138,724	公務災害給付		5	1,809,480
退職年金	23,816	2,248,954				
減額退職年金	22,266	1,898,999	退職等年金給付		27,699	11,078
通算退職年金	630	830,207	退職年金		27,529	8,443
障害給付計	20,753	992,207	公務障害年金		22	1,893,518
障害厚生年金　　1)	4,126	901,173	公務遺族年金		148	221,411
障害共済年金	15,009	944,234				
障害年金	1,618	1,669,357				

1)　年金額については、厚生年金及び経過的職域加算給付の合算額を集計。
資料　財務省「国家公務員共済組合事業統計年報」

23-14　地方公務員共済組合年金受給権者（令和2年度末）

区分	受給権者数（人）	1人当たり年金額（円）	区分		受給権者数（人）	1人当たり年金額（円）
老齢厚生年金	941,934	1,131,361	遺族共済年金		450,780	1,473,799
旧職域加算退職給付	922,514	208,227	公務等		1,754	1,598,256
退職共済年金	1,403,490	1,512,575	公務外		449,026	1,473,313
退職年金	91,729	2,507,981	遺族年金		41,092	1,244,791
減額退職年金	9,651	1,801,259	公務等		1,208	2,028,030
通算退職年金	3,735	746,733	公務外		39,884	1,221,068
障害厚生年金	10,125	949,048	通算遺族年金		496	292,288
旧職域加算障害給付	7,085	177,260	厚生年金合計	1)	1,135,806	1,164,074
障害共済年金	42,564	1,111,470	旧職域加算給付合計		1,113,670	195,312
公務等	840	2,858,252	旧共済制度年金合計		2,047,634	1,535,067
公務外	41,724	1,076,303	退職等年金給付			
障害年金	4,097	1,752,519	退職年金			
公務等	166	3,370,614	終身退職金		94,954	2,728
公務外	3,931	1,684,189	有期退職年金（240月）		46,261	2,843
遺族厚生年金	183,747	1,343,616	有期退職年金（120月）		31,267	6,394
旧職域加算遺族給付	184,071	131,281	公務障害年金		34	1,728,588
			公務遺族年金		119	438,761

1)　老齢厚生年金、障害厚生年金及び遺族厚生年金の計。
資料　総務省「地方公務員共済組合等事業統計年報」

23-15　厚生年金保険

（単位　1,000人、1,000件、10億円）

年度末	適用状況　1)				受給者状況　1)2)			
	事業所数 (1,000)	＃船舶 所有者数	被保険 者数	平均標準 報酬月額 （円）	計		老齢年金	
					受給者数	金額 5)	受給者数	金額 5)
平成 27 年	1,975	4.4	36,864	308,938	33,703	25,812	14,859	17,777
令和 元 年	2,436	4.2	40,374	314,798	35,432	25,496	15,390	17,203
2	2,509	4.1	40,472	313,099	35,815	25,572	15,530	17,201

年度末	受給者状況　1)2)							
	通算老齢年金 ・25年未満　3)		障害年金		遺族年金　4)		通算遺族年金	
	受給者数	金額 5)	受給者数	金額 5)	受給者数	金額 5)	受給者数	金額 5)
平成 27 年	13,110	2,392	410	300	5,292	5,334	32	8.4
令和 元 年	13,972	2,448	452	314	5,598	5,525	20	5.4
2	14,147	2,486	468	322	5,652	5,558	18	4.8

1)　厚生年金（第1号）数　2)　旧法厚生年金保険、旧法船員保険、新法厚生年金保険及び旧共済組合の総和。金額は基礎年金分を除く。　3)　平成27年度は、通算老齢年金。新法の老齢厚生年金のうち「老齢相当」以外のもの。特例老齢年金を含む。　4)　旧法の寡婦年金、かん夫年金、遺児年金を含む。　5)　一部支給停止されている金額も含む。
資料　厚生労働省「厚生年金保険・国民年金事業年報」

23-16　雇用保険

（単位　100万円）

年度	一般、高年齢及び 短期雇用特例被保険者 （年度末）		日雇労働 被保険者 （年度末）	一般求職者給付状況 （基本手当所定給付日数分）			日雇労働求職者 給付状況	
	適用事 業所数	被保険者数	被保険者数	初回受 給者数	受給者 実人員 （年度平均）	支給 総額	受給者 実人員 （年度平均）	支給 総額
	(1,000)	(1,000人)	(1,000人) 1)	(1,000人)	（人）		（人）	
平成 27 年	2,139	40,861	16	1,216	435,563	623,982	10,555	7,779
令和 2 年	2,323	44,350	7	1,305	475,700	737,269	5,260	4,272
3	2,355	44,439	7	1,134	434,296	669,823	5,204	4,134

1)　有効な被保険者手帳を所持している者の数。
資料　厚生労働省「雇用保険事業年報」

23-17　介護保険

（単位　人数　1,000人、金額　10億円）

年度	適用状況 1)			要介護（要支援）認定者 1)			居宅介護（介護予防）サービス受給者 2)		
	第1号被保険者のいる世帯数（1,000）	第1号被保険者数		総数	#第1号被保険者		総数	#第1号被保険者	
		65～75歳未満	75歳以上		要支援	要介護		要支援	要介護
平成 27 年	23,856	17,449	16,366	6,204	1,716	4,352	46,722	13,126	32,467
令和 元 年	25,074	17,255	18,292	6,686	1,847	4,712	46,090	8,895	36,179
2	25,274	17,462	18,326	6,818	1,879	4,810	47,105	9,263	36,818

年度	地域密着型（介護予防）サービス受給者 2)			施設介護サービス受給者 2)3)4)					
	総数	#第1号被保険者		総数	#第1号被保険者				
		要支援	要介護		介護老人福祉施設	介護老人保健施設	介護療養型医療施設	介護医療院	
平成 27 年	4,915	130	4,735	10,940	6,023	4,114	704	—	
令和 元 年	10,585	165	10,273	11,397	6,546	4,199	385	185	
2	10,458	160	10,160	11,476	6,630	4,170	218	376	

年度	保険給付 2)								
	介護給付・予防給付								
	居宅介護（介護予防）サービス			地域密着型（介護予防）サービス			施設介護サービス		
	件数（1,000）	費用額	給付費	件数（1,000）	費用額	給付費	件数（1,000）	費用額	給付費
平成 27 年	139,039	5,186	4,687	5,018	1,128	1,011	11,060	3,173	2,848
令和 元 年	137,987	5,211	4,672	11,122	1,796	1,599	11,519	3,449	3,081
2	140,488	5,337	4,787	10,953	1,848	1,646	11,585	3,540	3,163

年度	保険給付 2)					
	特定入所者介護（介護予防）サービス費				高額介護（介護予防）サービス費	
	食費		居住費（滞在費）			
	件数（1,000）	給付費	件数（1,000）	給付費	件数（1,000）	給付費
平成 27 年	9,762	231	5,987	114	17,319	181
令和 元 年	9,428	204	8,104	120	20,251	249
2	9,302	206	9,165	123	21,042	267

1)　年度末現在　2)　当該年の3月から翌年2月サービス分までの累計。ただし、高額介護（介護予防）サービス費については、当該年の4月から翌年3月の支出決定分の累計。　3)　平成30年度、介護医療院が新設され、介護療養型医療施設の介護医療院への発展的移行が進められている。　4)　同一月に2施設以上でサービスを受けた場合、施設ごとにそれぞれ受給者を1人と計上するが、総数では1人としているため、4施設の合計と総数は一致しない。

資料　厚生労働省「介護保険事業状況報告年報」

23-18　労働者災害補償保険

年度	適用状況 (年度末現在)		新規 受給者数	保険給付支払状況 (100万円)					
				計　1)		# 療養補償		# 休業補償	
	事業場数 (1,000)	労働者数 (1,000人)	(1,000人)	件数 (1,000件)	金額	件数 (1,000件)	金額	件数 (1,000件)	金額
平成 27 年	2,747	56,292	618	5,486	739,968	3,381	227,080	584	98,679
令和 元 年	2,858	60,433	687	5,755	755,565	3,730	249,141	604	98,027
2	2,911	61,335	653	5,733	732,830	3,608	244,243	689	97,974

災害とは業務災害及び通勤災害をいう。　　1)　二次健康診断等給付を含む。
資料　厚生労働省「労働者災害補償保険事業年報」

23-19　公務災害補償費支払状況

年度	国家公務員災害補償　1)2)					地方公務員災害補償　2)3)				
	件数	総額 (100万円)	#療養 補償	#休業 補償	#遺族 補償 年金	件数	総額 (100万円)	#療養 補償	#休業 補償	#遺族 補償 年金
平成 27 年	5,494	5,892	1,009	336	3,194	38,472	21,453	7,407	507	9,026
令和 元 年	4,763	4,907	819	197	2,706	39,011	19,948	7,464	400	8,127
2	4,571	4,835	860	186	2,672	39,565	20,297	7,850	419	8,056

1)　一般職の国家公務員に対するもの。　　2)　通勤災害を含む。　　3)　常勤地方公務員に対するもの。休業補償
は特別補償経理を含む。
資料　人事院「国家公務員災害補償統計」　　地方公務員災害補償基金「常勤地方公務員災害補償統計」

23-20　社会福祉施設の概況（令和3年）

施設	施設数	定員 1)2)	在所者数 1)2)	従事者数（常勤換算数） 1)
保護施設	288	18,887	17,813	6,203
救護施設	182	16,154	16,036	5,777
更生施設	20	1,388	1,196	307
医療保護施設 3)	56	…	…	…
授産施設	15	440	299	68
宿所提供施設	15	905	282	50
老人福祉施設	5,192	157,262	142,021	39,452
養護老人ホーム	941	61,951	54,392	16,782
軽費老人ホーム 4)	2,330	95,311	87,629	22,670
老人福祉センター 3)	1,921	–	–	…
障害者支援施設等	5,530	187,753	151,126	108,397
障害者支援施設 5)	2,573	138,586	149,826	97,657
地域活動支援センター	2,824	47,414	…	10,456
福祉ホーム	133	1,754	1,300	284
身体障害者社会参加支援施設 3)	315	…	…	…
婦人保護施設	47	1,245	257	400
児童福祉施設等	46,560	3,112,984	2,834,592	837,522
＃保育所等 6)	29,995	2,904,353	2,643,196	690,188
地域型保育事業所	7,245	114,863	103,641	56,307
児童館	4,347			19,321
母子・父子福祉施設	57	…	…	218
その他の社会福祉施設等	24,622	634,395	540,047	222,661

「社会福祉施設等調査」（10月1日現在）による。基本票と詳細票からなる。
1)　推計値　2)　定員と在所者数は、それぞれ調査を実施した施設のみ計上している。
3)　詳細票調査未実施。　4)　ケアハウスを含む。　5)　定員は入所者分のみ。また、在所者数は入所者数と通所者数の計。
6)　幼保連携型認定こども園、保育所型認定こども園および保育所の計。
資料　厚生労働省「社会福祉施設等調査」

23-21　児童相談所における相談の種類別対応件数

相談の種類	平成28年度	29年度	30年度	令和元年度	2年度
総数	457,472	466,880	504,856	544,698	527,272
養護相談	184,314	195,786	228,719	267,955	280,985
障害相談	185,186	185,032	188,702	189,714	162,351
育成相談	45,830	43,446	43,594	42,441	38,908
非行相談	14,398	14,110	13,333	12,410	10,615
保健相談	1,807	1,842	1,644	1,435	1,269
その他の相談	25,937	26,664	28,864	30,743	33,144

「福祉行政報告例」による。
資料　厚生労働省「福祉行政報告例」

23-22　児童相談所における児童虐待相談の被虐待者の年齢別対応件数

区分	平成28年度	29年度	30年度	令和元年度	2年度
総数	122,575	133,778	159,838	193,780	205,044
0～2歳	23,939	27,046	32,302	37,826	39,658
3～6	31,332	34,050	41,090	49,660	52,601
7～12	41,719	44,567	53,797	65,959	70,111
13～15	17,409	18,677	21,847	26,709	28,071
16～18	8,176	9,438	10,802	13,626	14,603

「福祉行政報告例」による。
資料　厚生労働省「福祉行政報告例」

23-23　児童相談所における所内一時保護児童の受付件数及び対応件数

年度	受付件数 総数	対応件数 総数	児童福祉施設入所	里親委託	他の児童相談所・機関に移送	家庭裁判所送致	帰宅	その他
平成28年	24,080	24,111	4,457	641	1,127	159	14,458	3,269
29	24,823	24,680	4,049	656	1,195	145	14,716	3,919
30	26,177	25,764	3,986	692	1,341	141	15,389	4,215
令和元年	27,704	27,814	3,889	760	1,502	119	17,162	4,382
2	26,548	26,519	3,310	632	1,473	107	16,506	4,491

「福祉行政報告例」による。
資料　厚生労働省「福祉行政報告例」

23-24　児童手当受給者数、支給対象児童数と支給額

年度、区分	受給者数	支給対象児童数	支給額(1,000円)
平成27年度	10,425,604	17,203,630	2,185,515,234
令和元年度	9,898,267	16,373,429	2,063,480,604
2	9,754,255	16,114,845	2,029,697,645
児童手当	8,710,868	14,463,334	1,933,256,916
特例給付	1,043,387	1,651,511	96,440,729

受給者数及び支給対象児童数は2月末現在。
資料　内閣府「児童手当事業年報」

23-25 身体障害児の育成医療と未熟児の養育医療給付

(単位 金額 1,000円)

年度	申請件数	支給認定件数 1)	入院	入院外	支払決定金額 2)	公費負担	社会保険負担	自己負担
平成28年	43,961	43,076	17,680	25,368	38,151,237	2,666,658	35,181,908	302,671
29	38,836	38,038	15,741	22,267	34,223,944	2,639,881	31,300,808	283,255
30	36,565	35,507	14,581	20,908	29,082,884	2,137,368	26,697,366	248,150
令和元年	31,441	30,629	12,313	18,273	23,690,030	1,774,940	21,702,475	212,615
2	26,270	25,618	10,325	15,275	20,318,367	1,425,424	18,711,008	181,935

身体障害児の育成医療給付支給状況

年度	申請件数	決定件数	費用額	公費負担	#自己負担	社会保険負担 3)
平成28年	31,363	31,242	107,033,682	7,981,327	1,385,605	99,052,355
29	30,719	30,628	105,383,782	7,804,689	1,372,586	97,579,093
30	30,421	30,280	107,605,244	9,087,965	1,476,660	98,517,279
令和元年	29,489	29,297	106,053,889	8,018,039	1,442,946	98,035,850
2	29,635	29,479	110,070,283	8,094,742	1,537,112	101,975,541

未熟児の養育医療給付支給状況

「福祉行政報告例」による。 1) 訪問看護を含む。 2) 3月から翌年2月診療分まで。 3) 感染症の予防及び感染症の患者に対する医療に関する法律による負担を含む。
資料 厚生労働省「福祉行政報告例」

23-26 後期高齢者医療費と医療給付費

年度	被保険者数 1)	後期高齢者医療費 2) (億円)	1人当たり後期高齢者医療費 (円)	医療給付費 (億円)	#高額療養費	後期高齢者医療費の国民医療費に対する割合(%)
平成27年	15,944,315	151,323	949,070	139,551	5,952	35.7
令和元年	17,871,720	170,562	954,369	156,441	6,596	38.4
2	18,065,263	165,681	917,124	152,293	6,645	…

後期高齢者医療制度による。後期高齢者医療広域連合が行う後期高齢者医療の被保険者(75歳以上の者及び65歳以上75歳未満で障害認定を受けた者)。当該年の3月から翌年2月までの期間。 1) 各年度における各月末平均。 2) 一部負担金、食事療養・生活療養の標準負担額及び訪問看護に係る基本利用料を含む。
資料 厚生労働省「後期高齢者医療事業状況報告(年報)」

23-27　都道府県別介護保険施設

都道府県	介護老人福祉施設			介護老人保健施設			介護療養型医療施設		
	施設数	定員	在所者数 (9月末)	施設数	定員	在所者数 (9月末)	施設数	病床数	在院者数 (9月末)
令和 元 年	8,234	570,647	545,735	4,337	374,838	334,212	833	34,244	30,250
2	8,306	575,644	552,769	4,304	373,979	330,837	556	19,110	16,274
北海道	378	25,473	24,395	194	16,122	14,385	31	1,353	1,166
青森	98	5,686	5,536	61	5,212	4,776	12	751	706
岩手	122	7,428	7,173	67	6,031	5,500	11	303	180
宮城	163	10,310	9,802	94	8,993	8,140	4	57	40
秋田	124	7,210	7,024	58	5,202	4,792	2	62	62
山形	105	7,840	7,690	46	4,161	3,782	3	36	35
福島	159	11,336	10,886	89	7,681	6,433	8	163	148
茨城	262	15,376	14,797	142	11,543	10,440	11	358	281
栃木	143	8,371	7,899	66	5,788	5,136	5	284	278
群馬	180	10,643	10,232	100	6,832	5,976	2	124	102
埼玉	438	35,676	33,816	177	17,212	14,992	9	743	714
千葉	411	26,024	24,760	167	15,521	13,715	11	367	310
東京	563	49,494	47,124	213	21,887	19,305	33	2,265	2,023
神奈川	430	37,312	35,986	197	20,833	17,969	11	704	618
新潟	211	15,543	15,142	108	10,143	9,145	7	432	397
富山	86	5,520	5,296	46	4,267	3,630	10	313	296
石川	77	6,128	5,790	45	3,984	3,636	4	124	83
福井	69	4,476	4,335	36	3,142	2,866	7	92	75
山梨	59	3,566	3,469	32	2,807	2,499	2	26	19
長野	167	11,546	11,309	98	7,938	6,701	21	539	424
岐阜	141	10,365	9,794	80	6,459	5,348	13	310	262
静岡	255	17,768	17,236	128	13,048	11,892	7	465	437
愛知	288	25,072	23,853	195	18,488	16,114	13	528	456
三重	162	9,488	9,061	76	6,869	6,140	7	220	184
滋賀	90	5,896	5,676	34	2,858	2,473	2	77	66
京都	160	11,614	11,290	74	7,341	6,418	10	536	475
大阪	437	33,193	31,768	229	21,185	18,709	15	580	495
兵庫	355	24,635	23,842	176	15,090	12,955	10	378	340
奈良	114	7,477	7,059	56	5,011	4,360	1	16	10
和歌山	92	5,569	5,382	42	3,462	3,069	9	148	116
鳥取	44	3,007	2,926	55	3,041	2,719	3	75	50
島根	93	4,837	4,698	36	2,650	2,195	3	87	78
岡山	155	9,909	9,599	84	6,489	5,787	9	342	304
広島	188	11,757	11,262	112	8,917	7,929	25	961	719
山口	106	6,540	6,287	66	4,885	4,470	9	151	120
徳島	66	3,502	3,390	52	4,149	3,746	18	521	419
香川	89	5,095	4,995	51	3,822	3,497	11	304	272
愛媛	108	6,443	6,237	68	5,304	4,768	14	266	219
高知	59	4,235	4,147	31	2,018	1,777	13	390	314
福岡	333	21,804	20,608	176	14,783	13,001	36	1,088	847
佐賀	58	3,663	3,493	41	2,999	2,734	10	354	323
長崎	121	6,306	6,067	63	4,812	4,426	23	323	219
熊本	138	7,478	7,390	96	6,461	5,715	28	658	568
大分	85	4,887	4,724	70	4,652	4,215	20	187	123
宮崎	95	5,582	5,404	45	3,370	3,038	22	602	513
鹿児島	167	9,909	9,588	89	6,479	5,758	14	208	178
沖縄	62	4,655	4,536	43	4,039	3,763	7	240	213

「介護サービス施設・事業所調査」（10月1日現在）による。
資料　厚生労働省「介護サービス施設・事業所調査」

23-28　居宅サービスと地域密着型サービス事業所数

年次	居宅サービス事業所									
	訪問介護	訪問入浴介護	訪問看護ステーション	通所介護	通所リハビリテーション	短期入所生活介護	短期入所療養介護	特定施設入居者生活介護	福祉用具貸与	特定福祉用具販売
平成 27 年	34,823	2,190	8,745	43,406	7,515	10,727	5,348	4,679	8,056	8,135
令和 元 年	34,825	1,790	11,580	24,035	8,318	11,566	5,230	5,328	7,651	7,630
2	35,075	1,708	12,393	24,087	8,349	11,668	5,220	5,454	7,545	7,529

年次	地域密着型サービス事業所								居宅介護支援
	定期巡回・随時対応型訪問介護看護	夜間対応型訪問介護	地域密着型通所介護	認知症対応型通所介護	小規模多機能型居宅介護	認知症対応型共同生活介護	地域密着型特定施設入居者生活介護	複合型サービス 1)	
平成 27 年	616	224	-	4,308	4,969	12,983	301	250	40,127
令和 元 年	1,020	228	19,858	3,973	5,502	13,760	352	588	40,118
2	1,099	220	19,667	3,868	5,556	13,977	354	711	39,284

「介護サービス施設・事業所調査」（10月1日現在）による。　1）看護小規模多機能型居宅介護
資料　厚生労働省「介護サービス施設・事業所調査」

23-29　身体障害者の更生援護状況

年度	身体障害者手帳交付台帳登載数(1,000人)				障害者総合支援(1,000件)						
	新規交付数	総数(年度末)	18歳未満	18歳以上	自立支援医療(更生医療)		補装具				
							購入		修理		
					支給認定件数 1)	#公費負担額(100万円) 2)	決定件数	#公費負担額(100万円) 3)	決定件数	#公費負担額(100万円) 3)	
平成 27 年	285	5,194	104	5,091	342	169,195	162	20,801	123	5,572	
令和 元 年	288	5,054	98	4,956	366	179,710	159	21,871	111	5,782	
2	268	4,977	96	4,881	341	177,749	149	21,019	103	5,533	

「福祉行政報告例」による。　1）平成27年度は給付決定件数。　2）当年3月から翌年2月診療分まで。
3）障害者総合支援法による。
資料　厚生労働省「福祉行政報告例」

23-30　障害者更生相談所における相談件数

年度	取扱実人員 1)	相談件数								
		総数	#自立支援医療(更生医療)	#補装具	#身体障害者手帳 2)	#職業	#施設	#医療保健	#生活	
	身体障害者									
平成 27 年	271,098	256,201	102,377	97,447	40,674	619	1,354	-	3,299	
令和 元 年	263,651	250,830	97,065	99,030	40,546	650	1,381	-	2,942	
2	236,306	224,024	83,304	92,232	38,033	864	1,203	-	2,319	
	知的障害者									
平成 27 年	88,408	102,331	-	-	67,455	3,315	3,034	2,948	9,901	
令和 元 年	96,314	120,535	-	-	73,643	3,743	4,928	4,627	10,521	
2	84,651	105,122	-	-	64,136	3,060	4,461	3,846	8,882	

「福祉行政報告例」による。　1）月ごとの実人員の合計。　2）知的障害者は療育手帳。
資料　厚生労働省「福祉行政報告例」

23-31　生活保護法による被保護実世帯数と実人員

年度	被保護実世帯数（月平均）　(1,000)							保護停止中の世帯	被保護実人員（月平均）(1,000)	保護率（人口1,000につき）1)
	総数	現に保護を受けた世帯								
		世帯類型別								
		高齢者世帯	母子世帯	障害者世帯	傷病者世帯	その他の世帯				
平成 27 年	1,630	803	104	190	253	272	8.4	2,164	17.0
令和 元 年	1,636	897	81	202	204	243	8.0	2,073	16.4
2	1,637	904	76	206	199	245	7.4	2,052	16.3

年度	扶助の種類別人員　2)								
	計	生活	住宅	教育	介護	医療	出産	生業	葬祭
	人員（月平均）　(1,000)								
平成 27 年	6,074	1,927	1,842	142	330	1,776	0.2	53	3.3
令和 元 年	5,881	1,820	1,770	108	394	1,743	0.1	42	3.8
2	5,809	1,796	1,755	101	405	1,710	0.1	39	3.9

1)　1か月平均の被保護実人員を10月1日現在の国勢調査人口又は推計人口で除した。　2)　人員は各扶助の延数。
資料　厚生労働省「被保護者調査」

23-32　社会福祉行政機関と民生委員

年度末	福祉事務所数	身体障害者更生相談所数	知的障害者更生相談所数	児童相談所数	民生（児童）委員数
平成 27 年	1,247	77	84	208	231,689
令和 元 年	1,250	77	86	215	229,071
2	1,250	78	86	220	230,690

資料　厚生労働省「福祉行政報告例」

第24章 保健衛生

24-1 国民の栄養摂取量

(1人1日当たり)

年次	栄養素等摂取量 1)									
	エネルギー (kcal)	たんぱく質 (g)	脂質 (g)	炭水化物 (g)	カルシウム (mg)	鉄 (mg)	ビタミン			
							A (マイクログラム RAE) 2)	B₁ (mg)	B₂ (mg)	C (mg)
平成 17 年	1,904	71.1	53.9	267	539	8.0	604	0.87	1.18	106
22	1,849	67.3	53.7	258	503	7.4	529	0.83	1.13	90
27	1,889	69.1	57.0	258	517	7.6	534	0.86	1.17	98
29	1,897	69.4	59.0	255	514	7.5	519	0.87	1.18	94
30	1,900	70.4	60.4	251	505	7.5	518	0.90	1.16	95
令和 元 年	1,903	71.4	61.3	248	505	7.6	534	0.95	1.18	94

年次	食品群別摂取量 (g)									
	総量 3)	穀類	いも類	砂糖・甘味料類	豆類	種実類	野菜類		果実類	きのこ類
							緑黄色野菜	その他の野菜 4)		
平成 17 年	2,080.7	452.0	59.1	7.0	59.3	1.9	94.4	185.3	125.7	16.2
22	1,994.5	439.7	53.3	6.7	55.3	2.1	87.9	180.0	101.7	16.8
27	2,205.8	430.7	50.9	6.6	60.3	2.3	94.4	187.6	107.6	15.7
29	2,038.0	421.8	52.7	6.8	62.8	2.6	83.9	192.2	105.0	16.1
30	1,994.0	415.1	51.0	6.4	62.9	2.4	82.9	186.3	96.7	16.0
令和 元 年	1,979.9	410.7	50.2	6.3	60.6	2.5	81.8	188.0	96.4	16.9

年次	食品群別摂取量 (g)								
	藻類	油脂類	菓子類	嗜好飲料類	調味料・香辛料類	魚介類	肉類	卵類	乳類
平成 17 年	14.3	10.4	25.3	601.6	92.8	84.0	80.2	34.2	125.1
22	11.0	10.1	25.1	598.5	87.0	72.5	82.5	34.8	117.3
27	10.0	10.8	26.7	788.7	85.7	69.0	91.0	35.5	132.2
29	9.9	11.3	26.8	623.4	86.5	64.4	98.5	37.6	135.7
30	8.5	11.0	26.1	628.6	60.7	65.1	104.5	41.1	128.8
令和 元 年	9.9	11.2	25.7	618.5	62.5	64.1	103.0	40.4	131.2

「国民健康・栄養調査」（11月中の1日（日曜日及び祝日を除く。））による。　1)　平成17、22年は強化食品、補助食品を除く。　2)　平成30年まではRE（レチノール当量）、令和元年はRAE（レチノール活性当量）。　3)　平成17、22年は補助栄養素・特定保健用食品を含む。　4)　野菜ジュース及び漬け物を含む。
資料　厚生労働省「国民健康・栄養調査」

24-2　年齢別青少年の体格

年次	幼稚園 1)	小学校					2)	中学校		3)	高等学校		4)
	5歳	6	7	8	9	10	11	12	13	14	15	16	17
男													
身長													
平成17年	110.7	116.6	122.5	128.2	133.6	139.0	145.1	152.5	159.9	165.4	168.4	170.0	170.8
22	110.7	116.7	122.5	128.2	133.5	138.8	145.0	152.4	159.7	165.1	168.2	169.9	170.7
27	110.4	116.5	122.5	128.1	133.5	138.9	145.2	152.6	159.8	165.1	168.3	169.8	170.7
令和元年	110.3	116.5	122.6	128.1	133.5	139.0	145.2	152.8	160.0	165.4	168.3	169.9	170.6
2	111.6	117.5	123.5	129.1	134.5	140.1	146.6	154.3	161.4	166.1	168.8	170.2	170.7
3	111.0	116.7	122.6	128.3	133.8	139.3	145.9	153.6	160.6	165.7	168.6	169.8	170.8
体重													
平成17年	19.1	21.6	24.3	27.4	30.9	34.7	39.1	44.9	50.1	55.3	60.3	62.2	63.8
22	19.0	21.4	24.0	27.2	30.5	34.1	38.4	44.1	49.2	54.4	59.5	61.5	63.1
27	18.9	21.3	23.9	26.9	30.4	34.0	38.2	43.9	48.8	53.9	59.0	60.6	62.5
令和元年	18.9	21.4	24.2	27.3	30.7	34.4	38.7	44.2	49.2	54.1	58.8	60.7	62.5
2	19.4	22.0	24.9	28.4	32.0	35.9	40.4	45.8	50.9	55.2	58.9	60.9	62.6
3	19.3	21.7	24.5	27.7	31.3	35.1	39.6	45.2	50.0	54.7	59.0	60.5	62.4
女													
身長													
平成17年	109.9	115.8	121.7	127.5	133.5	140.1	146.9	152.0	155.2	156.8	157.3	157.8	158.0
22	109.8	115.8	121.7	127.4	133.5	140.2	146.8	151.9	155.0	156.5	157.1	157.7	158.0
27	109.4	115.5	121.5	127.3	133.4	140.1	146.7	151.8	154.9	156.5	157.1	157.6	157.9
令和元年	109.4	115.6	121.4	127.3	133.4	140.2	146.6	151.9	154.8	156.5	157.2	157.7	157.9
2	110.6	116.7	122.6	128.5	134.8	141.5	148.0	152.6	155.2	156.7	157.3	157.7	157.9
3	110.1	115.8	121.8	127.6	134.1	140.9	147.3	152.1	155.0	156.5	157.3	157.7	158.0
体重													
平成17年	18.7	21.1	23.6	26.8	30.2	34.4	39.5	44.4	48.0	50.8	52.4	53.3	53.7
22	18.6	21.0	23.5	26.5	30.0	34.1	39.0	43.8	47.3	50.0	51.6	52.7	52.9
27	18.5	20.8	23.4	26.4	29.7	33.9	38.8	43.6	47.3	49.9	51.5	52.6	53.0
令和元年	18.6	20.9	23.5	26.5	30.0	34.2	39.0	43.8	47.3	50.1	51.7	52.7	53.0
2	19.0	21.5	24.3	27.4	31.1	35.4	40.3	44.5	47.9	50.2	51.2	51.9	52.3
3	19.0	21.2	23.9	27.0	30.6	35.0	39.8	44.4	47.6	50.0	51.3	52.3	52.5

「学校保健統計調査」による。調査の実施期間は4～6月（令和2、3年は4月～年度末）。年齢は4月1日現在。　1)　令和元年以降は幼保連携型認定こども園を含む。　2)　令和元年以降は義務教育学校（第1～6学年）を含む。　3)　中等教育学校の前期課程を含む。令和元年以降は義務教育学校（第7～9学年）を含む。　4)　中等教育学校の後期課程を含む。
資料　文部科学省「学校保健統計調査」

24-3 年齢別体力・運動能力 (令和3年)

年齢	男				女			
	握力 (kg)	上体起こし (回)	反復横とび (点)	50m走 (秒)	握力 (kg)	上体起こし (回)	反復横とび (点)	50m走 (秒)
6歳	9.24	12.05	28.28	11.33	8.71	11.56	27.39	11.77
7	10.74	13.86	31.65	10.55	10.18	13.46	30.74	10.89
8	12.73	15.73	34.95	10.07	11.95	15.91	33.75	10.32
9	14.39	17.98	39.43	9.59	13.87	17.64	37.64	9.91
10	16.90	19.94	42.83	9.24	16.49	18.68	41.00	9.49
11	19.77	21.65	45.86	8.84	19.53	19.66	43.44	9.16
12	24.53	23.92	49.69	8.38	21.73	20.50	45.78	8.98
13	30.39	27.31	53.77	7.78	24.19	23.23	48.31	8.66
14	34.65	28.96	56.28	7.41	25.73	24.55	49.34	8.58
15	36.73	27.83	55.37	7.43	25.62	22.77	47.71	8.84
16	39.37	29.86	57.01	7.27	26.56	24.15	48.74	8.76
17	41.48	31.11	58.10	7.17	26.81	24.17	48.41	8.81
18	41.17	29.53	57.83	7.39	25.70	23.07	47.99	9.09
19	41.54	30.79	58.80	7.27	25.92	22.97	48.17	9.09
20～24	45.06	29.63	56.67	…	26.84	21.61	47.19	…
25～29	46.40	28.27	54.32	…	28.06	19.86	44.98	…
30～34	46.96	26.78	52.77	…	28.06	18.73	43.63	…
35～39	46.56	25.41	49.86	…	28.98	16.90	41.95	…
40～44	46.61	23.66	48.43	…	28.67	16.25	41.18	…
45～49	45.64	22.84	46.42	…	28.54	15.69	40.84	…
50～54	45.58	21.59	45.29	…	27.72	14.72	39.53	…
55～59	44.21	20.20	43.79	…	26.99	13.31	37.78	…
60～64	42.40	18.46	41.95	…	26.36	12.26	37.16	…
65～69	39.38	15.13	…	…	24.85	10.18	…	…
70～74	37.25	13.02	…	…	23.78	8.64	…	…
75～79	34.93	12.30	…	…	22.32	7.69	…	…

「体力・運動能力調査」による。調査の実施時期は、小学生・中学生・高校生は5～7月。それ以外は5～10月。年齢は4月1日現在。平均値
資料　スポーツ庁「体力・運動能力調査」

24-4　地域保健事業の状況

年度	健康診断			
	受診延人員			
	結核	生活習慣病		
			#悪性新生物	#循環器疾患
平成29年	7,367,184	4,109,899	2,873,269	426,029
30	7,359,299	3,863,089	2,623,600	432,677
令和元年	7,376,719	3,872,675	2,666,695	424,112
2	6,103,960	3,033,002	2,112,681	312,194

年度	母子保健（保健指導）		歯科保健	健康増進（栄養指導）
	被指導延人員		健診・保健指導受診延人員	被指導延人員
	妊産婦	乳幼児		
平成29年	1,246,415	2,248,931	4,969,047	4,874,750
30	1,303,334	2,219,089	4,874,539	4,980,038
令和元年	1,301,818	2,075,861	4,593,656	4,567,394
2	1,179,177	1,563,710	3,548,523	2,210,957

年度	健康増進（運動指導）	精神保健福祉	難病
	被指導延人員	相談、デイ・ケア、訪問指導被指導実人員	相談、機能訓練、訪問指導被指導実人員
平成29年	1,659,883	434,529	558,372
30	1,665,490	448,094	522,670
令和元年	1,459,420	444,331	532,262
2	662,394	387,930	302,250

調査対象は、全国の保健所及び市区町村。
資料　厚生労働省「地域保健・健康増進事業報告（地域保健編）」

24-5　原因食品・原因施設別食中毒事件数と患者数

原因食品、原因施設	平成27年		令和元年		2年		3年	
	事件数	患者数	事件数	患者数	事件数	患者数	事件数	患者数
総数	1,202	22,718	1,061	13,018	887	14,613	717	11,080
原因食品別								
魚介類	209	1,632	273	829	299	711	223	335
魚介類加工品	15	368	10	90	13	69	2	24
肉類及びその加工品	64	574	58	826	28	682	31	158
卵類及びその加工品	1	2	-	-	2	107	-	-
乳類及びその加工品	-	-	-	-	-	-	1	1,896
穀類及びその加工品	7	133	3	59	-	-	1	29
野菜及びその加工品	48	190	46	259	43	161	29	212
菓子類	4	147	6	536	2	63	5	106
複合調理食品	69	1,857	53	1,168	45	4,403	41	1,039
その他	629	16,442	460	8,728	284	8,089	202	6,773
不明	156	1,373	152	523	171	328	182	508
原因施設別								
家庭	117	302	151	314	166	244	106	156
事業場	42	1,217	33	865	31	984	31	1,189
学校	12	627	8	228	12	331	10	542
病院	7	253	4	211	4	81	5	283
旅館	64	2,016	29	1,719	11	508	12	386
飲食店	742	12,734	580	7,288	375	6,955	283	2,646
販売店	23	151	50	61	49	90	40	44
製造所	7	183	13	871	7	631	10	2,127
仕出屋	53	4,330	19	868	26	4,310	16	3,010
採取場所	-	-	1	2	-	-	1	3
その他	17	542	11	199	6	37	2	4
不明	118	363	162	392	200	442	201	690

「食中毒統計調査」による。
資料　厚生労働省「食中毒統計調査」

24-6 児童、生徒の主な疾病・異常被患率 (令和3年)

(単位 %)

区分	幼稚園 (5歳) 1)		小学校 (6〜11歳) 2)	
	男	女	男	女
裸眼視力1.0未満	25.11	24.50	34.05	39.83
眼の疾病・異常	1.43	1.52	5.47	4.77
難聴	…	…	0.48	0.69
耳鼻咽頭				
耳疾患	2.07	1.93	6.82	6.70
鼻・副鼻腔疾患	3.72	2.19	14.40	9.22
口腔咽喉頭疾患・異常	0.70	0.51	0.98	0.80
歯				
むし歯 (う歯)	27.13	25.84	40.43	37.58
処置完了者	11.09	11.05	21.33	19.87
未処置歯のある者	16.04	14.79	19.10	17.71
栄養状態	0.25	0.32	2.17	1.41
せき柱・胸郭・四肢の状態	0.16	0.18	0.81	0.77
アトピー性皮膚炎	1.77	1.74	3.36	3.03
心臓の疾病・異常	0.34	0.34	0.86	0.79
心電図異常　　　　　5)	…	…	2.83	2.16
蛋白検出の者	0.58	0.74	0.61	1.14
ぜん息	1.70	1.26	3.86	2.65

区分	中学校 (12〜14歳) 3)		高等学校 (15〜17歳) 4)	
	男	女	男	女
裸眼視力1.0未満	56.30	65.22	70.06	71.58
眼の疾病・異常	5.23	4.42	3.83	2.87
難聴	0.27	0.33	0.23	0.28
耳鼻咽頭				
耳疾患	5.45	4.31	2.91	2.10
鼻・副鼻腔疾患	11.39	8.68	9.41	8.19
口腔咽喉頭疾患・異常	0.51	0.48	0.26	0.22
歯				
むし歯 (う歯)	29.05	31.77	38.07	41.51
処置完了者	16.99	19.15	22.21	26.06
未処置歯のある者	12.06	12.62	15.85	15.45
栄養状態	1.40	0.96	0.65	0.42
せき柱・胸郭・四肢の状態	1.53	1.92	0.99	1.45
アトピー性皮膚炎	3.16	2.73	2.86	2.30
心臓の疾病・異常	1.00	0.95	0.95	0.83
心電図異常　　　　　5)	3.34	2.78	3.78	2.52
蛋白検出の者	3.23	2.35	3.32	2.27
ぜん息	2.77	1.83	1.93	1.46

「学校保健統計調査」(4月〜年度末実施) による。年齢は4月1日現在。　1)　幼保連携型認定こども園を含む。　2)　義務教育学校 (第1〜6学年) を含む。　3)　中等教育学校の前期課程及び義務教育学校 (第7〜9学年) を含む。　4)　中等教育学校の後期課程を含む。　5)　6、12、15歳のみ実施。
資料　文部科学省「学校保健統計調査」

24-7 傷病分類、入院・外来別推計患者数 (令和2年)

| 傷病 | 推計患者数（1,000人） | | | | | | 受療率 |
| | 総数 | | 病院 | | 一般診療所 | | （人口10万対） |
	入院	外来 1)	入院	外来	入院	外来	2)
総数	1,211.3	7,137.5	1,177.7	1,472.5	33.6	4,332.8	6,618
感染症及び寄生虫症	16.3	130.4	16.0	25.7	0.2	104.7	116
# 結核	2.0	1.1	2.0	0.9	0.0	0.2	2
皮膚及び粘膜の病変を伴うウイルス性疾患	1.3	53.0	1.2	4.5	0.1	48.4	43
新生物	126.7	247.0	124.9	188.3	1.8	58.7	296
# 胃の悪性新生物	10.2	16.2	10.1	12.6	0.1	3.5	21
結腸及び直腸の悪性新生物	17.4	27.0	17.1	23.0	0.3	4.0	35
気管、気管支及び肺の悪性新生物	15.9	18.6	15.7	16.6	0.2	2.0	27
血液及び造血器の疾患並びに免疫機構の障害	5.7	18.1	5.6	9.4	0.1	8.7	19
内分泌、栄養及び代謝疾患	30.0	433.1	28.9	107.0	1.1	326.1	367
# 甲状腺障害	0.9	33.0	0.8	11.1	0.0	21.9	27
糖尿病	15.2	215.0	14.6	66.1	0.6	148.9	183
精神及び行動の障害	236.6	266.6	236.0	99.5	0.6	167.0	399
# 統合失調症、統合失調症型障害及び妄想性障害	143.0	50.0	143.0	34.9	0.0	15.0	153
気分〔感情〕障害(躁うつ病を含む)	28.0	91.4	27.9	24.2	0.1	67.2	95
神経系の疾患	125.8	165.8	123.9	62.5	1.9	103.2	231
眼及び付属器の疾患	10.2	298.9	8.9	49.6	1.2	249.3	245
耳及び乳様突起の疾患	2.4	95.5	2.3	12.1	0.1	83.4	78
循環器系の疾患	198.2	822.8	192.7	195.2	5.5	627.6	809
# 高血圧性疾患	4.5	594.6	3.6	84.6	0.9	509.8	475
心疾患(高血圧性のものを除く)	58.4	129.6	56.8	63.5	1.6	66.1	149
脳血管疾患	123.3	74.2	120.4	33.4	2.9	40.8	157
呼吸器系の疾患	74.9	468.1	73.5	55.0	1.5	413.1	431
# 急性上気道感染症	0.8	161.4	0.8	9.6	−	151.8	129
肺炎	24.0	4.1	23.3	2.3	0.6	1.8	22
喘息	1.9	89.9	1.8	13.5	0.1	76.4	73
消化器系の疾患	60.5	1,270.8	58.8	112.1	1.7	136.1	1,055
# う蝕	0.0	291.3	0.0	2.0	−	0.7	231
歯肉炎及び歯周疾患	0.1	505.4	0.1	9.5	−	0.6	401
胃炎及び十二指腸炎	0.5	60.2	0.4	13.1	0.1	47.1	48
肝疾患	6.2	24.8	6.0	11.6	0.1	13.2	25
皮膚及び皮下組織の疾患	12.0	311.6	11.6	42.7	0.4	268.8	256
筋骨格系及び結合組織の疾患	74.3	906.0	69.9	161.1	4.4	744.9	777
腎尿路生殖器系の疾患	51.5	304.3	49.7	110.9	1.9	193.4	282
妊娠、分娩及び産じょく	14.5	13.0	11.3	6.3	3.2	6.7	22
周産期に発生した病態	6.4	3.3	6.0	2.6	0.4	0.7	8
先天奇形、変形及び染色体異常	5.6	13.6	5.6	9.9	0.0	3.7	15
症状、徴候及び異常臨床所見・異常検査所見で他に分類されないもの	12.5	74.5	11.8	34.1	0.7	40.4	69
損傷、中毒及びその他の外因の影響	134.5	289.0	128.6	79.9	5.8	207.3	336
# 骨折	97.4	96.8	92.9	35.0	4.5	61.8	154
健康状態に影響を及ぼす要因及び保健サービスの利用	10.1	1,001.3	8.8	105.5	1.3	587.6	802
特殊目的用コード	2.9	3.8	2.9	2.5	−	1.3	5

「患者調査」（10月中旬の3日間のうち医療施設ごとに定める1日に医療施設で受療した推計患者数）による。傷病の分類は、「疾病、傷害及び死因の統計分類（ICD-10（2013年版）準拠）」による。 1) 歯科診療所を含む。 2) 国勢調査人口による算出。
資料 厚生労働省「患者調査」

24-8　主要死因別死亡者数

死因	平成22年	27年	令和2年	3年
全死因　　　　　　　　　1)	1,197,014	1,290,510	1,372,755	1,439,856
# 敗血症	10,676	11,357	9,801	9,989
悪性新生物	353,499	370,362	378,385	381,505
# 食道	11,867	11,740	10,981	10,958
胃	50,136	46,681	42,319	41,624
結腸	30,040	34,339	36,204	36,773
直腸S状結腸移行部及び直腸	14,198	15,363	15,584	15,645
肝及び肝内胆管	32,765	28,890	24,839	24,102
胆のう及びその他の胆道	17,585	18,153	17,773	18,172
膵	28,017	31,868	37,677	38,579
気管、気管支及び肺	69,813	74,382	75,585	76,212
乳房	12,545	13,706	14,779	14,908
前立腺	10,722	11,326	12,759	13,217
悪性リンパ腫	10,172	11,829	13,998	13,994
糖尿病	14,422	13,328	13,902	14,356
血管性及び詳細不明の認知症	6,451	11,120	20,815	22,343
アルツハイマー病	4,166	10,545	20,852	22,960
心疾患（高血圧性を除く）	189,361	196,127	205,596	214,710
# 急性心筋梗塞	42,629	37,224	30,538	30,578
慢性非リウマチ性心内膜疾患	9,125	10,656	11,797	12,118
不整脈及び伝導障害	25,119	30,306	30,996	32,804
心不全	66,859	71,864	84,085	89,950
脳血管疾患	123,461	111,974	102,978	104,595
# くも膜下出血	13,591	12,476	11,416	10,947
脳内出血	33,695	32,113	31,997	32,208
脳梗塞	72,885	64,524	56,864	58,489
大動脈瘤及び解離	15,209	16,887	18,795	19,351
肺炎	118,888	120,959	78,450	73,194
慢性閉塞性肺疾患	16,293	15,756	16,125	16,384
肝疾患	16,216	15,659	17,688	18,017
腎不全	23,725	24,561	26,948	28,688
老衰	45,342	84,819	132,440	152,027
不慮の事故	40,732	38,310	38,133	38,355
自殺	29,554	23,152	20,243	20,291

「人口動態調査」による。死因の分類は、平成27年以前は「疾病、傷害及び死因の統計分類（ICD-10（2003年版）準拠）」、令和2年以降は「疾病、傷害及び死因の統計分類（ICD-10（2013年版）準拠）」による。
1)　内訳は主要死因のため、総数とは一致しない。
資料　厚生労働省「人口動態統計」

24-9　医療施設数と病床数

年次	施設数						
	病院 1)	精神科 病院	一般病院	地域医療 支援病院	救急告示 病院	一般診療所	歯科診療所
平成22年	8,670	1,082	7,587	316	3,876	99,824	68,384
27	8,480	1,064	7,416	515	3,849	100,995	68,737
令和元年	8,300	1,054	7,246	618	3,882	102,616	68,500
2	8,238	1,059	7,179	652	3,882	102,612	67,874
3	8,205	1,053	7,152	667	3,871	104,292	67,899

年次	病床数							
	病院	精神病床	感染症 病床	結核病床	療養病床	一般病床	一般診療所	歯科診療所
平成22年	1,593,354	346,715	1,788	8,244	332,986	903,621	136,861	124
27	1,565,968	336,282	1,814	5,496	328,406	893,970	107,626	75
令和元年	1,529,215	326,666	1,888	4,370	308,444	887,847	90,825	57
2	1,507,526	324,481	1,904	4,107	289,114	887,920	86,046	61
3	1,500,057	323,502	1,893	3,944	284,662	886,056	83,668	58

「医療施設調査」（10月1日現在）による。病院とは医師又は歯科医師が医業又は歯科医業を行う場所で、患者20人以上の入院施設を有するもの。一般診療所とは医師又は歯科医師が医業又は歯科医業を行う場所で、患者の入院施設を有しないもの又は患者19人以下の入院施設を有するもの。　1）平成22年は結核療養所を含む。
資料　厚生労働省「医療施設調査」

24-10　医療関係者数

年末	医師	人口10万対 医師数	#医療施設 の従事者	歯科医師	#医療施設 の従事者	薬剤師	#薬局・医療 施設の従事者
平成24年	303,268	237.8	288,850	102,551	99,659	280,052	205,716
26	311,205	244.9	296,845	103,972	100,965	288,151	216,077
28	319,480	251.7	304,759	104,533	101,551	301,323	230,186
30	327,210	258.8	311,963	104,908	101,777	311,289	240,371
令和2年	339,623	269.2	323,700	107,443	104,118	321,982	250,585

年末	保健師 1)	助産師 1)	看護師 1)	准看護師 1)	あん摩マッサージ指圧師、はり師、 きゅう師、柔道整復師 1)2)
平成24年	47,279	31,835	1,015,744	357,777	367,881
26	48,452	33,956	1,086,779	340,153	392,267
28	51,280	35,774	1,149,397	323,111	414,455
30	52,955	36,911	1,218,606	304,479	433,486
令和2年	55,595	37,940	1,280,911	284,589	445,643

「医師・歯科医師・薬剤師統計」「衛生行政報告例」による。　1）就業医療関係者（免許を取得している者のうち就業している者）　2）あん摩マッサージ指圧師、はり師、きゅう師、柔道整復師として就業する者が重複計上されている。
資料　厚生労働省「医師・歯科医師・薬剤師統計」「衛生行政報告例」

第25章　教育

25-1　学校教育概況 (令和 3 年)

区分	学校数	教員数 (本務者)	男	女	在学者数	男	女
幼稚園　　　　1)	9,418	90,140	5,936	84,204	1,008,815	510,275	498,540
国立	49	354	47	307	4,902	2,473	2,429
公立	3,103	15,424	790	14,634	128,534	66,077	62,457
私立	6,266	74,362	5,099	69,263	875,379	441,725	433,654
幼保連携型　　1) 認定こども園	6,269	129,100	6,795	122,305	796,882	407,829	389,053
公立	862	13,896	599	13,297	96,451	49,776	46,675
私立	5,407	115,204	6,196	109,008	700,431	358,053	342,378
小学校　　　　1)	19,336	422,864	159,068	263,796	6,223,395	3,183,677	3,039,718
国立	67	1,715	1,098	617	36,171	17,984	18,187
公立	19,028	415,745	155,393	260,352	6,107,702	3,130,909	2,976,793
私立	241	5,404	2,577	2,827	79,522	34,784	44,738
中学校　　　　1)	10,076	248,253	138,931	109,322	3,229,697	1,651,765	1,577,932
国立	68	1,546	1,046	500	27,267	13,699	13,568
公立	9,230	231,006	128,297	102,709	2,957,185	1,519,819	1,437,366
私立	778	15,701	9,588	6,113	245,245	118,247	126,998
義務教育学校　1)	151	5,382	2,516	2,866	58,568	30,083	28,485
国立	5	233	141	92	3,894	1,943	1,951
公立	145	5,128	2,365	2,763	54,480	28,032	26,448
高等学校　　　1)	4,856	226,721	152,132	74,589	3,008,172	1,520,519	1,487,653
国立	15	568	388	180	8,254	4,175	4,079
公立	3,521	163,513	107,799	55,714	1,989,287	1,003,828	985,459
私立	1,320	62,640	43,945	18,695	1,010,631	512,516	498,115
中等教育学校　2)	56	2,721	1,776	945	32,756	16,037	16,719
国立	4	195	112	83	2,886	1,321	1,565
公立	34	1,833	1,176	657	23,000	10,510	12,490
私立	18	693	488	205	6,870	4,206	2,664
特別支援学校 1)3)	1,160	86,141	32,495	53,646	146,285	96,412	49,873
国立	45	1,513	676	837	2,905	1,871	1,034
公立	1,100	84,320	31,650	52,670	142,525	94,029	48,496
私立	15	308	169	139	855	512	343
高等専門学校　4)	57	4,085	3,611	474	56,905	44,976	11,929
国立	51	3,645	3,218	427	51,316	40,142	11,174
公立	3	289	259	30	3,772	3,240	532
私立	3	151	134	17	1,817	1,594	223
短期大学　　　4)	315	7,015	3,262	3,753	102,232	12,608	89,624
公立	14	404	246	158	5,363	1,004	4,359
私立	301	6,611	3,016	3,595	96,869	11,604	85,265
大学　　　　　5)	803	190,448	140,211	50,237	2,917,998	1,620,942	1,297,056
国立	86	63,911	51,923	11,988	597,450	386,591	210,859
公立	98	14,338	10,103	4,235	160,438	75,239	85,199
私立	619	112,199	78,185	34,014	2,160,110	1,159,112	1,000,998
専修学校　　　1)	3,083	40,620	19,276	21,344	662,135	291,734	370,401
各種学校　　　1)	1,069	8,668	4,883	3,785	102,469	54,807	47,662

「学校基本調査」(5月1日現在) による。　1)　学校数は分校を含む。　2)　在学者数は前期課程と後期課程の計。　3)　在学者数は幼稚部、小学部、中学部及び高等部の計。　4)　在学者数には専攻科等の学生を含む。　5)　在学者数には大学院、専攻科等の学生を含む。
資料　文部科学省「学校基本調査 (初等中等教育機関　専修学校・各種学校) (高等教育機関)」

25-2　都道府県別学校数、

都道府県	保育所等(令和2年)　1)			幼稚園　2)			小学校　3)		
	保育所数	従事者数 (常勤換算)	利用児童数 (1,000人) 5)	園数	教員数 (本務者)	在園者数 (1,000人)	学校数	教員数 (本務者)	児童数 (1,000人)
全国	29,474	691,834	2,624	9,418	90,140	1,009	19,336	422,864	6,223
01 北海道	1,045	22,308	79	366	4,276	38	984	19,028	232
02 青森	475	9,069	31	86	665	4.3	263	4,464	54
03 岩手	390	8,451	29	74	516	4.5	298	4,699	56
04 宮城	492	10,853	39	222	2,129	24	374	7,909	112
05 秋田	272	6,508	23	33	328	2.1	182	3,099	39
06 山形	293	9,568	25	63	681	5.4	234	3,872	49
07 福島	384	9,013	32	228	1,698	17	412	6,697	85
08 茨城	613	14,998	57	224	1,856	20	466	9,565	136
09 栃木	436	12,847	40	78	1,096	10	351	6,921	95
10 群馬	460	11,160	46	122	1,136	8.5	306	6,738	94
11 埼玉	1,412	29,854	113	510	6,058	81	812	20,889	363
12 千葉	1,235	27,064	100	471	4,900	67	764	18,454	306
13 東京	3,370	88,361	287	976	10,672	134	1,328	36,134	623
14 神奈川	1,941	45,380	160	628	7,537	98	885	26,225	451
15 新潟	721	17,129	62	76	626	4.3	444	8,172	104
16 富山	294	7,001	29	38	256	2.0	181	3,610	48
17 石川	350	8,460	34	48	559	4.5	203	4,032	57
18 福井	284	6,314	26	64	201	1.1	194	3,060	39
19 山梨	233	4,360	19	55	509	3.7	177	3,162	39
20 長野	568	12,134	52	93	873	8.7	363	7,160	102
21 岐阜	418	8,286	37	154	1,810	18	362	7,268	102
22 静岡	667	16,356	63	350	2,937	31	502	11,545	184
23 愛知	1,533	33,712	158	410	4,712	68	970	24,738	406
24 三重	429	9,425	40	172	1,132	12	366	6,779	90
25 滋賀	330	8,822	34	127	1,108	10	220	5,578	80
26 京都	508	14,285	54	196	2,080	21	368	8,420	120
27 大阪	1,570	41,468	164	550	6,212	74	994	28,850	422
28 兵庫	1,064	25,278	104	461	3,846	42	747	18,364	279
29 奈良	220	6,037	26	153	1,097	11	196	4,895	66
30 和歌山	197	4,279	20	68	438	4.4	247	3,892	44
31 鳥取	186	4,172	17	20	232	1.9	118	2,411	28
32 島根	297	6,020	22	85	375	2.6	197	3,095	33
33 岡山	447	10,596	48	216	1,223	12	389	7,609	98
34 広島	685	15,446	62	217	1,776	20	471	9,981	148
35 山口	303	6,157	27	162	1,350	13	300	5,032	65
36 徳島	207	4,385	16	106	566	4.7	187	3,008	34
37 香川	220	5,612	24	115	862	8.3	160	3,539	49
38 愛媛	317	6,573	25	121	1,029	9.9	281	4,822	66
39 高知	250	5,192	20	37	308	2.3	225	2,933	31
40 福岡	1,044	26,924	116	418	5,028	55	723	17,794	279
41 佐賀	257	5,759	23	49	389	3.4	164	3,475	44
42 長崎	489	10,564	38	102	893	7.6	323	5,354	69
43 熊本	626	12,537	52	101	867	8.2	338	7,050	96
44 大分	334	7,243	25	158	850	7.5	266	4,261	56
45 宮崎	423	8,914	31	91	752	5.2	235	4,261	60
46 鹿児島	579	12,320	41	142	807	8.4	498	7,529	89
47 沖縄	606	14,641	55	182	889	9.7	268	6,491	101

「学校基本調査」（5月1日現在）による。ただし、保育所等については「社会福祉施設等調査」（10月1日現在）による。 1)　幼保連携型認定こども園及び保育所型認定こども園を含む。　2)　分園を含む。　3)　分校を含む。　4)　分校、定時制、全日・定時制の併置校を含む。　5)　9月末日の利用児童を対象。保育部分のみ。　6)　専攻科、別科を含む。　7)　本部の所在地による。　8)　在籍する学部・研究科等の所在地による。学部のほか大学院、専攻科、別科、科目等履修生等を含む。

教員数と在学者数 (令和3年)

中学校 3)			高等学校 4)			大学			都道府県
学校数	教員数(本務者)	生徒数(1,000人)	学校数	教員数(本務者)	生徒数(1,000人) 6)	学校数 7)	教員数(本務者) 7)	学生数(1,000人) 8)	
10,076	248,253	3,230	4,856	226,721	3,008	803	190,448	2,918	全国
579	11,549	123	272	9,980	115	37	6,617	90	01
157	2,970	30	77	2,847	31	10	1,372	17	02
154	2,833	30	79	2,889	30	6	1,364	13	03
205	4,916	59	95	4,539	55	14	5,071	58	04
111	2,166	22	52	2,026	21	7	1,004	10	05
94	2,241	27	61	2,414	27	6	1,036	13	06
222	4,167	46	108	3,938	46	8	1,576	16	07
226	5,860	72	119	5,593	72	10	3,163	38	08
163	4,086	51	75	3,514	50	9	4,219	23	09
166	4,041	51	77	3,591	49	15	2,019	31	10
448	12,569	187	193	11,025	164	27	4,519	114	11
389	10,836	158	181	9,680	141	27	4,110	116	12
801	20,183	311	429	19,238	302	143	52,851	763	13
472	14,785	227	231	13,035	196	31	5,520	184	14
230	4,749	54	101	3,930	52	22	2,818	32	15
77	2,037	26	53	2,209	26	5	1,111	12	16
88	2,212	30	56	2,378	30	14	2,749	32	17
83	1,848	21	35	1,631	21	6	1,053	11	18
93	1,829	21	43	1,820	23	7	1,284	17	19
196	4,746	55	99	4,233	53	11	1,686	19	20
185	4,255	54	81	4,038	51	13	1,880	22	21
291	6,980	98	138	6,441	92	14	2,147	36	22
439	13,910	209	220	12,252	186	52	11,603	193	23
168	3,775	48	70	3,374	44	7	1,274	15	24
103	3,138	41	56	2,752	37	9	1,101	35	25
189	5,178	65	111	5,240	66	34	10,351	163	26
517	17,118	222	254	14,299	207	56	14,197	250	27
380	10,406	143	205	9,744	128	36	6,855	126	28
109	2,844	36	59	2,525	33	11	1,524	23	29
128	2,314	24	47	2,065	23	5	738	9.4	30
58	1,384	14	32	1,391	14	3	822	7.8	31
95	1,823	17	47	1,728	17	2	893	8.1	32
165	4,142	51	86	3,912	50	18	3,909	43	33
266	5,693	75	129	5,152	68	21	4,252	62	34
161	2,996	34	78	2,829	31	10	1,457	20	35
89	1,742	17	37	1,576	17	4	1,554	14	36
75	2,094	26	40	2,043	25	4	748	10	37
132	2,799	33	65	2,768	31	5	1,104	18	38
127	2,027	17	46	1,959	17	5	1,017	10	39
360	10,121	140	164	8,410	124	34	8,849	123	40
92	2,140	24	45	2,010	22	2	778	8.7	41
186	3,237	36	79	3,131	34	8	1,704	19	42
172	4,091	49	73	3,693	44	9	1,610	27	43
129	2,524	30	55	2,646	29	5	1,032	16	44
134	2,736	31	51	2,570	29	7	1,083	11	45
223	4,282	45	89	4,165	43	6	1,458	19	46
149	3,881	50	63	3,498	43	8	1,366	19	47

資料　厚生労働省「社会福祉施設等調査」
文部科学省「学校基本調査（初等中等教育機関　専修学校・各種学校）（高等教育機関）」

25-3 幼稚園・保育所の在園者数と利用児童数

(単位 人)

年次	幼稚園等						
	総数	0歳児	1歳児	2歳児	3歳児	4歳児	5歳児
幼稚園							
令和 2 年	1,078,496	–	–	–	320,701	366,833	390,962
3	1,008,815	–	–	–	301,036	336,752	371,027
幼保連携型認定こども園							
令和 2 年	759,013	27,166	83,380	99,612	179,093	184,376	185,386
3	796,882	28,923	88,189	105,146	186,748	190,470	197,406

年次	保育所等　1)							
	総数	0歳児	1歳児	2歳児	3歳児	4歳児	5歳児	6歳児以上
保育所等　2)								
令和 2 年	2,624,335	70,104	342,745	497,434	422,181	519,610	515,211	257,049
3	…	…	…	…	…	…	…	…
地域型保育事業所								
令和 2 年	98,824	14,469	37,649	41,233	4,452	432	394	195
3								

幼稚園等は「学校基本調査」（5月1日現在）、保育所等は「社会福祉施設等調査」（10月1日現在）による。
1) 詳細票が回収できた施設のうち、活動中の施設について集計。9月末日の利用児童を対象。保育部分のみ。
2) 幼保連携型認定こども園及び保育所型認定こども園を含む。
資料　文部科学省「学校基本調査（初等中等教育機関　専修学校・各種学校）」
　　　厚生労働省「社会福祉施設等調査」

25-4　小・中学校の学年別児童数と生徒数 (令和3年)

学年	総数	# 男	国立	# 男	公立	# 男	私立	# 男
小学校	**6,223,395**	**3,183,677**	**36,171**	**17,984**	**6,107,702**	**3,130,909**	**79,522**	**34,784**
1 学年	1,007,488	515,900	6,022	3,023	988,023	506,964	13,443	5,913
2	1,017,256	520,021	6,048	2,986	997,746	511,094	13,462	5,941
3	1,028,188	525,638	6,026	2,988	1,008,861	516,712	13,301	5,938
4	1,043,698	533,080	6,009	2,989	1,024,471	524,252	13,218	5,839
5	1,062,309	544,324	6,068	3,030	1,043,180	535,729	13,061	5,565
6	1,064,456	544,714	5,998	2,968	1,045,421	536,158	13,037	5,588
中学校	**3,229,697**	**1,651,765**	**27,267**	**13,699**	**2,957,185**	**1,519,819**	**245,245**	**118,247**
1 学年	1,071,634	547,467	9,052	4,540	979,966	503,027	82,616	39,900
2	1,079,907	553,225	9,138	4,579	988,543	509,097	82,226	39,549
3	1,078,156	551,073	9,077	4,580	988,676	507,695	80,403	38,798

「学校基本調査」（5月1日現在）による。
資料　文部科学省「学校基本調査（初等中等教育機関　専修学校・各種学校）」

25-5　特別支援学校の学校数、教員数と在学者数

年次	学校数 1)	教員数 (本務者)	在学者数	＃ 男	幼稚部	小学部	中学部	高等部
平成22年	1,039	72,803	121,815	79,224	1,597	35,889	27,662	56,667
27	1,114	80,905	137,894	89,862	1,499	38,845	31,088	66,462
30	1,141	84,600	143,379	94,144	1,440	42,928	30,126	68,885
令和元年	1,146	85,336	144,434	94,823	1,438	44,475	30,374	68,147
2	1,149	85,933	144,823	95,232	1,329	46,273	30,649	66,572
3	1,160	86,141	146,285	96,412	1,301	47,815	31,810	65,359

「学校基本調査」（5月1日現在）による。　1）分校を含む。
資料　文部科学省「学校基本調査（初等中等教育機関　専修学校・各種学校）」

25-6　不就学学齢児童生徒数

年次	不就学者数					
	就学免除者数		就学猶予者数		1年以上居所不明者数	
	6～11歳	12～14歳	6～11歳	12～14歳	7～11歳	12～14歳
平成22年	1,473	561	1,245	407	238	88
27	1,766	761	831	377	73	45
30	1,839	864	818	364	43	20
令和元年	1,830	874	909	400	40	29
2	1,779	918	897	401	44	34
3	1,847	1,004	726	381	56	31

「学校基本調査」（5月1日現在）による。外国人を除く。
資料　文部科学省「学校基本調査（初等中等教育機関　専修学校・各種学校）」

25-7　短期大学と大学の入学者数

区分	令和2年			3年		
	入学者数	男	女	入学者数	男	女
短期大学	**49,495**	**6,013**	**43,482**	**45,585**	**5,530**	**40,055**
公立	2,576	453	2,123	2,377	462	1,915
私立	46,919	5,560	41,359	43,208	5,068	38,140
大学	**635,003**	**344,582**	**290,421**	**627,040**	**339,127**	**287,913**
国立	98,365	61,821	36,544	98,156	60,705	37,451
公立	33,439	14,901	18,538	33,967	14,734	19,233
私立	503,199	267,860	235,339	494,917	263,688	231,229

「学校基本調査」（5月1日現在）による。
資料　文部科学省「学校基本調査（高等教育機関）」

25-8　高等専門学校・短期大学・大学・大学院の学科別学生数

学科	平成30年	令和元年	2年	3年 総数	男	女
高等専門学校　　1)						
総数	**54,203**	**53,882**	**53,699**	**53,662**	**42,180**	**11,482**
＃機械工学	6,835	6,321	5,997	5,672	5,204	468
電気工学	1,535	1,363	1,272	1,189	1,056	133
電気電子工学	2,215	1,990	1,885	1,880	1,678	202
電子制御工学	2,932	2,781	2,708	2,629	2,375	254
情報工学	2,559	2,426	2,319	2,313	1,811	502
物質工学	2,854	2,480	2,210	2,029	1,179	850
環境都市工学	2,313	2,235	2,149	2,097	1,439	658
電気情報工学	2,573	2,460	2,320	2,200	1,868	332
短期大学（本科）						
総数	**114,774**	**109,120**	**104,871**	**99,416**	**12,149**	**87,267**
人文	11,418	10,948	10,717	9,570	1,398	8,172
社会	10,978	11,222	11,039	10,474	2,654	7,820
教養	2,357	1,739	1,163	1,078	39	1,039
工業	2,680	2,685	2,733	2,553	2,248	305
農業	538	629	801	902	495	407
保健	10,441	9,689	9,488	9,292	1,163	8,129
家政	20,700	19,222	18,202	17,233	953	16,280
教育	42,539	39,914	37,557	35,555	1,553	34,002
芸術	4,379	4,352	4,437	4,399	655	3,744
その他	8,744	8,720	8,734	8,360	991	7,369
大学（学部）						
総数	**2,599,684**	**2,609,148**	**2,623,572**	**2,625,688**	**1,429,133**	**1,196,555**
人文科学	365,163	365,163	364,474	362,542	126,934	235,608
社会科学	837,240	836,408	835,595	833,104	534,918	298,186
理学	78,458	77,997	78,353	78,464	56,648	21,816
工学	382,324	380,452	382,341	381,554	321,633	59,921
農学	76,930	77,100	77,622	77,810	42,645	35,165
保健	329,272	332,815	339,048	344,348	126,372	217,976
商船	395	406	411	623	511	112
家政	71,628	71,601	72,117	70,704	7,261	63,443
教育	189,948	189,343	189,986	189,046	77,505	111,541
芸術	71,361	72,920	74,755	76,835	24,513	52,322
その他	196,965	204,943	208,870	210,658	110,193	100,465
大学院（研究科）						
総数	**254,013**	**254,621**	**254,529**	**257,128**	**173,111**	**84,017**
＃人文科学	15,951	15,555	15,224	14,821	6,224	8,597
社会科学	33,576	33,333	33,364	33,166	20,437	12,729
理学	19,192	19,171	18,579	18,481	14,243	4,238
工学	79,966	79,754	78,894	80,688	68,238	12,450
農学	12,384	12,178	11,725	11,784	7,148	4,636
保健	42,044	42,599	42,493	42,118	24,602	17,516
教育	13,486	13,169	12,217	11,354	5,875	5,479
芸術	5,075	5,198	5,234	5,418	1,836	3,582

「学校基本調査」（5月1日現在）による。　1)　専攻科、科目等履修生等の学生を除く。
資料　文部科学省「学校基本調査（高等教育機関）」

25-9　専修学校の生徒数（令和3年）

区分	総数			# 高等課程	# 専門課程
	計	男	女		
総数	**662,135**	**291,734**	**370,401**	**34,077**	**607,029**
国立	300	105	195	4	296
公立	22,953	4,758	18,195	407	22,538
私立	638,882	286,871	352,011	33,666	584,195
工業関係	105,129	88,676	16,453	4,573	100,539
# 自動車整備	18,740	18,183	557	316	18,424
情報処理	38,035	32,262	5,773	1,726	36,309
農業関係	4,929	3,478	1,451	81	4,848
# 農業	3,217	2,316	901	–	3,217
医療関係	191,214	54,017	137,197	7,974	183,240
# 看護	90,474	11,339	79,135	174	90,300
歯科衛生	19,512	57	19,455	–	19,512
柔道整復	10,437	7,699	2,738	–	10,437
理学・作業療法	33,114	18,687	14,427	–	33,114
衛生関係	76,441	22,317	54,124	4,690	71,567
# 調理	15,771	9,635	6,136	2,818	12,843
美容	36,733	8,043	28,690	1,279	35,423
教育・社会福祉関係	32,988	8,307	24,681	950	32,038
# 保育士養成	13,309	1,918	11,391	98	13,211
介護福祉	10,779	3,992	6,787	218	10,561
商業実務関係	79,325	35,453	43,872	7,781	71,482
# 経理・簿記	9,976	5,441	4,535	97	9,824
旅行	16,627	6,234	10,393	–	16,627
ビジネス	14,169	2,412	11,757	366	13,798
服飾・家政関係	18,399	5,370	13,029	2,308	15,954
# 和洋裁	13,976	3,737	10,239	998	12,851
文化・教養関係	153,710	74,116	79,594	5,720	127,361
# 音楽	14,798	5,746	9,052	996	13,802
デザイン	24,604	10,834	13,770	583	23,924
受験・補習	19,244	13,835	5,409	–	–
法律行政	17,095	12,642	4,453	–	17,085

「学校基本調査」（5月1日現在）による。
資料　文部科学省「学校基本調査（初等中等教育機関　専修学校・各種学校）」

25-10　各種学校の生徒数（令和3年）

区分	総数			修業年限1年未満	修業年限1年以上	（再掲）昼の課程	（再掲）高卒以上を入学資格とする課程
	計	男	女				
総数	**102,469**	**54,807**	**47,662**	**40,275**	**62,194**	**68,973**	**16,816**
公立	379	114	265	151	228	189	39
私立	102,090	54,693	47,397	40,124	61,966	68,784	16,777
工業関係	16	4	12	16	–	16	16
農業関係	38	28	10	–	38	38	38
医療関係	4,777	935	3,842	89	4,688	4,544	476
衛生関係	128	67	61	–	128	128	2
教育・社会福祉関係	353	58	295	–	353	353	256
商業実務関係	5,853	2,647	3,206	1,916	3,937	2,028	99
服飾・家政関係	1,127	192	935	362	765	520	70
文化・教養関係	9,993	4,660	5,333	1,073	8,920	8,597	5,713
その他	80,184	46,216	33,968	36,819	43,365	52,749	10,146
# 予備校	13,836	9,619	4,217	209	13,627	13,708	7,111
自動車操縦	35,402	20,775	14,627	35,316	86	8,800	–

「学校基本調査」（5月1日現在）による。
資料　文部科学省「学校基本調査（初等中等教育機関　専修学校・各種学校）」

25-11　学校卒業者の卒業後の状況

年次、学校	計 (卒業者数)	# 進学者 1)	男	女	# 就職者等	男	女
中学校							
令和 2 年	1,087,468	1,077,214	549,423	527,791	2,068	1,609	459
3	1,052,489	1,043,384	533,054	510,330	1,756	1,376	380
高等学校							
令和 2 年	1,037,284	753,163	348,466	404,697	184,842	112,900	71,942
3	1,012,007	755,735	353,244	402,491	162,900	101,262	61,638
中等教育学校 **（前期課程）**							
令和 2 年	5,430	5,421	2,648	2,773	–	–	–
3	5,438	5,430	2,661	2,769	–	–	–
中等教育学校 **（後期課程）**							
令和 2 年	5,265	4,473	2,169	2,304	50	30	20
3	5,090	4,450	2,082	2,368	47	23	24
高等専門学校							
令和 2 年	9,769	3,690	3,192	498	5,797	4,491	1,306
3	9,710	3,725	3,206	519	5,588	4,262	1,326
短期大学 **（本科）**							
令和 2 年	49,893	4,594	1,231	3,363	41,155	3,091	38,064
3	46,779	4,727	1,268	3,459	37,430	2,917	34,513
大学（学部）							
令和 2 年	573,947	59,910	43,989	15,921	454,666	228,063	226,603
3	583,518	63,334	46,011	17,323	444,499	220,132	224,367
大学院 **（修士課程）**							
令和 2 年	73,813	6,961	4,731	2,230	58,231	41,935	16,296
3	71,714	6,940	4,800	2,140	55,125	40,086	15,039
大学院 2) **（博士課程）**							
令和 2 年	15,522	134	88	46	11,761	8,417	3,344
3	15,968	143	92	51	12,055	8,605	3,450
大学院 **（専門職学位課程）**							
令和 2 年	7,076	123	81	42	4,776	3,234	1,542
3	7,883	104	69	35	5,273	3,530	1,743

「学校基本調査」（5月1日現在）による。各年3月卒業者。　1)　中学校、高等学校及び中等教育学校は、専修学校（一般課程）等、公共職業能力開発施設等入学者は含まない。　2)　所定の年限以上在学し、所定の単位を修得したが博士の学位を取らずに卒業した者を含む。
資料　文部科学省「学校基本調査（初等中等教育機関　専修学校・各種学校）（高等教育機関）」

25-12　進学率と卒業者に占める就職者の割合

(単位　%)

年次	中学校		高等学校				
	高等学校等進学率 1)	卒業者に占める就職者の割合 2)	大学等進学率 3)		卒業者に占める就職者の割合 2)		
			男	女	男	女	
平成12年	97.0	1.0	42.6	47.6	20.7	16.5	
17	97.6	0.7	45.9	48.6	19.8	14.9	
22	98.0	0.4	52.7	55.9	18.4	13.1	
27	98.5	0.4	52.1	56.9	21.5	14.1	
令和元年	98.8	0.2	51.6	57.8	21.5	13.8	
2	98.8	0.2	53.2	58.3	21.2	13.5	
3	98.9	0.2	55.2	59.6	19.5	11.9	

「学校基本調査」（5月1日現在）による。各年3月卒業者。　1)　高等学校、中等教育学校後期課程、特別支援学校高等部の本科・別科及び高等専門学校への進学率。　2)　平成22年以前は就職率。　3)　大学の学部・通信教育部・別科、短期大学の本科・通信教育部・別科、放送大学（全科履修生）及び高等学校・特別支援学校高等部の専攻科への進学率。
資料　文部科学省「学校基本調査（初等中等教育機関　専修学校・各種学校）」

25-13　地方教育費

(単位　10億円)

年度	総額	財源別			支出項目別			在学者・国民1人当たり経費（円） 1)
		地方債・寄附金以外の公費	地方債	寄附金	消費的支出	資本的支出	債務償還費	
総額								
平成 30 年	15,970	15,146	813	11	13,202	1,802	966	…
令和 元 年	16,384	15,333	1,038	13	13,199	2,175	1,010	…
2	16,799	15,830	954	15	13,385	2,445	969	…
学校教育費								
平成 30 年	13,440	12,792	644	5.1	11,225	1,399	816	…
令和 元 年	13,817	12,956	855	5.8	11,210	1,744	863	…
2	14,163	13,391	764	7.8	11,339	1,995	830	…
社会教育費								
平成 30 年	1,527	1,362	159	5.0	1,008	380	139	11,980
令和 元 年	1,559	1,381	173	5.2	1,019	404	136	12,263
2	1,514	1,336	172	6.3	998	389	127	11,956
教育行政費								
平成 30 年	1,002	992	9.5	0.5	968	23	12	7,865
令和 元 年	1,008	995	11	2.1	971	26	11	7,931
2	1,122	1,103	18	1.1	1,049	61	12	8,857

「地方教育費調査」による。　1)　総額を人口で除した国民1人当たりの額。人口は、総務省「住民基本台帳に基づく人口、人口動態及び世帯数（当該年度1月1日現在）」による。（外国人住民を含む。）
資料　文部科学省「地方教育費調査」

25-14 幼児・児童・生徒１人当たり学習費（令和３年度）

（単位　円）

区分	幼稚園		小学校		中学校		高等学校（全日制）	
	公立	私立	公立	私立	公立	私立	公立	私立
合計	165,126	308,909	352,566	1,666,949	538,799	1,436,353	512,971	1,054,444
学校教育費	61,156	134,835	65,974	961,013	132,349	1,061,350	309,261	750,362
授業料	5,533	27,972	-	536,232	-	476,159	52,120	288,443
修学旅行費	41	64	3,149	3,981	11,853	12,837	15,647	16,613
校外学習費	744	1,520	2,134	14,883	3,971	18,151	3,909	9,936
学級・児童会・生徒会費	2,144	837	3,473	9,393	5,434	12,330	8,821	13,061
PTA会費	4,146	3,359	2,566	5,880	3,465	8,598	5,931	9,325
その他の学校納付金　1)	1,907	3,204	1,907	26,542	4,440	24,017	12,558	20,301
寄附金	176	542	82	24,190	365	14,120	629	4,405
教科書費・教科書以外の図書費	2,991	4,509	4,866	18,804	9,584	33,196	31,249	38,461
学用品・実験実習材料費	8,049	11,575	19,420	31,128	22,784	35,382	21,854	25,798
教科外活動費	482	4,131	2,294	8,709	24,172	37,172	39,395	47,013
通学費	6,330	21,052	1,125	47,210	7,245	84,233	52,283	81,093
制服	3,216	6,713	2,698	35,859	21,253	50,696	26,110	36,086
通学用品費	12,800	11,341	16,637	21,398	11,018	17,558	12,776	11,976
その他	12,155	12,768	5,380	14,139	5,424	10,365	4,970	7,291
学校給食費	13,415	29,917	39,010	45,139	37,670	7,227	-	-
学校外活動費	90,555	144,157	247,582	660,797	368,780	367,776	203,710	304,082
補助学習費	29,885	42,118	120,499	377,663	303,136	262,322	171,377	246,639
家庭内学習費	8,982	11,881	14,398	42,699	16,276	40,028	22,640	31,786
通信教育・家庭教師費	8,404	11,969	23,237	52,946	29,379	36,964	16,301	26,530
学習塾費	11,621	17,636	81,158	273,629	250,196	175,435	120,397	171,149
その他	878	632	1,706	8,389	7,285	9,895	12,039	17,174
その他の学校外活動費	60,670	102,039	127,083	283,134	65,644	105,454	32,333	57,443
体験活動・地域活動	2,234	4,311	3,635	14,803	995	5,656	1,342	1,903
芸術文化活動	14,766	25,355	31,986	92,380	19,567	33,591	9,460	16,501
スポーツ・レクリエーション活動	24,765	46,424	56,751	87,705	30,247	28,795	6,778	12,956
国際交流体験活動	267	1,163	434	3,052	65	5,857	2,045	8,118
教養・その他	18,638	24,786	34,277	85,194	14,770	31,555	12,708	17,965

「子供の学習費調査」による。　　1)　入学金・入園料、入学時に納付した施設整備費等、入学検定料、施設整備費等及び後援会等会費を含む。
資料　文部科学省「子供の学習費調査」

25-15　日本の大学に在籍する外国人学生数

年次	大学	# 留学生	大学院	# 留学生	短期大学	# 私費留学生 1)
平成17年	69,480	60,486	31,282	29,910	3,665	3,073
22	79,745	69,470	40,875	38,649	2,462	2,100
27	77,739	66,372	43,398	41,068	1,776	1,488
令和元年	99,908	87,911	55,718	52,654	3,156	2,819
2	93,366	80,409	56,477	53,164	2,931	2,640
3	**86,791**	**72,985**	**57,466**	**53,156**	**2,717**	**2,427**
男	48,154	40,989	29,926	27,705	1,300	1,228
女	38,637	31,996	27,540	25,451	1,417	1,199

「学校基本調査」（5月1日現在）による。留学生とは、日本の大学に留学する目的を持って入国した外国人学生。　1)　自費による者のほか、都道府県又は本国から奨学金を支給されている留学生。
資料　文部科学省「学校基本調査（高等教育機関）」

25-16　外国人児童生徒数と帰国児童生徒数

年次	外国人児童生徒数			帰国児童生徒数　1)		
	小学校	中学校	高等学校	小学校	中学校	高等学校
平成22年	43,187	23,276	12,338	7,010	2,995	2,049
27	45,721	22,281	12,979	6,862	2,663	2,050
30	59,747	23,963	15,217	7,086	2,496	2,100
令和元年	66,017	25,822	14,996	7,083	2,481	1,889
2	71,163	27,878	14,959	8,868	2,906	1,868
3	75,597	29,391	15,330	7,336	2,529	1,685

「学校基本調査」（5月1日現在）による。高等学校は全日制及び定時制の計。
1)　5月1日現在の在学者のうち、海外勤務者等の子供で、引き続き1年を超える期間海外に在留し、前年4月1日から当年3月31日までに帰国した児童生徒数。
資料　文部科学省「学校基本調査（初等中等教育機関　専修学校・各種学校）」

25-17 青少年教育施設、女性教育施設と公民館類似施設状況 (令和3年)

設置者	青少年教育施設						女性教育施設			公民館類似施設数
	施設数	#少年自然の家	#青年の家	#児童文化センター	職員数(平成30年)	利用者数(前年度間)(1,000人)	施設数(前年度間)1)	職員数	利用者数(前年度間)(1,000人)	
総数	840	195	141	28	8,134	7,553	347	4,130	4,302	635
独立行政法人	28	14	13	–	599	…	1	75	43	–
都道府県	154	56	36	1	1,944	…	44	735	1,546	–
市(区)	551	118	77	26	5,061	…	213	2,034	2,545	425
町村	105	6	14	1	498	…	10	35	33	210
組合	2	1	1	–	32	…				
一般社団法人・一般財団法人・公益社団法人・公益財団法人	–	–	–	–	–	–	79	1,251	135	–

「社会教育調査」(10月1日現在)による。中間報告。公民館類似施設とは、公民館と同様の事業を行うことを目的に掲げる社会教育会館、社会教育センター等をいう。
1) 令和2年度末閉館、3年度新設の11施設を除く。
資料 文部科学省「社会教育調査」

25-18 公民館

年次設置者	公民館数	設置率(%)2)	利用者数(前年度間)(1,000人)					個人利用	諸集会件数(前年度間)1)		
			団体利用						講習会・講演会・実習会	体育事業	文化事業
			青少年団体	女性団体	成人団体	その他の団体3)					
平成27年	14,171	83.2	12,858	12,361	64,290	72,362		18,753	97,939	31,651	50,489
30	13,632	81.6	12,450	10,335	59,482	72,355		15,846	146,009	30,647	49,384
令和3年	13,163	…	6,149	7,912	51,208	31,155		7,768	88,358	15,053	24,646
市(区)	9,282	…	5,133	4,030	23,283	26,597		6,614	81,031	11,640	18,490
町	3,272	…	928	3,841	27,719	4,274		1,033	6,586	3,041	5,557
村	607	…	87	40	204	281		122	740	372	599
一般社団法人・一般財団法人・公益社団法人・公益財団法人	2	…	1	1	1	3		–	1	–	–

「社会教育調査」(10月1日現在)による。令和3年は中間報告。 1) 主催と共催の計。 2) 設置率=(公民館を設置する市(区)町村数÷市(区)町村数)×100 3) 高齢者団体を含む。
資料 文部科学省「社会教育調査」

第26章　文化

26-1　博物館数

年次、区分	総数	総合博物館	科学博物館	歴史博物館	美術博物館
平成 23 年	1,262	143	109	448	452
27	1,256	152	106	451	441
30	**1,286**	**154**	**104**	**470**	**453**
登録博物館	914	131	68	331	359
博物館相当施設	372	23	36	139	94

年次、区分	野外博物館	動物園	植物園	動植物園	水族館
平成 23 年	18	32	10	8	42
27	16	35	10	7	38
30	**16**	**34**	**11**	**6**	**38**
登録博物館	10	5	2	-	8
博物館相当施設	6	29	9	6	30

「社会教育調査」（10月1日現在）による。
資料　文部科学省「社会教育調査」

26-2　国立国会図書館 （令和2年度）

区分	所蔵図書数（年度末）	受入図書数	#和漢書	来館者数	貸出し点数	レファレンス件数
東京本館　　　　　1)	6,855,985	*196,928	*168,385	155,629	3,838	244,872
関西館	4,382,050	*	*	59,444	1,767	57,505
国際子ども図書館	447,264	*	*	48,161	8,374	8,569
行政・司法支部図書館	3,113,311	27,684	…	87,885	91,390	13,656

1)　国会分館を含む。（貸出し及びレファレンスを除く。）
資料　国立国会図書館「国立国会図書館年報」

26-3　公共図書館

年次設置者	図書館数	#本館	蔵書冊数別				年間開館日数別　1)			
			3,000冊未満	3,000〜9,999	10,000〜49,999	50,000冊以上	199日以下	200〜249	250〜299	300日以上
平成 23 年	3,274	1,903	27	133	959	2,155	69	157	2,284	736
27	3,331	1,909	22	119	969	2,221	68	131	2,147	967
30	3,360	1,925	36	124	923	2,277	68	134	2,091	1,048
都道府県	59	53	1	-	-	58	2	2	42	13
市（区）	2,650	1,284	28	109	699	1,814	50	92	1,599	898
町	577	514	5	8	185	379	11	26	412	121
村	52	52	1	4	27	20	1	4	31	15
一般社団法人・一般財団法人・公益社団法人・公益財団法人	22	22	1	3	12	6	4	10	7	1

「社会教育調査」（10月1日現在）による。　1)　前年度間の実績であり、前年度間未開館及び当年度新設の図書館（平成23年度28館、27年度18館、30年度19館）を除く。
資料　文部科学省「社会教育調査」

26-4　文化遺産（令和4年）

区分	種類（件）								
	総数 1)	絵画	彫刻	工芸品	書跡・典籍・古文書	考古資料	歴史資料	建造物	
								件数	棟数
重要文化財	13,368	2,042	2,726	2,471	2,701	652	228	2,548	5,336
＃国宝	1,131	166	140	254	291	48	3	229	292

史跡、名勝、天然記念物（件）		重要無形文化財				その他	
		芸能		工芸技術			
史跡	1,872	各個認定		各個認定		重要有形民俗文化財（件）	225
＃特別史跡	63	指定件数	38	指定件数	36	重要無形民俗文化財（件）	327
		保持者数	53	保持者数	55	選定	
名勝	427					＃重要伝統的建造物群	126
＃特別名勝	36					保存地区（地区）	
		保持団体等認定		保持団体等認定		選定保存技術（選定件数）	84
天然記念物	1,038	指定件数	14	指定件数	16	保持者 （件）	51
＃特別天然記念物	75	保持団体等数	14	保持団体等数	16	（人）	62
						保存団体 （件）	40
						（団体）	a)42
						＃登録有形文化財（建造物）（件）	13,537

11月1日現在、国指定、選定又は登録のもの。　1)　建造物の棟数は含まない。　a)　重複認定があり、実団体数は36。
資料　文化庁「文化財指定等の件数」

26-5　書籍新刊点数と平均価格

部門	書籍新刊点数（点）				部門	書籍新刊平均価格（円）			
	平成30年	令和元年	2年	3年		平成30年	令和元年	2年	3年
総数	71,661	71,903	68,608	69,052	総平均	1,168	1,197	1,207	1,241
総記	767	804	805	760	総記	1,443	1,608	1,562	1,683
哲学	3,955	3,743	3,507	3,402	哲学	1,235	1,278	1,252	1,369
歴史・地理	3,530	3,890	3,927	3,902	歴史・地理	1,485	1,488	1,550	1,575
社会科学	15,220	15,482	14,068	14,159	社会科学	1,582	1,638	1,643	1,661
自然科学	5,325	5,066	5,117	5,043	自然科学	2,110	2,075	2,020	2,103
工学・工業	3,906	3,951	3,608	3,662	工学・工業	2,058	2,094	2,083	2,237
産業	2,492	2,444	2,310	2,275	産業	1,615	1,726	1,754	1,745
芸術・生活	11,856	12,383	12,068	12,289	芸術・生活	1,073	1,106	1,106	1,101
語学	1,535	1,473	1,329	1,332	語学	1,644	1,517	1,445	1,510
文学	13,048	12,979	12,104	12,071	文学	851	870	896	922
児童書	4,721	4,583	4,295	4,446	児童書	1,142	1,123	1,140	1,190
学習参考書	5,306	5,105	5,470	5,711	学習参考書	1,325	1,394	1,277	1,403

書籍新刊とは、新刊として、委託または買切条件で出荷されたと推定される部数及び金額。重版は除く。
資料　公益社団法人全国出版協会・出版科学研究所「出版指標年報」

26-6　雑誌の出版点数

部門	令和元年	2年	3年	#月刊	部門	令和元年	2年	3年	#月刊
総数	2,734	2,626	2,536	1,206	社会	23	23	22	17
児童	181	179	173	80	時局	22	22	20	17
女性	133	129	128	80	哲学	13	13	12	8
大衆	442	401	382	142	学参	9	9	9	4
総合	102	98	95	56	語学	49	46	49	39
文芸	40	41	40	31	教育	78	75	74	54
芸能	59	57	59	27	地歴	13	13	13	8
美術	19	19	19	9	法律	34	34	29	18
音楽	64	63	59	33	科学	27	25	25	20
生活	186	179	174	47	工学	133	129	127	87
趣味	550	539	514	159	医学	244	226	215	138
スポーツ	105	101	100	51	農水	21	21	20	13
経済	105	100	96	68	週刊誌	82	84	82	-

当該年中に発行された雑誌の種類数。発行回数に関係なく、1号でも刊行があった銘柄はすべて1点と数えた。
雑誌扱いコミック本とムックは1シリーズ1点としてカウント。
資料　公益社団法人全国出版協会・出版科学研究所「出版指標年報」

26-7　新聞発行状況

年次	発行部数（1,000部）				普及度　1)	
	総数	朝夕刊セット	朝刊のみ	夕刊のみ	1部当たり人口（人）	1世帯当たり部数（部）
平成　7　年	52,855	19,192	31,645	2,017	2.36	1.19
12	53,709	18,187	33,703	1,819	2.35	1.13
17	52,568	17,112	33,928	1,529	2.41	1.04
22	49,322	13,877	34,259	1,185	2.58	0.92
27	44,247	10,874	32,366	1,007	2.85	0.80
29	42,128	9,701	31,488	940	2.98	0.75
30	39,902	9,025	29,994	883	3.14	0.70
令和　元　年	37,811	8,422	28,554	835	3.30	0.66
2	35,092	7,253	27,064	775	3.54	0.61
3	33,027	6,485	25,914	628	3.75	0.57

総数は朝夕刊セットを1部として算出した各年10月のもの。平成7年は121紙、12年は122紙、17年、22年は120紙、27〜30年は117紙、令和元年、2年は116紙、3年は113紙を対象としている。
1)　算出に用いた人口及び世帯数は、平成22年以前は3月31日、27年以降は1月1日現在の住民基本台帳による。
資料　一般社団法人日本新聞協会「日刊紙の都道府県別発行部数と普及度」

26-8　ラジオとテレビジョン放送

年度末	民間放送						日本放送協会 (NHK)			
	事業者数				放送局数		受信契約数 (1,000)			
	地上系 1)		衛星系	ケーブルテレビ	テレビ 2)	ラジオ 3)	総数	地上契約	衛星契約 4)	
	テレビ	ラジオ								
平成 17 年	127	290	133	535	6,736	894	37,512	24,969	12,543	
22	127	346	113	528	10,641	896	39,751	24,079	15,672	
27	131	398	44	510	4,399	922	42,583	22,650	19,933	
29	127	417	39	504	4,401	934	43,974	22,499	21,476	
30	127	425	41	492	4,401	943	44,714	22,499	22,215	
令和 元 年	127	432	41	471	4,399	949	45,225	22,335	22,891	
2	127	432	39	464	4,399	953	44,773	22,031	22,742	
3	127	436	42	–	4,399	958	44,611	21,895	22,715	

1) 地上系放送。文字放送（単営）及びマルチメディア放送を除く。兼営の事業者数はラジオ、テレビともに計上した。　2) 総合、教育放送局所の合計数。　3) 第1、第2、FM放送局所の合計数。　4) 特別契約を含む。
資料　総務省「情報通信白書」　日本放送協会「放送受信契約数統計要覧」

26-9　映画

年次	映画館数（スクリーン数）		入場者数 (1,000人)	公開本数		
		#シネコン		総数	邦画	洋画
平成 17 年	2,926	1,954	160,453	731	356	375
22	3,412	2,774	174,358	716	408	308
27	3,437	2,996	166,630	1,136	581	555
令和 元 年	3,583	3,165	194,910	1,278	689	589
2	3,616	3,192	106,137	1,017	506	511
3	3,648	3,229	114,818	959	490	469

映画館数（スクリーン数）は12月末現在。
資料　一般社団法人日本映画製作者連盟「日本映画産業統計」

26-10 媒体別広告費の推移

(単位 億円)

年次	総広告費	国内総生産に対する比率 (%)	マスコミ四媒体 1)	新聞	雑誌	ラジオ	地上波テレビ	衛星メディア関連 2)	プロモーションメディア 3)	インターネット
平成 22 年	58,427	1.16	27,749	6,396	2,733	1,299	17,321	784	22,147	7,747
27	61,710	1.15	28,699	5,679	2,443	1,254	18,088	1,235	21,417	11,594
29	63,907	1.16	27,938	5,147	2,023	1,290	18,178	1,300	20,875	15,094
30	65,300	1.17	27,026	4,784	1,841	1,278	17,848	1,275	20,685	17,589
令和 元 年	69,381	1.24	26,094	4,547	1,675	1,260	17,345	1,267	22,239	21,048
2	61,594	1.14	22,536	3,688	1,223	1,066	15,386	1,173	16,768	22,290
3	67,998	1.25	24,538	3,815	1,224	1,106	17,184	1,209	16,408	27,052

1) 平成22年は衛星メディア関連を除く。 2) 衛星放送、CATVなど。 3) 屋外、交通、折込、ダイレクト・メール、フリーペーパー・フリーマガジン・電話帳、店頭販促物、イベント・展示・映像ほか。
資料 株式会社電通「日本の広告費」

26-11 公園

年次	国立公園		国定公園		都道府県立自然公園	
	公園数	公園面積 (1,000ha)	公園数	公園面積 (1,000ha)	公園数	公園面積 (1,000ha)
平成 27 年	32	2,113	56	1,351	313	1,970
令和 2 年	34	2,195	57	1,445	311	1,949
3	34	2,195	58	1,478	311	1,928

年次	都市公園		# 街区公園		# 近隣公園	
	箇所数	面積 (ha)	箇所数	面積 (ha)	箇所数	面積 (ha)
平成 27 年	105,565	121,447	84,699	13,777	5,622	10,074
令和 2 年	111,171	126,773	89,192	14,328	5,813	10,477
3	112,356	127,686	90,030	14,457	5,832	10,510

年次	都市公園					
	# 地区公園		# 総合公園		# 運動公園	
	箇所数	面積 (ha)	箇所数	面積 (ha)	箇所数	面積 (ha)
平成 27 年	1,586	8,367	1,339	25,270	807	12,515
令和 2 年	1,626	8,630	1,376	26,174	832	12,931
3	1,632	8,685	1,389	26,401	838	13,069

3月31日現在
資料 国土交通省「都道府県別都市公園整備水準調書」 環境省「自然公園について」

26-12　年齢、行動の種類別総平均時間（週全体）（令和３年）

（単位　分）

区分	総数	男	10〜14歳	15歳以上	女	10〜14歳	15歳以上
1次活動	**657**	**650**	**673**	**649**	**663**	**693**	**662**
睡眠	474	478	525	476	469	525	467
身の回りの用事	84	74	60	75	92	78	93
食事	99	97	88	98	101	91	102
2次活動	**407**	**396**	**374**	**398**	**417**	**388**	**418**
通勤・通学	31	38	33	38	24	33	23
仕事	208	267	0	281	152	0	159
学業	38	40	331	25	37	339	23
家事	87	25	2	26	146	3	153
介護・看護	3	2	0	2	4	0	4
育児	14	6	0	7	21	0	22
買い物	26	18	7	19	33	13	33
3次活動	**376**	**394**	**393**	**394**	**360**	**359**	**360**
移動（通勤・通学を除く）	22	21	19	21	23	17	23
テレビ・ラジオ・新聞・雑誌	128	131	52	136	125	48	129
休養・くつろぎ	117	119	135	119	116	143	114
学習・自己啓発・訓練（学業以外）	13	13	37	12	12	47	10
趣味・娯楽	48	60	76	59	37	55	37
スポーツ	13	16	49	15	10	25	9
ボランティア活動・社会参加活動	2	2	0	2	2	0	2
交際・付き合い	10	8	9	8	12	9	12
受診・療養	7	6	5	7	8	4	8
その他	16	15	11	15	17	11	17

「社会生活基本調査」による。10月16日から10月24日までの９日間のうち、調査区ごとに指定された連続する２日間を調査日として選定。１人１日当たりの平均行動時間数。調査対象：平成27年国勢調査調査区から選定された調査区の世帯のうち約９万１千世帯の10歳以上の世帯員。
資料　総務省統計局「社会生活基本調査結果」

26-13　年齢、学習・自己啓発・訓練と主なスポーツの種類別行動者率（令和3年）

（単位　%）

区分	総数	男	10～14歳	15歳以上	女	10～14歳	15歳以上
学習・自己啓発・訓練							
総数	39.6	39.8	53.6	39.0	39.5	57.8	38.6
外国語	14.1	14.3	41.9	12.9	13.9	44.8	12.4
英語	12.8	13.5	41.4	12.0	12.2	43.7	10.7
英語以外の外国語	4.2	3.5	4.8	3.5	4.8	7.4	4.7
商業実務・ビジネス関係（総数）	20.1	25.0	19.0	25.3	15.5	17.0	15.4
パソコンなどの情報処理	16.5	20.1	18.9	20.2	13.0	16.8	12.8
商業実務・ビジネス関係	8.5	11.5	1.6	12.1	5.6	1.6	5.7
介護関係	3.6	2.8	1.6	2.8	4.4	1.5	4.6
家政・家事（料理・裁縫・家庭経営など）	13.5	9.1	12.4	9.0	17.7	17.5	17.7
人文・社会・自然科学	9.8	11.9	18.3	11.6	7.8	18.6	7.3
芸術・文化	11.2	9.7	14.1	9.5	12.5	22.6	12.1
その他	7.9	8.3	10.3	8.2	7.6	10.7	7.4
主なスポーツ							
総数	66.5	69.9	90.5	68.8	63.3	81.8	62.4
# 野球（キャッチボールを含む）	6.3	9.9	32.1	8.7	2.8	9.6	2.5
サッカー（フットサルを含む）	4.7	7.7	34.4	6.3	1.9	9.0	1.6
卓球	4.9	5.3	21.6	4.4	4.5	15.2	4.0
ゴルフ（練習場を含む）	6.9	11.7	2.4	12.1	2.3	1.5	2.4
ボウリング	5.1	6.3	12.6	6.0	3.9	8.7	3.7
つり	7.7	12.1	21.0	11.6	3.7	9.7	3.4
水泳	5.7	6.2	30.6	4.9	5.1	25.0	4.2
登山・ハイキング	7.7	8.4	9.8	8.3	7.0	9.5	6.9
ジョギング・マラソン	11.1	14.9	29.8	14.1	7.4	23.5	6.7
ウォーキング・軽い体操	44.3	40.3	29.5	40.9	48.2	34.7	48.8
器具を使ったトレーニング	12.9	14.8	9.9	15.1	11.1	7.3	11.3

「社会生活基本調査」による。調査期日（10月20日）前の1年間。調査対象：平成27年国勢調査調査区から選定された調査区の世帯のうち約9万1千世帯の10歳以上の世帯員。行動者とは過去1年間に該当する種類の活動を行った人。行動者率＝（行動者数÷属性別の人口）×100
資料　総務省統計局「社会生活基本調査結果」

26-14　年齢階級別旅行・行楽の行動者率（令和3年）

| 区分 | 10歳以上推定人口（1,000人） | 総数 | 行楽（日帰り） | 旅行（1泊2日以上） | | | | 海外 |
| | | | | 総数 | 国内 | | | 観光旅行 |
					総数	観光旅行	帰省・訪問などの旅行	
総数	112,462	49.5	40.5	32.3	32.2	25.0	14.3	0.4
10～14歳	5,338	60.9	50.4	40.2	40.1	31.9	17.0	0.3
15歳以上	107,124	48.9	40.0	31.9	31.8	24.7	14.2	0.4
男	54,829	48.9	40.1	32.1	32.0	25.1	14.2	0.4
10～14歳	2,736	62.2	51.3	40.7	40.6	33.2	16.9	0.4
15歳以上	52,094	48.2	39.5	31.6	31.5	24.7	14.0	0.4
女	57,633	50.1	40.9	32.5	32.5	24.9	14.4	0.4
10～14歳	2,602	59.6	49.5	39.6	39.5	30.6	17.0	0.2
15歳以上	55,031	49.6	40.5	32.2	32.1	24.7	14.3	0.4

「社会生活基本調査」による。調査期日（10月20日）前の1年間。調査対象：平成27年国勢調査調査区から選定された調査区の世帯のうち約9万1千世帯の10歳以上の世帯員。行動者とは過去1年間に該当する種類の活動を行った者。行動者率＝（行動者数÷属性別の人口）×100
資料　総務省統計局「社会生活基本調査結果」

第27章　公務員・選挙
27-1　国家公務員数

年度	計	給与法職員	適用俸給表別					
			行政職	税務職	公安職	海事職	教育職	研究職
平成30年	279,982	271,328	163,482	52,801	48,030	577	174	1,507
令和元年	281,427	272,836	164,507	53,154	48,140	584	168	1,482
2	282,882	274,086	165,065	53,561	48,395	605	172	1,477

年度	給与法職員				任期付職員 1)	任期付研究員	行政執行法人職員
	適用俸給表別						
	医療職	福祉職	専門スタッフ職	指定職	2)	3)	
平成30年	3,267	267	258	965	1,445	96	7,113
令和元年	3,287	265	269	980	1,469	88	7,034
2	3,285	270	255	1,001	1,592	109	7,095

年度	府省別給与法職員							
	計	会計検査院	人事院	内閣	内閣府	総務省	法務省	外務省
平成30年	271,328	1,215	601	1,047	14,391	4,805	50,303	5,864
令和元年	272,836	1,221	606	1,096	14,647	4,832	50,849	5,908
2	274,086	1,209	601	1,157	14,747	4,792	51,378	5,928

年度	府省別給与法職員							
	財務省	文部科学省	厚生労働省	農林水産省	経済産業省	国土交通省	環境省	防衛省
平成30年	70,373	2,145	31,521	20,658	7,418	58,048	2,913	26
令和元年	70,924	2,177	31,676	20,247	7,438	58,241	2,949	25
2	71,432	2,188	31,805	19,953	7,481	58,428	2,964	23

「一般職の国家公務員の任用状況調査」（1月15日現在）による。調査対象は、一般職の国家公務員。ただし、臨時的任用の職員、常勤労務者及び非常勤職員を除く。　1)　「一般職の職員の給与に関する法律」の適用を受ける職員。　2)　「一般職の任期付職員の採用及び給与の特例に関する法律」の適用を受ける職員。　3)　「一般職の任期付研究員の採用、給与及び勤務時間の特例に関する法律」の適用を受ける職員。
資料　人事院「一般職の国家公務員の任用状況調査報告」

27-2　地方公務員数

（単位　1,000人）

団体	令和2年	3年				
		総数	一般職員	教育公務員	警察官	臨時職員
総数	2,764	2,803	1,633	857	261	51
都道府県	1,405	1,434	425	706	261	42
市区町村組合	1,359	1,369	1,209	151	–	9.2
指定都市	348	358	223	127	–	8.7
市	707	707	688	19	–	0.5
町村	138	138	134	3.6	–	0.1
特別区　　　1)	63	63	62	1.1	–	–
一部事務組合等	102	102	102	0.3	–	0.0

職種	令和2年	3年	職種	令和2年	3年
全職種	2,764	2,803	消防職	162	162
一般行政職	858	863	企業職	215	213
税務職	68	68	技能労務職	78	74
海事職	1.9	1.9	特定任期付職員　　2)	0.4	0.5
研究職	12	12	教育職	855	857
医師・歯科医師職	10	10	警察職	262	261
薬剤師・医療技術職	37	37	臨時職員	14	51
看護・保健職	84	85	特定地方独立行政法人職員	2.1	2.1
福祉職	105	106			

「地方公務員給与実態調査」（4月1日現在）による。教育長を除く。　1)　東京都23区　2)　任期付研究員を含む。
資料　総務省「地方公務員給与の実態」

27-3　都道府県別地方公務員数（令和3年）

都道府県	都道府県	市	町村	一部事務組合等	都道府県	都道府県	市	町村	一部事務組合等
総数	1,434,242	1,128,676	137,687	102,157	三重	24,358	16,658	2,531	1,348
北海道	63,246	52,340	20,353	5,200	滋賀	19,931	13,295	877	1,265
青森	18,838	9,982	4,062	4,479	京都	22,624	30,522	1,738	1,862
岩手	24,590	9,440	2,840	1,853	大阪	73,182	84,810	1,642	3,282
宮城	22,943	26,229	4,257	2,927	兵庫	56,914	54,699	2,596	3,936
秋田	14,797	10,471	1,373	1,238	奈良	16,537	9,441	3,219	2,187
山形	18,222	9,271	3,203	2,124	和歌山	14,941	7,578	3,265	2,570
福島	27,536	13,430	4,942	3,325	鳥取	11,885	3,549	2,477	984
茨城	34,457	20,516	2,701	2,695	島根	14,559	7,539	1,464	896
栃木	23,584	12,773	2,015	1,306	岡山	21,050	20,021	1,691	823
群馬	25,806	13,589	2,980	4,184	広島	26,699	30,268	1,790	995
埼玉	61,450	53,611	4,071	5,286	山口	19,435	13,324	1,019	907
千葉	58,585	51,817	2,697	4,567	徳島	13,504	6,176	2,523	748
東京	175,972	a)88,341	1,509	3,595	香川	14,720	8,022	1,632	1,918
神奈川	54,162	97,780	2,978	488	愛媛	20,246	11,691	2,101	1,071
新潟	28,386	25,848	1,278	1,309	高知	13,970	6,572	2,936	1,982
富山	15,516	10,977	1,236	576	福岡	43,974	43,392	4,763	3,164
石川	16,299	9,913	2,092	1,574	佐賀	13,361	5,879	1,586	1,437
福井	14,012	6,308	1,557	1,517	長崎	20,027	11,186	1,271	1,950
山梨	14,009	7,360	1,434	1,518	熊本	19,994	17,999	4,085	2,202
長野	27,358	15,844	6,078	5,191	大分	17,765	11,309	678	232
岐阜	26,102	18,241	2,883	1,242	宮崎	18,526	7,907	2,545	297
静岡	33,943	38,502	2,264	3,217	鹿児島	26,437	14,634	3,282	1,137
愛知	62,823	80,682	3,491	4,722	沖縄	26,967	8,940	3,682	831

「地方公務員給与実態調査」（4月1日現在）による。教育長を除く。　a)　特別区（東京都23区）を含む。
資料　総務省「地方公務員給与の実態」

27-4　国家公務員予算定員

区分	令和2年度末	3年度末	4年度末	区分	令和2年度末	3年度末	4年度末
総数	580,289	581,281	582,304	農林水産省	20,194	19,913	19,668
				経済産業省	5,129	5,112	5,119
	一般会計			国土交通省	50,832	51,162	51,501
計	556,849	558,324	559,618	環境省	1,849	1,889	2,019
国会	3,908	3,911	3,914	防衛省	20,929	20,932	20,976
裁判所	25,699	25,682	25,616	自衛官	247,154	247,154	247,154
会計検査院	1,252	1,253	1,254	特別会計			
内閣	1,999	1,990	2,104	計	23,440	22,957	22,686
内閣府	15,150	15,235	15,370	内閣府	93	94	94
デジタル庁	-	396	414	復興庁	998	881	814
総務省	4,822	4,747	4,757	財務省	408	418	418
法務省	54,583	54,791	55,026	厚生労働省	10,280	9,997	9,851
外務省	6,358	6,430	6,504	農林水産省	260	230	216
財務省	72,015	72,156	72,314	経済産業省	2,859	2,864	2,867
文部科学省	2,133	2,134	2,137	国土交通省	7,807	7,735	7,692
厚生労働省	22,843	23,437	23,771	環境省	735	738	734

資料　財務省「予算及び財政投融資計画の説明」

27-5　会派別国会議員数

会派	議員数	会派	議員数
衆議院		**参議院**	
総数	465	総数	248
自由民主党	261	自由民主党	118
立憲民主党・無所属	97	立憲民主・社民	40
日本維新の会	40	公明党	27
公明党	32	日本維新の会	21
国民民主党・無所属クラブ	10	国民民主党・新緑風会	13
日本共産党	10	日本共産党	11
有志の会	5	れいわ新選組	5
れいわ新選組	3	NHK党	2
無所属	5	沖縄の風	2
欠員	2	各派に属しない議員	9
		欠員	0

衆議院は令和4年11月1日、参議院は4年12月8日現在。
資料　衆議院事務局「会派名及び会派別所属議員数」　参議院事務局「会派別所属議員数」

27-6　国会議員選挙の推移

年月		定数	立候補者数 1)	選挙当日有権者数 (1,000人)	＃ 男	投票者数 (1,000人)	＃ 男	投票率 (%) 総数	男	女
衆議院議員										
平成 21 年 8 月	小選挙区	300	1,139	103,949	50,240	72,020	34,895	69.3	69.5	69.1
	比例代表	180	888 (653)			72,004	34,887	69.3	69.4	69.1
24 　12	小選挙区	300	1,294	103,960	50,205	61,669	30,194	59.3	60.1	58.6
	比例代表	180	1,117 (907)			61,663	30,190	59.3	60.1	58.6
26 　12	小選挙区	295	959	103,963	50,181	54,743	26,927	52.7	53.7	51.7
	比例代表	180	841 (609)			54,736	26,923	52.7	53.7	51.7
29 　10	小選挙区	289	936	106,091	51,271	56,953	27,728	53.7	54.1	53.3
	比例代表	176	855 (611)			56,948	27,725	53.7	54.1	53.3
令和 3 年 10 月	小選挙区 2)	289	857	105,321	50,892	58,902	28,532	55.9	56.1	55.8
	比例代表 2)	176	817 (623)			58,894	28,528	55.9	56.1	55.8
参議院議員										
平成 22 年 7 月	比例代表	48	186	104,029	50,269	60,251	29,344	57.9	58.4	57.5
	選 挙 区	73	251			60,256	29,347	57.9	58.4	57.5
25 　7	比例代表	48	162	104,153	50,294	54,796	26,905	52.6	53.5	51.8
	選 挙 区	73	271			54,799	26,907	52.6	53.5	51.8
28 　7	比例代表	48	164	106,203	51,327	58,086	28,292	54.7	55.1	54.3
	選 挙 区	73	225			58,094	28,297	54.7	55.1	54.3
令和 元 年 7 月	比例代表	50	155	105,886	51,181	51,667	25,288	48.8	49.4	48.2
	選 挙 区	74	215			51,672	25,291	48.8	49.4	48.2
4 　7	比例代表 2)	50	178	105,019	50,740	54,655	26,517	52.0	52.3	51.8
	選 挙 区 2)	74	367			54,660	26,520	52.1	52.3	51.8

在外選挙人を含む。　1)　（　）内は重複立候補者数で内数である。　2)　速報値
資料　総務省「衆議院議員総選挙・最高裁判所裁判官国民審査結果調」「参議院議員通常選挙結果調」

27-7 地方公共団体の議会の議員と長 (令和3年)

区分	総数	自由民主党	立憲民主党	国民民主党	公明党	日本維新の会
知事	47	–	–	–	–	–
都道府県議会議員	2,598	1,261	37	16	197	14
市長	790	1	–	–	–	–
市議会議員	17,824	1,780	138	33	2,104	121
特別区長	23	–	–	–	–	–
特別区議会議員	874	276	3	–	172	9
町村長	924	1	–	–	–	–
町村議会議員	10,725	121	16	2	414	8

区分	日本共産党	社会民主党	れいわ新選組	NHKと裁判してる党弁護士法72条違反で	諸派	無所属
知事	–	–	–	–	1	46
都道府県議会議員	140	27	–	–	309	597
市長	–	–	–	–	11	778
市議会議員	1,741	147	–	23	813	11,043
特別区長	–	–	–	–	–	23
特別区議会議員	119	6	–	16	140	133
町村長	–	–	–	–	4	919
町村議会議員	703	16	–	–	97	9,348

12月31日現在、在職する者に係る各々の立候補の届出時の所属党派による。
資料 総務省「地方公共団体の議会の議員及び長の所属党派別人員調」

第28章　司法・警察

28-1　刑法犯の認知件数と年齢階級別検挙人員

罪種	認知件数 1)			検挙人員		
	令和元年	2年	3年	令和元年	2年	3年
総数	748,559	614,231	568,104	192,607	182,582	175,041
凶悪犯	4,706	4,444	4,149	4,225	4,291	4,093
＃殺人	950	929	874	924	878	848
強盗	1,511	1,397	1,138	1,604	1,654	1,460
粗暴犯	56,753	51,829	49,717	50,789	48,108	45,724
＃暴行	30,276	27,637	26,436	26,377	24,883	23,993
傷害	21,188	18,963	18,145	20,105	18,826	17,525
脅迫	3,657	3,778	3,893	2,764	2,862	2,964
恐喝	1,629	1,446	1,237	1,538	1,515	1,230
窃盗犯	532,565	417,291	381,769	94,144	88,464	84,360
知能犯	36,031	34,065	36,663	10,965	10,547	12,483
＃詐欺	32,207	30,468	33,353	8,843	8,326	10,400
偽造	2,323	2,090	1,893	1,088	1,023	991
風俗犯	8,710	7,723	7,880	5,406	5,202	5,422
＃わいせつ	8,443	7,605	7,764	4,954	4,707	4,918
その他	109,794	98,879	87,926	27,078	25,970	22,959

罪種	年齢階級別検挙人員（令和3年）					
	14・15歳	16・17	18・19	20〜29	30〜39	40歳以上
総数	3,931	5,985	5,433	31,131	25,153	103,408
凶悪犯	68	143	244	1,209	808	1,621
＃殺人	8	5	27	220	153	435
強盗	21	83	131	509	255	461
粗暴犯	740	1,096	1,045	8,710	8,556	25,577
＃暴行	230	247	272	4,286	4,389	14,569
傷害	420	664	573	3,650	3,522	8,696
脅迫	46	54	71	427	475	1,891
恐喝	44	125	129	343	170	419
窃盗犯	2,173	3,166	2,260	11,424	8,949	56,388
知能犯	66	295	723	4,006	2,220	5,173
＃詐欺	57	264	683	3,676	1,789	3,931
偽造	9	28	25	180	197	552
風俗犯	159	152	171	1,180	1,126	2,634
＃わいせつ	159	152	168	1,055	994	2,390
その他	725	1,133	990	4,602	3,494	12,015

年齢階級は犯行時の年齢による。交通業過（道路上の交通事故に係る業務上（重）過失致死傷、危険運転致死傷及び自動車運転過失致死傷）を除く。　1)　警察において発生を認知した事件の数。
資料　警察庁「犯罪統計書」

28-2　刑法犯少年の検挙・補導人員

年次	総数	凶悪犯	殺人	強盗	放火	強制性交等	粗暴犯	窃盗犯	知能犯	風俗犯	その他
犯罪少年検挙人員											
令和元年	19,914	457	43	251	29	134	3,484	10,813	901	502	3,757
2	17,466	522	50	323	33	116	3,060	9,222	731	400	3,531
3	14,818	410	35	214	27	134	2,815	7,421	923	469	2,780
触法少年補導人員											
令和元年	6,162	72	4	3	29	36	1,001	3,887	31	187	984
2	5,086	55	1	3	25	26	864	3,111	33	174	849
3	5,581	54	3	3	28	20	975	3,270	28	206	1,048

「犯罪少年」とは、犯行時及び処理時の年齢が共に14歳以上20歳未満の少年、「触法少年」とは、14歳未満で刑罰法令に触れる行為をした少年をいう。交通業過を除く。犯罪少年検挙人員は28-1表の内数。
資料　警察庁「犯罪統計書」

28-3　特別法犯の検挙件数と検挙人員

法令	令和元年	2年	3年
検挙件数	73,034	72,913	71,005
検挙人員	**61,814**	**61,345**	**58,156**
# 公職選挙法	621	58	183
軽犯罪法	8,344	9,193	8,455
迷惑防止条例	7,763	6,291	6,702
ストーカー規制法	728	811	801
風営適正化法	1,524	1,195	926
売春防止法	399	396	378
児童福祉法	178	161	130
未成年者喫煙禁止法	626	589	541
青少年保護育成条例	2,184	2,069	1,817
児童買春・児童ポルノ禁止法	2,812	2,529	2,529
銃砲刀剣類所持等取締法	4,818	4,819	4,521
火薬類取締法	95	102	54
麻薬等取締法	435	546	526
大麻取締法	4,221	4,904	5,339
覚せい剤取締法	8,283	8,245	7,631
毒物及び劇物取締法	177	180	165
廃棄物処理法	6,165	6,680	6,651
狩猟法	215	227	200
出入国管理及び難民認定法	4,735	5,005	3,528
労働基準法	51	38	34
職業安定法	69	79	59
出資法	116	108	122
犯罪収益移転防止法	2,144	2,133	2,072
電波法	279	211	178

交通関係法令を除く。
資料　警察庁「犯罪統計書」

28-4　検察庁で扱った被疑事件の処理状況

年次	全被疑事件　1)						
	受理人員	#新受	既済人員	起訴	不起訴	中止	移送・送致
令和元年	1,063,179	1,045,803	1,044,279	282,844	576,679	759	183,997
2	955,260	936,360	932,289	253,444	511,024	715	167,106
3	917,082	894,111	895,161	244,425	492,098	721	157,917

年次	全被疑事件	#道路交通法等違反被疑事件　2)				
	未済人員	受理人員(新受)	既済人員	#起訴	#不起訴	未済人員
令和元年	18,900	311,325	311,714	127,471	106,663	2,742
2	22,971	284,192	283,316	107,358	104,613	4,175
3	21,921	268,292	270,087	103,162	99,135	3,050

1)　時効再起事件を含む。　2)　道路交通法及び自動車の保管場所の確保等に関する法律違反。
資料　法務省「検察統計年報」

28-5　検察庁で扱った罪名別被疑事件の処理状況（令和3年）

罪名	通常受理人員	既済人員　1)	
		#起訴	#不起訴
総数	766,449	244,425	492,096
刑法犯	475,797	100,890	350,493
公務執行妨害	1,799	836	893
逃走	2	－	1
放火	776	233	465
失火	138	45	103
住居侵入	5,705	2,074	2,944
文書偽造　　　　　　　　2)	2,493	668	1,795
支払用カード電磁的記録関係	43	26	5
わいせつ・わいせつ文書頒布等	2,330	1,291	935
強制わいせつ	4,305	1,187	2,563
強制性交等	1,614	455	948
賭博・富くじ	527	320	217
職権濫用	1,377	－	1,405
収賄	58	46	11
贈賄	75	65	10
殺人　　　　　　　　　　3)	1,569	264	858
傷害	32,284	9,252	21,385
危険運転致死傷	629	339	97
過失傷害	295,173	39,067	249,226
＃業務上過失致死傷	929	245	767
自動車による過失致死傷等	287,970	38,494	243,283
逮捕・監禁	497	190	307
脅迫	2,230	824	1,375
略取・誘拐・人身売買	479	133	304
名誉毀損	1,035	286	727
窃盗	76,989	29,428	38,115
強盗	1,102	244	481
強盗致死傷	1,316	138	664
強盗・強制性交等	46	24	19
詐欺	17,774	8,653	7,764
背任	152	33	112
恐喝	1,679	417	1,016
横領	6,404	1,142	4,626
盗品等関係	640	85	338
毀棄・隠匿	7,530	1,610	5,567
暴力行為等処罰に関する法律	1,870	544	1,234
その他の刑法犯	5,157	971	3,983
特別法犯（道路交通法等違反を除く）	84,482	40,373	42,468
道路交通法等違反　　　　　4)	206,170	103,162	99,135

「通常受理人員」とは、検察官が認知又は直接受理した事件及び司法警察員から送致された事件の人員をいう。
1)　時効再起事件を除く。　2)　公文書偽造、偽造公文書行使及び私文書偽造。　3)　嬰児殺及び自殺関与を含む。　4)　道路交通法及び自動車の保管場所の確保等に関する法律違反。
資料　法務省「検察統計年報」

28-6　民事・行政事件

(単位　1,000件)

年次	総数			訴訟事件			調停事件			その他の事件		
	新受件数	既済件数	未済件数	新受件数	既済件数	未済件数	新受件数	既済件数	未済件数	新受件数	既済件数	未済件数
平成 27 年	1,432	1,425	409	535	531	190	41	40	11	856	854	208
令和 2 年	1,350	1,324	456	491	466	224	31	31	10	828	827	222
3	1,374	1,400	430	509	521	212	32	33	9	833	846	210

訴訟事件の範囲：第一審、控訴、上告、再審、控訴提起、上告提起及び上告受理申立ての各事件。
資料　最高裁判所「司法統計年報（民事・行政事件編）」

28-7　刑事事件

年次	総数			訴訟事件			訴訟事件以外の事件		
	新受人員	既済人員	未済人員	新受人員	既済人員	未済人員	新受人員	既済人員	未済人員
平成 27 年	1,032,650	1,030,492	34,013	367,310	365,334	32,444	665,340	665,158	1,569
令和 2 年	852,268	850,615	32,505	250,498	249,115	30,678	601,770	601,500	1,827
3	845,307	847,044	30,768	241,681	243,629	28,730	603,626	603,415	2,038

医療観察事件を含む。
資料　最高裁判所「司法統計年報（刑事事件編）」

28-8　家事事件

年次	総数			# 家事審判事件			# 家事調停事件		
	新受件数	既済件数	未済件数	新受件数	既済件数	未済件数	新受件数	既済件数	未済件数
平成 27 年	969,925	958,660	133,366	784,088	776,091	61,319	140,822	137,601	59,049
令和 2 年	1,105,380	1,091,988	159,282	926,829	921,160	67,232	130,937	124,343	77,207
3	1,150,372	1,155,593	154,061	967,413	966,766	67,879	132,556	139,184	70,579

年次	# 訴訟事件						# 家事抗告提起事件		
	人事訴訟事件			通常訴訟事件					
	新受件数	既済件数	未済件数	新受件数	既済件数	未済件数	新受件数	既済件数	未済件数
平成 27 年	10,338	10,362	9,738	265	257	192	3,561	3,637	208
令和 2 年	8,568	8,156	10,072	262	229	233	3,678	3,593	291
3	10,094	9,173	10,993	281	289	225	4,508	4,479	320

年次	# 家事共助事件			# 家事雑事件		
	新受件数	既済件数	未済件数	新受件数	既済件数	未済件数
平成 27 年	2,074	1,938	286	26,548	26,500	2,426
令和 2 年	10,739	10,515	1,509	22,835	22,461	2,621
3	11,166	11,336	1,339	22,642	22,652	2,611

資料　最高裁判所「司法統計年報（家事事件編）」

28-9　少年事件

年次	総数			少年保護事件 1)			準少年保護事件		
	新受人員	既済人員	未済人員	新受人員	既済人員	未済人員	新受人員	既済人員	未済人員
平成 27 年	94,889	97,826	13,415	93,395	96,329	13,334	598	604	77
令和 2 年	52,765	53,902	7,975	51,485	52,619	7,884	534	536	89
3	46,978	47,636	7,317	45,873	46,526	7,231	494	503	80

年次	少年審判等共助事件			少年審判雑事件		
	新受人員	既済人員	未済人員	新受人員	既済人員	未済人員
平成 27 年	8	7	1	888	886	3
令和 2 年	6	6	2	740	741	-
3	4	3	3	607	604	3

全国の家庭裁判所が取り扱った事件の人員である。
1)　一般保護事件と道路交通保護事件である。
資料　最高裁判所「司法統計年報（少年事件編）」

28-10　刑務所・拘置所等と少年院の収容人員 (令和3年)

区分	刑務所・拘置所等						
	総数	受刑者					禁錮、拘留
		計	懲役				
			無期	有期			
				累犯	非累犯		
総数	44,545	38,366	1,723	15,919	20,614		110
男	40,632	35,033	1,629	14,718	18,585		101
女	3,913	3,333	94	1,201	2,029		9

区分	刑務所・拘置所等					少年院
	死刑確定者	被告人	被疑者	労役場留置者	その他	
総数	107	5,445	96	529	2	1,389
男	99	4,961	69	468	2	1,251
女	8	484	27	61	-	138

年末収容人員
資料　法務省「矯正統計年報」

28-11 刑務所・拘置所等の罪名別新受刑者数と 少年院の非行名別新収容人員

罪名・非行名		刑務所・拘置所等		少年院	
		令和2年	3年	令和2年	3年
総数		16,620	16,152	1,624	1,377
刑法犯計		10,446	10,265	1,297	1,029
# 放火		69	70	10	4
住居侵入		233	207	12	18
文書偽造等	1)	56	49	3	1
わいせつ	2)	296	289	44	38
強制性交等	3)	55	247	50	45
賭博・富くじ		7	7	-	-
殺人		155	188	18	15
傷害、暴行	4)	712	657	310	271
危険運転致死傷		57	44	5	6
業務上過失致死傷		-	-	-	-
過失運転致死傷		202	187	34	38
窃盗		5,913	5,732	426	297
強盗	5)	304	364	129	63
詐欺		1,559	1,424	121	133
恐喝		117	97	72	51
横領・背任		202	225	3	2
盗品等関係		10	16	1	1
暴力行為等処罰に関する法律		124	113	11	4
特別法犯計		6,174	5,887	284	299
# 銃砲刀剣類所持等取締法		59	44	7	3
売春防止法		6	8	1	-
麻薬及び向精神薬取締法		68	55	24	16
覚せい剤取締法		4,367	4,071	41	57
道路交通法		706	839	88	85
ぐ犯		-	-	43	49

1) 有価証券偽造、支払用カード電磁的記録関係、印章偽造及び不正指令電磁的記録関係を含む。 2) わいせつ文書頒布等、強制わいせつ及び同致死傷を含む。 3) 同致死傷を含む。 4) 傷害致死を含む。 5) 強盗致死傷、強盗・強制性交等及び同致死を含む。
資料 法務省「矯正統計年報」

28-12　人権侵犯事件の受理・処理件数 (令和3年)

種類	受理	旧受	新受	#申告		処理件数	#措置	未済
				職員受	委員受		#援助	
総数	**9,245**	**664**	**8,581**	**5,390**	**2,855**	**8,462**	**7,279**	**783**
私人等に関するもの	7,288	577	6,711	4,352	2,039	6,580	5,542	708
＃暴行・虐待	1,150	17	1,133	644	487	1,139	1,128	11
私的制裁	4	–	4	3	1	4	4	–
医療関係	61	1	60	45	13	61	57	–
人身の自由関係	21	–	21	13	7	19	19	2
社会福祉施設関係	65	7	58	31	23	61	48	4
差別待遇	909	196	713	303	100	608	329	301
プライバシー関係	1,942	321	1,621	1,402	219	1,581	946	361
教育を受ける権利関係	2	–	2	2	–	2	2	–
労働権関係	1,335	17	1,318	900	417	1,318	1,273	17
住居・生活の安全関係	821	8	813	406	407	817	793	4
強制・強要	862	9	853	529	324	856	837	6
公務員等の職務執行に関するもの	1,957	87	1,870	1,038	816	1,882	1,737	75
＃特別公務員関係	74	3	71	47	24	71	64	3
教育職員関係	476	24	452	306	134	449	398	27
学校におけるいじめ	1,191	22	1,169	535	632	1,173	1,144	18
刑務職員関係	73	25	48	45	1	56	21	17

資料　法務省「人権侵犯事件統計年報」

第29章　災害・事故

29-1　都道府県別自然災害被害状況 (令和2年)

都道府県	り災世帯数	り災者数	人的被害（人）		建物（住家）被害（棟）				その他	
			死者、行方不明者	負傷者	全壊	半壊	床上浸水	床下浸水	河川（箇所）	崖くずれ（箇所）
全国	9,087	19,321	128	993	1,640	4,600	1,956	7,166	6,409	823
北海道	14	28	8	215	–	2	12	59	83	–
青森	15	26	5	57	–	–	17	30	23	–
岩手	2	5	1	61	–	1	–	15	45	–
宮城	–	–	2	6	–	–	–	15	8	–
秋田	17	33	5	90	–	1	13	122	60	1
山形	179	542	5	73	2	62	152	580	287	19
福島	2	3	–	9	–	–	2	37	99	–
茨城	–	–	–	10	–	1	–	–	–	–
栃木	–	–	1	3	–	1	–	–	–	5
群馬	3	5	1	6	–	1	2	52	12	–
埼玉	80	184	–	–	–	–	72	71	4	1
千葉	11	11	–	9	–	–	5	14	–	–
東京	–	–	–	–	–	–	6	2	–	7
神奈川	8	204	–	5	–	2	5	10	8	28
新潟	3	4	3	103	1	–	3	50	27	–
富山	–	–	1	16	–	–	–	1	1	–
石川	–	–	–	–	–	–	–	1	10	–
福井	–	–	–	16	–	–	–	3	5	–
山梨	–	–	–	1	–	–	–	4	1	–
長野	6	15	1	22	–	1	5	116	159	2
岐阜	73	156	–	3	6	36	31	315	246	48
静岡	12	29	1	–	–	2	10	59	5	33
愛知	31	59	–	4	–	1	28	178	11	1
三重	18	27	–	–	1	–	17	127	42	10
滋賀	1	1	–	1	–	–	1	12	2	7
京都	2	3	–	3	–	–	–	29	13	27
大阪	–	–	–	–	–	–	–	1	6	9
兵庫	6	10	–	11	4	2	5	1	1	–
奈良	–	–	–	–	–	–	–	1	–	3
和歌山	2	6	–	7	1	–	3	32	59	–
鳥取	–	–	–	1	–	–	–	2	9	–
島根	54	112	–	16	2	41	6	108	167	–
岡山	1	4	–	2	–	1	–	16	87	56
広島	16	29	2	5	1	11	4	111	407	32
山口	24	37	–	7	–	6	17	212	78	–
徳島	1	1	–	7	1	–	–	–	–	–
香川	–	–	–	13	–	–	–	–	–	–
愛媛	9	12	2	18	1	3	5	66	144	19
高知	–	–	–	3	–	–	–	6	134	–
福岡	1,992	3,963	2	34	14	998	648	1,383	336	175
佐賀	34	78	1	14	2	9	25	144	133	1
長崎	172	202	4	27	13	32	127	166	270	93
熊本	5,565	12,035	67	73	1,490	3,112	426	2,052	1,824	142
大分	444	976	7	4	69	213	156	568	669	–
宮崎	14	19	4	9	6	4	2	18	132	–
鹿児島	237	454	2	20	26	55	140	360	801	85
沖縄	39	48	3	9	–	–	11	17	1	19

自然災害とは、暴風、豪雨、豪雪、洪水、高潮、地震、津波、その他の異常な自然現象をいう。
資料　消防庁「消防白書」

29-2　火災

年次	総数					
	出火件数	損害額 (100万円)	り災世帯数	り災人員数	死者数	負傷者数
平成 22 年	46,620	101,762	23,865	57,623	1,738	7,305
27	39,111	82,520	19,701	44,443	1,563	6,309
令和 元 年	37,683	90,800	18,364	39,983	1,486	5,865
2	34,691	103,739	17,931	37,754	1,326	5,583

年次	# 建物火災				# 林野火災		
	出火件数	焼損棟数	焼損床面積 (1,000m²)	損害額 (100万円)	出火件数	焼損面積 (a)	損害額 (100万円)
平成 22 年	27,137	37,210	1,187	94,195	1,392	75,549	71
27	22,197	31,780	1,036	75,754	1,106	53,844	255
令和 元 年	21,003	30,653	1,103	84,186	1,391	83,651	269
2	19,365	27,476	1,015	97,378	1,239	44,885	201

出火原因	全火災の総合原因別出火件数			
	平成22年	27年	令和元年	2年
総計	46,620	39,111	37,683	34,691
# たばこ	4,475	3,638	3,581	3,104
たき火	2,515	2,305	2,930	2,824
こんろ	4,694	3,497	2,918	2,792
放火	5,612	4,033	2,757	2,497
放火の疑い	3,939	2,469	1,810	1,555
火入れ	1,033	1,343	1,758	1,684
電気機器	936	1,104	1,633	1,611
電灯・電話等の配線	1,362	1,341	1,576	1,398
配線器具	1,143	1,160	1,352	1,206
ストーブ	1,469	1,228	1,144	1,076
排気管	700	722	705	641
電気装置	676	627	669	585
マッチ・ライター	822	730	567	571
灯火	535	462	427	354
火あそび	1,678	752	424	321
交通機関内配線	508	452	376	358

資料　消防庁「火災年報」

29-3　業種別労働災害死亡者数

業種	平成22年	27年	令和元年	2年	3年
総数	1,195	972	845	802	867
製造業	211	160	141	136	137
鉱業	5	10	10	8	11
建設業	365	327	269	258	288
運輸交通業	167	140	109	90	112
貨物取扱	14	15	13	13	7
農林業	85	53	45	53	47
畜産・水産業	28	19	18	19	24
商業	118	92	65	74	72
金融広告業	8	5	4	4	3
映画・演劇業	1	1	36	1	2
通信業	6	5	5	4	4
教育研究	6	7	2	4	7
保健衛生業	8	8	11	11	39
接客娯楽	30	14	21	13	18
清掃・と畜	62	41	46	48	38
官公署	1	0	1	0	0
その他の事業	80	75	49	66	58

資料　厚生労働省「死亡災害報告」

29-4　業種、事故の型別労働災害死傷者数 (令和3年)

業種	総数	# 墜落、転落	# 転倒	# はさまれ、巻き込まれ	# 交通事故（道路）
総数	149,918	21,286	33,672	14,020	7,079
製造業	28,605	2,944	5,332	6,501	265
鉱業	216	82	27	48	5
建設業	16,079	4,869	1,666	1,676	500
運輸交通業	17,867	4,533	3,185	1,502	1,515
貨物取扱	2,245	325	438	278	38
農林業	2,795	570	408	252	43
畜産・水産業	1,657	323	264	314	7
商業	22,408	2,703	7,176	1,533	1,773
金融広告業	1,401	196	473	13	327
映画・演劇業	123	29	20	6	4
通信業	2,425	166	683	110	806
教育研究	1,728	250	518	49	26
保健衛生業	29,153	1,172	6,037	374	697
接客娯楽	8,748	807	2,725	357	313
清掃・と畜	6,807	1,264	2,322	618	137
官公署	141	33	48	7	7
その他の事業	7,520	1,020	2,350	382	616

資料　厚生労働省「労働者死傷病報告」

29-5　道路交通事故

年次	事故件数			死者数 1)	負傷者数	人口10万人当たり 2)	
		死亡事故	負傷事故			死者数	負傷者数
平成 7 年	761,794	10,232	751,562	10,684	922,677	8.54	737.9
12	931,950	8,713	923,237	9,073	1,155,707	7.16	912.3
17	934,346	6,691	927,655	6,937	1,157,113	5.43	906.2
22	725,924	4,808	721,116	4,948	896,297	3.88	702.9
27	536,899	4,028	532,871	4,117	666,023	3.24	524.1
29	472,165	3,630	468,535	3,694	580,850	2.91	457.6
30	430,601	3,449	427,152	3,532	525,846	2.79	415.0
令和 元 年	381,237	3,133	378,104	3,215	461,775	2.54	365.2
2	309,178	2,784	306,394	2,839	369,476	2.25	292.8
3	305,196	2,583	302,613	2,636	362,131	2.09	287.1

交通事故とは、道路交通法に規定する道路において、車両等及び列車の交通によって起こされた事故で、人の死亡又は負傷を伴うものをいい、物損事故は含まない。　1)　交通事故の発生から24時間以内に死亡した人数。
2)　人口は国勢調査又は人口推計（10月1日現在人口）による。
資料　警察庁「交通事故の発生状況」

29-6 鉄道運転事故

年度	JR								
	運転事故件数					死傷者数			
	計	列車事故	踏切障害	人身障害	物損	計	死者	負傷者	
平成 17 年	455	9	229	213	4	1,074	313	761	
22	387	7	126	251	3	339	190	149	
27	355	3	102	248	2	345	167	178	
29	322	3	116	198	5	287	156	131	
30	301	1	101	196	3	268	142	126	
令和 元 年	270	2	79	186	3	237	116	121	

年度	民営鉄道（JR以外）　1)								
	運転事故件数						死傷者数		
	計	列車事故	踏切障害	道路障害	人身障害	物損	計	死者	負傷者
平成 17 年	402	19	185	41	155	2	323	131	192
22	485	7	176	91	211	−	371	163	208
27	371	7	134	63	167	−	280	119	161
29	348	10	133	32	170	3	268	122	146
30	337	12	127	23	171	4	267	110	157
令和 元 年	345	13	129	38	165	−	375	138	237

1) 鉄道及び軌道の計。
資料　国土交通省「鉄道統計年報」

29-7 海難

年次	海難発生隻数					死傷者数			
	計 1)	海難種類	船種別			計	死亡	行方不明	負傷
		# 衝突	# 旅客船	# 貨物船	# 漁船				
平成 27 年	1,386	762	59	305	386	275	25	7	243
29	1,259	660	50	251	410	326	27	9	290
30	1,102	578	60	221	338	298	24	4	270
令和 元 年	1,203	613	58	221	349	385	27	16	342
2	1,262	659	69	242	306	266	25	3	238

理事官が立件したもの。海難審判法の対象となる海難は、海難審判法第2条に定められており、そのいずれかに
該当すれば理事官は調査を開始する。　1)　船種の不詳を含む。
資料　国土交通省海難審判所「レポート海難審判」

資料作成機関一覧

機関名及び（代表）番号は、令和4年11月30日現在によるものです。

機関名	(代表)番号	機関名	(代表)番号
衆議院	03-3581-5111	日本銀行	03-3279-1111
参議院	03-3581-3111	日本私立学校振興・共済事業団	03-3230-1321
国立国会図書館	03-3581-2331	地方公務員災害補償基金	03-5210-1342
人事院	03-3581-5311	日本放送協会	0570-077-077
内閣府	03-5253-2111	独立行政法人国際観光振興機構	03-5369-6020
経済社会総合研究所	同上	（日本政府観光局（JNTO））	
警察庁	03-3581-0141	独立行政法人農業者年金基金	03-3502-3942
総務省	03-5253-5111	全国健康保険協会	03-6680-8871
統計局	03-5273-2020	日本証券業協会	03-6665-6800
政策統括官（統計制度担当）	同上	公益財団法人日本関税協会	03-6826-1430
公害等調整委員会	03-3581-9601	公益財団法人日本生産性本部	03-3511-4001
消防庁	03-5253-5111	公益社団法人日本缶詰びん詰レトルト食品協会	03-5256-4801
法務省	03-3580-4111	公益社団法人日本水道協会	03-3264-2395
出入国在留管理庁	同上	公益社団法人全国出版協会・出版科学研究所	03-3269-1379
外務省	03-3580-3311	一般社団法人生命保険協会	03-3286-2624
財務省	03-3581-4111	一般社団法人全国銀行協会	03-3216-3761
財務総合政策研究所	同上	一般社団法人投資信託協会	03-5614-8400
国税庁	03-3581-4161	一般社団法人日本映画製作者連盟	03-3243-9100
文部科学省	03-5253-4111	一般社団法人日本ガス協会	03-3502-0111
スポーツ庁	同上	一般社団法人日本新聞協会	03-3591-4401
文化庁	同上	一般社団法人日本船主協会	03-3264-7171
厚生労働省	03-5253-1111	一般社団法人日本損害保険協会	03-3255-1844
国立社会保障・人口問題研究所	03-3595-2984	日本ハム・ソーセージ工業協同組合	03-3444-1211
農林水産省	03-3502-8111	日本郵政株式会社	03-3477-0111
林野庁	同上	株式会社ゆうちょ銀行	同上
経済産業省	03-3501-1511	株式会社かんぽ生命保険	同上
資源エネルギー庁	同上	株式会社電通	03-6216-5111
特許庁	03-3581-1101	株式会社東京証券取引所	03-3666-0141
国土交通省	03-5253-8111	株式会社日本経済新聞社	03-3270-0251
国土地理院	029-864-1111		
海難審判所	03-6893-2400		
観光庁	03-5253-8111		
気象庁	03-6758-3900		
環境省	03-3581-3351		
最高裁判所	03-3264-8111		

総務省統計局が編集・刊行する総合統計書

　総務省統計局では、国勢調査などの調査報告書のほか、次のような総合統計書を編集・刊行しています。

　これらの総合統計書は、電子媒体でも提供しています。

日本統計年鑑
　　我が国の国土、人口、経済、社会、文化などの広範な分野にわたる基本的な統計を網羅的かつ体系的に収録した総合統計書。
　　約540の統計表を収録

第 72 回日本統計年鑑

日本の統計
　　我が国の国土、人口、経済、社会、文化などの広範な分野に関して、よく利用される基本的な統計を選んで体系的に編成し、ハンディで見やすい形に取りまとめた統計書。約370の統計表を収録

世界の統計
　　世界各国の人口、経済、文化などに関する主要な統計を、国際機関の統計年鑑など多数の国際統計資料から選んで収録した統計書。約130の統計表を収録

社会生活統計指標　－都道府県の指標－
　　都道府県の経済、社会、文化、生活などあらゆる分野に関する主要な統計を幅広く、体系的に収録した統計書。約580の統計指標は、原則として2015年度、2020年度及び最新年度の数字を収録

統計でみる都道府県のすがた
　　「社会生活統計指標」に収録された統計データの中から主なものを選び、各指標における都道府県別の順位を参考として掲載している。

統計でみる市区町村のすがた
　　市区町村の経済、社会、文化、生活などあらゆる分野に関する主要な統計を幅広く、体系的に収録した統計書。約100の基礎データの数字を収録

Statistical Handbook of Japan
　　我が国の最近の実情を統計表、グラフを交え、英文で紹介

「日本の統計」の利用案内

「日本の統計」は、次の方法により利用（閲覧・入手など）することができます。

◆「日本の統計」の閲覧
   国立国会図書館及び各支部、都道府県統計主管課、都道府県立図書館で閲覧できます。
      総務省統計図書館
            〒162-8668　東京都新宿区若松町19-1
                  図書閲覧係　　　TEL：03-5273-1132
                  統計相談係　　　TEL：03-5273-1133

◆刊行物の入手
   一般財団法人　日本統計協会を通じて入手できます。また、全国各地の官報販売所でも取り扱っています。
      一般財団法人　日本統計協会
            〒169-0073　東京都新宿区百人町2-4-6　メイト新宿ビル6階
            TEL：03-5332-3151
            https://www.jstat.or.jp/
      政府刊行物センター（霞が関）
            〒100-0013　東京都千代田区霞が関1-4-1　日土地ビル1階
            TEL：03-3504-3885
            https://www.gov-book.or.jp/sc/kasumi-sc/?op=1

◆ホームページ
   総務省統計局では、インターネットを通じて統計データや各種統計関連情報を提供しています。
   https://www.stat.go.jp/
   また、政府統計の総合窓口（e-Stat）でも、統計データ等の各種統計情報が御覧いただけます。
   https://www.e-stat.go.jp/

日　本　の　統　計　2023年版

令和5年3月　発行

　編　集　　総　務　省　統　計　局

　発行所　　一般財団法人　日　本　統　計　協　会

　　　　　〒169-0073　東京都新宿区百人町2丁目4番6号メイト新宿ビル6F
　　　　　TEL　(03)5332-3151　　E-mail：jsa@jstat.or.jp
　　　　　FAX　(03)5389-0691　　http://www. jstat.or.jp
　　　　　振　替　00120-4-1944

　印　刷　　勝美印刷株式会社

ISBN978-4-8223-4175-6　C0033　¥2000E